DAS ALTE TESTAMENT

Nacherzählt
von
Irene Johanson

mit Federzeichnungen
von
Irakli Parjiani

URACHHAUS

Die Deutsche Bibliothek – CIP-Einheitsaufnahme

Johanson, Irene:
Das Alte Testament / nacherzählt von Irene Johanson.
Mit Federzeichnungen von Irakli Parjiani. –
Stuttgart : Urachhaus, 1992
ISBN 3-87838-944-2

ISBN 3 87838 944 2

© 1992 Verlag Urachhaus Johannes M. Mayer GmbH, Stuttgart
Alle Rechte, auch die des auszugsweisen Nachdrucks und der photomechanischen
Wiedergabe, vorbehalten.
Satz und Druck der Offizin Chr. Scheufele, Stuttgart.

INHALT

DIE ANFÄNGE DER WELT   7

Die Erschaffung der Welt. Die Vertreibung aus dem Paradies. Kain und Abel. Adams Tod. Noah und die Sintflut. Melchisedek. Der Turmbau zu Babel und seine Folgen.

DIE ERZVÄTER ABRAHAM – ISAAK – JAKOB   29

Abrams Wanderwege. Abram begegnet Melchisedek. Abrams Mißtrauen gegen Gott. Das geistige und das leibliche Zeichen Gottes für den Bund mit Abram. Der Besuch der drei Engel. Lot und der Untergang von Sodom und Gomorrah. Isaak und Ismael. Abrahams Opfer. Isaak bekommt Rebekka zur Frau. Jakob und Esau. Isaak gräbt Brunnen. Jakobs Betrug und Flucht. Die Himmelsleiter. Jakob im Hause Labans. Laban verfolgt Jakob. Die Erlebnisse Jakobs auf der Heimreise. Josephs Träume. Joseph wird nach Ägypten verkauft. Josephs Aufstieg und neues Unglück. Joseph deutet Träume im Gefängnis. Joseph wird vom Pharao in ein hohes Amt eingesetzt. Josephs Begegnung mit seinen Brüdern. Israels und Josephs Tod.

MOSES   85

Moses wird von Pharaos Tochter gerettet. Das Kind Moses beim Pharao. Moses flieht zu dem Priester Jethro. Gottes Auftrag an Moses und seine Durchführung. Die Einsetzung des Passafestes. Die nächtlichen Ereignisse am Nil. Der Auszug aus Ägypten. Gott rettet Israel vor der Verfolgung der Ägypter. Die Wanderung durch die Wüste. Der Sieg über die Amalekiter. Jethro besucht Moses. Moses empfängt von Gott die Gesetze für sein Volk. Der Tanz um den goldenen Stier. Die Errichtung des heiligen Zeltes. Das Murren des Volkes gegen Moses. Die Erlebnisse der Kundschafter. Der Untergang Korahs und seiner Rotte. Moses zweifelt an Gottes Wort. Aarons Tod. Die eherne Schlange. Balak und Bileam. Pinehas. Moses Tod.

DIE ZEIT DER RICHTER   126

Gott spricht mit Josua und Josua spricht mit dem Volk. Die Kundschafter in Jericho. Der Zug des Volkes durch den Jordan. Die Eroberung von Jericho. Die Eroberung der Stadt Ai. Der Betrug der Gibeoniten. Israels Sieg über alle Könige in Kanaan. Der Richter Gideon. Gideons Sieg über die Midianiter. Simson. Simson heiratet eine Philisterin. Simsons weitere Krafttat. Simson und Delila. Simsons letzter und ungewöhnlicher Sieg. Ruth kommt nach Bethlehem. Boas wird Löser für Ruth. Die Geburt Samuels. Die Söhne Elis und Samuel. Die Freveltat der Israeliten. Die Bundeslade kehrt zurück.

DIE ZEIT DER KÖNIGE   154

Israel verlangt einen König. Saul wird König. Saul verliert sein Königtum. David wird in Bethlehem zum König gesalbt. David kommt an den Hof von Saul. David und der Riese Goliath. David und Jonathan. Davids Lüge und ihre schlimmen Folgen. Davids mehrfache Errettung vor Saul. David verschont Saul. David und Abigail. David verschont Saul noch einmal. Saul bei der Wahrsagerin von Endor. Sauls Tod. Die Psalme Davids. David wird König. David als König. David und Bathseba. David und Absalom. König Davids Volkszählung. König David erwählt seinen Nachfolger. Salomos Traum. Das weise Urteil König Salomos. Salomos Tempelbau. König Salomos Ende. Die Spaltung des Reiches Israel. Jerobeams Abfall von Gott. Der Tod des Gottesmannes.

ELIAS UND ELISA   195

Der große Gottesbote Elias. Elias hilft der Witwe aus Sarepta. Obadja begegnet Elias. Das Gottesurteil auf dem Karmel. Elias erwartet den Regen. Elias auf der Flucht. Elias hört die Stimme Gottes auf neue Weise. Die Berufung des Elisa. Das große Unrecht von Ahab und Isebel. Ahabs Tod. Die Himmelfahrt des Elias. Gott hilft und straft durch Elisa. Elisa vollbringt die gleichen Taten wie Elias. Elisa erweckt einen toten Knaben zum Leben. Der Tod im Topf. Elisa heilt den syrischen Hauptmann Naeman. Das schwimmende Eisen. Elisa im Krieg gegen die Syrer. Elisa und Hasael. Jehu wird König von Israel. Elisas Tod.

DIE ZEIT DER PROPHETEN   222

König Hiskia und der Prophet Jesajas. König Hiskias Prunksucht. Josia. Jonas. Tobias. Judith. Hiob. Hesekiel. Daniel am Hof König Nebukadnezars. Daniel deutet den Traum des Königs. Die Männer im Feuerofen. Belsazars Frevel. Daniel in der Löwengrube. Daniel rettet Susanna. Daniel entlarvt einen Betrug. Daniel besiegt den Drachengott. Daniels Schauungen. König Wasthi wird von König Ahasveros verstoßen. Esther am Königshof. Hamans Plan gegen das Volk Israel. Esther führt ihren Plan aus.

DIE LETZTE ZEIT VOR DEM ERSCHEINEN DES MESSIAS   264

Mattathias und seine fünf Söhne kämpfen für ihren Glauben. Elieser lehnt Betrug ab und stirbt. Der Tod der sieben Söhne der Witwe.

NACHWORT   271

DIE ANFÄNGE DER WELT

Die Erschaffung der Welt

Vor langer langer Zeit gab es die Welt noch nicht. Denn Gott trug damals die ganze Welt unsichtbar in seinen Gedanken, in seinem Herzen. Auch das Wort trug er in seiner Seele und hatte es noch nie hinausgesprochen. Das Wort war ihm das Liebste von allem, was er in seinem Gottesgeiste trug. Es war selbst ein Gott, dieses göttliche Wort. Es war sein göttlicher Sohn. Er trug und bewegte es in seinem Herzen, aber er sprach es nicht aus.

Auch die Engel trug er in seinem Geiste. Da geschah es, daß einer der höchsten Engel ausbrechen wollte aus Gottes Geist. Er flog durch alle Engelreiche und lockte aus jedem Reich solche, die auf ihn hörten. Gott ließ es zu, daß sich in seinem Geiste einige selbständig machten und nicht mehr dachten, wie Gott denkt, sondern ein eigenes Gedankenlicht entzündeten. Lichtträger nannte sich der verführerische Geist, Luzifer. Aus den Engelreichen folgten ihm einige. Mit ihnen erdachte er sich eine eigene Welt. »Wir wollen sein wie Gott und Welten schaffen, Welten bilden, Welten aus Licht«, sagten sie. Und sie dachten sich aus, wie diese Welten sein sollten. Michael, der in Wahrheit weiß, wer ist wie Gott, sah, daß Luzifer ein Lügengeist war. Michael wußte, daß Lügen gefährlich sind, weil sie die göttliche Wahrheit verletzen. Er war der Träger und Beweger des göttlichen Gedankenlichtes. Er war der Hüter der Wahrheit. Als Michael sah, daß Luzifer das Wahrheitslicht in Scheinlicht und Lüge entstellte, gab Gott ihm den Auftrag, Luzifer mit seinen Scharen aus der Welt der Gottgetreuen zu vertreiben. Und so entbrannte ein Streit in den göttlichen Welten. Michael mit seinen Engeln kämpfte gegen alle, die auf Luzifer hörten und ihm folgten. Er kämpfte gegen alle, die selber sein wollten wie Gott. Er warf sie heraus aus der Welt der guten Engel. Als sie aber getrennt waren, die Träger des wahren Lichtes, die zu Michael gehörten, und die Träger des falschen Lichtes, die zu Luzifer gehörten, da spalteten sich die Abtrünnigen auch voneinander. Die einen stiegen aufwärts und dachten sich eine wunderbare Welt aus, aber sie hatten nicht die Kraft, diese ausgedachte Welt auch zu schaffen. Die anderen sanken abwärts und schafften und arbeiteten und werkten und strengten sich an, aber sie hatten keinerlei Ideen, was sie schaffen wollten. Es waren die Scharen des Satanas. Sie schafften in der Tiefe, ganz wild schafften sie, aber ohne Gedanken, so wie die anderen, die Scharen Luzifers in der Höhe, dachten, ohne das Gedachte schaffen zu können. Als die Scharen Luzifers bemerkten, wie vergeblich ihr Denken war, und die Scharen des Satanas bemerkten, wie vergeblich ihr Tun war, bemerkten sie auch, daß sie trotz ihres Sturzes immer noch in der Welt des Gottesgeistes waren. Der allumfassende, liebende Gottesgeist trug und ertrug auch ihr sinnloses Denken, ihr sinnloses Tun. Er wandte sich in Gedanken an sie: »Wollt ihr mir helfen, zusammen mit allen Wesen meines Geistes, eine Welt zu erschaffen, in der Gedanken und Taten zusammenstimmen?« Luzifer dachte: »Nur mit Gott wird zur Tat, was wir denken«. Satanas dachte: »Nur mit Gott bekommen unsere Taten Sinn.« Da sammelte Gott alle Wesen seines Geistes, und es ward eine große Stille. Der Geist Gottes brütete, einem Vogel gleich, über dem Urgewässer. Aus der warmen Liebe Gottes zur Welt kam sein Wort hervor und sprach: »Es werde Licht.« Da trat das Licht aus Gottes Geist hervor. Und Gott sah, daß das Licht gut war. Und Gott schied aus dem Licht die Finsternis. Das Licht nannte er Tag, die Finsternis nannte er Nacht. So wurde aus Abend und Morgen der erste Weltentag. Und Gott sprach: »Es scheide sich das Wasser.« Da trat das Wasser hervor und es bildete sich ein Gewölbe zwischen den Wassern. Das Gewölbe nannte Gott Himmel. Das Wasser unter dem Himmel waren alle sichtbaren Gewässer. Das Wasser über dem Himmel waren die unsichtbaren Lebensströme. So wurde aus Abend und Morgen der zweite Weltentag. Und Gott sprach: Es sammle sich das Wasser unter dem Himmel, daß das Trockene daraus hervortreten kann. Da schied sich das Wasser vom Trockenen. Gott nannte das Wasser Meer und das Trockene nannte er Land. Und Gott sah, daß es gut war. Und Gott sprach: »Die Erde bringe viel Grün hervor, Gräser, Kräuter, Büsche, Bäume. Jedes soll in seiner Art Blätter, Blüten, Früchte und Samen tragen. So geschah es. Die Pflanzengeister kamen hervor aus Gottes Geist und ließen ihre Pflanzen aus der Erde hervorwachsen, jede in seiner Art. Aus dem Wasser wuchsen die Wasserpflanzen, Seerosen, Tang und Schilf. Aus der Erde wuchsen die unzähligen Arten kleiner und großer Pflanzen und die vielen Bäume, alle in ihrer Art. Sie bedeckten die Erde mit ihrem Grün. Und Gott sah, daß es gut war. So wurde aus Abend und Morgen der dritte Weltentag. Und Gott sprach: »Es werde ein großes Licht, das den Tag regiert und ein kleineres Licht, das die Nacht regiert, dazu unzählige Lichter, durch die die Zeiten bestimmt werden.« Da traten die sieben Erzengel aus Gottes Geist hervor, die alle ihr eigenes Licht um sich haben. Michael ließ aus seinem Licht die Sonne erschaffen, die den Tag regiert. Gabriel ließ aus seinem Licht den Mond erschaffen, der die Nacht regiert. Samael ließ aus seinem Licht den Mars erschaffen mit seinem rötlichen Schein, dem Feuer verwandt, das zerstören oder hilfreich sein kann. Raphael ließ aus seinem Licht den Merkur erschaffen, der Heilkraft ausstrahlt in die Welt. Zachariel ließ aus seinem Licht den Jupiter erschaffen. In diesem Licht wird alles gerichtet, in Ordnung gebracht, ins Rechte gerückt. Anael ließ aus seinem Licht die Venus erschaffen, die Liebeslicht ausstrahlt. Oriphiel ließ aus seinem Licht den Saturn erschaffen, den ruhevollen, der aller Dunkelheit noch einen zarten Lichtschimmer gibt. So schuf Gott die sieben Wandelsterne. Von jedem strahlt einer der sieben Erzengel sein Licht auf die Erde. Von der Sonne herab strahlt Michaels Licht. Wenn die Sonne einmal die Erde umkreist hat, ist ein Tag vollendet. Sie regiert alle Tage und der Mond regiert alle Nächte. Dazu dürfen die anderen Wandelsterne ihr Licht zur Erde senden, sie an einem der sieben Tage besonders durchstrahlen. Aus den sieben Tagen, die von den 7 Wandelsternen der Erzengel ihr Licht bekommen, entstand die Woche. Als Gott den Tag und die Woche mit Hilfe der Erzengel geordnet hatte, traten 12 andere Wesen hervor. Aus ihrem Licht schuf Gott 12 Sternenhäuser. Durch die 12 Sternenhäuser durften alle Wandelsterne wandern und aus ihren Toren zur Erde herunterstrahlen. Die Sonne gibt der Erde ihre Zeit. Denn ein Monat ist die Zeit, die sie von einem Sternenhaus zum anderen braucht. Wenn sie durch alle 12 Häuser gezogen ist und wieder zum ersten Hause kommt, ist ein Jahr vergangen. Und Gott sah, daß gut war die Ordnung der Zeiten in Tage, Wochen, Monate und Jahre. So ward aus Abend und Morgen der vierte Weltentag. Und Gott sprach: »Es werde aus den kleinen und großen wogenden Wellen des Meeres unzählige Fische in vielerlei Art, die im Wasser wimmeln, und es werde aus den schwingenden Strömungen der Luft unzählige Vögel in vielerlei Art, die die Luft durchfliegen.« Da wandelten sich manche Wellen des Wassers in Fische und manche Strömungen der Luft in Vögel. Und Gott sprach zu den Fischen und Vögeln: »Vermehrt euch und lebt allezeit zu aller Freude im Wasser und in den Lüften.« Und Gott sah, daß gut war, was er geschaffen hatte. So ward aus Abend und Morgen der fünfte Weltentag. Und Gott dachte in seinem Geiste: Die Erde, die ich geschaffen habe, braucht ein Wesen, das denken kann, wie ich denke, lieben kann, wie ich liebe, die Geschöpfe ordnen kann und pflegen und lenken kann, wie ich.

Bevor ich dieses Wesen schaffe, soll das Land von Tieren belebt werden. Und Gott sprach und rief die vielen Arten der Tiere auf dem Lande ins Leben. Und wie er die Tiere durch sein Wort schuf, dachte er immer schon an den Menschen, der so denken und lieben und handeln sollte, wie er selbst, und der alles, was die Tiere konnten, auch können sollte. Das Bild des Menschen war in seinem Geiste, als er die Tiere schuf. So mutig wie der Löwe sollte der Mensch werden. So schnell wie das Pferd, so ruhevoll wie die Kuh sollte der Mensch werden. So gute Augen wie die Katze, so gutes Riechen wie der Hund, so gute Ohren wie die Maus sollte der Mensch bekommen. So fleißig wie die Biene, so ein Verwandlungskünstler wie der Schmetterling, so ein Baumeister wie der Biber sollte der Mensch werden. Mit jedem Tier, das Gott schuf, entstand eine besondere Gabe, die er dem Menschen geben wollte. Und Gott schaute die Tierwelt, die er erschaffen hatte, und sah, daß sie gut war. Da sandte Gott sein Wort in den Weltenraum hinaus und rief: »Lasset uns den Menschen schaffen, ein Bild, das uns gleich sei.« Da schufen die göttlichen Wesen den Menschen nach ihrem Bilde, wie es Gott in seinem Geiste getragen hatte. Die ganze Schöpfung sollte sich im Menschen wiederholen. Wie die Gebirge in Kreuzgestalt aus der Erde herausragen, so sollte auch der Mensch die Kreuzgestalt haben in seinem Knochengerüst. Wie die Erde von Wasserströmen durchzogen ist, so der Mensch von den Strömen des Blutes. Wie die Erde von der Sonne göttliche Wärme und Licht empfängt, so empfing der Mensch von der Sonne göttliche Liebe und göttliche Erkenntnis, die sich in ihm zum Herzen bildeten. Wie der Mond das Sonnenlicht zurückstrahlt, so strahlt das Menschengehirn die göttlichen Gedanken zurück. Mit dem Denken sollte er einmal selber Werkzeuge erfinden und schaffen, mit denen er die vielen Fähigkeiten ausüben kann, die die Tiere in ihrer Art von Gott bekommen hatten. Als Leib und Leben des Menschen entstanden waren, hauchte Gott ihm den Atem ein und mit dem Atem eine lebendige Seele. Da richtete sich der Mensch auf, begann zu gehen und staunte über die herrliche Welt, in die er hineingestellt war. Und auf dem Luftstrom, den Gott ihm eingehaucht hatte, ließ er das erste Wort zu Gott hinaustragen, das Menschenwort: Danke. Und Gott sprach zum Menschen: »Zum Bilde Gottes bist du geschaffen. So werde, was du bist. Alle irdischen Wesen sollen in der Ordnung leben, die du ihnen gibst, denn durch dich seien sie mir untertan, durch dich sollen sie leben in meiner Ordnung.«

Und Gott sah alles, was er geschaffen hatte, und sah, daß es sehr gut war. So ward aus Abend und Morgen der sechste Weltentag. Am siebten Weltentag ruhte Gott und freute sich an seiner Schöpfung. Er segnete den siebten Tag und heiligte ihn. Seitdem war der siebte Tag ein heiliger Tag, an dem Gott und seine Schöpfung von den Menschen durch Danken, Beten und Feiern geehrt und geliebt wurde. Denn Gott hat die Welt, die er verborgen in seinem Geiste trug, ins Wort gebracht. Seine Gedanken verdichteten sich zur Weltenschöpfung. Gott ist der große Weltendichter und die Schöpfung ist sein Gedicht.

Als Gott so die ganze Welt durch die Kraft seines göttlichen Wortes gedichtet hatte, ließ er im Osten einen Garten entstehen, den Garten Eden, das Paradies. Das schenkte er dem Menschen. Aus diesem Garten entsprang ein Fluß, der in vier Arme sich verzweigte und in die Erdenwelt strömte. Er bewässerte den Garten Eden und ließ alle Pflanzen dort grünen, blühen und fruchten, die Gott geschaffen hatte. Auch alle Tiere lebten in dem Garten. Gott zeigte dem Menschen den Garten, in dessen Mitte zwei ganz besondere Bäume standen. Der eine war der Baum des Lebens, der andere der Baum der Erkenntnis von Gut und Böse. Der Mensch freute sich über das schöne Paradies, das Gott ihm zeigte. »Von allen Bäumen in diesem Garten darfst du essen«, sagte Gott zu dem Menschen. »Nur von dem Baum der Erkenntnis von Gut und Böse, der in der Mitte steht, darfst du nicht essen. Das ist mein Gebot. Wenn du dennoch davon ißt, mußt du des Todes sterben.« Der Mensch wußte nicht, was Tod ist, er wußte auch nicht, was Gut und Böse ist. Er war Gottes Geschöpf und freute sich an allem Geschaffenen und war glücklich. Warum sollte er da Gottes Gebot nicht halten?

Gott wollte dem Menschen seinen Namen geben. Er hörte den Namen des Menschen von den Sternen erklingen. Wenn der Mensch schaute und staunte über die Schönheit der Schöpfung, erklang von den Sternen A. Wenn der Mensch auf alles deutete und zart berührte, erklang von den Sternen D. Wenn der Mensch das Geschaute, Gehörte, Geschmeckte in seine offene Seele hinein nahm, erklang von den Sternen noch einmal A. Und wenn der Mensch es in seiner Seele bewegte von innen nach außen, von außen nach innen, dann klang es von den Sternen M. So gab Gott ihm den Sternennamen ADAM, das heißt auf deutsch Mensch und heißt auch der Gleiche, denn der Mensch soll Gott gleichen. Als nun Adam seinen Namen bekommen hatte, sprach Gott zu ihm: Jetzt darfst du allen Tieren ihren Namen geben. Achte dabei darauf, ob du ein Wesen findest, das dein Gefährte sein kann, damit du nicht allein bleibest.« Alle Tiere kamen zu Adam. Er sah ein jedes an und sprach seinen Sternennamen aus. Denn wie ein Tier sich bewegte, so ertönte von den Sternen herunter sein Name. Als Adam allen Tieren ihren Namen gegeben hatte, merkte er, daß keines darunter war, das seine Sprache sprechen konnte. Kein Tier konnte den Namen aussprechen, den Adam ihm gegeben hatte. Es konnte auf seinen Namen hören, aber es konnte ihn nicht sagen. Da dachte Gott: »Der Mensch braucht eine Gefährtin, mit der er seine Sprache sprechen kann. Ich will aus dem einen Menschen zwei Menschen werden lassen, der eine männlich, der andere weiblich.« Gott ließ einen tiefen Schlaf über Adam kommen. Aus der Mitte Adams, die das Herz umgibt, holte er die Frau und dichtete daraus einen zweiten Menschen. Als Adam erwachte, sah er vor sich eine weibliche Gestalt. Er fühlte, wie sie zu ihm gehörte und wie er zu ihr gehörte, wie sie zwei waren und doch nur gemeinsam ein ganzer Mensch. Sie sprach seine Sprache, und er war nicht mehr allein. Sie waren nun zwei, und zugleich war er mit ihr ganz eins. Er zeigte ihr alles, was Gott geschaffen hatte und sagte ihr auch das Gebot Gottes: »Von dem Baum der Erkenntnis von Gut und Böse, der in der Mitte steht, dürft ihr nicht essen, sonst müßt ihr des Todes sterben.« So lebten der Mensch und seine Gefährtin im Garten Eden und alle Tiere und Pflanzen mit ihnen.

Als die göttlichen Wesen den Menschen sahen, der da geschaffen war, stimmten sie einen großen Gesang an, den sie dem Menschen zusangen:

> Draußen trägt der feste Stein,
> drinnen trägt dich dein Gebein.
> Draußen rauscht der Wasserquell.
> Drinnen strömt dein Blut so hell.
> Draußen braust der wilde Wind.
> Drinnen atmest du gelind.
> Draußen brennt die Sonne heiß.
> Drinnen pocht dein Herz ganz leis.
> Was es nur auf Erden gibt,
> gab Gott dir auch,
> weil er dich liebt.

Die Vertreibung aus dem Paradies

Luzifer und Satanas hatten miterlebt, wie Gott durch sein Wort Gedanken-licht und Willenskraft vereint hatte und so die ganze Welt erschaffen worden war. Nun kam in Luzifer die alte Sehnsucht wieder auf, selber zu sein wie Gott. Weil er keinen Leib hatte wie die Pflanzen, Tiere und Menschen, konnte er im Garten Eden nicht erscheinen. Er sah aber, wie Adam und seine Gefährtin Gott gehorsam waren und nicht vom verbotenen Baume aßen. Luzifer dachte: »Gott hat doch den Menschen geschaffen zu seinem Bilde. Der Mensch soll ihm gleich sein. Gott aber weiß, was gut und böse ist. Gott hat alle Erkenntnis, alle Weisheit der Welt. Wie kann der Mensch ihm gleichen, wenn er nicht vom Baum der Erkenntnis ißt? Ich muß ihm dazu verhelfen, zu sein wie Gott.« Luzifer ging zu Satanas und besprach sich mit ihm, was er tun könne, um dem Menschen zu erscheinen. Satanas freute sich über Luzifers Plan, wußte er doch, wenn Luzifer etwas betrieb, bekam auch er immer gute Beute dabei. »Wenn du auch keine irdische Gestalt hast, in der du den Menschen erscheinen kannst«, sagte er zu Luzifer, »so mußt du eben in ein Tier hineinschlüpfen, das irdische Gestalt hat und aus dem du zu den Menschen sprechen kannst.« »Das will ich versuchen«, sagte Luzifer, »und wenn es mir gelungen ist, sollst du an meinem Sieg Anteil haben, Satanas.« Luzifer ging in den Garten Eden und bat den Löwen: »Laß mich in deine Gestalt hinein, dann sollst du stark sein wie Gott.« Der Löwe brüllte, daß der Garten erbebte, aber er ließ Luzifer nicht herein. Luzifer ging zu einem Lamm, das im Garten lag, schneeweiß und mit unschuldigen Lammaugen. »Du sollst Gott gleichen, wenn du mich einläßt in deine Gestalt«, sagte Luzifer zu dem Lamm. Das Lamm wandte sich ab von ihm und rannte zu seiner Mutter. Ein drittes Mal versuchte Luzifer, eine Gestalt zu bekommen. Die Schlange lief auf vielen Füßen durch den Garten. Luzifer sprach: »Schlange, du wirst sein wie Gott, wenn du dein Maul öffnest und mich in dich hineinläßt.« Das gefiel der Schlange wohl. Sie öffnete ihr Maul, ließ Luzifer in sich hinein und sogleich schillerte sie in allen Farben. Die anderen Tiere staunten über die schillernde Schlange, und sie dachte: »Sie merken schon, daß ich werde wie Gott.« Luzifer, der nun in der Schlange war, lenkte sie in die Mitte des Gartens und ließ sie hochklettern in den Baum der Erkenntnis von Gut und Böse.

Da kam Adam mit seiner Gefährtin vorüber. Er sah die Schlange und hörte sie sprechen: »Adam, Gott schuf dich zum Bilde Gottes und nun bist du nur ein Mensch, der nichts weiß, nichts versteht. Wenn du sein willst, wie Gott, dann iß die Frucht von diesem Baum. « Adam wandte sich ab von der Schlange. Er erinnerte sich an Gottes Gebot, das er nicht brechen wollte. Da sprach Luzifer durch die Schlange zu Adams Gefährtin: » Schau die Früchte an diesem Baum. Sie sind schöner als alle anderen Früchte im Garten Eden. Sie haben den lieblichsten Duft und schmecken köstlich. Brich dir eine ab und versuche sie. « Die Gefährtin Adams blieb stehen, und die Früchte am Baum der Erkenntnis schienen ihr so verlockend schön und duftend. Sie brach eine ab, kostete sie und gab auch dem Adam davon. Plötzlich sahen sie alles anders als zuvor. Das himmlische Licht, das sie beide umhüllt hatte, war verschwunden. Sie sahen zum ersten Mal, daß sie nackt waren. Und sie schämten sich. Sie versteckten sich im Gebüsch und zitterten vor Angst. Sie waren aus Gottes Freude, aus Gottes Vertrauen herausgefallen. Sie hatten die Verbindung zu ihm gebrochen.

Gott erschien im Garten und suchte sie. Mit großer Stimme rief er: » Adam, wo bist du? « » Ach Herr «, erwiderte Adam, » als ich dich hörte, habe ich mich versteckt, denn ich schäme mich vor dir, weil ich nackt bin. « » Wer hat das himmlische Lichtkleid von dir genommen, daß du jetzt nackt bist? Hast du etwa die Frucht vom Baum der Erkenntnis gegessen? « fragte Gott den Adam. » Ach Herr, das Weib, das du mir zur Gefährtin gegeben hast, hat mir die Frucht zu essen gegeben. « » Warum hast du das getan? « fragte Gott das Weib. Sie antwortete: » Die Schlange hat mich dazu verführt. Darum habe ich die Frucht gegessen. « Da sprach Gott der Herr zu der Schlange: » Unter allen Tieren sollst du nun verflucht sein. Auf dem Bauch sollst du kriechen. Staub und Erde sollst du fressen. Zwischen deinen Nachkommen und den Nachkommen der Menschen soll Feindschaft sein. Der Mensch wird dir nach dem Kopfe treten und du wirst ihn in die Ferse stechen. « Zum Weibe sprach Gott der Herr: » Mit Schmerzen wirst du Kinder gebären. « Zu Adam sprach Gott, der Herr: » Weil du dem Weibe gefolgt bist und nicht mir, deinem Herrn, sollst du im Schweiße deines Angesichtes das Brot erwerben. Dein Acker wird Dornen und Disteln tragen und viel Mühsal wirst du erdulden bis dein Leib wieder zu Erde wird, von wo er genommen wurde. « Als Gott der Herr so zu ihnen gesprochen hatte, gab Adam seinem Weib den Namen Eva, das heißt » Spenderin des Lebens «, denn sie gab von nun an den nachkommenden Menschen das Leben. Gott der Herr gab Adam und Eva Kleidung aus Fellen, daß sie nicht länger nackt waren. Und Gott der Herr sprach: » Der Mensch ist uns gleich geworden, indem er nun weiß, was gut und böse ist. Vom Baum des Lebens darf er aber nicht

Die Schlange verführt Adam und Eva

essen, denn er darf nicht unsterblich werden, sondern soll den Tod kennenlernen.« Er rief die Cherubim aus dem höchsten Engelreich. Sie haben feurige Schwerter und ihre Flügel sind mit unzähligen Augen versehen. Die Cherubim vertrieben die Menschen aus dem Garten, dorthin, wo Adam den Acker bestellen mußte und Eva Kinder gebar. Die Cherubim bewachten das Tor zum Paradies, das im Osten war, daß niemand hereinkam. Luzifer freute sich über seinen Sieg. Er verließ die Schlange und begleitete zusammen mit Satanas die Menschen auf die Erde. Michael sah das. Sein Name heißt: Wer ist wie Gott. Er wußte, daß der Mensch zum Bilde Gottes geschaffen war. Nun hatten Luzifer und Satanas wieder eingegriffen und hatten die Menschen so früh von Gott getrennt. Als Gott der Herr sah, wie der hohe Engel Michael um die Menschen bangte und auch wollte, daß sie wirklich wie Gott werden können, rief er Michael zu sich und fragte ihn: »Willst du die Menschen auf ihrem Erdenweg begleiten?« »O Herr«, rief Michael, »ich will darüber wachen, daß sie von ihrer Freiheit den rechten Gebrauch machen. Sie können nun erkennen, was gut und böse ist, nun müssen sie lernen, dem Guten zu dienen und das Böse in den Dienst des Guten zu stellen. Das wird ein langer, gefahrvoller Weg sein. Mit deinem Licht will ich ihnen leuchten. Mit deiner Kraft will ich sie stark machen, daß sie erfüllen lernen, wozu du sie geschaffen hast, Gott ebenbildlich zu werden.« So wurde Michael der treue Begleiter auf dem Weg des Menschen fort von Gott und wieder hin zu ihm.

Kain und Abel

Als Adam und Eva aus dem Paradies verstoßen waren, da trug Gott in seinem Geiste doch immer noch den Gedanken des Menschen so, wie er ihn geschaffen hatte. Der Mensch, der in Gottes Geiste lebt, war von Kopf bis Fuß Gottes Bild, vom Herzen bis in die Hände spürte er den Hauch, mit dem Gott ihm die Seele einhauchte. Wenn der Mensch, den Gott in seinem Geiste trug, sprach, folgte er Gottes Willen. In der ganzen Schöpfung erblickte er Gott und fürchtete sich nicht, sondern liebte alles, was Gott geschaffen hatte. So gab es den Menschen auf der Erde und es gab den Menschen in Gottes Geist. Eva sehnte sich nach einem Menschen aus Gottes Geist und bat Gott den Herrn, er möge ihr einen Sohn schenken aus

Die Vertreibung aus dem Paradies

seinem Geiste. Gott der Herr erfüllte ihr die Bitte. Er sandte ihr aus seinem Geiste eine Menschenseele, die durch das ganze Paradies wandeln durfte, alles dort erleben durfte wie Adam und Eva es erlebt hatten. Darum trug diese Seele die Erinnerung an das Paradies in sich. Gott gab ihr einen Leib durch die Kraft seines Wortes, wie er einstmals Adam durch die Kraft seines Wortes den Leib gegeben hatte. So kam zum letzten Mal ein Mensch durch das Paradiestor zur Erde und trug die Erinnerung daran in der Seele. Auf Erden wurde er der Sohn von Eva, und Eva begrüßte ihn und rief: »Gott der Herr ist mir zum Mann geworden. Aus seinem Geist hat er mir diesen Sohn geschickt. Er soll Kain heißen, das bedeutet Gewinn, ein Gewinn aus Gottes Welt.« Dann gebar sie ihren zweiten Sohn, und es erfüllte sich, was Gott der Herr gesagt hatte, als sie das Paradies verlassen mußten. Sie liebte Adam und Adam liebte Eva und beide erkannten einander und vereinigten sich und wurden zusammen wie ein Mensch. In diesem Augenblick wurden sie das Tor, durch das ein Mensch aus Gottes Geist zur Erde kommen wollte. Dann waren sie wieder zwei Menschen, ein Mann und eine Frau. Der Mensch, der durch sie auf die Erde kam, baute sich mit Hilfe der Engel im Leibe der Eva einen eigenen Leib. Dann mußte sie mit Schmerzen das Kind gebären. Sie gab ihm den Namen Abel, das heißt Vergänglichkeit, denn er hatte sich seinen Leib in der vergänglichen Welt gebaut. Seit dem werden alle Menschen auf Erden so geboren, wie Abel. Auch an Adam erfüllte sich Gottes Wort. Er mußte im Schweiße seines Angesichtes den Acker bebauen und seine Familie ernähren.

Kain wurde ein Ackerbauer und Abel ein Viehzüchter. Sechs Tage in der Woche arbeiteten sie. Am siebten Tag ruhten sie von ihrer Arbeit und lobten und dankten Gott und beteten, daß er sie in seiner Liebe bewahren, in seinem Geiste weiterhin tragen möge. Oft sprachen sie auch vom Paradies und erzählten Abel, wie es dort war. Nicht nur Adam und Eva, auch Kain konnte noch genau das Paradies beschreiben. Nur Abel hatte durch die leibliche Geburt alles vergessen, was er erlebt hatte, als er noch in Gottes Geist weilte. Er lauschte, wenn die anderen erzählten. Eine große Sehnsucht nach Gott und seinen überirdischen Reichen erfüllte seine Seele. Kain kannte nichts von dieser Sehnsucht. Er brauchte bloß die Augen zu schließen, dann sah er das ganze Paradies und konnte darin wandeln wie damals, als er noch keinen Erdenleib hatte. Immer wieder erzählte er seinem Bruder Abel davon, bis in Abel die Sehnsucht so groß wurde, daß er anfing zu beten und zu Gott zu rufen, er möge ihn nicht vergessen, ihn nicht immer so getrennt von sich leben lassen. Damit seine Gebete zum Himmel aufsteigen könnten, baute Abel einen Altar, opferte ein reines Lamm und sprach seine Worte für Gott in den Opferrauch. Der stieg aufwärts und Abel wußte: »Gott nimmt mein Opfer an und wird mein Gebet erhören.« Als Kain sah, wie Abel mit Gott auf neue Weise sich verbinden konnte, wurde er eifersüchtig. »Was mein Bruder vermag, kann ich auch«, dachte er. Er baute auch einen Altar, opferte die Früchte seines Feldes und sprach Gebete in den Rauch. Aber seine Gebete waren getrübt von der Eifersucht. Auch kannte er nicht die Sehnsucht nach Gott und dem Paradies, denn er konnte sich ja an alles noch erinnern. Er machte es Abel nach, aber sein Herz war nicht rein und auch nicht beteiligt an dem, was er betete. So konnte Gott sein Opfer nicht annehmen, und der Rauch kroch über die Erde, stieg nicht aufwärts wie bei Abels Opfergebet. Als Kain das sah, wurden seine Seele und sein Blick finster und Haß gegen Abel stieg in ihm auf. Da sprach Gott der Herr zu Kain: »Warum bist du so finster und so erregt? Paß auf, das Böse, die Sünde lauert an der Tür deines Herzens. Du hast die Kraft, sie zu bezwingen. Denke an alles, was ich dir geschenkt habe und wie du das Paradies erleben durftest. Denke und danke und vertreibe die Eifersucht aus dir, dann wird dein Opfer wahrhaftig sein, dann kann ich es annehmen.« Aber Kain fühlte keine Sehnsucht nach dem Gott, der so mit ihm sprach. Er ließ zu, daß die Sünde in seinem Herzen Einlaß fand.

Als er am nächsten Tag mit seinem Bruder Abel auf den Acker ging, schlich er sich von hinten an ihn heran und erschlug ihn. Das Blut Abels sickerte in die Erde und die blutgetränkte Erde schrie auf zum Himmel. Da erschien Gott der Herr und sprach zu Kain: »Wo ist dein Bruder Abel?« »Ich weiß es nicht«, log Kain und fügte hinzu: »Soll ich meines Bruders Hüter sein?« Gott sprach: »Was hast du getan? Das Blut deines Bruders schreit aus der Erde zum Himmel hinauf. Der Acker, auf dem das geschehen ist, sei verflucht und du selbst seist verflucht. Der Acker wird dir keine Frucht mehr bringen und du wirst auf der Erde umherirren und heimatlos sein.« Da rief Kain: »Ach Herr, meine Schuld ist so groß, daß ich sie nicht tragen kann. Du treibst mich von meinem Acker fort und auch von deinem Angesicht. Heimatlos muß ich umherirren. Jeder, der mich trifft, wird mich totschlagen.« »Nein, so soll es nicht sein«, rief Gott der Herr. »Jeder, der Kain totschlägt, soll siebenfach Rache erleiden. Ich will dir ein Zeichen auf die Stirn geben, das dir Schutz verleiht. Es ist das Zeichen der göttlichen Liebe. In diesem Zeichen werden böse Taten zum Guten gewandelt dann, wenn der Mensch in Reue sich mir wieder zuwendet und meine Liebe aufnehmen will.« Da gab Gott der Herr dem Kain auf die Stirn das Zeichen des

Kreuzes. Jeder, der das Wahrzeichen sah, wußte, daß er Kain nicht töten durfte.

Kain ging fort in das Land Nud östlich von Eden. Später, als immer mehr Menschen auf die Erde gekommen waren, nahm sich Kain eine Frau. Sie gebar ihm einen Sohn, den sie Henoch nannten. Die erste Stadt, die es auf der Erde gab, wurde von Kain erbaut. Er gab dieser Stadt den Namen seines Sohnes, Henoch. Aus den Enkeln und Urenkeln Kains gingen Männer hervor, die die ersten Musikinstrumente bauten. Flöten, Harfen und andere Saitenspiele. Sie lehrten die Menschen zu musizieren. Andere waren die ersten Kupfer- und Eisenschmiede. Sie schmiedeten Geräte und auch schöne Tore und Bildwerke. Durch die Tat gegen Gott, die Kain vollzog, als er seinen Bruder erschlug, kam der Tod in die Welt. Durch die böse Tat, die Kain von Gott trennte, wuchs in ihm und seinen Nachkommen das Streben, sich wieder mit Gott zu verbinden. So vollbrachten sie Taten der Kunst, der Baukunst, der Musik- und Dichtkunst, der Schmiedekunst. Seitdem kann alles, was durch Schuld und Tod von Gott getrennt wurde, wieder mit Gott verbunden werden, wenn durch Menschen Kunst zum Gebet wird und das Beten zur Kunst, zum Kultus, zum Gottesdienst wird.

Adams Tod

Als Abel durch den Tod in die unsichtbare Welt gegangen war, sandte Gott den Eltern Adam und Eva wieder einen Sohn. Sie nannten ihn Seth, das heißt Ersatz, denn er war ihnen lieb wie zuvor ihr Sohn Abel. Er war ihnen Trost und Ersatz für den so früh gestorbenen Abel. Noch viele andere Söhne und Töchter kamen durch Adam und Eva auf die Erde. Diese bekamen auch Kinder und die Menschheit auf der Erde wuchs heran. An jedem siebten Tag sammelte Adam seine Kinder und Kindeskinder um sich. Er saß dann in ihrer Mitte auf einem hohen Stuhl. Eva legte ihm die Hand auf die Augen. So schaute er nicht nach außen, sondern nach innen. Dort sah er immer noch den Garten Eden, in dem er einst von Gott erschaffen worden war. Er erzählte den Menschen alles, was er in seinem Innern sah, die ganze Schöpfung vom Anfang, die von der Weisheit und Liebe Gottes kündete. Er erzählte ihnen auch, wie er mit Eva daraus vertrieben worden war, aber wie Gott ihnen gegeben habe, sein Bild zu werden, zu wissen, was gut und böse ist, und selber, aus eigener Freiheit, sich für das Gute zu entscheiden. An jedem siebten Tag lauschten die Menschen auf Adams Wort. Dann sangen und beteten sie zu Gottes Lob und Dank. Als Adam alt geworden war, zeigte ihm Gott ein himmlisches Buch. Wenn er die Augen schloß, konnte er darin Gottes Gedanken lesen über alles, was war und was noch geschehen sollte. Als er noch älter wurde, vertraute er Seth die Geheimnisse aus dem himmlischen Buch an und sagte ihm den Ort, wo er es finden könne, wenn er einmal gestorben sei. Von Adams Tod wollte Seth nichts hören, liebte er doch den Vater Adam und wünschte, er möge ewig leben. Als einmal, an einem siebten Tag der Woche, die Kinder und Kindeskinder kamen, um von Adam die Geschichte der Welt zu hören, schickte Mutter Eva sie fort und sagte: »Vater Adam liegt im Sterben. Er kann euch nun nicht mehr erzählen. Geht nach Hause und betet für ihn.« Seth erschrak. Er wollte alles tun, um Adam am Leben zu halten. Da fiel ihm das Adambuch ein. Darin stand, daß der niemals sterben muß, der eine Frucht vom Baum des Lebens ißt, der in der Mitte des Paradieses steht. Eine solche Frucht wollte er für seinen Vater Adam holen. Er lief, so schnell er konnte, nach Osten und kam zum Paradiestor. Davor standen die Cherubim mit feurigen Schwertern und Flügeln, die mit unzähligen Augen bedeckt waren. Seth fiel vor ihnen nieder und flehte sie an, sie möchten ihn hereinlassen, damit er für den sterbenden Adam eine Frucht vom Baum des Lebens holen könne. Die Cherubim hatten Erbarmen mit ihm und ließen ihn ein. Ohne sich umzublicken, lief er in die Mitte des Gartens, pflückte eine Frucht vom Baum des Lebens und eilte, so schnell er konnte, zu Adam zurück. Als er dort ankam, standen alle Kinder und Kindeskinder weinend vor Adams Haus. Eva hatte ihnen eben gesagt, daß Adam gestorben war. Seth trat an das Lager des toten Vaters und legte ihm die Frucht vom Baum des Lebens in den Mund. Aber Adams Seele war schon aus dem Leibe gegangen und war nun auf dem Wege in die überirdische Welt, von wo sie einst auf die Erde vertrieben worden war. Als Adam in einen Sarg gelegt wurde, blieb die Frucht vom Baum des Lebens in seinem Munde. Daraus wuchs ein Baum, aus dessen Holz später der Stab gemacht wurde, mit dem Moses und Aaron die Wunder vollbrachten, als sie das Volk Gottes durch die Wüste ins Heilige Land führten. Aus dem Holz des Baumes wurde auch das Kreuz gemacht, an dem Jesus Christus als Mensch auf Erden gestorben ist.

Noah und die Sintflut

So lange Adam lebte, erzählte er den Menschen auch immer wieder von dem großen Schutzgeist Michael, der den Menschen nahe geblieben ist, als sie das Paradies verlassen mußten. So lange die Menschen mit Michael lebten, half dieser ihnen, zum Bilde Gottes zu werden. Doch wenn ein Mensch Michael nicht mehr in seinen Gedanken hatte, konnte Luzifer wieder an ihn heran und ihn mit Lügenworten verleiten: »Du wirst sein wie Gott, wenn du mir folgst. « Enos, der Sohn von Seth, hörte auf Luzifers verführerische Worte und dachte: »Was Gott kann, kann ich auch. Ich kann auch aus Erde Menschen machen. « Und er nahm Lehm und formte Menschen daraus. Er hauchte die aus Erde geformten Menschen an, um ihnen, wie einstmals Gott, die Seele einzuhauchen. Da schlüpften die Geister des Satanas hinein, und es waren keine menschlichen, sondern teuflische Wesen, die er erschaffen hatte. Die wandten sich gegen Enos, und er mußte sterben. Immer mehr Menschen ließen sich von Luzifer und Satanas zu bösen Taten verleiten. Sie verdarben die ganze Erde mit ihrer Gewalt, ihrem Lügen und Morden. Auch die Tiere konnten nicht mehr friedlich miteinander sein. Auch sie wurden von dem Unfrieden der Menschen verdorben.

Da bereute Gott, daß er die Menschen gemacht hatte, und beschloß, die Erde und alles, was darauf lebte, zu vernichten. Michael konnte den Menschen nicht mehr helfen, weil sie ihn nicht mehr in ihre Gedanken einließen. Es gab nur noch eine Familie, die sich nicht verführen ließ und Michael zu sich sprechen ließ, das waren Noah, seine Frau und seine drei Söhne mit ihren Frauen. »Um euretwillen soll meine Schöpfung nicht für immer vernichtet werden«, sagte Gott der Herr zu Noah. »Baue eine Arche aus Tannenholz. Mit vielen Kammern sollst du sie einrichten, großen und kleinen. Von außen sollst du sie mit Erdharz bestreichen, daß sie wasserdicht wird. Sie soll dreihundert Ellen lang sein, 50 Ellen breit und 30 Ellen hoch. Eine Fensterreihe soll hoch oben um die ganze Arche angebracht sein und an der Seite eine Tür. Drei Stockwerke soll sie haben, für die großen, mittleren und kleinen Tiere je ein Stockwerk. Denn von allen Tierarten sollst du sieben Paare in die Arche tun; von den unreinen Tieren je ein Paar. Für alle sollst du Nahrung mitnehmen und zuletzt sollst du selber mit deiner Frau, deinen Söhnen und deren Frauen in die Arche gehen. Denn wisse, ich will alle übrigen Wesen auf der Erde vernichten, weil sie böse geworden sind. « Noah und seine Söhne begannen, genau nach den Maßen, die Gott ihnen gegeben hatte, aus Tannenholz die Arche zu bauen. Die Menschen, die vorüber kamen, spotteten über sie. »Wollt ihr mit einem Schiff über das feste Land fahren? Wollt ihr eine neue Tierzucht beginnen, mit Kröten und Mäusen Handel treiben? Habt ihr vielleicht den Verstand verloren?« Aber Noah und seine Söhne ließen sich nicht beirren und führten ihren Bau der Arche und das Einholen der Tiere so durch, wie es Gott sie geheißen hatte, mochten die Menschen sie verspotten, wie sie wollten. Zuletzt ging Noah mit seiner ganzen Familie in die Arche hinein. Gott selber schloß hinter ihnen die Tür. Es war am 17. Tag des zweiten Monats, da brachen alle Quellen der Tiefe auf und die Fenster des Himmels öffneten sich. Von oben strömte der Regen und von unten stieg das Wasser über die Erde. 40 Tage und 40 Nächte regnete es ohne Unterlaß.

Die Wasser stiegen über die Häuser der Menschen, über die Bäume und Berge bis über den höchsten Gipfel. Alle Menschen und Tiere ertranken darin, und nur die blieben am Leben, die in der Arche waren. Hundertfünfzig Tage lang stieg das Wasser an über der Erde. Dann ließ Gott einen Wind über die Erde wehen, der das Wasser trocknen sollte. Die Quellen der Tiefe verschlossen sich wieder und der Regen hörte auf. Allmählich verlief sich das Wasser und begann nach Ablauf der 150 Tage zu fallen. Am 17. Tag des siebenten Monats saß die Arche auf festem Grund hoch auf dem Berge Ararat. Am ersten Tag des zehnten Monats kamen die Bergesgipfel aus dem Wasser hervor. Nach weiteren 40 Tagen öffnete Noah das Fenster und ließ einen Raben fliegen. Der flog immer hin und her, bis das Wasser auf der Erde getrocknet war. Dann ließ er eine Taube fliegen, um zu erfahren, ob das Wasser sich verlaufen habe auf der Erde. Aber die Taube fand noch keinen trockenen Platz und kam zu Noah in die Arche zurück. Noah streckte seinen Arm aus und holte die Taube, die müde war vom langen Herumfliegen, zu sich herein. Nach sieben Tagen ließ er die Taube zum zweitenmal fliegen. Am Abend kam sie zurück und trug ein frisches Zweiglein vom Ölbaum im Schnabel. Daran erkannte Noah, daß das Wasser sich verlief und die Bäume wieder hervorkamen. Er wartete noch einmal sieben Tage. Dann ließ er die Taube zum drittenmal fliegen. Sie kam nicht mehr zurück. Daran erkannte Noah, daß das Land trocken geworden war und die Taube einen Platz zum Ruhen gefunden hatte. Am ersten Tag des ersten Monats war es, als alles Wasser weggetrocknet war. Noah öffnete das Dach der Arche und sah, daß es trocken geworden war. Am 27. Tag des zweiten Monats war die Erde wieder vollständig trocken. Da sprach Gott zu Noah: »Jetzt verlaßt die Arche und lebt neu auf der Erde, du, deine Familie und alle Tiere. Ihr sollt wieder zahlreich werden und meine Schöpfung erneuern. Gott der Herr öffnete die Tür der Arche und Noah kehrte mit Menschen und Tieren auf die trockene, feste Erde zurück.

Als Noah wieder die Erde unter seinen Füßen fühlte und die Augen zum Himmel erhob, der blau war und von dem die Sonne hernieder strahlte, war seine erste Tat der Bau eines Altares, auf dem er von allen reinen Tieren und von allen reinen Vögeln eines zum Dank für Gott opferte. Alle, die in der Arche gewesen waren, Menschen und Tiere, versammelten sich um den Altar, dankten, beteten zu Gott dem Herrn, daß er ihnen die Erde wieder neu geschenkt hatte. Über den Menschen und Tieren versammelte Gott der Herr die Engel der Menschen und die Geister der Tiere. Sie hatten große Freude an den Lobgesängen, die im Rauch von der Erde zu ihnen empor kamen. Und Gott der Herr sprach: »Nie mehr will ich die Erde durch eine Sintflut untergehen lassen. Nie mehr sollen aufhören der Wechsel von Frühling, Sommer, Herbst und Winter. Nie mehr sollen aufhören Tag und Nacht. Nie mehr will ich alles Leben sterben lassen. Ihr Menschen seid nicht von Anfang an gut. Ihr könnt euch selber entscheiden, ob ihr Michael folgen und mir dienen wollt, oder ob ihr Luzifer folgen und Satanas dienen wollt. Welcher Mensch aber gewaltsam das Blut eines anderen Menschen vergießt, dessen Blut soll auch durch Menschen vergossen werden. Er hat das Bild Gottes verunreinigt. Denn zum Bilde Gottes ist der Mensch geschaffen. Ich will euch ein Zeichen geben, das immer erscheinen wird, wenn der Regen sich zu drohenden Wolken verdichtet. Die Sonne soll auf die Wolkenwand strahlen und den Bogen der Versöhnung zwischen Gotteswelt und Menschenwelt zur Erscheinung bringen.« Als Gott so zu Noah und den Seinen sprach, erschien der Regenbogen am Himmel. Als die Menschen und die Tiere den Farbenbogen schauten, wurde ihr Herz von Freude und Staunen erfüllt. Nie zuvor hatten sie so Wunderbares gesehen. Vor Ehrfurcht verstummten sie, knieten nieder und sahen das Zeichen der Versöhnung zwischen Gott und den Menschen. Und Noah erkannte, daß im Farbenbogen Gottes Wort selber neu in Erscheinung trat, wie es einstmals als Schöpfung der ganzen Welt von Gott gedichtet worden war. Im Farbenbogen sprach Gottes Wort zu ihnen, Gottes Wort, das selbst ein Gott, der Sohn Gottes ist. Der Sohn Gottes erschien ihnen im Farbenbogen und sprach ihnen von Gottes Ver-Söhnung.

Als der Farbenbogen wieder verblichen war, blickte Noah zur Erde. Da sah er eine Pflanze, die zum ersten Mal auf der Erde wuchs. Er kannte sie nicht, aber er pflegte sie wie ein besonderes Geschenk Gottes auf der neuen

Erde. Als die Pflanze herangewachsen war, trug sie schöne blaue Trauben, aus denen Noah Wein gewann. Er pflanzte einen Weinberg und wurde der erste Weinbauer. Als er einmal zuviel davon trank, mußte er erleben, daß er nicht mehr wußte, was er tat. Nicht mehr er, Noah, sprach Worte, sondern ein anderer durch ihn. Und jeder andere konnte durch ihn reden und tun. Auch ein böser Geist konnte sich Noahs Worte und Taten bedienen, weil er zu viel Wein getrunken hatte. Als Noah wieder Herr über sich selber war, erkannte er, warum Gott ihm die Weinpflanze übergeben hatte. An ihr sollte er üben, selber zu entscheiden, ein Geschenk, eine Gabe zum Guten oder zum Bösen zu gebrauchen. Wenn er das rechte Maß hielt, brachte ihm der Wein eine Kraft, die ihn stärkte. Wenn er das rechte Maß nicht hielt, wurde diese Kraft zu groß und überwältigte ihn und machte ihn schwach. Er wurde ein Herr über sich selbst, indem er die Herrschaft des Weines erkennen lernte.

Die Söhne von Noah hießen Sem, Ham und Japhet. Sie wurden die Stammväter der neuen Menschheit.

Melchisedek

Sem durfte in seiner Jugend einen besonderen Auftrag Gottes erfüllen. Sein Vater Noah hatte in der Arche auch den Sarg Adams mitgenommen und für die neue Erde gerettet. Nun sprach Gott der Herr zu Noah: »Rufe deinen Sohn Sem und sage ihm, er soll sich einen Gefährten unter den Menschen erwählen. Mit ihm soll er den Sarg Adams an den Ort bringen, den ich ihm zeigen werde. Mein Engel, der ewige Begleiter der Menschheit, Michael wird ihnen vorangehen und sie führen.« Als Noah seinem Sohn Sem die Botschaft Gottes mitgeteilt hatte, wählte sich dieser den Knaben Melchisedek zum Reisegefährten. Sie rüsteten sich zur Reise. Den Sarg Adams befestigten sie an zwei Stangen, mit denen sie ihn trugen. Melchisedek ging vorne und Sem hinten. Ihnen voran war Michael, der sie führte. Sie gingen durch schönes Land, fruchtbar und vielfältig in seiner Gestalt, Gebirge, Täler, Wiesen, Wälder, Heide, Bäche, Flüsse und Seen. Alle Landschaft der Erde war in dem Land versammelt, durch das Michael sie führte, auch die Wüste mit ihren Oasen. Zuletzt kamen sie an einen Hügel in der Nähe von Felsen und Höhlen. Da sprach Michael: »Hier ist die Mitte der Erde. Hier sollt ihr den Sarg des Urvaters Adam versenken.« Sie stellten den

Sarg nieder. Da öffnete sich die Erde in der Gestalt eines Kreuzes und nahm den Sarg Adams zu sich hinein, hinunter in ihre Mitte. Dann schloß sich die Erde wieder und niemand konnte sehen, daß hier der Sarg Adams versunken war. Jahrtausende später wurde an dieser Stelle das Kreuz aufgerichtet, an dem Jesus Christus starb, und nicht weit davon wurde er in ein Felsengrab gelegt, wo die Erde seinen Leib in sich aufnahm. Als Adams Sarg in die Mitte der Erde gelangt war, wanderte Sem wieder nach Hause. Zu Melchisedek sprach Gott der Herr: »Bleibe hier und werde ein Priester meines Wortes. Nicht Tiere sollen deine Opfergabe sein. Dem Wortesgott opfere Brot und Wein, denn im Brote schweigt Gottes Wort und im Weine spricht Gottes Wort. Im Wechsel von Schweigen und Sprechen wirkt Gottes Wort. So werde du, Melchisedek, ein Priester des höchsten Gottes.« Als Gott diesen Auftrag Melchisedek gegeben hatte, begab dieser sich in eine Felsengrotte. Dort lebte er lange Zeit, in der niemand von ihm wußte. Er opferte dem höchsten Gott Brot und Wein und aus seinen Gebeten strahlte Frieden aus in die Welt. Später wurde über dem Felsen, wo Melchisedek lebte, eine Stadt erbaut mit dem Namen: Stadt des Friedens: Jeru-salem.

Der Turmbau zu Babel und seine Folgen

Die Menschheit wuchs heran und wurde groß. Sie sprachen damals alle eine Sprache. Es war die Sprache, mit der Adam im Paradies den Tieren ihren Namen gegeben hatte. Es war das ins Menschenwort gebrachte Gotteswort. Luzifer sah, wie immer mehr Menschenseelen aus Gottes Geist auf die Erde kamen. Er dachte: »Wann werden sie endlich ihren Schöpfungsauftrag erfüllen und sein, wie Gott? Ich muß ihnen dazu verhelfen.« In allen dunklen Zeiten schlich er sich an die Menschen heran und leuchtete ihnen mit seinem Scheinlicht. Dadurch wurden sie aufmerksam auf ihn, und er konnte sie verführen, daß sie auf ihn hörten und sein wollten wie Gott. Sofort war auch Satanas zur Stelle und zeigte ihnen, wie man die Erde zum Himmel wachsen lassen kann. Sie beschlossen einen Turm zu bauen, so hoch, daß sie von dort oben in Gottes Welten, in das Paradies hineinschauen könnten. Sie brannten aus Lehm Ziegel und fügten Reihe auf Reihe zu einem Turmgemäuer. Sie bauten im Westen ein Treppe, auf der sie die Ziegel hinauf trugen und im Osten eine Treppe, auf der sie herunterstiegen, um neue Ziegel zu holen. Mit großer Klugheit bauten sie den Turm mitten in der Stadt Babel. Ihr Name heißt: Verwirrung. Gott sah, wie da Luzifer und Satanas wieder zusammenwirkten, um den Menschen unter ihre Herrschaft zu bekommen. Er rief alle Erzengel herbei und gab ihnen den Auftrag, den Turm zu zerstören. Die Erzengel fuhren herab und zerstörten den Turm mit feurigen Blitzen. Die Menschen flüchteten auseinander. In alle Richtungen liefen sie fort.

Als nur noch die Trümmer des Turmes übrig waren, sammelten sie sich um den zerstörten Turmbau in Babel. Sie wollten einander erzählen, wie es ihnen ergangen war, als das Unglück hereinbrach. Aber keiner konnte den anderen verstehen. Denn die Erzengel hatten nicht nur den Turm zerstört, sie hatten die eine Sprache der Menschheit in 144 Sprachen gespalten. Seitdem gibt es viele Völker und Sprachen und es gibt auch Menschen, die in derselben Sprache einander nicht mehr verstehen. Denn das Wort Gottes war nicht mehr im Sprechen der Menschen, sondern lebte über ihnen, und nur wenige konnten es hören und verstehen. So entfernte sich das Menschenwort immer mehr von Gottes Wort und die Menschen versündigten sich mit Worten und Taten gegen Gott und seine Schöpfung. Sie schufen sich eine eigene Welt, in der sie auf die Stimme Luzifers hörten und mit ihren Taten Satanas dienten. Gott sah alles, aber er gedachte seines Versprechens, nie mehr wieder die Erde und alle Wesen auf der Erde zu vernichten. Er wollte die Erde und alle Schöpfung erhalten. Er wollte, daß der Mensch zu seinem Bilde werde. Er wollte, daß der Mensch lerne, aus Freiheit dem Guten zu dienen und dem Bösen zu widerstehen. Nun aber geschah es, daß die Menschen selber durch Luzifer und Satanas ihrem Untergang entgegengingen. Denn ohne Gott geht die Welt zugrunde.

Da sann Gott auf Rettung. Er rief die Engel aller Reiche zusammen. Sie scharten sich in kleinen und großen Kreisen um ihn, um seine Botschaft zu hören. Und Gott sprach: Die Menschheit hat das göttliche Wort verloren und hört nicht mehr auf uns. Immer mehr verliert sie auch das Menschenwort. Sie verstehen einander immer weniger und hören nur noch auf das, was Luzifer zu ihnen spricht, und tun Satanas Werke. So reißen sie die ganze Schöpfung in ihr gottloses Leben hinunter. Es gibt nur eine Rettung für sie: Wer von euch ist bereit, selber ein Mensch zu werden und die göttliche Sprache den Menschen zurück zu bringen?« Als die Engel die Frage Gottes vernahmen, schwiegen sie alle. Keiner wollte sein Engelsein opfern und Mensch werden. Noch einmal stellte Gott die große Frage. Alles blieb stumm. Ein drittes Mal fragte Gott: »Wer ist bereit, ein Mensch auf Erden zu werden und zu erfüllen das Wort vom Anfang: Gott schuf den Menschen zu seinem Bilde? Wer will es sein?« Schweigen war da in den himmlischen Welten, langes, langes Schweigen. Da trat das Wort aus Gottes Geist hervor, das Wort, durch das Gott die Welt erschaffen hatte, das selber ein Gott war. Gottes Sohn. Und das Wort sprach: »Vater, ich will es tun. Ich bin bereit, Mensch zu werden auf der Erde und als dein Wort das Sprechen der Menschen zu erfüllen.« Da jubelten alle Engelreiche, daß Erde und Menschheit gerettet werden sollten. Aber Gott sprach: »Meinen Sohn, mein göttliches Wort opfere ich nur dann in die Menschheit, wenn sich ein Mensch finden läßt, der gleich mir bereit ist, seinen Sohn für die Himmlischen zu opfern. Erst, wenn ein Mensch diese Probe bestanden hat, will ich aus seinem Stamm ein Volk werden lassen, in dem mein Sohn, mein Wort, Mensch werden kann.« Da trat Engel Michael hervor und sagte: »Ich habe die Menschheit allezeit begleitet, seit sie das Paradies verlassen mußte. Ich will dir einen Menschen zuführen, der die Probe bestehen wird, und ich will sein Volk begleiten, daß du es zubereiten kannst als dein auserwähltes Volk, in dem dein Sohn, dein Wort, Mensch werden kann.« Und Michael führte einen Mann zu Gott mit namen Abram.

DIE ERZVÄTER
ABRAHAM – ISAAK – JAKOB

Abrams Wanderwege

Abram wohnte mit seinem Vater Tarah und seinen Brüdern Nahor und Haran in Ur im Lande Chaldäa. Haran hatte eine Frau und einen Sohn mit Namen Lot. Nahor hatte eine Frau und zwei Töchter. Abram hatte eine Frau mit Namen Sarai, aber er hatte keine Kinder. Haran starb noch vor seinem Vater Tarah. Da nahm Tarah, den Sohn Harans, Lot, zu sich. Mit ihm und mit seinem Sohn Abram und seiner Schwiegertochter Sarai zog er fort aus Ur in Chaldäa, um sich mit ihnen in das Land Kanaan zu begeben. Als sie aber in die Stadt Haran kamen, gefiel es Tarah dort zu bleiben, und sie zogen nicht nach Kanaan. Lange blieben sie dort, bis Tarah starb. Als Tarahs Seele in die unsichtbare Welt kam, erlebte er von Ferne die große Weltenstunde, da die Engel um Gott versammelt waren, da Gott dreimal die Frage stellte: »Wer von euch will als Mensch auf die Erde gehen?«, da die große Stille eintrat bis der Sohn Gottes, das Weltenwort selber sprach: »Ich will es tun«. Tarah hörte auch, daß Michael einen Menschen erkannt hatte, der ein großes Volk, das Volk Gottes werden sollte, aber er ahnte nicht, wer es war. Er ging seinen Weg durch die unsichtbare Welt. Er fand dort seinen Sohn Haran, der vor ihm gestorben war. Wenn Nahor und Abram auf Erden beteten, erhoben sich ihre Seelen in die Welt, in der Tarah und Haran weilten. Und auch in der Nacht, wenn Abram auf Erden schlief, war seine Seele in der unsichtbaren Welt. Dann erfuhr Tarah, was seine Kinder auf Erden erlebt hatten. Und er hörte alles, was Gott, der Herr, zu seinem Sohn Abram sprach.

Als Abram einmal vom Felde heimkam, wo er nach seinem Vieh, seinen Knechten und Mägden geschaut hatte, hörte er plötzlich die Stimme Gottes. Er kniete nieder, lauschte und vernahm die Worte: »Abram, verlaß dein Land, deine Verwandtschaft und das Haus deines Vaters und ziehe in das Land, das ich dir zeigen werde. Ich will dich zu einem großen Volk machen. Ich will dich segnen und du selbst sollst ein Segen werden für viele Menschen. Wer dich segnet, soll auch von mir gesegnet werden. Wer dich verflucht, soll auch von mir verflucht werden. Alle Völker der Erde sollen durch

dich gesegnet werden. Groß soll dein Name sein durch alle Erdenzeiten.«
Das Wort des Herrn erschütterte Abram. Er wußte nicht, was Gott mit ihm
vorhatte, aber er tat, wie ihm der Herr geheißen hatte. Er zog mit seiner
Frau Sarai, mit seinem Brudersohn Lot und mit allen Knechten, Mägden
samt allen Tieren fort aus Chaldäa. Gott führte ihn in das Land Kanaan. Er
zog darin umher. Einmal kam er zu einem großen uralten Baum, einer
Terebinthe. Es war eine heilige Stätte. Dort hatten die Menschen schon
immer auf Gottes Wort gelauscht, wenn sie einen Rat für die Zukunft
brauchten. Abram ließ sich nieder unter dem Baum, der Terebinthe, in der
Nähe der Stadt Sichem. Da hörte er, wie Gott zu ihm sprach: »Dieses Land
Kanaan, das du jetzt durchwandert hast, will ich später deinen Nachkommen geben.« So hatte Gott zum zweitenmal zu Abram gesprochen. Abram
erhob sich, baute für Gott an dieser Stelle einen Altar und betete. Dann zog
er weiter und schlug seine Zelte zwischen Bethel im Westen und Ai im
Osten auf. Auch dort baute er einen Altar und betete mit allen, die bei ihm
waren, zu Gott, dem Herrn, der sie führte. Dann zogen sie weiter in den
Süden des Landes. Dort brach eine Hungersnot über alle Menschen in Kanaan herein. Auch Abram und die Seinen hatten nichts mehr zu essen.
Abram beschloß nach Ägypten zu gehen und dort eine Zeitlang als Fremd-
ling am Hofe des Pharao zu arbeiten und zu leben.

Seine Frau Sarai war so schön, daß er fürchtete, ein Ägypter könne sie
begehren wollen und ihn erschlagen, um sie zu seiner Frau machen zu
können. Er vergaß die Verheißung Gottes, daß aus ihm ein großes Volk
werden sollte. Und weil er Gott vergaß, konnte der Lügengeist an ihn
heran. Er bat seine Frau Sarai: »Sage doch den Ägyptern, du seiest meine
Schwester. Dann werden sie mich um deinetwillen nicht töten.« Als sie
nun nach Ägypten kamen, bewunderten die Ägypter die Schönheit Sarais
und erzählten dem Pharao, dem ägyptischen König: »Ein Fremder ist in
unser Land gekommen und sucht Arbeit bei uns. Seine Schwester hat er
mitgebracht. Sie ist die schönste Frau, die wir je sahen.« Da ließ der Pharao
Sarai zu sich kommen. Um ihretwillen beschenkte er Abram mit Rindern,
Eseln, Kleinvieh und kostbaren Schätzen, so daß es Abram und den Seinen
gut ging in der Fremde. Der Pharao nahm sich Sarai zur Frau, denn er
dachte, sie sei Abrams Schwester. Als Gott, der Herr, das sah, schickte er
schwere Krankheiten, an denen die Ägypter leiden mußten, auch der Pharao und alle in seinem Hause. Da bemerkte der Pharao, daß die Krankheit
eine Strafe Gottes dafür war, daß er sich die Frau eines anderen zu eigen
gemacht hatte. Er ließ Abram zu sich rufen und sagte zornig: »Was hast du

mir angetan? Warum hast du mir nicht gesagt, daß Sarai deine Frau ist, und hast sie für deine Schwester ausgegeben? Ich habe sie mir zur Frau genommen. Das hat mich taub gemacht für die Sprache Gottes. So mußte er mich und mein Volk durch die schlimme Krankheit aufwecken, daß ich ihn wieder hören kann. Ich gebe dir Sarai zurück, aber verlaß unser Land und bringe nicht noch mehr Unheil über uns.« Der Pharao rief Männer herbei, die Abram und die Seinen bis zur Grenze des Landes sicher geleiteten, denn das ganze ägyptische Volk war aufgebracht gegen ihn, weil sie seinetwegen die Krankheit durchleiden mußten. So kam Abram wieder nach Kanaan zurück mit allem Reichtum, den er in Ägypten erhalten hatte, aber auch mit der schweren Schuld, die er auf sich geladen hatte. Er zog umher, bis er wieder zu der Terebinthe kam, darunter der Altar stand, den er selber gebaut hatte. Dort blieb er und brachte ein großes Opfer und betete zu Gott dem Herrn und bereute das Unrecht, das er getan, und daß er dem Lügengeist gefolgt war. Er rief den heiligen Namen Gottes, daß er ihn wieder in seine Gnade hineinnehmen möge, ihn und die Seinen leiten möge und seine göttliche Verheißung nicht von ihm nehmen möge. Abram erlebte das Schweigen Gottes, aber er fühlte, daß das Schweigen genauso zu Gottes Sprache gehört wie sein Reden, nur daß wir Menschen sein Schweigen nicht verstehen. Mit seinem Beten hatte Abram sich wieder in Gottes Willen gestellt und lebte, wie es Gott wohlgefiel.

Der Brudersohn Abrams, Lot, hatte inzwischen seine Herden vermehrt und war reich geworden. Die Hirten Abrams und die Hirten Lots weideten ihre Herden im selben Gebiet. Sie fingen an, miteinander zu streiten. Jeder wollte für seine Tiere die besten Wiesen. Jeder wollte zuerst an die Tränke mit seiner Herde. Der Streit wurde immer schlimmer. Eines Tages sagte Abram zu Lot: »Es ist nicht gut, daß zwischen uns Streit ausbricht, daß deine und meine Hirten sich nicht vertragen. Wir sind doch aus einer Familie, und es sollte Frieden zwischen uns sein. Es ist besser, wenn wir uns trennen und jeder von uns ein eigenes Land hat. Wähle du, ob du das Land im Osten oder im Westen haben willst?« Lot hob seine Augen auf und sah, daß das Land um den Jordan, der im Osten fließt, reich bewässert und fruchtbares Land war. Wie ein Garten Gottes sah es aus. »Ich möchte die Jordanauen haben, den Ostteil des Landes«, sagte Lot. Abram war einverstanden. So blieb er in Kanaan und Lot zog in die Gegend von Sodom, in das fruchtbare Jordanland. Die Leute von Sodom waren böse Menschen und hörten auf Luzifer und Satanas mehr, als auf die Stimme Gottes.

Als sich Lot von Abram getrennt hatte und kein Streit mehr war zwischen ihnen, hörte Abram wieder die Stimme Gottes. Das Schweigen Gottes war vorüber und Gott sprach: »Hebe deine Augen und schaue von der Stelle, wo du stehst, nach Norden und Süden, nach Osten und Westen, denn das ganze Land, das du siehst, will ich dir und deinen Nachkommen für alle Zeit geben. Deine Nachkommen sollen so unzählbar sein wie der Staub der Erde. Wie niemand den Staub der Erde zählen kann, so soll man auch deine Nachkommen nicht zählen. Wohlauf, durchziehe das Land in seiner Länge und Breite, denn ich will es dir geben.« Da zog Abram in Kreuzesform durch das Land, von Norden nach Süden, von Osten nach Westen. Zuletzt kam er in einen Hain mit uralten Terebinthen, in denen der Wind durch die Zweige wehte. Dort ließ er sich nieder, baute Gott einen Altar und dankte ihm, daß er wieder mit ihm sprach und er seine Stimme hören durfte.

Abram begegnet Melchisedek

Eines Tages kam ein Bote zu Abram in den Terebinthenhain Mamre, in dem er wohnte. Er berichtete Abram: »Fünf Könige haben ihre Krieger zusammengerufen und kämpfen gegen vier Könige und deren Krieger. Aber sie sind die Schwächeren und wurden besiegt. Darunter ist auch der König von Sodem, wo dein Brudersohn Lot wohnt. Sie haben Lot und alle, die zu ihm gehören, gefangen genommen.« Als Abram das hörte, rief er alle Männer, die bei ihm waren und für ihn arbeiteten. Es waren 318 streitbare Männer, die in seinem Hause geboren und aufgewachsen waren. Er teilte sie in mehrere Gruppen. Bevor sie gegen die vier Könige in den Krieg zogen, beteten sie, daß Gott, der Herr, ihnen helfen möge, Lot und die Seinen aus der Gefangenschaft zu befreien. So kam es, daß Abram die Heere der vier Könige besiegte und Lot befreite. Mit Lot befreite er auch alle anderen, die in den Städten der fünf Könige gewohnt hatten, und gewann all ihr Hab und Gut zurück. Als Abram auf dem Wege nach Hause war, zog er mit seinen Männern durch das Tal, das den Namen hat »Königstal«. Dort lebte ein König im Verborgenen. Nur manchmal ließ er sich unter den Menschen blicken. Das war immer dann, wenn einem Menschen oder einer Stadt Unrecht geschah. Dann tauchte der König aus der Verborgenheit auf und sorgte für Gerechtigkeit. Darum nannten ihn die Leute König der Gerechtigkeit, Melchisedek. Er hatte auf Erden kein Königreich. Die Leute sagten:

»Sein Reich ist nicht von dieser Welt, seine Stadt ist die Stadt des Friedens.« Sein Reich war das Reich der Gedanken und Gebete. Als er in seinem unsichtbaren Reich wandelte, wurde ihm von Gott ein Auftrag gegeben. »Melchisedek, der Priester des höchsten Gottes, der Himmel und Erde erschaffen hat, gehe zu Abram, der ein Hebräer ist, das heißt übersetzt: ein Mensch der Ewigkeit. Segne ihn und bringe ihm Brot und Wein, die Opfergaben für Gott, den Höchsten. Du dienst mir schon, seit du Adams Sarg in der Erde versenktest. Wisse, aus Abram wird ein Volk werden und in diesem Volk wird mein Sohn als ein neuer Adam geboren werden. Darum mache dich auf und bringe Abram mein Brot, meinen Wein und meinen Frieden.« Als nun Abram durch das Königstal ging, kam ihm Melchisedek entgegen. Er trug in seiner Hand Brot und Wein. Abram erkannte in ihm den verborgenen König und den Priester des höchsten Gottes. Er kniete nieder in Demut. Da reichte ihm Melchisedek Brot und Wein und sprach: »Ich bringe dir die Opfergaben für Gott, den Allerhöchsten, der Himmel und Erde geschaffen hat. Mit dem Brot nimm auf in deine Seele sein Wort, mit dem Wein nimm auf in deine Seele seine Kraft. Der Friede Gottes sei mit dir.«

So segnete Melchisedek Abram, den Hebräer, und gab ihm damit ein Geschenk aus der Ewigkeit. Als Melchisedek von ihm gegangen war, erhob sich Abram und ging weiter. Da kam ihm der König von Sodom entgegen. Er dankte Abram für seine Hilfe und sprach: »Ich bitte dich, die Männer, die deine Gefangenen sind, freizugeben, daß sie in ihre Stadt zurückgehen können. Das Hab und Gut magst du behalten als Dank dafür, daß du uns befreit hast.« Abram sagte: »Ich will mich nicht an fremdem Hab und Gut bereichern. Ich gebe euch alles zurück, die Menschen sowie alle Beute des Krieges. Nur was meine Männer zum Essen brauchen, das soll das einzige sein, was wir von euch nehmen. Mein Reichtum soll nicht von dir kommen, sondern allein von Gott dem Höchsten, der Himmel und Erde gemacht hat.« So bekamen die fünf Könige alles zurück, was Abram von den vier Königen im siegreichen Kampf gewonnen hatte.

Abrams Mißtrauen gegen Gott

In der Nacht, nachdem Abram das alles erlebt hatte, wurde ihm ein Traumgesicht zuteil. Darin sprach Gott der Herr mit ihm und sagte: »Fürchte dich nicht, Abram, ich bin dein Schützer. Du sollst großen Lohn bekommen.« Abram klagte: »Ach Herr, mein Gott, was könntest du mir geben. Es bedeutet ja alles nichts, denn ich bin kinderlos und alt. Alles Vermögen, das du mir geben könntest, wird einmal mein Knecht Elieser erben.« Gott sprach: »Elieser soll nicht dein Erbe sein, sondern einen eigenen Sohn wirst du bekommen. Der soll dein Erbe sein. Tritt hinaus vor die Tür.« Da trat Abram vor die Tür. Und Gott, der Herr, sprach: »Blicke zum Himmel empor und zähle die Sterne, wenn du es kannst. So unzählbar und zugleich geordnet wie die Sterne am Himmel, so soll deine Nachkommenschaft sein. Wie die zwölf Sternenhäuser am Himmel soll aus zwölf Stämmen auf Erden das Volk geordnet sein, das aus dir wird.« Da glaubte Abram den Worten Gottes. Sein Vertrauen rührte an Gottes Herz, und Gott liebte den Abram. Er ließ ihn einen Blick in die Zukunft tun und sprach: »Ich bin der Herr, der dich aus Ur in Chaldäa hierher geführt hat und der deinen Nachkommen dieses Land versprochen hat.« Da erwiderte Abram: »Herr, mein Gott, woran soll ich erkennen, daß ich das Land besitzen werde?« Da antwortete ihm Gott: »Hole mir eine dreijährige Kuh, eine dreijährige Ziege und einen dreijährigen Widder, dazu eine Turteltaube und eine junge Taube.« Abram holte die Tiere und legte sie als Opfer auf den Altar. Als die Raubvögel kamen, um das zerteilte Fleisch zu holen, scheuchte er sie davon. Dann ging die Sonne unter und Abram fiel in einen tiefen Schlaf. Im Schlaf überfiel ihn eine große Angst und seine Seele erlebte eine furchtbare Finsternis. Da hinein sprach Gott zu ihm: »Deine Nachkommen werden als Fremdlinge in einem Lande weilen und dort als Sklaven dienen. Vierhundert Jahre lang werden sie unterdrückt von anderen Völkern. Ich werde dann diese Völker zur Rechenschaft ziehen und dein Volk wird mit reicher Habe ausziehen. Erst nach vier Generationen werde ich ihnen das Land geben, das ich dir versprochen habe, weil sie sich gegen mich versündigen werden. Du aber sollst lange vorher in hohem Alter die Erde verlassen.« Als es draußen ganz dunkel geworden war, erwachte Abram aus der Angst und Finsternis seiner Seele und sah, wie zwischen den Fleischstücken auf dem Altar ein Feuer wie eine Fackel hindurchzuckte. Er wußte, das war das Zeichen, daß Gott mit ihm den Bund schließen wollte.

Einige Zeit danach kam Sarai zu ihm und sagte: »Ich bin so alt geworden, und Gott hat mir kein Kind geschenkt. Ich habe eine treue Magd, Hagar. Ich gebe sie dir als zweite Frau. Vielleicht schenkt Gott dir mit ihr ein Kind und erfüllt durch sie seine Verheißung, daß du einen Sohn bekommen sollst.« Abram dachte: »Vielleicht hat sie recht. Es ist besser, Hagar schenkt mir einen Sohn, als daß ich gar keinen Sohn habe.« Und er machte Hagar, eine Ägypterin, zu seiner zweiten Frau. Wie vorher Abrams Vertrauen Gottes Herz in Liebe erglühen ließ, so tat jetzt das Mißtrauen Abrams dem Herzen Gottes weh. Warum konnte Abram nicht die rechte Stunde erwarten? Warum wollte er Gottes Weisheit zuvorkommen? Durch Sarai hatte Luzifer zu Abram gesprochen, der im Bunde mit Satanas immer das sagt, was Gott auch sagt, aber immer zur falschen Zeit und am falschen Ort. Nun hatte auch Abram auf die beiden Widersacher Gottes gehört. Abram, der einzige Mensch, auf den Michael gezeigt hatte, als Gott den Menschen suchte, den er erwählen konnte, das Volk zu werden, in dem sein Sohn Mensch werden würde. Das war ein tiefer Schmerz für Gott den Herrn. Konnte er denn jetzt noch seine Verheißung erfüllen? Das konnte er nur, wenn er zuvor Abram in eine harte Probe schickte. Bevor er das tat, schenkte Gott der Magd Hagar einen Sohn. Als diese merkte, daß sie, die Magd, ein Kind bekommen würde, und Sarai, ihre Herrin, nicht, verspottete Hagar ihre Herrin und dachte, sie sei mehr wert als Sarai. »Der Herr schätzt mich mehr als dich«, sagte sie zu Sarai. Das kränkte Sarai und sie beschwerte sich darüber bei Abram. Der sagte: »Du bist ihre Herrin, sie muß tun, was du sagst.« Da redete Sarai hart mit Hagar und ließ sich keinen Spott mehr von ihr gefallen. Das gefiel Hagar nicht und sie entfloh. Der Engel, der dem Gottessohn das Volk bereiten wollte, in dem er Mensch werden konnte, sah, wie Abram eigene Wege ging und aus der Führung Gottes geraten war. Er sah, wie eine Menschenseele auf dem Weg war, Abrams Sohn zu werden, wie aber nicht Sarai, sondern Hagar die Mutter dieser Seele wurde. Er fand Hagar bei einer Quelle in der Wüste und fragte sie: »Hagar, du Magd der Sarai, woher kommst du und wohin gehst du?« Sie antwortete: »Ich bin auf der Flucht vor meiner Herrin Sarai.« Der Engel sprach: »Kehre zu deiner Herrin zurück und diene ihr, denn sie ist die Frau, die Gott dem Abram bestimmt hat. Du aber bist seine Frau geworden, als Abram sein Gottvertrauen verloren hatte. Du wirst einen Sohn gebären und sollst ihm den Namen »Ismael« geben, das heißt »Gott erhört«, denn Gott hört jedes Menschen Notschrei. Gott will dem Ismael eine unzählige Nachkommenschaft geben. Aber Ismael wird wie ein Wildesel sein, er wird gegen alle die Hand erheben, und alle werden gegen ihn die Hand erheben, und er wird allen seinen Brüdern gegenüber trotzig sein.« Als der Engel so zu Hagar gesprochen hatte, sagte sie: »Ich schaue dich als einen, der mich anschaut und der meinen Sohn anschaut. Daran, daß ich mich von dir angeschaut fühle, erkenne ich dich als den Schauenden, erkenne ich dich als das Angesicht Gottes.« Die Quelle, an der Hagar von dem Engel gefunden wurde, hat man darum später Brunnen des Lebendigen und Schauenden genannt. Hagar kehrte zu Sarai zurück. Sie gebar dem Abram einen Sohn, und er nannte ihn Ismael.

Das geistige und das leibliche Zeichen Gottes für den Bund mit Abram

Als Abram 99 Jahre alt war und Sarai 90 Jahre, erschien ihm Gott der Herr wieder und sprach: »Ich bin der Herr, dein Gott. Fühle, wie ich dir immer nahe bin, wie du vor meinen Augen lebst, und lasse dich nicht von den beiden verführen, die dich taub und blind machen wollen für meine Gegenwart, damit du ihnen folgst, Luzifer und Satanas. Ich will einen Bund mit dir schließen. Das soll der Inhalt unseres Bundes sein, was ich dir schon verheißen habe: Du sollst der Vater vieler Stämme werden. Auch Könige sollen daraus hervorgehen. Sarai soll die Mutter dieser Völker sein. Weil das so ist, hauche ich dir, wie einstmals dem Adam, einen Atem aus meiner göttlichen Seele ein. Das wird dich verwandeln und damit sollst du einen neuen Namen bekommen. Dann gehe hin zu deiner Frau Sarai, hauche ihr von meinem göttlichen Atem ein. Das wird auch sie verwandeln, und sie soll auch einen neuen Namen bekommen. Abram kniete nieder und Gott hauchte ihm seinen Namen ein: Hhhha. Da erschien der Hauch im Namen des Abram und es wurde daraus Abra-ha-m. Und Gott sprach: Dein neuer Name sei das geistige Geschenk unseres Bundes. Das leibliche Zeichen unseres Bundes sei ein Schnitt am Leibe aller männlicher Menschen, die zu deinem Hause gehören. Und dieser Schnitt soll in Zukunft an jedem männlichen Menschen acht Tage nach seiner Geburt vollzogen werden. Durch dieses Zeichen an eurem Leibe sollt ihr daran erinnert werden, daß ich einen Bund mit euch geschlossen habe, daß ihr mein auserwähltes Volk sein sollt.« Nun gehe zu Sarai und gib ihr meinen Atem und sage ihr alles, was ich dir gesagt habe. Denn über ein Jahr wird sie einen Sohn bekommen.« Da mußte Abraham lachen, denn er konnte nicht glauben, daß Menschen in so hohem Alter, mit 99 und mit 90 Jahren, noch ein Kind bekommen sollten. Und er fragte Gott, was denn mit Ismael sei, der ihm doch auch von Gott geschickt worden war. Da merkte Gott, daß aus Abrahams Seele Luzifer noch nicht gewichen war. Immer noch geisterten darin die Gedanken Luzifers, daß es besser sei, einen Sohn zu haben, als vergeblich auf einen Sohn zu warten. Gott, der Herr, hatte Mitleid mit Abraham und sagte: »Auch Ismael soll ein großes Volk werden. Zwölf Fürsten sollen daraus hervorgehen. Aber Sarai soll dir den Sohn gebären, aus dem mein Volk werden soll. Du sollst ihn Isaak nennen, das heißt Lacher, weil du gelacht hast, als ich ihn dir angekündigt habe.« Als Gott der Herr das Gespräch mit Abraham beendet und den Bund mit ihm geschlossen hatte, entschwand er aus Abraham, daß er ihn nicht mehr hörte. Abraham ging zu Sarai. Er hauchte ihr Gottes Atem ein, der seinen Namen verwandelt hatte. Da wurde auch der Name Sarais verwandelt. Der Hauch zog in sie hinein und sie hieß von nun an Sarah. So bekamen die beiden Eltern Isaaks ein geistiges Zeichen für den Bund mit Gott. An allen männlichen Menschen seines Hauses vollzog Abraham mit der Beschneidung ein leibliches Zeichen.

Der Besuch der drei Engel

Nicht lange danach saß Abraham in der Mittagsglut vor seinem Zelt unter der großen Terebinthe im Hain Mamre. Er blickte auf und sah, daß Gott der Herr in der Gestalt dreier Männer zu ihm kam. Er lief ihnen entgegen, warf sich vor ihnen nieder und sprach: »O Herr, gehe nicht an deinem Knecht vorüber, wenn ich Gnade vor dir gefunden habe. Ich will euch die Füße waschen lassen, will euch zu essen bringen ... Ihr möget unter diesem Baume ausruhen.« Die drei Männer sagten: »Tue so, wie du gesagt hast«, und ließen sich unter dem Baume nieder. Abraham lief zu Sarah ins Zelt und sagte: »Backe schnell guten Kuchen. Wir haben Gäste.« Er selber schlachtete ein Kalb, ließ es von Sarah zubereiten und setzte dann den drei Männern ein köstliches Mahl vor. Die fragten ihn: »Wo ist deine Frau Sarah?« Er antwortete: »Drinnen im Zelt.« Die Männer sprachen: »Über ein Jahr will ich wieder zu dir kommen. Dann wird deine Frau Sarah einen Sohn geboren haben.« Sarah hatte aber am Eingang des Zeltes gestanden und gelauscht. Als sie die Männer sagen hörte, daß sie Mutter werden würde, fand sie das töricht, denn sie meinte, sie und ihr Mann seien doch

Drei Engel bei Abraham

viel zu alt dazu. Wie konnte jemand nur sagen, daß ein 100jähriger Greis und eine 91 Jahre alte Frau ein Kind bekommen würden. Sie fand das so unmöglich, daß sie lachen mußte. Gott der Herr hörte ihr Lachen und sagte zu Abraham: »Warum hat Sarah gelacht? Gibt es denn irgend etwas, das für Gott unmöglich ist? Was er tut, ist nicht gegen die Weisheit seiner Naturgesetze, aber ihr kennt nicht die Fülle seiner weisen Gesetze. Das meiste ist euch verborgen. Ihr solltet nicht darüber lachen.« Da kam Sarah hervor und sagte: »Ich habe nicht gelacht«, denn sie fürchtete sich. Aber Gott der Herr sprach: »Doch, du hast gelacht.« Danach erhoben sich die drei Männer und wollten weitergehen.

Abraham begleitete sie ein Stück des Weges. Zwei von ihnen gingen in der Richtung nach Sodom. Da dachte Gott der Herr: »Soll ich vor Abraham ein Geheimnis haben? Soll ich ihm nicht sagen, was ich vorhabe. Ich habe doch einen Bund mit ihm geschlossen und ihn auserwählt, ein besonderes Volk zu werden. Alle anderen Völker der Erde sollen ja durch sein Volk gesegnet werden. Und Gott der Herr sprach zu Abraham: »Jeden Tag kommen die Engel der Menschen zu mir, die in Sodom und Gomorrah wohnen, und klagen und weinen über das böse Leben der Menschen in diesen beiden Städten. Nun will ich erkunden, ob es so schlimm ist, wie die klagenden Engel es sagen, und wenn es so ist, will ich die beiden Städte vernichten.« Abraham erschrak. In Sodom wohnte ja auch sein Brudersohn Lot mit seiner Familie. Er blieb stehen und sprach: »O Herr, willst du wirklich die Gerechten mit den Schuldigen zugleich untergehen lassen? Vielleicht gibt es fünfzig Gerechte in der Stadt.« »Wenn es fünfzig Gerechte in Sodom gibt, will ich um der fünfzig willen die Stadt erhalten«, sprach der Herr. »Vielleicht fehlen an den fünfzig nur fünf. Willst du dann wegen der fünf die Stadt vernichten?« fragte Abraham. »Wenn es fünfundvierzig sind, will ich die Stadt auch erhalten«, erwiderte der Herr. »Verzeihe, o Allherr, wenn ich noch einmal zu dir spreche«, sagte Abraham, »aber wenn es nur vierzig Gerechte sind, wirst du dann die Städte Sodom und Gomorrah vernichten?« »Um der vierzig Gerechten willen werde ich die Städte erhalten«, sprach der Herr. »Bitte zürne mir nicht, wenn ich nochmals frage«, sagte Abraham, »aber vielleicht finden sich doch nur dreißig Gerechte?« »Ich will ihnen nichts tun, wenn es nur dreißig sind«, sprach der Herr. »Und wenn es zwanzig sind?« fragte Abraham. »Auch dann will ich ihnen nichts tun«, sagte der Herr. »Bitte zürne nicht Herr, wenn ich, der ich aus Staub und Asche gemacht bin, dich, den Allherrn, noch einmal frage: Was wirst du tun, wenn nur zehn Unschuldige in Sodom und Gomorrah leben?«

»Ich werde sie um der zehn Gerechten willen nicht vernichten«, sprach der Herr. Damit beendete er das Gespräch mit Abraham und ging fort. Abraham kehrte nach Hause zurück.

Lot und der Untergang von Sodom und Gomorrah

Als die beiden Engel in der Gestalt zweier Männer nach Sodom kamen, saß Lot gerade am Stadttor, als hätte er auf sie gewartet. Er wußte aber nicht, wer da kam. Als er sie erblickte, ging er ihnen entgegen, verneigte sich tief vor ihnen und sprach: »Ich grüße euch und bitte euch, bei mir einzukehren. Wascht euch die Füße und ruht in meinem Hause. Morgen früh könnt ihr dann erfrischt weiterwandern.« Die beiden sagten: »Nein, wir wollen lieber im Freien übernachten.« Aber Lot bat sie so lange, bis sie einwilligten und mit ihm nach Hause gingen. Er bereitete ihnen dort ein Mahl und gewährte ihnen alle Gastfreundschaft. Die Bewohner von Sodom hatten aber sofort gesehen, daß Lot zwei Fremde in ihre Stadt geführt hatte und bei sich aufnahm. Das erfüllte sie mit Ärger und Haß. Sie wollten keine Fremden in ihrer Stadt dulden. Lot selber mochten sie auch nicht leiden. Sie fürchteten, er könne mächtiger werden als sie. Voller Zorn rannten sie zu seinem Haus, rüttelten an der Tür und verlangten, er solle die Fremden herausgeben und ihnen überlassen. Lot trat vor die Tür, machte sie hinter sich fest zu und sagte zu den Leuten: »Die beiden Männer habe ich als Gäste in mein Haus genommen. Sie haben Schutz unter meinem Dach. Wenn ihr eine vergnügliche Nacht verbringen wollt, schicke ich euch meine Töchter statt dessen. Sie tanzen und singen schön. Das soll euch Freude machen.« »Deine Töchter wollen wir nicht. Wir wollen auch kein Vergnügen. Wir wollen keine Fremden dulden in unserer Stadt. Du bist uns allein schon viel zu mächtig. Gib uns die Fremden heraus«, so schrien die Leute. Sie drangen mit Gewalt auf ihn ein und wollten die Tür zerbrechen. Da öffnete sich die Tür von innen. Die Engel zogen Lot ins Haus hinein. Die Leute aber wurden mit Blindheit geschlagen. Sie fanden die Türe nicht mehr, griffen ins Leere, verletzten sich gegenseitig. Schließlich tappten sie mühsam an der Mauer entlang, ohne zu sehen, in ihre Häuser zurück. Erst dort konnten sie wieder sehen.

Als Lot seine Gäste bewirtet hatte, sprachen die Engel zu ihm: »Schlimme Klagen über die Menschen, die in Sodom und Gomorrah wohnen, sind vor Gott, den Herrn, gekommen. Darum sollen beide Städte zerstört werden. Dich und deine Familie will der Herr retten, und alle anderen, die dir lieb sind. Sage ihnen, sie sollen in dieser Nacht die Stadt verlassen und mitnehmen, was sie brauchen, denn sie werden diese Stadt morgen nicht mehr vorfinden.« Da lief Lot zu seinen Schwiegersöhnen und sagte ihnen, was er von den Engeln erfahren hatte. Die aber lachten ihn aus und glaubten, er wolle Scherz mit ihnen treiben. Als Lot wieder nach Hause kam, sagten die Engel: »Auf, nimm deine Frau und deine Töchter mit und macht euch eilends auf den Weg ins Gebirge, bevor es zu spät ist.« Lot erwiderte: »Ach Herr, ich danke dir, daß ich Gnade bei dir gefunden habe und du mich retten willst mit meiner Frau und meinen Töchtern. Aber der Weg ins Gebirge ist weit. Wir werden es vielleicht nicht rechtzeitig erreichen. Erlaube, daß wir zu der kleinen Stadt gehen, die auf halbem Wege liegt.« »Nun gut«, antwortete der Herr, »ich will dir auch darin zu Willen sein und will den Ort nicht zerstören, von dem du sprichst. Aber nun beeile dich und achtet auf eines: Keiner von euch darf sich auf dem Wege auch nur einmal umdrehen und zurückschauen.« Lot und die Seinen zogen eilends los. Als sie in der kleinen Stadt ankamen, hörten sie ein furchtbares Prasseln und Krachen. Der ganze Himmel war glühend rot. Feuer und Schwefel fielen herab und zerstörten Sodom und Gomorrah und die ganzen umliegenden Felder und Wiesen. Da merkte Lot, daß seine Frau nicht bei ihnen war. Als der Feuerregen aufgehört hatte, ging er den Weg zurück, den sie gekommen waren. Da fand er seine Frau erstarrt am Wege stehen. Sie war zu einer Salzsäule geworden dort, wo sie sich, gegen Gottes Warnung, nach ihrem verlassenen Hause sehend, umgedreht hatte. So lebte Lot alleine mit seinen Töchtern. Er wurde der Stammvater des Moabitervolkes und des Ammonitervolkes, das in diesem Lande heranwuchs. Am nächsten Tag ging Abraham auf die Höhe, von wo aus er Sodom und Gomorrah gesehen hatte, als er bei dem Herrn für die Menschen darin um Gnade gebeten hatte. Da sah er die Trümmer rauchen und wußte, daß nicht einmal zehn Gerechte gefunden worden waren. Wie froh war er, als er seinen Brudersohn Lot und dessen Töchter lebend antraf.

Isaak und Ismael

Als ein Jahr vergangen war, kam Isaak, der Sohn Abrahams und Sarahs zur Welt, wie es Gott ihnen verheißen hatte. Sie freuten sich und feierten ein großes Fest am achten Tag nach seiner Geburt, wo Abraham seinem Sohn das Leibeszeichen schnitt als Zeichen des Bundes zwischen ihm und Gott, wie es der Herr mit ihm verabredet hatte. Isaak wuchs heran. Da sah Sarah, wie er mit seinem Halbbruder spielte, mit Ismael, dem Sohn der Magd. Sie wollte die beiden nicht zusammen sehen, denn sie fürchtete, Vater Abraham könnte sie gleich behandeln und Ismael genauso zu seinem Erben bestimmen wie Isaak.

Sie ging zu Abraham und sagte: »Schicke die Magd mit Ismael fort. Ich will nicht, daß er mit Isaak zusammen aufwächst.« Das machte Abraham traurig, denn er liebte seinen Sohn Ismael und wollte ihn nicht fortschikken. Er wandte sich im Gebet an Gott den Herrn. Da sagte der Herr: »Sei nicht traurig um Ismael und seine Mutter. Tue, was Sarah verlangt. Denn Isaak ist es, der von mir erwählt wurde, der zu sein, der das auserwählte Volk weiter fortpflanzt. Aber weil Ismael dein Sohn ist, will ich auch ihn ein großes Volk werden lassen. Nun aber folge Sarah und schicke die Magd mit Ismael fort, denn mit ihnen hast du einmal das Vertrauen zu mir gebrochen. Da stand Abraham am nächsten Morgen früh auf, nahm Brot und einen Schlauch mit Wasser, gab dies der Hagar, band ihr den Knaben Ismael auf den Rücken und schickte sie fort.

Da ging sie weg und irrte in der Wüste von Berseeba umher. Als das Wasser im Schlauch ausgetrunken war, schrie der Knabe vor Durst, und sie konnte ihm nichts geben. Sie wollte nicht länger sein Leiden mitansehen, legte ihn unter einen Busch und entfernte sich so weit, bis sie ihn nicht mehr schreien hörte. Es war ganz still, aber ihre Seele klagte. Da hörte sie die Stimme eines Engels, die sprach: »Was ist mit dir, Hagar, fürchte dich nicht. Gott hat das Schreien deines Kindes gehört. Stehe auf, nimm den Knaben und halte ihn fest an deiner Hand. Hast du vergessen, daß Gott aus ihm ein großes Volk entstehen lassen will?« Da stand Hagar auf, nahm den Knaben an die Hand und richtete ihn auf. Da wurden ihr die Augen aufgetan und sie erblickte eine Quelle. Sie füllte den Schlauch mit Wasser und gab dem Knaben zu trinken. Beide knieten nieder und dankten Gott für die Rettung. Gott liebte Ismael und war mit ihm, als er heranwuchs und ein Mann wurde. Ismael wurde ein gewaltiger Bogenschütze. An der Quelle, wo er gerettet worden war, ließ er sich nieder. Hagar nahm ihm eine Ägypterin zur Frau. Er wurde ein großes Volk, aus dem zwölf Fürsten hervorgingen, die ein großes Gebiet beherrschten.

Abrahams Opfer

Die Engel aus den überirdischen Welten hatten alles miterlebt, was sich zwischen Abraham und Gott dem Herrn zugetragen hatte. Wie er von Gott erwählt wurde, der Stammvater des Volkes zu werden, in dem das Wort Gottes, durch das Himmel und Erde geschaffen worden waren, selber ein Mensch werden wollte. Sie hatten den hochheiligen Augenblick erlebt, wo Melchisedek dem Abraham Brot und Wein brachte und mit dem Brot die Gedanken, mit dem Wein die Kraft des höchsten Gottes, der Himmel und Erde geschaffen hat. Dazu den Frieden des höchsten Gottes. Dann mußten sie erleben, wie auf das Höchste, das Menschen erfahren können, gleich der Verführer folgt und in das Herz des Menschen Mißtrauen sät, daß er meint, er müsse so sein wie Gott und selber handeln, bevor Gott handelt. So konnte Abraham nicht warten, bis Gott ihm und Sarah den Isaak sandte, sondern nahm sich eine zweite Frau und rief Ismael auf die Erde. Das hat Gott den Herrn so geschmerzt, daß er neu beschließen mußte, ob Abraham der Stammvater seines Sohnes sein kann. Darum rief er wieder alle Engel herbei und sagte: »Die Stunde ist gekommen, wo ich prüfen will, ob Abrahams Opfermut so groß ist, daß er bereit ist, mir seinen Sohn zu opfern, wie ich bereit bin, meinen Sohn für die Menschen zu opfern.« Alle Engel schauten und lauschten hin zu Abraham. Würde er solche göttliche Opferkraft haben, er, ein schwacher Mensch? Was würde geschehen, wenn Abraham versagte? Würde Gott die Rettung der Welt nicht vollbringen, würde er die Welt zugrunde gehen lassen? Die Engel schauten herab auf die einzelnen Menschen, auf die Völker und Zeiten und fühlten, wie sehr sie die Schöpfung und die Menschen liebten, und richteten all ihr Gebet auf Abraham. Da kam das göttliche Wort selber, der Sohn Gottes, zu Abraham. Durch ihn sprach Gott: »Abraham.« Der antwortete: »Ich bin hier, mein Herr.« Und Gott sprach: »Nimm deinen einzigen Sohn Isaak, den du lieb hast, und gehe mit ihm auf den Berg Morija, baue dort einen Altar und statt eines anderen Opfers bringe mir deinen Sohn dar. Daran will ich deine Liebe zu mir erkennen und du sollst meine Liebe zu dir erleben.« Am nächsten Morgen rüstete sich Abraham, um alles auszuführen, was Gott ihm gesagt hatte. Er belud einen Esel mit Holz, nahm Stricke, Messer und Feuersteine mit. Zwei Knechte sollten ihn begleiten. Zu Sarah sagte er: »Ich will auf den Berg Morija gehen, um Gott ein Opfer zu bringen. Isaak darf mitgehen. Er ist nun alt genug.« Sarahs Herz wurde schwer, als sie hörte, daß Isaak für viele Tage mit dem Vater von ihr fortgehen sollte. Aber sie mußte es zulassen.

In den Himmelswelten waren immer noch alle Engel versammelt, um für Abraham zu beten. Als sich dieser mit Isaak auf den Weg machte, wagten sie noch nicht zu jubeln. Wußten sie doch, wie schnell Luzifer und Satanas den guten Willen des Menschen ins Gegenteil verkehren können. Als Abraham und Isaak eine Zeitlang gegangen waren, nahm Satanas die Gestalt eines Menschen an, ging zu Sarah und sagte zu ihr: »Du weißt wohl gar nicht, was dein Mann vorhat? Er will seinem Gott euren Sohn Isaak opfern.« Sarah erschrak, aber als sie fragen wollte, war der Fremde schon fort. Voller Angst machte sie sich auf den Weg, Abraham und Isaak einzuholen. Sie kam bis Hebron und kehrte dort bei ihren Verwandten ein. Inzwischen waren Abraham und Isaak mit den Knechten an den Fuß des Berges Morija gekommen.

Abraham forderte die Knechte auf, mit dem Esel dort zu bleiben. Er wolle mit Isaak allein auf den Berg gehen, das Opfer zu vollziehen. Er nahm das Holz auf den Rücken, die Geräte in die Hand. Isaak lief neben ihm und half ihm tragen. Es wurde Nacht und die Sterne traten hervor. »Durch die Sterne schauen die Engel auf uns herab«, sagte Abraham. »Die Engel erwarten jetzt Großes von uns.« »Ja, wir wollen Gott ein großes Opfer bringen und unsere Gebete sollen im Rauch zu ihm aufsteigen. Aber wo ist das Opferlamm zum Verbrennen?« so sprach Isaak. »Gott wird uns das Opferlamm zeigen«, sagte Abraham. Aber sein Herz wurde ihm schwer und er dachte: »So, wie die Sterne am Himmel sollten meine Nachfahren geordnet sein. Ein Volk wollte Gott aus Isaak werden lassen, und nun soll er schon sterben. Aber Gott ist nicht, wie wir Menschen. Gott hält, was er verspricht. Wenn ich es auch nicht begreifen kann, aber ich werde Isaak opfern und dennoch wird ein Volk aus ihm werden. Wenn ich aufschaue zu den Sternen, fühle ich, daß bei Gott alles möglich ist. Ihr Himmlischen, helft mir. Amen.« Gott sah das Vertrauen von Abraham, und von allen Sternen strömten die Kraftworte der Engel hernieder und stärkten Abraham. Da sagte Isaak: »Könnte ich doch selber das Opferlamm sein und deine Gebete, Vater, zu Gott und seinen Engeln hinauftragen und ihren Segen zu dir hinuntertragen.« »Du kannst es«, sagte Abraham leise, und sein Herz wurde

44

leichter bei den Worten Isaaks. Sie bauten zusammen einen Altar. Abraham legte Isaak darauf. Der blickte zu den Sternen, zu denen er die Gebete des Vaters tragen wollte.

Als Abraham bereit war, seinen Sohn zu opfern, fuhr der Engel herab, der ihm immer nahe war, und rief: »Halt ein, du hast die Prüfung bestanden. Dein Sohn soll auf Erden leben, denn alle Himmlischen sind Zeuge, daß du zum Opfer deines Sohnes bereit bist, so wie Gott bereit ist, seinen Sohn zu opfern. In den Engelwelten erwuchs aus den Kraftworten für Abraham ein großer Lobgesang. Eine Freude war da über den einen Menschen, durch den die Menschheit aller Zeiten ihre Rettung empfangen konnte. Aus den Nachfahren Abrahams wollten die Engel ein Gefäß bereiten für das Opfer Gottes, für seinen Sohn. Sie wollten ihm aus Abrahams Volk einen Leib bereiten. 2000 Jahre lang arbeiteten die Engel an dieser großen Aufgabe, dem Sohne Gottes eine Hülle, ein Gefäß, einen Leib zu bereiten. Als der Sohn der Maria geboren wurde, war diese Aufgabe erfüllt. Er wurde die Hülle, darin der Gottessohn Mensch werden konnte. Weil Abraham göttliche Opferkraft hatte, begannen die Engel mit ihrem großen Werk.

Abraham, der noch auf dem Berge war und die Stimme des Engels vernommen hatte, wandte sich um. Da sah er, wie ein Widder mit seinen Hörnern im Gesträuch hängengeblieben war. Er nahm den Widder und opferte ihn, zusammen mit Isaak kniete er nieder, und sie sandten ihre Gebete im Rauch des Brandopfers empor. Abraham nannte den Ort, wo das alles geschehen war: »Gott sieht«. Wenn ein Mensch erleben darf, daß er von Gott gesehen wird, erlebt er zugleich, daß er etwas von Gott sehen darf. Zum zweitenmal sprach Gott durch den Engel zu ihm: »So zahlreich wie der Staub der Erde, so geordnet wie die Sterne am Himmel sollen deine Nachfahren sein. In deinem Volk soll die ganze Menschheit gesegnet werden darum, weil du bereit warst, mir deinen Sohn zu opfern.« Noch einmal stieg Abrahams Dankgesang auf und vermischte sich mit dem Lobgesang der Engel.

Nur einer freute sich nicht in dieser hohen Stunde für Menschen, Engel und Gottes Sohn. Es war Luzifer, der den göttlichen Plan auf eigene Weise, aber nicht so wie Abraham erfüllen wollte. Er hatte Satanas zu Sarah geschickt und der hatte ihr die Wahrheit gesagt, aber es war nur die halbe Wahrheit. Er hatte nämlich gesagt: »Abraham will Isaak opfern.« Aber er hatte nicht gesagt: »Gott will Abraham auf die Probe stellen.« So lebte Sarah in großer Angst um ihren Sohn. Sie fand die beiden nicht. Weinend und klagend ging sie wieder nach Hause. Da kam Satanas noch einmal zu ihr,

45

Abrahams Prüfung

und diesmal sagte er die Wahrheit, aber er sagte sie zu einer Stunde, wo Sarah nicht die Kraft hatte, die Wahrheit zu ertragen. So viele Tage war sie in Angst und Bangen um Isaak gewesen. Als nun Satanas in Gestalt eines Mannes zu ihr in die Stube trat und ihr sagte, daß Isaak lebe, hielt Sarah die übergroße Freude nicht aus, und sie starb. Als Abraham und Isaak nach Hause kamen, war die Mutter Sarah gestorben. Die Tür zu ihrem Zelt stand offen, aber das Feuer brannte nicht mehr und kein Brot stand auf dem Tisch, nur ein Rest Sauerteig. Abraham und Isaak trauerten um Sarah. Abraham erwarb ein Felsengrab. Dahinein legten sie ihren Leib und beteten für ihre Seele. Die Nachbarn beteten auch für sie, denn sie liebten und verehrten Abraham und die Seinen.

Isaak bekommt Rebekka zur Frau

Als Abraham uralt geworden war und Gott ihn reich gesegnet hatte, da rief er seinen ältesten Knecht Elieser zu sich und sprach: »Lege deine Hand unter meine Hüfte zum Zeichen, daß du mir einen Schwur ablegen willst bei dem Gott des Himmels und der Erde. Der Schwur soll sein, daß du für meinen Sohn keine Frau auswählst von den Menschen hier im Lande, wo wir jetzt wohnen, keine Frau aus dem Volk der Kanaanäer, sondern nur eine Frau aus meiner Verwandtschaft. Darum gehe in mein Vaterland und wirb dort um eine Frau für Isaak. Suche eine aus meiner Familie.« Elieser erwiderte: »Was soll ich tun, wenn die Frau, die ich für Isaak finde, nicht in dieses fremde Land kommen will. Soll ich dann Isaak in deine Heimat zurückführen, in das Land, wo deine Familie wohnt?« Abraham antwortete: »Hüte dich nur ja, das zu tun. Der Herr, der mich aus meiner Heimat hierher geführt hat und der mir versprochen hat, daß meine Nachkommen dieses Land hier besitzen werden, der wird seinen Engel vor dir hersenden und dir die richtige Frau für Isaak zuführen. Wenn sie dir aber nicht folgen will, sollst du von deinem Schwur entbunden sein. Auf keinen Fall sollst du Isaak von hier wieder fortführen.« Da legte Elieser seine Hand unter Abrahams Hüfte und tat den Schwur, Isaak eine Frau zu suchen aus der Verwandtschaft des Abraham. Dann trieb er zehn Kamele herbei, belud sie mit kostbaren Geschenken und zog los nach Haran, in die Stadt, darin Abrahams Verwandte lebten. Er war noch nie dort gewesen und kannte sie nicht.

Als er vor das Stadttor kam, rastete er an einem Brunnen. Er band die Kamele an einem Baum fest. Dann ging er etwas abseits, kniete nieder und betete: »Herr, unser Gott, hilf mir, die rechte Frau für Isaak zu finden. Bald werden die Mädchen der Stadt zum Brunnen kommen, um Wasser zu schöpfen. Diejenige soll die von dir erwählte sein, die, wenn ich sie um einen Trunk bitte, mir ihren Krug reicht, und wenn ich getrunken habe sagen wird: ›Nun will ich auch noch deine Kamele tränken!‹ Das soll ein Zeichen für mich sein.«

Kaum hatte Elieser dieses Gebet beendet, da kam ein wunderschönes Mädchen. Sie trug ihren Krug auf dem Kopf und schritt zum Brunnen und schöpfte Wasser. Sie hieß Rebekka und war die Enkeltochter Nahors, der ein Bruder Abrahams war. Ihr Vater hieß Bethuel, ihre Mutter war die Tochter Nahors. Elieser wußte das nicht. Er ging auf Rebekka zu und bat sie um einen Trunk. Sie reichte ihm ihren Krug. Als er getrunken hatte, sprach sie: »Nun will ich deine Kamele auch tränken und so lange Wasser schöpfen, bis sie alle genug haben.« Sie ging zum Brunnen und tränkte die Kamele. Als nun alle Kamele getrunken hatten, nahm Elieser einen goldenen Armreif und eine Halskette und gab sie Rebekka. Er fragte sie: »Wessen Tochter bist du? Ist wohl in eurem Hause Platz, daß ich mit meinen Kamelen dort über Nacht bleiben kann?« »Ich bin die Tochter Bethuels«, antwortete Rebekka. »Bethuel ist ein Sohn Nahors, dessen Bruder Abraham vor langer Zeit von hier fortgezogen ist. Wir haben viel Platz und Futter für deine Kamele, und du kannst sicher bei uns übernachten. Ich will nach Hause laufen und es ankündigen, daß du kommst.« Da warf sich Elieser vor dem Herrn nieder und dankte ihm, daß er alles so wunderbar gefügt und auf seine Bitte gehört hatte.

Als er aufblickte, kam ein Mann auf ihn zu. Es war Laban, Rebekkas Bruder. Der lud ihn ein, bei ihnen einzukehren. Er half ihm die Kamele abzuzäumen. Die Mutter hatte ein Mahl bereitet. Als sie alle bei Tisch saßen, sagte Elieser: »Ich werde nicht eher essen, als bis ihr mich angehört habt.« Laban forderte ihn auf, zu reden. Nun erzählte Elieser, wie er von Abraham ausgeschickt sei, für dessen Sohn Isaak eine Frau aus dessen Verwandtschaft zu bringen. Wie er am Brunnen mit Gott ein Zeichen verabredet habe und wie sich dieses Zeichen durch Rebekka so wunderbar erfüllt habe. Dann fragte er, ob er Rebekka zu seinem Herrn Isaak bringen dürfe. »Alles, was du erzählt hast«, sagte Laban, »zeigt ja, daß dies Gottes Wille ist. Wie können wir da noch anderes sagen.« Als Elieser diese Antwort hörte, beugte er sich bis zur Erde vor Gott dem Herrn und dankte ihm. Dann ging er hinaus und holte kostbare Geschenke für Rebekka und auch für ihre Mutter und Laban, ihren Bruder. Dann aßen sie zusammen und er blieb bei ihnen über Nacht. Am nächsten Morgen sagte Laban zu ihm: »Bleibe noch zehn Tage hier. Dann magst du wieder heimwärts ziehen.« »Nein, ich möchte gleich morgen aufbrechen, denn der Engel des Herrn hat alles so gefügt, daß ich nun auch Isaak nicht länger warten lassen will«, sagte Elieser.

»Frage Rebekka selbst, ob sie gleich mit dir gehen will«, sagte Laban. Er fragte sie und sie stimmte zu. Da segneten Laban und die Mutter Rebekka mit den Worten: »Werde die Mutter eines großen Volkes, das die Tore seiner Feinde bezwingen soll.« Sie verabschiedeten sich. Rebekka und ihre Dienerinnen setzten sich auf die Kamele. So zogen sie hinter Elieser her, der sie führte.

In diesen Tagen war Isaak, wie er es oft tat, zu dem Brunnen gegangen, der den Namen hat »Brunnen des Lebendigen, der mich sieht.« An diesem Brunnen saß er gerne, denn indem er fühlte, daß Gott der Herr ihn sah, konnte er auch fühlen, daß Gott ihm nahe war. Wenn er von diesem Brunnen wieder aufstand, war er sicher, daß er von Gott geführt wurde. Er wußte, daß sein Vater Abraham den Knecht Elieser ausgesandt hatte, für ihn eine Frau zu suchen. Als er nun am Brunnen saß, dachte er: Wie wird sie sein, die Frau, mit der ich mein Leben teilen werde? Möge in unser gemeinsames Leben Gott seine Gedanken und seine Kraft hineingeben. Nach solchem Nachsinnen blickte er auf und sah von weitem Kamele herankommen. Er stand auf und ging der Gruppe entgegen. Im gleichen Augenblick sah Rebekka auch ihn. Sie sprang vom Kamel und fragte Elieser: »Wer ist der Mann, der uns da entgegenkommt?« »Es ist mein Herr Isaak«, sagte Elieser. Da nahm sie einen großen Schleier und verhüllte sich, denn es war Sitte, daß ein Bräutigam seine Braut erst anschauen durfte, wenn die Hochzeit gewesen war. Isaak kam heran, begrüßte sie alle und Elieser erzählte ihm, wie alles so gut gefügt worden war, wie sie in allem erkennen konnten, daß der Engel Gottes sie geführt hat. Isaak nahm Rebekka an der Hand und führte sie in das Zelt seiner verstorbenen Mutter Sarah. Seit ihrem Tod hatte darin kein Feuer gebrannt, war die Tür verschlossen gewesen, war der Sauerteig nicht verwendet worden zu Brot. Als Isaak sich mit Rebekka dem Zelte näherte, öffnete es sich. Das Feuer begann von allein zu brennen, Rauch stieg auf. Rebekka sah den trockenen Sauerteig, holte Mehl aus dem Kasten, nahm Salz, vermischte alles mit Wasser und buk ein Brot für Isaak. Da wurde Isaak froh, so froh, wie er seit dem Tod seiner

Mutter nie mehr gewesen war. Er heiratete Rebekka und gewann sie lieb, immer aufs neue wuchs seine Liebe zu Rebekka, die ihm von Gott zugeführt worden war. Und Rebekka liebte Isaak. In ihrer Gemeinschaft lebten die Gedanken und die Kraft von Gott. Als Abraham 175 Jahre alt war, starb er. Seine Söhne Isaak und Ismael legten seinen Leib in das Felsengrab zu Sarahs Leib. Für seine Seele beteten alle Menschen, die zu ihm gehörten. Abraham hatte sein Leben lang unter Bäumen gelebt. Nach Abrahams Tod zog Isaak mit Rebekka an den »Brunnen des Lebendigen, der mich sieht.« Dort wohnte er, dort, wo er früher immer hingegangen war, wenn er von Gott gesehen werden wollte und dadurch fühlen konnte, daß Gott ihm nahe war.

Jakob und Esau

Zwanzig Jahre lang lebten Isaak und Rebekka zusammen und hatten keine Kinder. Da betete Isaak zu Gott, er möge ihnen Nachkommen schicken. Gott erhörte sein Gebet. Bald bemerkte Rebekka, daß in ihrem Leib zwei Kinder heranwuchsen. Sie machten ihr große Beschwerden, denn sie stritten sich und stießen sich. Ach, warum streiten sich die Kinder in meinem Leib? klagte Rebekka. Warum bin ich in diesen Zustand gekommen? Sie ging und befragte Gott den Herrn danach. Der Herr antwortete ihr: »Zwei Völker sind in deinem Leibe. Das eine Volk wird stärker sein als das andere. Der Ältere wird dem Jüngeren dienen.« Diese Antwort des Herrn bewahrte Rebekka tief in ihrem Herzen. Als die Stunde der Geburt gekommen war, erschien zuerst ein Knabe, der am ganzen Leibe mit rotem Haar bedeckt war. Der Bruder wollte ihn zurückhalten und als erster geboren werden. Er hielt die Ferse des Erstgeborenen, als er auf die Welt kam. Wegen seiner Haare am ganzen Leib nannten sie den Ältesten Esau, das heißt, der Rauhe. Den Jüngeren nannten sie Jakob, das heißt Fersenhalter. Die beiden Söhne wuchsen heran. Esau wurde stark und groß und ging mit dem Vater zum Jagen. Jakob war zart und half der Mutter zu Hause. Esau war der Liebling des Vaters und Jakob der Liebling der Mutter. Isaak glaubte damals, daß sein Erstgeborener, daß Esau die Verheißung Gottes fortsetzen würde, daß aus ihm ein großes Volk hervorgehen wird zum Segen der ganzen Menschheit. Er wollte auch dem Esau den größten Teil des Erbes geben, wie es dem Erstgeborenen zukam. Alle Rechte des Erstgeborenen gehörten Esau. Nun geschah es einmal, daß Isaak und Rebekka nicht zu Hause waren. Jakob hatte ein Linsengericht gekocht. Esau kam müde und erschöpft vom Jagen heim. Er roch den Duft der Linsen, die seine Lieblingsspeise waren. »Gib mir von den Linsen, die du gekocht hast«, sagte er zu Jakob, »mir ist schwach vor Hunger. Sie werden mich wieder stark machen.« Jakob erwiderte: »Bevor ich dir das Linsengericht gebe, mußt du mir alle Rechte verkaufen, die du als Erstgeborener hast. Alles, was du vom Vater erhalten würdest, sollst du an mich abtreten. Wenn du das tust, sollst du das Linsengericht essen.« »Ach, ich muß ja doch irgendwann sterben«, sagte Esau, »dann nützt mir auch kein Erstgeburtsrecht. Darum trete ich es jetzt und hier an dich ab. Nun aber gib mir endlich von den Linsen zu essen.« Jakob gab ihm. So hatte Esau für einen Teller voll Linsen sein Erstgeburtsrecht verkauft. Den Eltern Isaak und Rebekka sagten die Brüder nichts davon.

Isaak gräbt Brunnen

Es kam eine Hungersnot über das Land wie damals, als Abraham nach Ägypten gezogen war. Da erschien Gott der Herr dem Isaak und sagte: »Ziehe nicht nach Ägypten, sondern ziehe nach Gerar in das Land der Philister, wo König Abimelech regiert. Ich will dich reich werden lassen. Die Verheißung, die ich deinem Vater Abraham gab, will ich an dir erfüllen. Aus dir soll mein auserwähltes Volk hervorgehen.« Isaak tat, wie ihm der Herr geheißen hatte. Er ließ sich im Lande der Philister nieder und fand das Wohlwollen von König Abimelech. Der ließ überall verkünden, daß niemand Isaak und den Seinen etwas antun dürfe. Wer es doch täte, würde mit dem Tod bestraft. So blieb Isaak im Lande der Philister. Gott segnete seine Felder, daß sie hundertfache Frucht trugen. Er segnete sein Vieh, daß es sich reichlich vermehrte. Er segnete Isaak, der immer reicher und reicher wurde. Die Philister aber waren neidisch auf ihn. Voller Haß schütteten sie die Brunnen zu, aus denen Isaak, seine Leute und sein Vieh tranken. Da sagte König Abimelech zu Isaak: »Verlasse unser Land, denn du bist uns zu stark geworden.« Da zog Isaak in das Tal von Gerar und nahm.dort seinen Wohnsitz. Er ließ alle Wasserbrunnen aufgraben, die einstmals sein Vater Abraham gegraben hatte und die nach seinem Tod von den Philistern zugeschüttet worden waren. Er gab ihnen dieselben Namen, die Vater Abraham ihnen gegeben hatte. Aber die Philister stritten mit den Hirten Isaaks um die

Brunnen und sagten, sie gehörten ihnen. Da nannte Isaak den Brunnen »Zankbrunnen« und einen anderen Brunnen nannte er »Anfeindung«. Dann ließ er einen dritten Brunnen aufgraben; um den stritten sie sich nicht mehr. Darum nannte er ihn »Freier Raum«, und sagte: »Nun hat uns der Herr freien Raum geschaffen, so daß wir uns im Lande ausbreiten können. Von dort zog Isaak nach Beerseba hinauf. Dort erschien ihm in der Nacht der Herr und sprach: »Ich bin der Gott deines Vaters Abraham. Fürchte dich nicht, denn ich bin mit dir. Dein Vater Abraham ist mir lieb und kostbar geworden. Aus ihm geht das Volk hervor, das ich zu Großem auserwählt habe. Darum will ich auch dich segnen und dir eine große Nachkommenschaft geben.« Als Gott so mit Isaak gesprochen hatte, baute dieser ihm einen Altar, wo er immer wieder den Herrn anrief, betend, lobend, dankend. In der Nähe des Altars baute er sein Zelt auf und ließ seine Knechte dort graben, ob eine Quelle zu finden sei. Isaak liebte die Brunnen und ihre Quellen. Wenn er am Brunnen saß und lauschte, war ihm, als höre er das göttliche Wort, das schon war, bevor die Welt geschaffen wurde und das Gott opfern wollte, wie einstmals sein Vater Abraham ihn, den Sohn Isaak opfern wollte. Gott selber war ein Brunnen, aus dem Isaak solche Wahrheit zufloß. Da war ihm, als sänge die Quelle im Brunnen ein Lied, das klang so: »Die Gottheit ist ein Bronn, aus ihr kommt alles her, und geht auch wieder hin. Drum ist sie auch ein Meer« (Angelus Silesius). Er sang das Lied der Brunnenquelle nach und bald sangen es andere Menschen auch. Immer wieder kommt dieses Lied zu den Menschen, wenn sie seine Wahrheit erleben.

Der König der Philister, Abimelech, kam eines Tages zu Isaak. Isaak wunderte sich darüber, denn Abimelech hatte ihn doch fortgeschickt. Aber Abimelech sagte: »Ich sehe, daß du ein von Gott Gesegneter bist. Ich möchte mit dir einen Freundschaftsbund schließen. Ich habe dich in Frieden aus meinem Gebiet fortgeschickt und ohne Krieg. Laß uns einen Vertrag machen, daß wir einander, deine Leute und meine Leute, nie bekriegen wollen, daß wir einander kein Leid zufügen wollen.« Isaak willigte ein und sie schieden als Freunde. Da kamen die Knechte Isaaks gelaufen und berichteten, daß sie beim Graben eine Quelle gefunden hatten. Isaak nannte den neuen Brunnen »Schwurbrunnen«, weil er den Freundschaftsschwur dem König Abimelech gegeben hatte. Die Stadt, die bei dem Brunnen entstand, heißt auch so, Beerseba, bis auf den heutigen Tag.

Jakobs Betrug und Flucht

Als Isaak alt geworden war, wurde er blind. Er dachte: Bevor ich sterbe, will ich Esau meinen Segen geben, wie es dem Erstgeborenen gebührt. Er rief Esau zu sich und sprach: »Gehe hinaus mit Köcher und Bogen und erjage ein Wild. Bereite es mir zu. Nach diesem Mahle will ich dich segnen und dir durch meine Seele Gottes Kraft geben, denn ich weiß nicht, wie lang ich noch leben werde.« Esau nahm sein Jagdgerät und ging in den Wald, um den Willen des Vaters zu erfüllen. Rebekka, die Mutter, hatte aber alles mitangehört. Sie dachte daran, wie es war, als sie ihre beiden Kinder noch im Leibe trug und sich damals schon beide gestritten hatten. Sie dachte daran, wie Gott ihr verheißen hatte, daß der Ältere einmal dem Jüngeren dienen würde. Aber Esau war der Erstgeborene und des Vaters Liebling. Wie sollte sich da die Verheißung Gottes erfüllen können? Nun wollte Isaak den Esau segnen. Was würde dann mit ihrem Liebling Jakob geschehen? Als Rebekka solche zweifelnden Gedanken in ihrer Seele bewegte, war der Augenblick gekommen, wo Luzifer sich einmal wieder in die göttlichen Pläne einmischen konnte. Er trat an sie heran und flüsterte ihr zu: »Rebekka, du mußt selber dafür sorgen, daß sich Gottes Verheißung erfüllt. Du kannst sein, wie Gott. Du kannst deinem Sohn Jakob zum Erstgeburtssegen verhelfen, wenn es Gott jetzt nicht tut.« Rebekka gefiel der Gedanke, den ihr Luzifer eingab. War es nicht besser, selber die Verheißung Gottes zu erfüllen, als auf ein Wunder zu warten, das vielleicht doch nicht geschehen würde? Sie rief Jakob zu sich und sprach: »Ich habe eben gehört, wie dein Vater zu Esau gesagt hat, er solle ein Wild im Walde erjagen und dem Vater zu einem schmackhaften Essen zubereiten. Dann will der Vater ihn, den Erstgeborenen, segnen. Nun gebe ich dir den Rat, gehe hinaus, hole aus der Herde zwei Böckchen. Ich will sie so zubereiten, wie der Vater es liebt. Dann bringe du ihm die Mahlzeit und laß dir seinen Segen geben.« Jakob zögerte und wollte nicht eingehen auf den Rat der Mutter. Er sagte: »Esau hat eine rauhe, behaarte Haut und ich eine glatte. Wenn der Vater mich berühren wird, merkt er, daß ich nicht Esau bin, und wird den Segen in einen Fluch verwandeln.« Rebekka sagte: »Den Fluch nehme ich auf mich, aber ich weiß schon, was wir tun können, damit der Vater dich nicht erkennt. Geh nun und schlachte zwei Böckchen.«

Luzifer hatte bei diesem Gespräch zwischen Rebekka und Jakob gespannt gelauscht, um den Augenblick herauszufinden, in dem er über Jakob Macht

gewinnen könne. Jetzt flüsterte er ihm zu: »Denke an das Linsengericht.«
Da fiel Jakob ein, daß ihm sein Bruder Esau ja schon vor vielen Jahren sein
Erstgeburtsrecht verkauft hatte. »Vielleicht hat Gott Esaus Schwur verges-
sen. Ich will dafür sorgen, daß er eingehalten wird. Kann ich doch auch für
Gerechtigkeit sorgen, wie Gott.« Und Jakob ging hin und schlachtete die
Böckchen. Die Mutter bereitete ein gutes Gericht. Die Felle der Böckchen
band sie dem Jakob um die nackten Arme und die nackten Stellen am Hals.
Sie holte das Festtagsgewand von Esau, daß es Jakob sich umlege. Es roch
nach dem Jagdgeruch, der in Esaus Kleidern war. So ging Jakob zu dem
blinden Vater hinein und sprach: »Mein Vater, hier bin ich.« »Wer bist du,
mein Sohn?« erwiderte Isaak. Jakob sagte: »Ich bin dein erstgeborener
Sohn Esau. Ich habe alles so gemacht, wie du es mir aufgetragen hast.
Richte dich auf und iß und segne mich dann.« »Wie hast du denn so schnell
ein Wild im Wald gefunden?« fragte Isaak. »Gott ließ es mir zulaufen«,
antwortete Jakob. »Tritt nahe an mich heran, damit ich dich betaste, ob du
wirklich mein Sohn Esau bist, denn deine Stimme klingt wie Jakobs
Stimme«, sagte Isaak. Da wurde es Jakob bang ums Herz. Er fürchtete, der
Vater könne ihn doch erkennen. Er merkte, daß ihn der Mut verließ, denn
Mut kommt von Gott, und seine Lüge kam vom Bösen und kränkte Gott,
der die Wahrheit ist. Er trat zum Vater. Der betastete ihn, fühlte das rauhe
Fell an seinen Armen und wunderte sich: »Ja, du hast Esaus rauhe Haut,
obwohl deine Stimme nicht Esaus Stimme ist. So will ich dein Mahl essen
und dich segnen.« Als Isaak gegessen hatte, sagte er: »Komm zu mir, mein
Sohn, und küsse mich.« Jakob beugte sich zum Vater und küßte ihn. Da
roch Isaak den Jagdgeruch aus Esaus Gewand und sprach: »Du hast den
Geruch von Esau. Ich will dich segnen.« Jakob kniete nieder und Isaak legte
ihm die Hand auf das Haupt und sprach: »Gott gebe dir vom Tau des Himmels und von der Fruchtkraft der Erde im Überfluß. Völker sollen sich vor
dir beugen und dir dienen. Sei ein Herr über deine Brüder. Beugen sollen
sich vor dir die Söhne deiner Mutter. Wer dir flucht, soll selber verflucht
sein. Wer dich segnet, soll selber gesegnet sein.«

Als die Segnung Jakobs eben beendet war, kam Esau von der Jagd nach
Hause. Er bereitete sein Wildbret zu einem schmackhaften Essen und ging
damit zum Vater hinein und sprach: »Vater, richte dich auf und iß. Ich habe
dir ein gutes Wildbret erjagt, damit du mich dann segnest.« Da fragte Isaak
erstaunt: »Wer bist du, mein Sohn?« Der antwortete: »Ich bin Esau, dein
Erstgeborener.« Da erbebte Isaak am ganzen Leibe vor Schreck und Entsetzen und sprach: »Wer ist denn der gewesen, der mir eben ein Wildbret

gebracht hat und den ich gesegnet habe, ehe du kamst? Er wird gesegnet bleiben.« Da schrie Esau laut und klagte, daß das ganze Haus zitterte. Dann bat er den Vater: »Segne auch mich.« Der Vater erwiderte: »Dein Bruder Jakob ist gekommen und hat mit List sich den Segen geholt, den ich dir geben wollte.« »Ja, er heißt mit Recht Jakob, der Überlister«, schrie Esau voller Wut, »denn er hat mich nun schon zweimal überlistet. Hast du für mich denn keinen Segen mehr übrig?« Isaak sprach: »Ich habe ihn nun einmal zum Herrn über alle seine Brüder gemacht und ihm Korn und Wein reichlich zugesprochen. Was soll ich für dich noch als Segen spenden?« »Hast du denn nur den einen Segen, Vater? Ach bitte, segne auch mich«, rief Esau und begann laut zu weinen. Da sprach Isaak: »Ach, ohne festen Erdboden wird dein Wohnsitz sein und ohne Tau vom Himmel. Du wirst durch dein Schwert leben und wirst deinem Bruder dienstbar sein. Wenn du aber mächtig rüttelst, wirst du seine Herrschaft von dir abschütteln.« Esau verließ den Vater Isaak und dachte: »Sobald er gestorben ist und die Tage der Trauer vorüber sind, werde ich mich an meinem Bruder Jakob rächen.« Rebekka hörte, wie Esau von Rache sprach. Sie ging zu Jakob und sagte: »Dein Bruder ist so voller Zorn gegen dich wegen des Segens, den dir der Vater erteilt hat. Er will dich totschlagen. Darum rate ich dir, gehe von hier fort zu meinem Bruder Laban nach Haran und bleibe eine Weile bei ihm. Wenn ich bemerke, daß Esau vergessen hat, was du ihm antatest, will ich einen Boten zu dir senden, daß du wieder zurückkommen kannst. Ich will doch nicht meine beiden Söhne zugleich verlieren. Wenn Esau dich tötete, würde Gott deinen Tod an ihm rächen, und er müßte auch sterben.«

Jakob hörte auf den Rat der Mutter und verließ seine Heimat. Er ging zu seinem Vater, um sich zu verabschieden. Der Vater Isaak sprach zu ihm: »Du darfst dir keine Frau aus dem Volk der Kanaanäer nehmen, wie es dein Bruder Esau getan hat. Gehe zu Rebekkas Bruder Laban und nimm dir eine seiner Töchter zur Frau, denn Gott der Herr will nicht, daß sich sein auserwähltes Volk mit anderen Völkern vermische, wenn nicht er, der Herr, es selber so fügt.« Dann segnete Isaak seinen Sohn und ließ ihn ziehen. Jakob fürchtete sich vor der Rache seines Bruders und floh, so schnell er konnte. Als Esau nach Hause kam, merkte er, daß sein Bruder Jakob vor ihm geflohen war. Er dachte, jetzt könne er vom Vater wieder die alte Liebe zurückgewinnen. Er merkte aber, daß es dem Vater nicht recht war, daß er zwei Frauen aus dem Volk der Kanaanäer geheiratet hatte. Ich will eine Frau aus unserer Familie als dritte Frau heiraten, damit der Vater mit mir wieder zufrieden ist, dachte er bei sich. Und er heiratete eine Tochter Ismaels, der ja, wie Vater Isaak, ein Sohn Abrahams war.

Die Himmelsleiter

Jakob war inzwischen auf dem Weg von Beerseba nach Haran gegangen. Als es Nacht wurde, kam er in die Nähe der Ortschaft Lus. Auf freiem Feld ließ er sich nieder, um dort zu schlafen. Er überdachte noch einmal alles, was geschehen war und fühlte bittere Reue, daß er seinen Bruder so hinterhältig überlistet hatte. Gott hätte sicher einen Weg geführt ohne Betrug, um an den beiden Brüdern zu erfüllen, was er der Mutter Rebekka verheißen hatte. Wer die Zeiten und Taten Gottes nicht in Demut erwarten und in Mut ausführen kann, der wird ein Opfer des Hochmutes, der von Luzifer in den Menschen geweckt wird. Jakob war traurig über sich selbst und betete zu Gott dem Herrn, er möge ihm verzeihen und ihn auf dem Weg in die Fremde nicht verlassen. Dann nahm er einen Stein und legte sein Haupt darauf und schlief ein. In der Nacht hatte er einen Traum. Er sah eine Leiter, die auf der Erde stand und mit ihrer Spitze in den Himmel ragte. Die Engel Gottes stiegen auf dieser Leiter auf und nieder. Sie brachten der Erde von oben die Lebenskraft und trugen von unten die Gebete der Menschen hinauf. Im Himmel wurde die Kraft der Gebete der Menschen von den Engeln verwandelt und als heilender Lebensstrom zu ihnen und allen Erdengeschöpfen hinuntergetragen. Staunend sah Jakob die wunderbare Himmelsleiter. Da erschien oben der Herr und sprach zu ihm: »Ich bin der Herr, der Gott Abrahams und Isaaks. Alles, was ich deinen Vorvätern versprochen habe, will ich nun auch dir verheißen. Das Land, auf dem du liegst, soll deinen Nachkommen gehören. Nach Westen und Osten, nach Norden und Süden sollen sie sich ausbreiten und so zahlreich werden, wie der Staub der Erde. Aus deinem Geschlecht soll hervorgehen der, der ein Segen für die ganze Menschheit sein wird. – Und siehe, ich will mit dir sein und dich behüten, wohin du auch gehst. Ich will dich in dieses Land zurückbringen und dich nicht verlassen, bis ich alles erfüllt habe, was ich dir verheißen habe.« Als Jakob aus dem Schlaf erwachte, in dem er diesen Traum hatte, schauerte ihn. Wie unfaßbar groß und allerbarmend war Gott der Herr. Wie konnte er auch die Schuld Jakobs gnädig ansehen und seine Verheißung erneuern, die er Abraham und Isaak gegeben hatte. Wie heilig war diese

Jakobs Traum

Stätte, an der er sich niedergelegt hatte ohne zu wissen, daß hier Gottes Wohnung ist und die Pforte des Himmels. Jakob nahm den Stein, der unter seinem Haupt gelegen hatte, richtete ihn auf, heiligte ihn, indem er Öl darauf goß, mit dem sonst Könige und Priester geheiligt werden oder Menschen, bevor sie sterben. Denn solche Menschen sollen Gott nahe sein, wie dieser Stein Gott nahe ist. Und Jakob tat einen Schwur: »Wenn Gott mir nahe bleibt und mich auf meinem Wege behütet, mir Nahrung und Kleidung gibt und mich in mein Vaterhaus zurückkehren läßt, dann sollst du Herr, mein Gott sein, der Gott meines Volkes. Dieser Stein, den ich jetzt als Gedenkstein aufrichte, will ich dann zu einem Gotteshaus nehmen, das ich hier erbauen will. Und von allem, was mir hier gehört, sollst du, mein Herr und Gott, den zehnten Teil bekommen.« Hierauf setzte Jakob seine Wanderung fort.

Jakob im Hause Labans

Jakob kam in das Land, das im Osten liegt. Da war ein Brunnen auf freiem Feld. Hirten lagerten da mit ihren Herden. Der Brunnen war zugedeckt, damit er nicht verschmutze und zu viel Wasser verdunste. Er durfte erst abgedeckt werden, wenn alle Herden beisammen waren. Jakob fragte die Hirten, woher sie seien. »Aus Haran«, antworteten sie. »Kennt ihr Laban, der in Haran wohnt?« fragte Jakob in freudiger Stimmung. Denn er war ja seinem Wanderziel schon ganz nahe. »Gewiß kennen wir Laban«, sagten die Hirten. »Dort hinten kommt Rahel, seine Tochter, und führt seine Herden zur Tränke.« Jakob lief zum Brunnen, deckte ihn ab und ließ die Tiere von Rahel trinken. Als er die Arbeit beendet hatte, blickte er auf und sah, daß Rahel sehr schön war. Da fühlte er ein großes Glück in seinem Herzen. Sie war ja eine Tochter Labans, des Bruders seiner Mutter, und ein Verwandter, von ihm. Vielleicht würde Laban sie eines Tages ihm zur Frau geben. Sein Glück war so groß, daß er vor Freude weinte. Er küßte Rahel und sagte ihr, wer er sei. Sie lief nach Hause und erzählte ihrem Vater, wen sie am Brunnen getroffen habe. Laban ging hinaus, um Jakob zu begrüßen. Er umarmte und küßte ihn und führte ihn in sein Haus. Dort erzählte ihm Jakob seine ganze Lebensgeschichte. Auch Rahel lauschte seinen Worten, und indem sie ihm zuhörte, gewann sie ihn lieb. Jakob blieb bei Laban und arbeitete bei ihm. Als Jakob einen Monat lang im Hause Labans gearbeitet hatte, sagte Laban zu ihm: »Du arbeitest für mich und bist doch kein Sklave, sondern mein Verwandter. Was soll ich dir als Lohn geben?« Jakob antwortete: »Wenn du mir Rahel zur Frau gibst, will ich dir sieben Jahre dienen.« Laban willigte ein und Jakob pflegte die Herden Labans und diente ihm sieben Jahre lang. Die sieben Jahre gingen ihm vorüber wie sieben Tage, so liebte er Rahel. Als die Zeit vorüber war, bereitete Laban ein großes Hochzeitsfest. Alle Menschen von Haran wurden zu einem Festmahl eingeladen. Die Braut saß ganz und gar verschleiert neben Jakob. Er durfte sie erst sehen, wenn die Hochzeitsnacht vorüber war. Als nun der nächste Morgen kam, erblickte er die Frau, die er geheiratet hatte. Da sah er, daß es nicht Rahel war, sondern ihre ältere Schwester Lea. Laban hatte ihn betrogen, wie er selber einst seinen Bruder Esau betrogen hatte. War das die Strafe Gottes dafür? Er lief zu Laban und klagte und beschwerte sich bitter. Laban sagte: »Bei uns ist es Sitte, daß die jüngere Tochter nicht vor der älteren verheiratet werden darf. Darum habe ich dir Lea zur Frau gegeben. Wenn du aber bereit bist, mir noch weitere sieben Jahre dienstbar zu sein, will ich dir auch Rahel zur Frau geben.« Da arbeitete Jakob weitere sieben Jahre und pflegte Labans Herden. Danach wurde auch Rahel seine Frau, Rahel, die er viel mehr liebte als seine erste Frau Lea. Gott der Herr sah, daß Lea von Jakob nicht so geliebt wurde wie Rahel und wollte sie dem Herzen Jakobs näher bringen. Darum schickte er Lea viele Kinder, Rahel aber blieb kinderlos. Obwohl das so war, liebte Jakob Rahel weiterhin mehr als Lea. Als er nun schon zehn Söhne und eine Tochter hatte, erhörte Gott das Flehen der Rahel und schickte auch ihr ein Kind, einen Sohn. Jakob liebte diesen Sohn über alles, und sie gaben ihm den Namen Joseph, d. h. »er nahm weg« und es heißt auch »er fügte hinzu«, denn Gott hatte die Trauer von Rahel weggenommen, und sie betete zu Gott, er möge ihr noch ein Kind schenken.

Als Rahel dem Jakob ein Kind geboren hatte, den Sohn Joseph, der ihm der liebste war von allen seinen Söhnen, dachte er: Ich bin nun lange genug bei Laban im Dienst. Er ging zu Laban und sagte ihm das und fügte hinzu: »Laß mich nach Hause ziehen mit meinen Frauen und Kindern. Ich möchte einen eigenen Hausstand mit ihnen führen, nicht immer nur in deinem Hause leben wie ein Knecht.« Laban sagte: »Seit dem du bei mir bist, hat der Herr mein Hab und Gut, meine Viehherden und alles, was zu mir gehört, reichlich vermehrt. Ich sehe, daß du Gottes Segen in mein Haus gebracht hast. Darum sage selber, was ich dir zum Lohne geben soll?« »Ich will dir einen Vorschlag machen«, sagte Jakob. »Du brauchst mir nichts von deinem jetzigen Besitz zu geben, aber alle jungen Tiere, die in der nächsten

Zeit geboren werden, die gescheckt oder gestreift sind, die sollen mir gehören, alle Einfarbigen sollen dir gehören.« Laban war mit diesem Vorschlag einverstanden. Da dachte sich Jakob eine List aus. Er schnitt von der Weißpappel, den Mandelbäumen und Platanen Äste ab, deren Rinde leicht abzuschälen war. Er machte daraus gestreifte Stäbe. Jedesmal, wenn starke, kräftige Tiere zur Tränke kamen, stellte er die Stäbe hinein. Jedesmal, wenn schwache Tiere zur Tränke kamen, nahm er die Stäbe fort. Wenn die Tiere tranken, blickten die starken dabei immer auf die helldunkel gestreiften Stäbe. Als sie später Junge bekamen, waren die der starken Tiere alle gescheckt oder gestreift. Die schwachen Tiere bekamen einfarbige Junge. Die Söhne Labans bemerkten, daß Jakobs Herden groß waren und kräftige Tiere hatten, Labans Herden dagegen schwache Junge bekamen. Sie gingen zu ihrem Vater und sprachen mit ihm darüber, bis der Neid in Laban aufstieg. Das bemerkte Jakob und er dachte bei sich: Laban wird mich sicher nicht fortgehen lassen. Er trägt Ärger gegen mich in sich und wird alles tun, was mir zuwider ist.

In der Nacht sprach Gott der Herr zu Jakob: »Kehre in das Land deiner Väter zurück. Ich will mit dir sein.« Jakob war froh, die Weisung Gottes zu hören. Aber würde Gott auch bewirken, daß Laban ihn mit Frauen und Kindern in die Heimat zurückkehren läßt? Mußte er das nicht selber tun. Ich will lieber heimlich gehen und Laban gar nicht erst um seine Einwilligung bitten. Denn Laban wird einen Grund finden, mich nicht gehen zu lassen. Er schickte einen Knecht zu Lea und Rahel und bat sie, aufs Feld zu kommen, wo er sich mit ihnen besprechen wollte. Die beiden kamen und Jakob sagte: »Ihr wißt, daß ich eurem Vater Laban treu gedient habe und daß er durch mich reich geworden ist. Ihr wißt aber auch, wie er mich betrogen hat und meinen Lohn geändert hat. Ich sehe an seinem Gesicht, daß er mir nicht mehr wohlgesonnen ist wie früher. Es war aber der Engel Gottes im Traum bei mir und hat zu mir gesprochen: ›Jakob‹. Ich sagte: ›Hier bin ich‹. Er sagte: ›Ich bin der Engel Gottes, der mit dir in Bethel gesprochen hat, wo du den Stein gesalbt und dein Gelübde abgelegt hast. Gott hat dich mir anvertraut und dein ganzes Volk, das aus dir werden soll. Ich habe dich all die Jahre begleitet und gesehen, wie Laban mit dir umgegangen ist. Mache dich jetzt auf, verlasse dieses Land und kehre in deine Heimat zurück.‹« Als Rahel und Lea hörten, wie Gott durch den Engel mit Jakob gesprochen hatte, stimmten sie zu, heimlich in der Nacht aufzubrechen und ins Land von Isaak und Abraham zu ziehen. Laban war gerade für drei Tage hinausgegangen zu den Schafen, um sie zu scheren.

Laban verfolgt Jakob

Jakob und die Seinen packten ihr Hab und Gut zusammen. Rahel ging in die kleine Hauskapelle. Dort stand ein silbernes Götterbild, das sie sehr liebte. Sie wollte es als Erinnerung mitnehmen und steckte es in ihr Gepäck. Jakob setzte seine Frauen und Kinder auf die Kamele. Seine Hirten trieben die Herden hinterher. Er selber ritt voran. Als Laban nach drei Tagen nach Hause kam, ging er in die Hauskapelle. Da merkte er, daß das silberne Götterbild verschwunden war. Er wollte seine Töchter danach fragen. Da erst erfuhr er, daß Jakob mit allen aufgebrochen war. Keiner hatte sich von ihm verabschiedet, und das silberne Götterbild hatten sie gestohlen. Voller Zorn schwang sich Laban auf sein Pferd und ritt hinter ihnen her. Er war viel schneller als der große Zug Jakobs und hatte sie bald eingeholt. Zuerst sagte er nur, daß das Götterbild gestohlen sei. Jakob erwiderte ihm, daß er alle Säcke durchsuchen solle und alle Zelte. Bei wem er das Götterbild fände, der soll des Todes sein. Jakob wußte ja nicht, daß seine geliebte Rahel es mitgenommen hatte. Laban durchsuchte nun alles Gepäck der Mägde und Knechte, der Lea und kam zuletzt auch zu Rahel. Diese hatte das Götterbild unter den Sattel des Kamels versteckt und saß darauf. Als der Vater kam, sagte sie: »Erlaube, daß ich auf dem Kamel bleibe. Du kannst mein Zelt ohne mich durchsuchen.« Laban fand nichts. Jakob war ärgerlich über das Ganze und machte Laban Vorwürfe. Laban beschimpfte Jakob und sagte: »Du hast meine Töchter und Enkel wie Gefangene weggeführt und nicht einmal Abschied konnte ich mit ihnen feiern.« Jakob erwiderte: »Zwanzig Jahre lang habe ich dir gedient und du hast mich wie den niedrigsten Knecht behandelt. Du hast mich mit Lea betrogen und mich nicht freiwillig gehen lassen. Nun hat der Gott meiner Väter, der Engel des werdenden Volkes, mich geheißen, dich zu verlassen. So habe ich es getan.« Da lenkte Laban ein und sagte: »Laß uns hier einen Vertrag schließen.« Jakob richtete einen Denkstein auf, und sie trugen einen Steinhaufen zusammen. Dann sagte Laban: »Keiner soll in böser Absicht gegen den anderen auf die andere Seite dieses Steinhaufens gehen. Der aufgerichtete Stein soll ein Wächter über diese Grenze sein. Der Engel deines kommenden Volkes möge uns vor weiterem Streit bewahren.« Dann setzten sie sich auf dem Steinhaufen zusammen nieder und hielten ein Mahl miteinander. Danach küßte Laban seine Töchter und Enkel und sie schieden voneinander in Frieden, Laban und sein Brudersohn Jakob.

Die Erlebnisse Jakobs auf der Heimreise

Als Jakob weiter seinen Weg ging, begegnete ihm eine Schar von Engeln. Jakob sah sie und sagte: »Hier ist Gottes Heerlager.« Er überlegte, wie er seinem Bruder Esau am besten begegnen könne. Er wußte ja nicht, ob dieser immer noch den alten Zorn gegen ihn hegte. Darum schickte er Boten voraus, die sollten ihn bei seinem Bruder Esau anmelden und ihm berichten, wie es Jakob inzwischen ergangen war. Die Boten kehrten zurück und meldeten ihm, daß sie Esau alles ausgerichtet hätten und dieser nun mit 400 Männern dem Jakob entgegenzöge. Da erschrak Jakob sehr, denn er wußte nicht, was das bedeutete, ob Esau Gutes oder Schlimmes gegen ihn im Sinne hat. Er teilte alle Herden und Hirten in zwei Teile. Falls Esau eine Gruppe überfallen würde, hätte er immer noch die andere. Dann betete er: »Du Gott meiner Väter, der du mir so viel Gutes erwiesen hast. Mit einem Wanderstab bin ich ausgezogen und mit zwei Heeren Menschen und Tieren kehre ich nun zurück. Du hast mir gesagt, daß ich zurückkehren soll und daß meine Nachkommen unzählbar sein sollen wie der Staub der Erde. Ich flehe dich an, errette mich aus der Hand meines Bruders, laß Esau nicht gegen mich Gewalt anwenden.« Dann wählte er aus allen Herden, Kamelen, Eseln, Rindern, Schafen, Ziegen ein Geschenk für Esau aus. Er teilte sie in mehrere Gruppen und sagte zu den Hirten: »Wenn einer von euch Esau begegnet, soll er ihm sagen: Dies ist das Geschenk, das dein Knecht Jakob seinem Herrn Esau überbringen läßt. Er selber kommt mit seinen Frauen und Kindern kurz danach, um dich zu begrüßen.« So zogen also die Herden, Jakobs Geschenk an Esau, vor ihm her. Jakob hoffte, damit Esau gut für sich zu stimmen. Mit seinen Frauen und Kindern blieb er über Nacht an der Furt des Jabbok. Er fuhr sie in einem Schiff mit all seiner Habe über den Fluß und baute dort die Zelte auf. Als alle schliefen, ging er noch einmal allein hinaus. Da kam ihm ein Mann entgegen, der war übermenschlich groß. Die ganze Nacht rang er mit ihm. Sie waren gleich stark und kämpften bis zur Morgenröte. Jakob ahnte, daß es kein gewöhnlicher Kampf war. Er ahnte auch, daß er nicht mit einem Menschen kämpfte. Er ahnte, daß er mit diesem Kampf eine Prüfung zu bestehen hatte, die von Gott kam. Es war ihm, als kämpfe er mit Gott selber. Da gab ihm der Mann einen Schlag auf die Hüfte, daß sie ihm verrenkt wurde. Aber Jakob gab den Kampf trotzdem nicht auf. Da sagte der andere: »Laß mich los, denn die Morgenröte ist schon heraufgezogen.« Jakob antwortete: »Ich lasse dich nicht, bevor du

Jakobs Kampf mit dem Engel

mich nicht gesegnet hast.« Da fragte ihn der andere: »Wie heißt du?« Er antwortete: »Jakob.« Da sagte der andere: »Du sollst von jetzt an nicht mehr Jakob heißen.« Dieses Wort durchfuhr Jakob wie ein Blitz. Sein Name war ihm genommen. Er war ein Namenloser, ein Niemand. Es war ihm, als gäbe es ihn gar nicht mehr. Da fuhr der andere fort: »Du sollst von jetzt an Israel heißen, das heißt Gottesstreiter, denn du hast mit Gott und Menschen gekämpft und bist Sieger geblieben. Der Name Israel soll zugleich der Name des Volkes sein, das Gott erwählt hat, das er schon deinen Vorvätern Abraham und Isaak verheißen hat.« Da bat Jakob ihn: »Teile mir doch deinen Namen mit.« »Warum willst du meinen Namen wissen? Ich lebe in deinem Namen und im Namen des auserwählten Volkes. Ich gehöre zum Wesen Gottes und zum Wesen deines Volkes. Ich bin der göttliche Schutzgeist und Führer des Volkes, das Gott erwählt hat.« Jakob kniete nieder und der Engel seines Volkes segnete ihn. Da ging die Sonne auf und Jakob schaute, wie er in die aufgehende Sonne hinein verschwand. Er nannte dann diesen Ort, wo das alles geschehen war, Pniel, das heißt »Angesicht Gottes«, denn, so sagte er zu sich: Ich habe den Engel gesehen, der selber Gottes Angesicht ist, und ich bin am Leben geblieben. Heißt es doch immer: Wer Gott sieht, muß sterben. Und plötzlich erinnerte er sich, wie er doch kurz gestorben war, als ihm der Name Jakob genommen war. Ein neues Leben wurde ihm gegeben mit dem neuen Namen Israel.

Als nun der Morgen hell heraufgekommen war, sah Jakob seinen Bruder Esau mit den 400 Männern ihm entgegenkommen. Er rief seine Frauen und Kinder, die sich hinter ihm aufstellten. Esau eilte ihm entgegen und umarmte ihn, küßte ihn, und sie weinten beide vor Glück, daß sie einander wieder als wahre Brüder begegnen konnten, ohne Haß und Zank, in reiner Liebe. Dann erzählte Jakob seinem Bruder, wie Gott ihn in der Fremde gesegnet habe und wie er von seinem Reichtum Esau ein Geschenk machen wollte. Esau sagte: »Ich habe selber genug.« Aber Jakob bat ihn so lange, bis er es annahm. Hierauf sagte Esau: »Laß uns zusammen weiterziehen. Ich will vor dir herziehen.« »Mein Herr«, sagte Jakob zu seinem Bruder, »ich kann nur sehr langsam vorankommen, denn meine jüngsten Kinder sind noch klein, und ich habe viele Jungtiere in meinen Herden. Ziehe du schnell voran. Ich komme nach.« So zog Esau noch am selben Tag nach Hause zurück. Jakob zog erst nach Sechhoth und dann nach Sichem, ins Land seiner Väter. Dort baute er aus Steinen einen Altar und nannte ihn: »Allgott ist der Gott Israels.« So sprach er zum erstenmal selber den neuen Namen aus, von dem nur die Himmlischen wußten. Die Menschen nannten ihn weiterhin Jakob und ahnten noch nicht, wie Jakobs Seele das Sterben erlebt hatte und auch das neue Leben. Das neue Leben blieb ihm und sprach mit der Stimme des Engels zu ihm, durch den er den Namen Israel bekommen hatte. Diese göttliche Stimme gebot ihm nun: »Mache dich auf, ziehe nach Bethel, wo du den Denkstein errichtet hast, als dir dort Gott erschien und du die Himmelsleiter schauen durftest. Erfülle jetzt dort dein Versprechen.« Da rief Jakob alle seine Leute zusammen und gebot ihnen, alle Götterbilder, die sie von zu Hause mitgenommen hatten, ihm zu geben, dazu auch allen Gold- und Silberschmuck. All dies vergrub er unter einer großen Terebinthe in Sichem. Dann zog er weiter nach Bethel, baute dort einen Altar und nannte ihn »der Gott von Bethel«, weil ihm dort auf der Flucht vor seinem Bruder Gott erschienen war.

Da erschien ihm der Gott seines Volkes zum zweitenmal auf dieser Reise ins Land seiner Väter. Zum zweitenmal gab er ihm seinen neuen Namen, Israel. Zum zweitenmal verhieß er ihm das große, auserwählte Volk und segnete ihn. Als Gott ihm wieder entschwunden war, errichtete auch Jakob zum zweitenmal einen Denkstein, goß Öl darauf und heiligte ihn so und nannte ihn zum zweitenmal Bethel, Haus Gottes. Dann zogen sie alle weiter. Rahel aber trug ihren zweiten Sohn unter dem Herzen und die lange Reise machte ihr darum große Beschwerden. Nicht weit von Bethlehem gebar sie den Sohn. Dabei nahm Gott ihre Seele zu sich. Ihr Leib wurde vor den Toren Bethlehems begraben. Sie gab ihm noch den Namen Benoni, das heißt Schmerzenskind. Sein Vater aber nannte ihn Benjamin, das heißt Glückskind. Jakob errichtete auf Rahels Grab einen Denkstein. An diesem Denkstein zog 2000 Jahre später Maria vorüber, als sie den Erlöser der Welt unter ihrem Herzen trug. Sie gedachte ihrer Urmutter Rahel, die bei der Stadt gestorben war, in der Jesus geboren wurde, und die doch selber noch ein Kind geboren hatte für das Volk des Erlösers, des göttlichen Christus. So hatte Jakob zwölf Söhne. Ihre Namen waren: Ruben, Simeon, Levi, Juda, Issaschar, Sebulon, Dan, Naphtali, Gad, Asser. Dazu die beiden Söhne Rahels, Joseph und Benjamin, die ihm die liebsten waren, weil sie ihn erinnerten an seine liebste Frau Rahel, die gestorben war. Aus diesen zwölf Söhnen wurde das auserwählte Volk Gottes, Israel. Als Jakob zu seinem Vater zurückkehrte, war dieser 180 Jahre alt. Er war froh, seinen Sohn begrüßen zu können und zu wissen, daß er lebe und zwölf Söhne habe. Er konnte nun in Frieden sterben. Jakob und Esau begruben ihn im Grab seiner Väter Isaak und Abraham. Auch Esau wurde ein großes Volk, das Volk der Edomiter.

Josephs Träume

Jakob blieb mit seiner Familie im Lande Kanaan. Wenn er seinem Sohn Joseph in die Augen schaute, war es ihm, als schaue ihn Rahel an. Wenn er Josephs Stimme hörte, war es ihm, als spräche Rahel zu ihm. Wenn er Joseph gehen sah, glaubte er, die Gestalt Rahels zu sehen. In allem war Joseph seiner Mutter ähnlich, die Jakob so geliebt hatte und die so früh von ihm gegangen war. Darum war Joseph sein Liebling. Er schenkte ihm ein Gewand, das in allen Farben des Regenbogens schimmerte. Joseph trug es immer, denn er fühlte die Liebe des Vaters um sich, wenn er es trug. Die Brüder merkten, wie Joseph im Herzen ihres Vaters einen besonderen Platz einnahm und waren eifersüchtig auf ihn.

Als Joseph 17 Jahre alt war, durfte er selber Kleinvieh hüten und Herden auf die Weide treiben. Aber abends mußte er heimkehren, durfte nicht wie die großen Brüder tage- und nächtelang mit den Herden hinausziehen. Der Vater wollte ihn nicht so lange von sich lassen und sorgte sich um ihn.

Eines Morgens, als alle zu Hause waren, kam Joseph und erzählte, er habe einen Traum gehabt. Er sagte: »Wir waren alle draußen auf dem Feld, um Garben zu binden. Meine Garben stellte sich aufrecht und eure Garben neigten sich vor meiner.« Als die Brüder diesen Traum hörten, sagten sie: »Du bildest dir wohl ein, du könntest über uns König und Herrscher werden.« Und sie haßten ihn wegen dieses Traumes. Joseph aber merkte es nicht. Er hatte doch nur erzählt, was er wirklich geträumt hatte. Darüber sollten sich die Brüder doch nicht ärgern. Kurz danach träumte er wieder und erzählte auch diesen Traum seiner Familie und sprach: »Ich träumte, daß Sonne, Mond und elf Sterne sich vor mir verneigten. Ist das nicht ein seltsamer Traum?« Da sprach der Vater: »Du glaubst wohl, dein Vater, deine Mutter und deine Brüder sollten sich vor dir zur Erde neigen? Damit machst du dich bei deinen Brüdern unbeliebt.« Der Vater hatte recht. Die Brüder haßten Joseph noch viel mehr. Israel aber behielt die Träume gut im Gedächtnis und dachte für sich: Wer weiß, ob nicht etwas Wahres daran ist und sich Josephs Träume eines Tages erfüllen werden.

Joseph wird nach Ägypten verkauft

Die Brüder waren einmal wieder mit ihren Herden weit fort gewandert bis in die Gegend um Sichem. Viele Nächte waren sie schon nicht mehr zu Hause gewesen. Nur Joseph und Benjamin waren beim Vater geblieben. Da rief Israel Joseph zu sich und sagte: »Geh hinaus und sieh, wie es deinen Brüdern geht. Berichte mir auch, ob mit dem Vieh alles in Ordnung ist. Sie sind in die Gegend von Sichem gezogen. Bist du bereit dazu?« »Ich bin bereit«, antwortete Joseph. Der Vater gab ihm noch zu essen mit für seine Brüder. So machte sich Joseph auf den Weg. Er lief auf den Feldern bei Sichem umher, suchte sie überall und fand sie nicht. Er wollte schon wieder umkehren und dem Vater sagen, daß er sie nicht gefunden habe. Da begegnete ihm ein Mann. Der fragte ihn: »Was irrst du hier auf den Feldern umher? Suchst du etwas?« »Ja, ich suche meine Brüder, die mit den Herden unterwegs sind. Hast du sie vielleicht gesehen?« fragte Joseph den Mann. »Ja, ich habe sie vor ein paar Tagen hier gesehen«, erwiderte der, »und ich habe gehört, wie sie zueinander sagten: ›Wir wollen nach Dothan gehen. Dort sind die Wiesen noch nicht so abgegrast wie hier. Da werden die Tiere reiche Nahrung finden.‹« Joseph war froh, daß er nun wußte, wohin er gehen mußte. Er kehrte nicht um und bedankte sich bei dem Mann. Wäre er ihm nicht begegnet, dann hätte das Leben Josephs einen ganz anderen Verlauf genommen und mit ihm die Zukunft des ganzen werdenden Volkes. Der Gott des auserwählten Volkes hatte dem Joseph diesen Mann geschickt. Denn nun würde er seinen Brüdern bald begegnen. Diese sahen ihn von weitem kommen. »Da kommt ja der Träumer«, sagte einer und zeigte auf die Gestalt, die da ganz weit noch von ihnen zu sehen war. Da stieg aller Haß und Neid gegen Joseph in ihnen hoch und sie sagten: »Wir wollen ihn töten und ihn in eine Grube werfen und zum Vater sagen, ein wildes Tier habe ihn gefressen. Dann werden wir ja sehen, was aus seinen Träumen wird.« Als Ruben das hörte, erschrak er. Joseph war doch sein Bruder. Er ärgerte sich wohl auch über ihn und fand ihn sehr eingebildet, aber ihn totschlagen, das wollte er nicht. Er sagte zu seinen Brüdern: »Es ist nicht gut, Blut zu vergießen. Ich habe nicht weit von hier, in der Wüste, einen ausgetrockneten Brunnen gesehen. Wir wollen ihn da hineinwerfen und sehen, was daraus wird.« Im stillen dachte er sich, daß er in der Nacht heimlich zu dem Brunnen gehen, Joseph dort herausholen und zu Israel zurückbringen wolle. Joseph war inzwischen nahe herangekommen und freute sich, daß er seine Brüder gefunden hatte. Er wollte sie eben herzlich begrüßen. Da sprangen sie alle gleichzeitig hoch, stürzten sich auf ihn, zogen ihm den bunten Rock aus, banden ihn an Füßen und Händen und warfen ihn in den leeren Brunnen. Ruben versteckte sich und ging nicht mit den anderen zum Lagerplatz zurück, denn er wollte den rechten Moment abwarten, um Joseph zu befreien. Als die übrigen Brüder sich zum Essen niedergelassen hatten, sahen sie von weitem eine Karawane. Es waren Ismaeliten, die kostbare Ware von Kanaan nach Ägypten brachten, um sie dort zu verkaufen. Juda machte den Vorschlag: »Laßt uns doch Joseph an die Männer der Karawane verkaufen. Es ist nicht gut, daß wir Hand an ihn legen und später seinen Tod verheimlichen müssen. Er ist ja doch unser Bruder, unser Fleisch und Blut.« Die Brüder stimmten zu und Juda verhandelte mit den Ismaeliten um den Kaufpreis für Joseph. Die wollten den Knaben sehen, bevor sie ihn kauften. So holten sie ihn aus dem leeren Brunnen herauf, lösten seine Fesseln und priesen Joseph den Kaufleuten an: »Seht nur, was für ein schöner Knabe er ist. Er ist kräftig, kann arbeiten, kann sich anmutig bewegen und er kann sogar lesen und schreiben. Das hat ihm sein Vater beibringen lassen. Welcher Knabe kann das sonst, der nicht am Königshof erzogen wird? Wir alle durften nicht lesen und schreiben lernen. Er hat auch eine sehr schöne Stimme und singt. Als Hirte hat er sich auch schon bewährt.« So priesen die Brüder Joseph, von dem sie doch sonst immer nur böse und abfällig geredet hatten. Sie wurden mit den Kaufleuten einig und Juda empfing das Geld, 20 Silberlinge. Der Engel des Volkes sah diese Tat. Er blickte in die Ferne und sah einen Judas, der den Bruder aller Menschen für 30 Silberlinge verraten würde, viele hundert Jahre später. Und der Engel weinte über sein Volk und über so viel Bruder-Verrat, der nötig war, damit das Schicksal der Menschheit gewendet werden kann zum Heil.

Als nun Joseph an die Ismaeliten verkauft worden war, schlachteten die Brüder einen Ziegenbock, nahmen Josephs Mantel und tauchten ihn in das Blut. Dann zogen sie mit ihren Herden heimwärts. Ruben war nicht bei ihnen gewesen, als das alles geschah. Er ging in der Nacht aus seinem Versteck zum Brunnen, um Joseph zu retten. Da war der Knabe nicht mehr darin. Ruben zerriß seinen Mantel und schrie laut auf. Er lief hinter seinen Brüdern her, um ihnen zu erzählen, daß Joseph nicht mehr im Brunnen sei. Da erfuhr er alles, was geschehen war. Sie fürchteten sich, dem Vater selber die schlimme Nachricht zu überbringen. Darum riefen sie einen Knecht, gaben ihm den blutgetränkten Mantel von Joseph und gaben ihm

Die Brüder verkaufen Joseph nach Ägypten

den Auftrag, Israel zu fragen, ob er den Mantel kenne. Der Knecht tat, was ihm aufgetragen war. Als Israel den bunten Rock mit den langen Ärmeln blutbefleckt erblickte, rief er: »Oh, oh weh. Ja, es ist der Rock meines Sohnes Joseph. Ein wildes Tier hat ihn zerrissen.« Und auch er zerriß seinen Mantel, legte ein Trauergewand an und trauerte eine lange Zeit. Kein Mensch vermochte ihn zu trösten. »Laßt mich«, sagte er, »ich will im Trauerkleid zu meinem geliebten Sohn in die Unterwelt fahren.« Auf Erden zu leben war für Israel von nun an nur noch eine Qual. Ohne Joseph gab es für ihn keine Freude mehr.

Josephs Aufstieg und neues Unglück

Joseph war inzwischen mit der Karawane nach Ägypten gezogen. Der Karawanenführer ließ ihn neben seinem Kamel laufen, auf dem er selber ritt. Es ging einen langen Weg durch die Wüste. Joseph schmerzten die Füße, und er hatte großen Durst. Endlich kamen sie an einen großen Fluß. Das war der Nil. Sie hielten an und tranken aus dem Wasser des Nil und wuschen ihre wunden Füße. Zum erstenmal sah Joseph ein Krokodil, das da am Ufer lag und ihn anblinzelte. Auch seltsame Wasservögel sah er, Fischreiher, Ibisse und viele andere. Er freute sich an der neuen Welt, die er da kennenlernte. Aber bald ging es weiter. Es lag noch ein langer Weg vor ihnen. Joseph lief wieder neben dem Karawanenführer her. Ein langer Strick war um sein Handgelenk gebunden, an dem dieser ihn festhielt, damit er nicht entfliehen konnte. Es wurde Abend. Sie gingen dicht am Flußwasser entlang. Es gab nur noch wenig Geräusche, die Schritte der Karawane und das Rauschen des Nilstromes. Da hörte Joseph im Stromesrauschen ein Sprechen. Er lauschte und verstand die Worte: »Joseph, armer Knabe Joseph, du gefesselter, du müder, bist du einst der Herr der Ernte, speise deine schlimmen Brüder. Joseph, armer Knabe Joseph, Joseph, Joseph«, und leise verhallte die Stimme des Nilgottes, der da zu ihm gesprochen hatte. Joseph konnte die Worte nicht recht begreifen, aber sie hatten ihn getröstet. Wie ein Abendlied war es, wie ein Gebet vor dem Schlafengehen. Das Laufen fiel ihm wieder leichter. Plötzlich sah er am Horizont weiße dreikantige Berge aufleuchten, so schön und so seltsam zugleich. Er wandte sich an den Karawanenführer und sagte ehrerbietig: »Mit euch meiner Väter Frieden, Herr, wie heißen jene Berge?« »Kind, es sind die

Pyramiden«, erwiderte der Mann, und seine Stimme zitterte etwas, als spräche er von Gott. Da fühlte Joseph zum erstenmal wieder, daß der Gott seiner Väter ihn nicht verlassen hatte. Er fühlte, daß er nun kein Kind mehr war, das beim Vater zu Hause ist und behütet wird. Er merkte, daß er ein Mann werden sollte und nun von Gott in die Schule des Lebens geschickt wurde. Das machte ihn stark und voller Freude auf das, was kommen würde. Gott war bei ihm, der Gott seines werdenden Volkes. Ihm konnte er sein Leben anvertrauen.

Inzwischen waren sie in eine große Stadt gekommen und hielten vor einem Haus. Der Karawanenführer verkaufte Joseph an den Mann, der in diesem Haus mit seiner Frau und seinem Gesinde lebte. Es war Potiphar, der Leibwächter des ägyptischen Herrschers, der Pharao genannt wird. So kam Joseph, der Sohn Israels, nach Ägypten, und der Gott seiner Väter war mit ihm. Alle Arbeiten, die ihm aufgetragen wurden, gelangen ihm. Der Garten, den er pflegte, blühte schöner als zuvor. Die Rosse, die er striegelte, hatten Glanz auf dem Fell, als wolle es das Sonnenlicht zurückstrahlen. Die Bienen, die er versorgte, brachten den köstlichsten Honig. Bald bemerkte Potiphar, daß Joseph auch Lesen und Schreiben konnte und holte ihn in seine nächste Umgebung, damit er ihm vorläse und alle Gedanken aufschriebe, die ihm beim Zuhören und auch sonst am Tage einfielen. Joseph war so umsichtig, geschickt und klug, daß Potiphar ihm eines Tages die Führung seines ganzen Hauses anvertraute. Der Gott seiner Väter war mit Joseph, so daß ihm alles gelang, was er sich vornahm und das Haus des Potiphar gesegnet war durch ihn.

Potiphars Frau sah, wie schön Joseph war, wie edel seine Gestalt, wie anmutig seine Bewegungen, wie wohlgeformt seine Sprache waren. Sie begann ihn zu lieben, aber nicht auf gute, sondern auf böse Weise. Wer auf gute Weise liebt, will für den anderen das Beste und freut sich, wenn der andere den Menschen wohl tut. Wer auf böse Weise liebt, will den anderen besitzen und ist eifersüchtig, wenn der andere nicht ganz allein nur ihm wohl tut, sondern vielen Menschen. Tag und Nacht dachte Potiphera an Joseph und überlegte, wie sie ihn für sich gewinnen könne. Sie wollte ein heimliches Fest feiern, ganz allein nur mit ihm. Sie lud ihn dazu ein, aber Joseph lehnte ab. »Du bist die Frau meines Herrn. Wie könnte ich da mit dir allein ein Fest feiern«, sagte er zu ihr. Einmal verreiste Potiphar für mehrere Tage. Er rief Joseph zu sich und übergab ihm die Verantwortung für sein ganzes Haus, für alle Diener und Mägde und für seine Frau Potiphera. Diese glaubte, nun sei die Gelegenheit gekommen, mit Joseph allein zu sein und

71

ein Fest mit ihm zu feiern. Nun brauchte Joseph den Herrn nicht zu fürchten, weil der ja verreist war. Sie traf Joseph in einem der großen Flure des Hauses und lud ihn ein, sie zu besuchen. Er lehnte ab und sagte: »Mein Herr, Potiphar, hat mir so viel Vertrauen geschenkt. Wie könnte ich das mißbrauchen und das einzige, was ihm lieb ist, was er nicht mit mir teilt, seine Frau, ihm mit Heimlichkeiten entfremden. Bitte, höre endlich auf, solche Wünsche an mich zu richten.« Potiphera faßte Joseph am Mantel, um ihn festzuhalten. Aber Joseph schlüpfte aus den Ärmeln und lief davon. Sie hielt den Mantel in der Hand. Da schlug die Liebe der Frau in Haß um. Sie schrie laut um Hilfe. Diener kamen herbei um zu sehen, was los sei. Da zeigte sie ihnen den Mantel und sagte: »Joseph wollte mir etwas antun. Als ich mich wehrte und schrie, schlüpfte er aus dem Mantel und lief davon.« Als die Diener das hörten, freuten sie sich. Ihnen war es schon lange ein Ärgernis, daß Joseph, der Hebräer, ein Fremder, ein Sklave, von ihrem Herrn über sie alle gesetzt worden war, daß sie auf sein Wort hören mußten. Nun würde das aufhören. Wenn Potiphar erfährt, daß Joseph seiner Frau ein Ärgernis geworden ist, würde er ihm für immer alle Ämter nehmen und ihn schwer bestrafen. Sie packten Joseph und sperrten ihn in eine Kammer. Dort mußte er bei trockenem Brot und Wasser warten, bis Potiphar zurückgekehrt war. Als Potiphar kam, erfuhr er von seiner Frau alles, was geschehen war, aber er erfuhr es so, wie sie es erzählte. Er glaubte ihr und merkte nicht, daß ihre Worte Lügen waren und die Worte von Joseph die Wahrheit. So glaubte er auch, daß Joseph sein Vertrauen, seine Freundschaft elend mißbraucht habe. Das war eine große Enttäuschung für Potiphar. Zorn stieg in ihm auf, und er ließ Joseph ins Gefängnis werfen.

Joseph deutet Träume im Gefängnis

Nun war Joseph zum zweitenmal aus der Höhe des Schicksals in die Tiefe geworfen worden. Einmal war er der Liebling des Vaters gewesen, und die Brüder hatten ihn in die Tiefe des Brunnens geworfen und dann als Sklaven nach Ägypten verkauft. Dort wurde er aus dem Sklavenstand erhoben und von seinem Herrn mit dem höchsten Amt betraut. Alles, was Joseph sich vornahm, gelang ihm, und er fühlte, wie Gott mit ihm war und sein Leben segnete. Nun war er von der Höhe des Vertrauens in die Tiefe der Verachtung des Potiphar geraten und saß wie ein Schuldiger im Gefängnis. Er betete zu dem Gott seiner Väter und fühlte, daß er ihn nicht verlassen hatte, daß das alles nur eine Prüfung war. Auch im Gefängnis war Gott mit ihm. Der Gefängniswärter gewann Joseph lieb und übergab ihm die Aufsicht über die anderen Gefangenen. Auch diese hatten Joseph gern. Abends kamen sie oft in seine Gefängniszelle, oder der Wärter erlaubte ihnen, sich im Hof um Joseph zu sammeln. Dann erzählte er ihnen Geschichten. Sie vergaßen dabei ganz, daß sie im Gefängnis waren, und meinten, in einer anderen Welt zu sein.

Da geschah es, daß der Pharao, der große Herrscher von Ägypten, Gäste hatte. Er ließ sie bewirten. Sein Oberbäcker mußte ein besonderes Brot backen und der oberste Mundschenk den besten Wein aus dem Keller holen. Die Gäste aßen und tranken. Aber als einer das Brot aß, biß er auf ein kleines Steinchen, das in den Teig geraten war. Und als der Pharao mit seinen Gästen zu ihrem Wohl den Becher hob und den Wein daraus trank, merkte er, daß der Wein sauer und nicht der beste Wein war. Da stellte er den obersten Bäcker und den obersten Mundschenk zur Rede. Aber alle Erklärungen und Entschuldigungen galten dem Pharao nichts und er ließ die beiden für ihre sträfliche Unachtsamkeit ins Gefängnis werfen. Dort war Joseph, der nun auch vom Wächter die Aufsicht übertragen bekam über die beiden hohen Diener des Pharao. Auch sie waren froh über diesen ungewöhnlichen Aufseher, der immer freundlich zu ihnen war. Er erschien ihnen wie ein Liebling der Götter, schön von Gestalt, mit gütiger Seele und klarem Geist. Eines morgens kam Joseph in ihre Zelle und sah, daß beide sehr bekümmert und düster dreinschauten. »Was ist mit euch?« fragte er sie. »Wir haben beide einen merkwürdigen Traum gehabt und verstehen nicht, was er bedeutet. Darum macht uns der Traum Angst. Er könnte ja etwas Schlimmes bedeuten. Aber es gibt ja niemanden hier, der Träume deuten kann.« »Träume zu deuten ist Sache Gottes«, sagte Joseph, »aber erzählt mir doch eure Träume. Vielleicht gibt mir Gott seine Deutung.« Der Mundschenk begann zu erzählen: »Mir träumte, es wuchs vor mir ein Weinstock. An diesem Weinstock waren drei Reben. Vor meinen Augen brachten sie ihre Blüten hervor, dann wuchsen die Trauben heran und brachten ihre Beeren zur Reife. Ich hielt in der einen Hand den Becher des Pharao und mit der anderen Hand preßte ich die Trauben aus, daß der Saft in den Becher floß. Den reichte ich dann dem Pharao und er trank daraus.« »Dies ist die Deutung des Traumes«, sagte Joseph, »die drei Weinreben sind drei Tage. In drei Tagen wird der König dich wieder in dein Amt einsetzen als Obermundschenk, und du wirst ihm seinen Becher wieder mit Wein

73

füllen. Dann denke aber bitte auch an mich. Erzähle dem Pharao von mir. Sage ihm, ich sei ein Hebräer, der zu Unrecht als Sklave verkauft worden ist und zu Unrecht sei ich auch in dieses Gefängnis geworfen worden.« »Ich will es tun«, sagte der Mundschenk. Er war glücklich über die Deutung seines Traumes. Als der Bäcker merkte, wie günstig die Deutung war, die Joseph dem Mundschenk für seinen Traum gegeben hatte, fing auch er an, den seinigen zu erzählen. »Mir träumte, ich trug auf dem Kopf drei Körbe mit Backwerk, das für den Pharao bestimmt war, aber die Vögel kamen und fraßen aus dem obersten Korb.« »Die Deutung deines Traumes«, sagte Joseph, »ist diese: Drei Körbe, das sind drei Tage. Auch dich wird der Pharao nach drei Tagen aus dem Gefängnis holen, aber er wird dich am Galgen hängen lassen und die Vögel werden dein Fleisch fressen.«

Wie Joseph die Träume gedeutet hatte, so geschah es auch. Nach drei Tagen hatte der Pharao Geburtstag. Zur Feier dieses Tages veranstaltete er ein Festmahl für alle seine Diener. Den Obermundschenk ließ er aus dem Gefängnis holen und in sein Amt wieder einsetzen. Den Oberbäcker ließ er aus dem Gefängnis holen und an den Galgen hängen. Der Mundschenk aber vergaß über seinem eigenen Glück sein Versprechen und sprach zu Pharao nicht über Joseph.

Joseph wird vom Pharao in ein hohes Amt eingesetzt

Zwei Jahre vergingen und Joseph war immer noch im Gefängnis. Obwohl er unschuldig war, fühlte er keinen Groll, weder gegen Menschen noch gegen Gott. »Ich kann hier vielen Gefangenen Trost spenden, ich lerne sehr verschiedene Menschen kennen und der Oberaufseher ist immer freundlich zu mir und gewährt mir jede Bitte. Eines Tages werde ich wissen, was Gott mir zugedacht hat, als er zuließ, mich ins Gefängnis zu bringen. Er hat mich ja auch hier nicht verlassen und läßt mich seinen Segen erfahren.«

Zwei Jahre nachdem der Obermundschenk aus dem Gefängnis entlassen worden war, hatte der Pharao Träume, die er selber nicht deuten konnte. Er rief alle Wahrsager und weisen Ratgeber zu sich und erzählte ihnen seine Träume: »Mir war, ich stünde am Ufer des Nils. Da stiegen aus dem Wasser sieben wohlgenährte, schöne, kräftige Kühe heraus und grasten im Riedgras. Danach stiegen sieben dürre, häßliche Kühe aus dem Fluß, die fraßen die sieben wohlgenährten Kühe auf. Ich erwachte, schlief aber bald danach wieder ein und träumte: Sieben Ähren wuchsen auf einem Halm, schöne große Ähren. Darauf schossen aus der Erde sieben dürre Ähren, die vom Ostwind verbrannt waren. Die fraßen die sieben großen Ähren auf. Als ich erwachte, wußte ich, daß dies Träume sind, durch die mir Gott etwas sagen will. Ich bin sehr beunruhigt, weil ich sie nicht verstehe. Bitte, ihr Wahrsager und Schriftkundigen meines Reiches, deutet mir meine Träume.« Die versammelten Männer besprachen sich viele Stunden lang untereinander. Am Ende mußten sie dem Pharao sagen, daß sie die Deutung seiner Träume nicht kennen. Das sprach sich schnell am ganzen Hof herum. Auch die Hofleute, Diener und Mägde waren beunruhigt, daß niemand die Träume des Pharaos deuten konnte. Da fiel dem Mundschenk ein, wie es ihm im Gefängnis mit Joseph gegangen war, und daß er ja sein Versprechen bis heute vergessen hatte. Er ging zum Pharao, erzählte ihm von Joseph und wie dieser ihm und dem Oberbäcker die Träume gedeutet habe, so, wie sie sich dann auch erfüllt hatten. Der Pharao schickte sofort einen Boten zum Gefängnis, um Joseph zu holen. Er sollte sehr schnell kommen. Als Josephs Haar geschnitten war, er ein Bad genommen und neue Kleidung erhalten hatte – denn so, wie er im Gefängnis ausgesehen hatte, durfte er nicht vor dem Pharao erscheinen – trat er vor den Pharao. Dieser sagte zu ihm: »Ich habe einen Traum gehabt, der mich beunruhigt. Niemand kann ihn mir deuten. Mir ist aber erzählt worden, daß du nur einen Traum zu hören brauchst, und sogleich weißt du auch schon seine Deutung.« »O nein«, sagte Joseph, »nicht ich, aber Gott will dem Pharao etwas kundtun, das ihm Segen bringen soll.« Da erzählte der Pharao seine Träume dem Joseph: »Ich stand am Ufer des Nilflusses. Da stiegen aus dem Strom sieben schöne, wohlgenährte Kühe. Die weideten im Riedgras. Danach stiegen sieben magere, häßliche Kühe aus dem Wasser. Ich habe in ganz Ägypten nie so häßliche Kühe gesehen. Die fraßen die sieben schönen Kühe auf, aber man sah es ihnen nicht an. Sie waren danach genau so mager und häßlich, wie vorher. Dann sah ich aus einem Halm sieben schöne volle Ähren hervorwachsen und danach sieben dürre, vom Ostwind versengte Ähren. Die fraßen die sieben schönen Ähren auf. Ich habe meinen Wahrsagern die Träume erzählt. Sie konnten nichts dazu sagen.«

Und Joseph sprach, nachdem er die Träume vernommen hatte: »Deine Träume bedeuten beide dasselbe. Sieben fette Kühe bedeuten sieben gute Erntejahre. Sieben magere Kühe bedeuten sieben schlechte Erntejahre. Das gleiche bedeuten die sieben schönen und die sieben dürren Ähren.

Alles, was in den sieben reichen Jahren geerntet wird, wird in den sieben Hungerjahren verzehrt sein. Niemand wird sich an die guten Jahre erinnern, weil die sieben schlechten Erntejahre so schlimm sein werden. Und daß du das gleiche in zwei Träumen geträumt hast bedeutet, daß dies alles bei Gott schon fest beschlossen ist.« Nachdem Joseph im Sinne Gottes die Träume des Pharao gedeutet hatte, fügte er noch seine eigenen Gedanken hinzu: »Du solltest dir einen Aufseher bestellen, der in den sieben reichen Erntejahren von allen Ägyptern den fünften Teil ihrer Ernte einsammeln läßt. Laß große Scheunen bauen und sammle darin in der guten Zeit, damit du in den sieben schlechten Jahren deinem Volk Getreide geben kannst.« Dieser Vorschlag beeindruckte den Pharao sehr, und er sagte zu allen, die um ihn waren: »Können wir wohl in ganz Ägypten einen Mann finden, in dem der Geist Gottes so lebt wie in diesem Hebräer?« Alle stimmten ihm zu, daß Joseph selber das Amt dieses obersten Aufsehers übertragen bekommen sollte.

Da wandte sich der Pharao an Joseph und sagte: »Hiermit setze ich dich ein als obersten Aufseher über das ganze Land Ägypten. Nur noch der Königsthron soll mein sein und mich von dir unterscheiden. Alle Macht will ich mit dir teilen.« Er zog einen Siegelring vom Finger und steckte ihn Joseph an die Hand. Er ließ ihn fürstlich kleiden und legte ihm zum Zeichen seiner Würde die goldene Kette um den Hals. Dann ordnete er an, daß Joseph im zweiten Staatswagen durch ganz Ägypten gefahren werden sollte und daß ein Herold vor ihm herziehen solle, der ausrief: »Abrek«, das heißt »Lebensspender«. Er gab ihm den Titel: Zaphenath Pan cah, das heißt »Ernährer«, und er gab ihm Asenath, die Tochter eines hohen ägyptischen Priesters zur Frau. So wurde Joseph mit 30 Jahren Herr über ganz Ägypten. Er ließ große Scheunen bauen und sorgte dafür, daß jeder von seiner Ernte den fünften Teil in die Scheunen ablieferte. Es gab in den sieben guten Erntejahren so viel Getreide, daß man es gar nicht mehr messen konnte und immer noch mehr Scheunen in den Städten gebaut wurden, worin der Überfluß des Getreides gespeichert wurde. Noch ehe das erste Hungerjahr kam, gebar Asenath dem Joseph zwei Söhne. Den ersten nannte er Manasse, das heißt: »Der vergessen macht«. Denn, so sagte Joseph, »Gott hat mich all mein Unglück vergessen lassen und auch mein Vaterhaus, und hat mich in fremdem Land zu großem Glück erhoben.« Den zweiten Sohn nannte er Ephraim, das heißt »Doppelte Fruchtbarkeit«, »denn«, so sagte er, »Gott hat mich doppelt fruchtbar werden lassen in dem Lande, in dem ich fremd und elend angekommen bin«.

Als die Hungerjahre begannen, hatten die Ägypter noch Brot. Auf der ganzen Erde hungerten die Menschen, denn überall gab es schlechte Ernten. Dann ging den Ägyptern auch das Brot aus und sie flehten den Pharao um Hilfe an. Der sagte: »Wendet euch an Joseph.« Da kamen sie zu Joseph. Der ließ aus dem gesammelten Vorrat aus den Kornhäusern den Menschen Getreide verkaufen. Die Menschen der ganzen damals bekannten Erdenwelt kamen zu Joseph, der ihnen half, die Hungerzeit zu überstehen, indem er ihnen Getreide verkaufte.

Josephs Begegnung mit seinen Brüdern

Auch im Lande Kanaan, wo Israel mit den Brüdern Josephs lebte, war die Hungersnot groß. Israel erfuhr, daß in Ägypten Getreide zu kaufen sei. Er schickte seine zehn älteren Söhne hin, gab ihnen Geld und den Auftrag, auf die Esel volle Getreidesäcke zu laden, die da bei einem strengen Herrn am Hofe des Pharaos zu kaufen seien. Benjamin ließ er nicht mit ihnen gehen. Als nun die zehn Brüder vor Joseph erschienen, erkannte er sie gleich, ließ es sich aber nicht anmerken. Die Brüder aber erkannten ihn nicht. Sie glaubten, er sei ein Ägypter, denn er sprach auch nicht ihre Sprache, sondern ließ sich alles, was sie sagten, von einem Dolmetscher übersetzen. Joseph empfing seine Brüder mit sehr strengem Ton und sehr ernstem Gesicht. Als sie ihn um Getreide baten, sagte er: »Ihr seid Kundschafter. Ihr seid gekommen, um auszukundschaften, wo das Land offensteht und unbewacht ist, weil ihr dort mit euren Leuten eindringen und uns berauben wollt.« »Wir sind ganz bestimmt keine Kundschafter«, versicherten die Brüder. »Doch, ihr seid Kundschafter«, sagte Joseph. »Wir sind zwölf Brüder von einem Vater«, begannen nun die Söhne Israels ihren Bericht. »Ein Sohn, der jüngste, ist zu Hause geblieben und ein anderer Sohn ist nicht mehr. Unser Vater hat uns hergeschickt, um dich, hoher Herr, zu bitten, uns Getreide zu verkaufen. Wir wollen es dir reich bezahlen. Wir müßten sonst Hunger leiden.« »Ich glaube euch nicht, daß ihr keine Kundschafter seid«, sagte Joseph. »Das müßt ihr mir erst beweisen. Einer von euch soll nach Hause gehen und euren jüngsten Bruder holen. Das allein soll mir ein Beweis sein, daß ihr die Wahrheit sprecht. Die anderen neun sollen so lange hier in Gewahrsam gehalten werden.« Da sagte Ruben: »Ihr Brüder, was uns hier geschieht, das ist die Strafe Gottes dafür, daß wir unseren Bruder Joseph so schlecht behandelt haben. Ich habe euch damals gewarnt und wollte es verhindern. Wir sahen die Angst in den Augen unseres Bruders und hörten sein Flehen, und wir haben ihn trotzdem als Sklaven verkauft.« Joseph verstand jedes Wort, das Ruben zu seinen Brüdern sprach. Er ging hinaus, weil er weinen mußte. Wie gerne hätte er seine Brüder umarmt und sich am Glück des Wiedersehens gefreut, aber er mußte sie erst durch eine strenge Prüfung führen. Wie er sich durch alle seine Erlebnisse gewandelt hatte, so sollten auch seine Brüder andere Menschen werden. Weil er sie liebte, wollte er sie prüfen.

Er ließ sie alle zehn in Gewahrsam nehmen. Nach drei Tagen ging er zu ihnen und sprach: »Geht zurück zu eurem Vater und bringt mir euren jüngsten Bruder. Es soll nur einer von euch hier bleiben bis euer Bruder gekommen ist. Euch will ich Getreide verkaufen.« Er gab seinen Dienern Befehl, den zehn Männern die Säcke mit Getreide zu füllen. Heimlich fügte er hinzu: »Legt jedem sein Geld wieder oben in den Sack.« Als die Brüder sich bei ihm bedankten, aber doch sehr bedrückt nach Hause zogen, weil Simeon nicht mit ihnen ging und sie Benjamin holen sollten, da mußte Joseph an seine Träume denken.

Unterwegs kehrten die Brüder in einer Herberge ein. Einer von ihnen öffnete seinen Sack. Da fand er das Geld obenauf liegen. Er erschrak furchtbar und auch die anderen erschraken, denn auch sie fanden das Geld obenauf in ihren Säcken. Nun würde der strenge Herr bestimmt denken, daß sie nicht ehrlich bezahlt hätten, was er ihnen verkauft hat.

Als sie beim Vater ankamen, erzählten sie ihm, wie schlimm es ihnen ergangen war, daß Simeon von dem strengen Verwalter in Gewahrsam genommen worden war, weil er sie alle für Kundschafter hielt, und daß sie ihm versprechen mußten, ihren jüngsten Bruder Benjamin zu bringen. Israel erschrak und klagte laut: »Was tut ihr mir an. Ihr beraubt mich meiner Söhne. Joseph ist tot. Simeon ist in Ägypten gefangen, und nun wollt ihr mir auch noch Benjamin nehmen.« Ruben sagte: »Vater, meine beiden Söhne sollen dir gehören, wenn ich dir Benjamin nicht heil zurückbringe.« Aber der Vater sagte: »Mein Sohn Benjamin soll nicht mit euch ziehen. Sein richtiger Bruder Joseph, der Sohn meiner geliebten Rahel, ist tot. Wenn Benjamin etwas zustoßen würde, will und kann ich nicht leben auf Erden. Ich würde ergrauen und in die Unterwelt fahren. Ich gebe euch meinen Sohn Benjamin nicht.« Die Brüder wußten nicht, was sie tun sollten, hatten nicht den Mut, zu dem strengen Herrn zurückzukehren ohne Benjamin und mit dem Geld, das in ihren Säcken gelegen hatte. Er würde sie ja für Betrüger und für Kundschafter halten und einsperren lassen.

So lange der Getreidevorrat reichte, blieben sie zu Hause. Aber es folgten noch weitere schlechte Erntejahre und die Hungersnot hielt an. Da sagte Israel zu seinen Söhnen: »Zieht noch einmal nach Ägypten und kauft Getreide ein, damit wir nicht elend verhungern.« Aber Juda erwiderte ihm: »Der Mann, der uns das Getreide verkaufte, hat gesagt, wir dürften ihm ohne unseren jüngsten Bruder nicht mehr vor die Augen treten. Darum mußt du, Vater Israel, dich jetzt entscheiden: Entweder du läßt Benjamin mit uns ziehen und wir werden noch einmal Getreide kaufen, oder wir müssen hier bleiben.« Israel klagte laut und sprach: »Warum habt ihr ihm denn überhaupt gesagt, daß ihr noch einen Bruder habt?« »Er wollte alles genau von uns wissen, bevor er uns das Getreide gab. Wir ahnten ja nicht, daß er nach unserem jüngsten Bruder verlangen wird«, erzählte Juda und dann fuhr er fort: »Vater, ich bürge für unseren Bruder Benjamin. Bevor ihm etwas geschieht, soll es mir geschehen. Ich werde ihn dir heil zurückbringen oder ewig mich schuldig fühlen vor dir.« »Wenn es denn sein muß«, sagte Jakob, und er ordnete an, wie es die Brüder machen sollten: »Nehmt kostbare Geschenke mit für den strengen Herrn, nehmt auch das Geld mit, das in euren Säcken obenauf lag, und ich will euch Benjamin mitgeben. Aber hütet ihn mir, daß ich nicht kinderlos werde, wie in der Zeit, bevor Rahel mir die beiden Söhne gebar, von denen ich nur noch diesen habe.

So zogen denn die Brüder noch einmal nach Ägypten. Sie waren jetzt zehn, denn Benjamin ging mit ihnen. Sie klopften an das Tor des Hauses, in dem Joseph lebte, und ließen ihm durch den Wächter sagen, daß sie ihren jüngsten Bruder mitgebracht hätten. Da befahl Joseph, man solle ein großes Festmahl zubereiten für die Hebräer, die da gekommen seien, Getreide zu kaufen. Er ließ die Brüder ins Haus bitten. Die fürchteten sich sehr und sprachen zueinander: »Jetzt wird uns der strenge Herr überfallen, fesseln und einsperren lassen, weil er glauben wird, wir hätten das letzte Mal nicht bezahlt. Was sollen wir nun tun? Es darf doch auch Benjamin kein Leid geschehen.« Sie gingen zu dem Hausverwalter und sagten: »Bitte, werter Herr, hier geben wir die doppelte Bezahlung, denn das letzte Mal fanden wir das Geld in unseren Säcken, das wir dir gegeben hatten, als wir sie in der Herberge öffneten.« »Behaltet das Geld. Ich habe alles von euch bekommen und abgerechnet. Euer Gott wollte euch wohl eine Gunst erweisen und hat es auf wunderbare Art in eure Säcke gelangen lassen. Nun tretet ein. Mein Herr läßt ein Mahl für euch bereiten.« Die Brüder luden die Geschenke ab, die sie auf ihren Eseln mitgebracht hatten und warteten im

Haus auf den strengen Herrn. Joseph trat ein und begrüßte sie. Sie neigten sich tief vor ihm. Er fragte sie, wie es ihrem alten Vater ginge. »Deinem Knecht, unserem Vater, geht es gut. Er ist noch am Leben«, antworteten sie. Josephs Blick fiel auf Benjamin. »Ist das euer jüngster Bruder?« fragte er, und er fügte hinzu: »Gott sei dir gnädig, mein Sohn.« Dann aber wurde Joseph so erschüttert davon, daß sein geliebter Bruder vor ihm stand, der ein Sohn Rahels war wie er, daß er vor Freude weinen mußte. Er verließ den Raum und ging in seine Kammer. Dort weinte er sich aus, wusch sich sein Gesicht und kehrte zu seinen Brüdern zurück. In einem großen Saal waren drei Tische gedeckt. An einem saß Joseph, am zweiten seine ägyptischen Beamten, die nicht mit einem Hebräer an einem Tisch essen durften. Der dritte Tisch war für die elf Brüder gedeckt. Joseph empfing sie und wies ihnen ihre Plätze an. Die Brüder wunderten sich sehr, denn er setzte sie genau in der Reihenfolge ihres Alters. Wie konnte er so genau wissen, wer von diesen erwachsenen Männern ein Jahr älter war als der andere. Benjamin setzte er obenan und ließ ihm von allem die größten und besten Stücke geben.

Als sie gegessen und getrunken hatten, setzte sich Joseph eine kleine Weile zu ihnen, und sie waren sehr fröhlich zusammen. Dann rief er seinen Diener und befahl ihm leise, den Hebräern ihre Säcke mit Getreide zu füllen, jedem das Geld obenauf zu legen und dem Jüngsten den silbernen Becher, aus dem Joseph zu trinken pflegte. Der Diener richtete alles aus. Joseph verabschiedete sich von ihnen, Simeon war bei allem dabeigewesen, und sie durften nun alle elf die Heimreise antreten. Sie hatten noch nicht lange das Stadttor hinter sich gelassen, da kam der Hausverwalter hinter ihnen hergeritten auf einem schnellen Pferd. Was jetzt geschah, hatte ihm sein Herr aufgetragen. Er hielt bei dem Zug der Brüder an, sprang vom Pferd und sagte: »Warum habt ihr Gutes mit Bösem vergolten und den silbernen Becher meines Herrn gestohlen?« »Niemals würden wir so etwas tun«, riefen die Brüder. »Wir haben doch auch das Geld zurückgebracht, das auf unseren Säcken lag nach unserer ersten Reise hierher. Wie sollten wir da Silber oder Gold unseres Herrn mitnehmen? Ihr könnt unsere Säcke durchsuchen. Bei wem ihr den silbernen Becher findet, der soll des Todes sein, und wir alle wollen dann die Sklaven eures Herrn sein.« Sie waren sich ganz sicher, den Becher nicht bei sich zu haben. Der Hausverwalter durchsuchte ihre Säcke, begann bei dem Ältesten bis zum Jüngsten. Als er Benjamins Sack öffnete, lag da der Becher obenauf. Kaltes Entsetzen packte sie. Wie konnte das nur sein? Sie zerrissen ihre Kleider vor Scham und

Schmerz und kehrten zu Joseph zurück. Als sie wieder vor Joseph standen, warfen sie sich vor ihm auf die Erde nieder.

Joseph sagte in strengem Ton: »Was habt ihr da getan? Wußtet ihr nicht, daß ich Zeichen deuten kann und nichts vor mir verborgen bleibt?« »O Herr«, rief Juda, »was sollen wir sagen? Wie sollen wir uns rechtfertigen? Gott hat unsere Schuld ans Licht gebracht.« Er meinte aber in seinem Herzen damit nicht die Schuld, den Becher gestohlen zu haben, sondern eine ganz andere Schuld, die sie einstmals ihrem Bruder Joseph angetan hatten. »Wir sind nun alle deine Sklaven«, fuhr er fort, »auch der, bei dem der Becher gefunden wurde.« »Nein«, sagte Joseph, »nur er, der den Becher in seinem Sack hatte, soll als mein Sklave hier bleiben. Ihr mögt zu eurem Vater zurückkehren.« Da trat Juda vor Joseph hin und sagte: »Hoher Herr, wir haben dir von unserem alten Vater erzählt und von unserem jüngsten Bruder, den dieser über alles liebt. Du hast von uns verlangt, daß wir ihn mitbringen sollen, und wir haben es getan. Aber unser Vater wollte es nicht erlauben. Er hat schon einen Sohn verloren und fürchtet, daß er auch diesen verlieren könnte. Er hat ihn nur mit uns ziehen lassen, weil ich mich für ihn verbürgt habe. Bevor unserem Bruder Benjamin ein Leid geschieht, will ich es an seiner Statt auf mich nehmen. Darum bitte ich dich, nimm mich zum Sklaven und laß unseren jüngsten Bruder zum Vater zurückkehren. Sonst würde der Vater ergrauen und in die Unterwelt fahren.« Als Joseph den Bruder Juda so sprechen hörte, konnte er sich nicht länger verstellen. Er schickte alle Ägypten aus dem Raum und blieb mit seinen Brüdern allein. Er weinte laut und sprach: »Ich bin Joseph, euer Bruder, den ihr nach Ägypten verkauft habt.« Die Brüder waren so erschrocken, daß sie kein Wort hervorbrachten. Joseph trat auf sie zu und sagte noch einmal: »Ich bin euer Bruder Joseph.« Da warfen sie sich vor ihm nieder. Joseph trat zu ihnen, richtete sie auf und sprach: »Macht euch keine Vorwürfe, daß ihr mich damals nach Ägypten verkauft habt. Gott hat euer Unrecht zum Guten gewendet. Er kann jeder Menschenschuld einen neuen Platz im Schicksal geben. Er kann Böses in Gutes verwandeln. Wäre ich nicht nach Ägypten gelangt durch eure Schuld, so wäret ihr alle und viele Menschen mit euch verhungert. Ihr wolltet mich los sein. Gott hat es so gewendet, daß ich euch vorangegangen bin, um euch alle nachzuholen in das ägyptische Land.« Die Brüder vermochten immer noch nicht zu reden. Es war das alles für sie noch nicht so schnell zu begreifen. Joseph, den sie als Sklaven verkauft hatten, von dem sie nicht gewußt hatten, ob er überhaupt noch lebe, stand jetzt vor ihnen als der oberste Herr von Ägypten gleich nach dem

Pharao. Joseph sagte noch einmal: »Macht euch keine Vorwürfe. Gott hat es so gelenkt, daß unser Volk in dieser Zeit des großen Hungers am Leben bleiben kann, denn er hat großes im Sinn mit diesem Volk. Geht nun zu unsrem Vater und holt ihn her, dazu eure Familien, eure Knechte und Mägde, euer Vieh. Noch fünf Jahre wird die Hungersnot dauern. Hier aber werdet ihr genug zu essen haben. Erzählt dem Vater alles von mir und eilt euch, ihn hierher zu bringen.« Nach diesen Worten ging Joseph zu Benjamin, umarmte und küßte ihn und weinte laut, daß er ihn wieder bei sich haben durfte. Auch Benjamin weinte vor Freude, daß sein Bruder lebte und so verwandelt vor ihnen stand. Dann umarmte Joseph alle seine Brüder, küßte sie und sprach gütig mit ihnen. Da endlich wich der Schrecken von ihnen, Freude zog in ihr Herz ein und großer Dank, weil der Gott ihrer Väter alles so wunderbar zum Guten gewendet hatte.

Als der Pharao hörte, Josephs Brüder seien nach Ägypten gekommen, freute er sich mit ihm. Er schickte einen Boten zu Joseph und ließ ihm sagen, er solle seinen Vater und seine Brüder nach Ägypten kommen lassen. Er wolle ihnen das beste Land geben und Vieh und alles, was sie sonst zum Leben brauchen. Mit dieser Botschaft schickte Joseph die Brüder auf den Heimweg. Er gab ihnen auch noch zehn Esel, beladen mit Geschenken, für den Vater und Getreide im Überfluß. Als er sich von ihnen verabschiedete, sagte er noch einmal: »Grämt euch nicht wegen eurer Verfehlung an mir in vergangener Zeit. Schaut in die Zukunft und danket Gott, der unser Volk groß machen und zu großen Ereignissen vorbereiten will.« So zogen sie aus Ägypten nach Kanaan zu ihrem Vater. Als sie Israel erzählten, daß Joseph lebe, und daß er der hohe Verwalter des Pharao sei und Macht über ganz Ägypten habe, glaubte er ihnen nicht und sein Herz blieb kalt. Als sie ihm aber zeigten, wie reich Joseph sie alle und auch den Vater beschenkt hatte und er auch die Wagen sah, die Joseph geschickt hatte, damit sie alle mit ihrem Hab und Gut nach Ägypten reisen könnten, kam wieder Leben in Israels Geist und er rief: »Genug des Schmerzes. Mein Sohn Joseph lebt, und ich will hingehen, um ihn noch einmal zu sehen, bevor ich sterbe.«

Israels und Josephs Tod

So zog Israel mit seinen Söhnen, deren Frauen, Kindern, Enkeln und Urenkeln nach Ägypten. Mit Joseph und seiner Familie waren sie 70 Menschen, die sich nun als Hebräer in Ägypten niederließen. Unterwegs wurde Israel in einer Nacht von der Stimme Gottes geweckt. Es war in Berseeba, wo er vor langer Zeit die Himmelsleiter geschaut hatte. Die Stimme sagte: »Ich bin der Gott deiner Väter, ich bin der Engel, der dein Volk leitet. Wie ich einst deinen Vätern verheißen habe, so sage ich auch dir, daß deine Söhne in Ägypten zu einem großen Volk werden sollen. In Kanaan hat das Volk Israel seine Kindheit verbracht. In Ägypten soll das Volk in die Schule gehen, denn Ägypten hat die großen Lehrer der Menschheit. In Ägypten lebt Weisheit. Hier soll mein auserwähltes Volk lernen, bis ich es einst auf Wanderschaft schicken werde und es Lehrjahre erfahren soll. In allem werde ich bei euch sein und euch führen..Höret auf mein Wort.« Als die Stimme aufhörte zu reden, fühlte sich Israel auf dem rechten Weg und reiste getrost nach Ägypten. Dort bekamen er und seine Söhne vom Pharao das Land Gosen zugewiesen, das fruchtbarste Gebiet in ganz Ägypten. Das größte Glück für Jakob war das Wiedersehen mit Joseph. Lange lagen sie sich in den Armen und weinten vor Freude und konnten nicht fassen, daß sie nach so langer Zeit einander wiedergefunden hatten.

Siebzehn Jahre lebte Israel noch in Ägypten. Als er merkte, daß er bald sterben würde, ließ er Joseph zu sich kommen und bat ihn, seine Söhne Manasse und Ephraim mitzubringen. »Ich will sie segnen wie meine eigenen Kinder«, sagte er. Da stellte Joseph den Älteren, Manasse, unter des Vaters rechte Hand, und den Jüngeren, Ephraim, unter des Vaters linke Hand. Aber Israel kreuzte die Arme und legte die Rechte auf Ephraims, die Linke auf Manasses Haupt. Joseph dachte, seines Vaters Augen sähen nicht mehr gut und bat ihn, die segnenden Hände zu ändern. Aber Israel sagte: »Nein, so soll es sein. Den Segen der Macht und der Kraft soll Ephraim, der Jüngere erhalten. Manasse, der Ältere, soll ihm folgen.« So segnete Israel die Söhne Josephs ähnlich, wie er selbst, als der jüngere Bruder, von seinem Vater Isaak den Segen des Erstgeborenen empfangen hatte. Dann bat er Joseph, er möge ihn im Grab seiner Väter, Abraham und Isaak, in Kanaan begraben. Joseph versprach es ihm. Alle zwölf Söhne traten nun an das Sterbebett ihres Vaters und jeder empfing von ihm einen ganz eigenen und besonderen Segen. Dann starb Israel, der vorher Jakob hieß, und sie feierten ein großes Trauerfest und brachten Jakob in das Grab seiner Väter.

Joseph erlebte noch die Enkel und Urenkel von Ephraim und Manasse. Als er zum Sterben kam, rief er seine Familie zu sich und sagte: »Gott wird unser Volk einmal aus Ägypten wieder herausführen in das Land unserer Väter, in das Land Kanaan. Dann nehmt meine Gebeine in einem Sarg mit euch und laßt sie nicht in Ägypten zurück. Joseph segnete seine Kinder und starb. Sein Leib wurde nach Art der Ägypter einbalsamiert und in einen Sarg gelegt. In der Nacht gingen die Männer zum Nil, leiteten das Wasser an einer Stelle in eine Schleuse und versenkten den Sarg in den Grund des Nilflusses. Dann leiteten sie das Wasser in das Flußbett zurück. Nur wenige wußten das Geheimnis von Josephs Sarg. Wenn der Engel ihres Volkes sie einmal aus Ägypten führen würde, dann wollten sie den Sarg Josephs holen, ihm seinen letzten Willen erfüllen und seine Gebeine mitnehmen ins Land seiner Väter. Bis dahin sollten noch 400 Jahre vergehen.

MOSES

Moses wird von Pharaos Tochter gerettet

Solange sich die Ägypter an Joseph erinnerten, waren sie freundlich zu den Israeliten, die unter ihnen lebten und arbeiteten. Aber die Zeit ging dahin, und es kam ein Pharao an die Regierung, der nichts mehr von Joseph wußte, und davon, wie er vor Jahrhunderten das ägyptische Volk vor dem Hungertod bewahrt hatte. Statt dessen bemerkte dieser Pharao, daß die Israeliten, die auch Hebräer genannt wurden, ein großes Volk geworden waren und immer noch mehr wurden. Er befahl, daß man sie als Knechte behandeln, ihnen schwere Arbeit aufbürden und sie bestrafen sollte, wenn sie diese Aufgaben nicht erfüllten. Er hoffte, daß er damit das Volk Israel schwächen könne, daß sie früher sterben würden und zu kraftlos wären, um Kinder großzuziehen.

Aber er täuschte sich. Gott gab den Israeliten Kraft, daß sie trotz des schweren Sklavendienstes nicht starben und viele Kinder großzogen. »Eines Tages werden sie zu unseren Feinden halten und uns besiegen«, sagte der Pharao. »Bevor wir ihre Knechte werden, müssen wir ihr Volk ausrotten.« Er ließ die Hebammen rufen, die den Müttern bei der Geburt ihrer Kinder helfen. Er gab ihnen den Befehl, noch bevor eine israelische Mutter ihr Kind gesehen hat, es zu töten, wenn es ein Sohn ist. Die Töchter dürften am Leben bleiben. Die Hebammen hörten diesen grausigen Befehl des Pharao, aber in der Stille beschlossen sie, ihn nicht auszuführen. Sie wollten Gott dienen, der die Kinder zur Erde schickt, und nicht dem Bösen. Der Pharao merkte, daß sein Befehl nicht ausgeführt wurde. Er ließ die Hebammen vor sich rufen und stellte sie zur Rede. Die erklärten ihm, die israelitischen Frauen seien so stark, daß sie bei der Geburt keine Hilfe brauchen. Wenn sie gerufen würden, um zu helfen, seien die Kinder schon längst auf der Welt. Weil die Hebammen des Pharaos Befehl nicht gefolgt waren, schenkte Gott ihnen selber schöne und starke Kinder. Der Pharao aber befahl seinen Soldaten, sie sollten alle israelischen Knaben, die geboren wurden, in den Nil werfen. Die Mädchen aber durften leben.

85

Nun wohnte in Ägypten eine israelische Familie aus dem Stamm Levi. Ihr ältester Sohn hieß Aaron, ihre Tochter Mirjam. Ein drittes Kind, ein Knabe, wurde ihnen geboren. Sie hüteten ihn drei Monate lang, hielten die Fenster geschlossen, daß kein Schrei des Kindes herausdrang, und verbargen das Knäblein vor allen Augen. Dann merkten sie, daß die Nachbarn etwas gehört und gesehen hatten. Vater und Mutter besprachen sich und am Ende sagten sie: »Lieber vertrauen wir das Kind der Gnade Gottes an, als daß es uns von den Feinden getötet wird.« Sie machten ein Kästchen aus Schilfrohr und bestrichen es mit Erdharz und Pech, damit kein Wasser eindringen konnte. Dann legten sie das Kind hinein und setzten das Kästchen auf den Nil. Mirjam versteckte sich hinter einem Busch. Sie sollte aufpassen, was geschehen würde. Nicht lange danach kam die Tochter des Pharao. Sie wollte sich in den Fluten des Nils erfrischen. Das Kind im Schilfkästchen hatte angefangen zu schreien. Es hatte Hunger und war allein und verlassen. Die Königstochter hörte das Weinen und dachte, daß das ein israelitisches Kind sein müsse, eines von denen, die ertränkt werden sollten. Ihr Herz fühlte Mitleid. Sie ging dem Schreien nach und fand das Kästchen. Als sie es öffnete, schrie das Kind nicht mehr. Es schaute sie mit großen Augen an und hielt ihr seine Arme entgegen. Sie nahm es heraus und liebkoste es. Nie vorher hatte sie eine solche Liebe zu einem Menschen gefühlt. »Dieses Kind darf nicht sterben«, beschloß sie bei sich. »Ich werde meinem Vater sagen, daß es mein Kind ist.« Sie ging ans Ufer und hielt Ausschau, ob sie jemanden fände, der ihr helfen könne, denn nun wollte sie eine Amme für das Kind suchen, die es aufzöge, bis es drei Jahre alt sei. Am dritten Geburtstag, so war es Sitte, wurden dem Pharao die Enkel vorgeführt. Mirjam, die Schwester des Knaben, hatte von ihrem Versteck aus alles mit angesehen. Nun trat sie vor die Tochter des Pharao und sagte: »Wenn ihr eine Amme für das Kind braucht, kann ich euch gerne eine solche herbringen. Ich kenne eine Frau, die vor kurzem ein Kind geboren hat, dem sie Milch gibt. Sie könnte auch euer Kind noch nähren.« Die Königstochter willigte freudig ein. Mirjam lief nach Hause, erzählte den Eltern und Aaron alles, was sich zugetragen hatte. Da erkannten sie, daß Gott dieses Kind retten wollte und dankten ihm aus tiefer Seele. Dann ging die Mutter mit Mirjam zum Fluß und empfing dort ihr Kind aus der Hand der Königstochter. »Nenne es Moses«, sagte diese, d. h. der aus dem Wasser Gezogene, »denn ich habe ihn aus dem Wasser gezogen. Wenn er drei Jahre alt ist, will ich ihn an den Königshof holen. Dort soll er als Enkel des Pharao fürstlich erzogen werden. Bis dahin hüte ihn.« Sie strich dem Moseskind noch einmal mit der Hand über das Köpfchen und ging zurück in den Palast. Moses durfte wieder in seiner Familie leben. Er wuchs heran und lernte die Sprache seiner Väter. Die Mutter sang ihm hebräische Lieder und lehrte ihn die Gebete der Thora, dem heiligen Buch ihres Volkes. So lernte Moses mit dem Gott der Juden zu sprechen. Er liebte ihn und wurde von ihm geliebt.

Das Kind Moses beim Pharao

Als Moses drei Jahre alt war, kam die Tochter des Pharao und holte ihn an den Königshof. Zu seinen Eltern und Geschwistern sagte sie: »Sprecht niemals über das Geheimnis von Moses Herkunft, denn wenn es ein Ägypter erfährt, ist Moses des Todes.« »Wir werden uns hüten, davon zu sprechen. Ist es doch eine große Gnade Gottes, daß Moses leben darf«, sprachen sie alle vier. Am Hof des Pharao waren schon alle ägyptischen Würdenträger versammelt, um den Enkel des Pharao zu seinem dritten Geburtstag zu begrüßen. Der Pharao saß an erhöhter Stelle mit Krone und Szepter auf einem Thron. Moses schritt an der Hand der Königstochter zu ihm hinauf. Pharao hob ihn vor sich auf seinen Schoß. Der kleine Moses sah staunend das goldene, mit Edelsteinen gezierte Gebilde auf Pharaos Haupt. Er griff nach der Krone und setzte sie sich selber auf. Großes Entsetzen ergriff da die Menschen ringsum. Furchtbares hatte Moses getan. Die einen raunten: »Das ist ein böses Vorzeichen. Dieser Knabe wird, wenn er groß ist, Pharao stürzen und ihm die Krone rauben.« Andere sagten: »Er ist ein dummes Kind und weiß nicht was er tut.« Da waren auch drei Propheten in der Nähe des Thrones. Der Pharao fragte sie, was es bedeute, daß Moses sich die Krone aufgesetzt habe. Der eine sagte, es bedeute nichts, denn er versteht noch nichts. Der andere sagte, er versteht schon sehr viel und hat sich die Krone absichtlich aufgesetzt. Der dritte sagte: »Wir wollen prüfen, wie es ist, ob er schon versteht oder noch ein dummes Kind ist. Bringt zwei Schalen herbei. In die eine tut Gold, in die andere glühende Kohlen. Greift er nach dem Gold, ist es ein Zeichen, daß er versteht, dann nehmt euch in acht vor ihm. Greift er nach den glühenden Kohlen, ist es ein Zeichen, daß er noch nicht versteht. Dann braucht ihr ihn nicht zu fürchten.« Die Diener brachten eine Schale mit Gold und eine mit glühenden Kohlen. Als Moses das Gold sah, wollte er eben danach greifen. Aber ein Engel Gottes fuhr unsichtbar herab, ergriff seine Hand, führte sie zu den glühenden Kohlen, daß Moses eine davon ergriff, in den Mund steckte und sich damit die Zunge verbrannte. Ein Aufschrei der Erleichterung kam aus den versammelten Menschen: »Gott sei gelobt, der Knabe weiß nicht, was er tut. Wir brauchen ihn nicht zu fürchten.« Seit dieser Zeit hatte Moses eine Narbe an der Zunge, die ihm das Sprechen erschwerte. Er wuchs nun heran, wurde in aller ägyptischen Gelehrsamkeit unterrichtet und lernte alle Kampfarten, wie es einem Königsohn gebührte.

Moses flieht zu dem Priester Jethro

Als Moses erwachsen geworden war, ließ der Pharao ihn in einer goldenen Kutsche durch sein ganzes Reich fahren, damit er alles kennenlernen sollte, was in Ägypten geschah. So sah Moses auch, wie die Menschen des Volkes Israel von den Ägyptern geknechtet wurden. Einmal kam er dazu, wie ein Ägypter einen Israeliten schlug, weil er die Arbeit, die ihm für einen Tag auferlegt war, nicht geschafft hatte. Moses fragte, wieviel der Mann denn gearbeitet habe, und erfuhr, daß es sehr viel war, und daß ein Mensch an einem Tag gar nicht mehr leisten konnte. Moses war empört, daß der Israelit geschlagen wurde für einen Mangel, den kein anderer an seiner Stelle hätte ausfüllen können. Moses fuhr weiter, aber immer wieder ließ er anhalten, wo Israeliten arbeiteten. Er hörte, wie sie untereinander ihre Sprache redeten, und es fielen ihm die Lieder und Gebete ein, die ihm seine Mutter in dieser Sprache gesungen hatte, als er noch ein kleines Kind war. Sein Herz lauschte auf diese Sprache und sie klang ihm heimatlich vertraut. Darum tat es ihm weh, wenn er das Unrecht sah, das den Israeliten geschah. Es war ihm, als würden seine Brüder mißhandelt. Als er einmal wieder dazukam, als das geschah, hielt er es nicht mehr aus. Er sprang aus dem Wagen und in loderndem Zorn erschlug er den Ägypter und befreite den mißhandelten Israeliten. Als er den toten Ägypter sah, erschrak er. Niemand durfte erfahren, daß er einen Ägypter erschlagen hatte. Er trug ihn fort und verscharrte ihn an einem verborgenen Ort in der Erde. Kurze Zeit danach kam er dazu, wie zwei Israeliten sich stritten und prügelten. Das war für ihn noch schlimmer, daß die, für deren Recht er gekämpft hatte, selber einander Unrecht taten und nicht brüderlich zusammenhielten. Er ging zu den Streitenden und forderte sie auf, sich zu versöhnen. Die aber riefen: »Was kümmerst du dich um unsere Angelegenheiten? Am Ende willst du einen von uns erschlagen, wie du den Ägypter erschlagen hast? Wir werden dem Pharao sagen, wie du es treibst.« Da erschrak Moses noch mehr. Er wußte, daß der Pharao ihn mit dem Tod bestrafen würde, wenn er das erführe. Als er noch nicht zu Hause war, kam ihm Bidja, die Tochter des Pharaos entgegen und flüsterte ihm zu: »Du mußt fliehen. Der Pharao hat erfahren, daß du nicht mein leiblicher Sohn bist, sondern ein Israelit, und daß du einen Ägypter erschlagen hast.« Da floh Moses noch in derselben Nacht in die Wüste. Seine ägyptische Mutter Bidja segnete ihn und versorgte ihn mit Nahrung für die Flucht. Außer ihr wußte niemand, wohin er gegangen war.

Er kam in das Land der Midianiter. Weil er müde war, setzte er sich an einem Brunnen nieder und ruhte sich aus. Es war gegen Abend. Hirten kamen mit ihren Herden, deckten den Brunnen ab, um ihre Tiere zu tränken. Unter ihnen waren auch sieben Mädchen. Die Hirten ließen sie nicht an den Brunnen, obwohl sie als erste mit ihren Herden dort angekommen waren. Moses beobachtete, wie sie die Hirtinnen wegstießen, bis diese nachgaben und abseits gingen, um zu warten, bis der Brunnen wieder frei war. Moses sah, daß die Mädchen müde und erschöpft waren von der Hitze des Tages. Er erhob sich, ging zu den Hirten und sagte in strengem Ton: »Die Mädchen waren vor euch hier und ihr laßt sie nicht die Tiere tränken. Seht ihr nicht, daß sie müde sind und nach Hause wollen? Ich möchte ihnen helfen, die Tiere zu tränken. Bitte laßt mich nun an den Brunnen.« Die Hirten wagten nicht, dem fremden jungen Mann zu widersprechen. So konnte Moses die Herden der Mädchen tränken. Er wußte nicht, zu wem sie gehörten. Die jüngste der sieben Schwestern mußte er immer wieder anschauen. Sie rührte sein Herz, wenn er ihre zarte Gestalt und die liebevollen Augen sah. Er ging zu ihr und fragte sie, wer sie seien. Da erfuhr er, daß sie die Töchter des Priesters Jethro waren, des Priesters der Midianiter, und daß sie die Herden ihres Vaters hüteten. Sie bedankten sich bei Moses für seine Hilfe. Als sie nach Hause kamen, erzählten sie ihrem Vater gleich von dem jungen Ägypter, der sie vor den Hirten beschützt und ihnen beim Tränken der Tiere geholfen habe. »Warum habt ihr ihn nicht mitgebracht?« fragte Jethro. Und Zippora, die jüngste Tochter, war gleich bereit, noch einmal zum Brunnen zu gehen und Moses einzuladen. Als dieser die Jungfrau von weitem kommen sah, fühlte er, wie sein Herz höher schlug. Er ging ihr entgegen und folgte mit Freuden ihrer Einladung. Jethro merkte gleich, daß da ein besonderer Mensch bei ihnen eingekehrt war, ein Mensch, mit dem Gott Großes vorhatte. Er willigte gerne ein, als Moses ihn fragte, ob er bei ihm bleiben dürfe. So kam es, daß Moses den Töchtern Jethros half, die Herden zu weiden. Und nach einiger Zeit gab ihm Jethro seine jüngste Tochter Zippora zur Frau. Sie gebar Moses einen Sohn, den nannte er Gersom, das heißt Gast in der Fremde.

Nachdem der Pharao bemerkt hatte, daß Moses nicht in den Palast zurückgekehrt war, ließ er ihn überall suchen, aber sie fanden ihn nicht. Der Pharao starb, aber sein Nachfolger behandelte die Israeliten noch viel schlimmer. Wenn ein Ägypter einem Israeliten Unrecht tat, wurde er nicht bestraft, und so mußten die Israeliten unschuldig leiden und konnten sich nicht wehren und bekamen kein Recht. Der Gott des Volkes Israel sah, was da geschah, und beschloß, dem Unrecht ein Ende zu setzen. Er wandte sich an den höchsten Gott, den Gott der ganzen Welt, und sprach: »Die Menschen meines Volkes haben wohl gegen dich gesündigt immer wieder, aber du hast mit Abraham, Isaak und Jakob, ihren Vätern, einen Bund geschlossen, daß aus ihnen ein Volk entstehen soll, in dem dein göttlicher Sohn Mensch werden soll. Ich will ihnen Hilfe senden und sie aus der ägyptischen Knechtschaft befreien. Bitte sage mir, wer unser Werkzeug sein soll, wen du erwählst, daß er das Volk Israel mit meiner Hilfe retten möge.« Da sprach der Weltengott: »Mein himmlischer Sohn selber wird den berufen, den ich ausersehen habe, das Volk Israel zu befreien. Es ist Moses, der aus dem Wasser Gezogene, den du retten ließest.« »Moses, mein Freund unter den Menschen«, rief der Gott Israels, »ich will mit ihm sein und will auch mit deinem göttlichen Sohn sein, wenn beide sich begegnen. Wie werde ich das bemerken?« »Achte auf den Namen. Im Namen des Gottes, den mein Sohn aussprechen wird, sind sie beide eins, Gott und Mensch.« »Ich danke«, sagte der Gott Israels, und beendete so das Gespräch mit dem Weltengott und seinem Sohn.

Gottes Auftrag an Moses und seine Durchführung

Als Moses einmal mit den Herden Jethros an den Fuß des Berges Horeb kam, sah er von weitem ein Feuer. Als er näher kam, sah er, daß da ein Dornbusch brannte. Doch es war kein gewöhnliches Feuer, denn der Dornbusch verbrannte nicht und die Flammen loderten gleichmäßig ohne kleiner zu werden. Inmitten des Feuers erschien ihm der Engel des Herrn, der der Gott seines Volkes war. Voller Staunen näherte er sich dem brennenden

Dornbusch. Da vernahm er eine Stimme, die aus dem Feuer zu ihm sprach: »Moses, Moses.« »Hier bin ich«, rief Moses. Die Stimme fuhr fort: »Ziehe deine Schuhe von den Füßen, denn der Boden, darauf du stehst, ist heiliges Land. Ich bin der Gott deiner Väter, der Gott Abrahams, Isaaks und Jakobs.« Da verhüllte Moses sein Angesicht, denn er fürchtete sich, Gott anzuschauen, wußte er doch von Kindheit an, daß, wer Gott sieht, sterben muß. Darauf sprach der Gott seines Volkes zu ihm: »Ich habe das Wehgeschrei meines Volkes gehört, ich habe gesehen, wie die Israeliten von den Ägyptern gepeinigt und geknechtet werden. Ich weiß ja, daß mein Volk auserwählt ist, den Sohn des Allerhöchsten Gottes in sich aufzunehmen als ein Mensch. Darum will ich dich jetzt zum Pharao senden, damit du mein Volk Israel aus Ägypten herausführst.« Moses erschrak. Vor dieser Aufgabe war ihm bang, denn der Vater des jetzigen Herrschers in Ägypten hatte ihm doch nach dem Leben getrachtet. Auch fühlte er sich gar nicht stark genug, ein Volk zu führen und gegen seine Feinde aufzutreten. Darum fragte er den sprechenden Gott in den Flammen: »Wer bin ich, daß ich zu dem Pharao gehen und das Volk Israel aus Ägypten führen könnte?« Da sagte die Stimme: »Ich, ich selbst werde mit dir sein, und dies soll dir das Wahrzeichen sein, daß Ich bin mit dir. Genau an diesem Berg wirst du mit deinem Volk mir dienen, wenn ich euch hier hergeführt haben werde.« Da war es Moses, als spräche durch die Stimme des Gottes Israel der höchste Gott selber mit ihm, der Gott, der in diesem Volk Mensch werden wollte. Und Moses fragte ihn: »Wenn ich nun zu den Israeliten komme und ihnen sage, der Gott eurer Väter hat mich zu euch gesandt, und wenn sie mich dann fragen: Wie heißt dieser Gott, was soll ich ihnen antworten?« Da hörte Mose, wie der höchste Gott mit der Stimme des Gottes von Israel sprach: »Ich bin der Ich bin. Sage den Israeliten, der Ich bin hat mich zu euch gesandt.« »Ich bin«, so hallte es in der Seele des Moses wider. »Ich bin«, sagte er, und es klang wie ein Gebet. »Ich bin«, sagte er noch einmal, und er meinte zugleich Gott und sich selbst. Dann sprach der Gott Israels aus dem Dornbusch zu ihm: »Nun gehe zu den Kindern Israels und sage ihnen alles, was dir hier aufgetragen wurde. Mit einigen von ihnen gehe dann zum Pharao und sage ihm: ›Der Gott Israels ist uns erschienen und wir wollen drei Tage in die Wüste ziehen und ihm ein Opferfest bereiten.‹ Er wird euch aber nicht ziehen lassen. Ich werde ihn mit starker Hand dazu zwingen. Es wird eine schwere Zeit für die Ägypter werden, bis der Pharao euch endlich ziehen lassen wird. Nun gehe und führe deinen Auftrag aus.« Als der Gott Israels so zu Moses gesprochen hatte, merkte dieser, daß ihm die göttliche

Kraft entschwand, die ihn vorher erfüllt hatte mit ihrem Namen Ich bin. Er wurde wieder ängstlich und sagte: »Ach, sie werden mir nicht glauben und werden sagen, der Herr sei mir gar nicht erschienen.« Da sprach der Gott Israels zu ihm: »Wirf deinen Stab, den du in der Hand hältst, auf den Boden.« Moses warf den Stab hin. Da wurde der Stab eine Schlange, Erschrokken sprang Moses zur Seite. Aber der Herr Israels sprach: »Ergreife die Schlange am Schwanz.« Moses packte die Schlange und sie wurde in seiner Hand wieder zum Stabe. Dann sprach der Herr, der Gott Israels: »Stecke deine Hand in deinen Rock und ziehe sie dann wieder heraus.« Moses tat es, und als er die Hand aus dem Rock zog, war sie mit Aussatz bedeckt. Der Herr sprach: »Nun stecke die Hand, die weiß ist vom Aussatz, wieder in den Rock und ziehe sie abermals heraus.« Moses tat es, und seine Hand war rein und gesund wie zuvor. Nun sprach der Herr: »Wenn sie dir nicht glauben wollen, zeige ihnen diese beiden Wunderzeichen. Wenn sie dir dann immer noch nicht glauben sollten, nimm etwas Wasser vom Nil, schütte es auf den Boden und es wird sich in Blut verwandeln. Dann werden sie dir bestimmt glauben.« Moses wollte immer noch nicht zustimmen und erwiderte: »Herr, seit ich ein Kind war und meine Zunge mit einer glühenden Kohle verbrannte, fällt mir das Reden schwer. Oft verstehen mich die Menschen nicht. Dann fallen mir auch nicht die rechten Worte ein. Darum bin ich nicht geeignet, deinen Auftrag auszuführen.« Der Gott Israels sprach und durch ihn der höchste Gott: »Wer hat dem Menschen den Mund geschaffen? Wer macht, daß er sprechen kann oder daß er taub, stumm, blind ist. Es ist der Gott, der ich bin, der Gott vom Anfang, der alle Welt erschaffen hat. So gehe hin, denn ich bin mit dir und werde dich lehren, was du reden sollst.« »Ach Herr«, rief Moses, »schicke einen anderen, der besser geeignet ist als ich.« Da wurde der Herr zornig, und er sprach: »Da ist doch dein Bruder Aaron, der trefflich zu reden versteht. Er soll für dich reden. Er soll dein Mund sein und du sollst ihm das sagen, was Gott dir eingibt, damit er es ausspreche. Nun nimm deinen Stab, um die Wunder zu vollbringen. Aaron ist schon auf dem Weg zu dir.«

Als Moses zu seinem Schwiegervater zurückgekehrt war, sagte er zu ihm: »Ich möchte gerne einmal wieder nach Ägypten gehen und meine Verwandten wiedersehen.« Jethro sagte voll Güte und Verstehen: »Gehe hin in Frieden.« In der folgenden Nacht hörte Mose noch einmal die Stimme des Herrn, die sprach: »Ziehe hin nach Ägypten, denn alle, die dir nach dem Leben trachteten, sind gestorben.« Am nächsten Morgen machte sich Moses auf die Reise. Seine Frau Zippora und seine beiden Söhne nahm er mit.

Als sie an den Berg Horeb kamen, trafen sie dort Aaron, der auf Gottes Geheiß seinem Bruder Moses entgegengegangen war. Wie freuten sie sich, einander zu treffen. Als sie sich umarmt hatten und in die Augen schauten, erlebte Moses, wie sich das Wort Gottes in diesem Augenblick zu erfüllen begann, denn Gott hatte gesagt, daß an diesem Berg das Volk ihm dienen wird. Er erzählte seinem Bruder alles, was Gott ihnen beiden aufgetragen hatte, und beschloß seine Rede mit den Worten: »Wenn du mein Mund bist und ich dir die Gedanken Gottes gebe, daß du sie aussprechest, dann ist der Gott Israels in unserer Mitte, und unser Volk ist dann vor seinem Angesicht. So auch jetzt, wo wir unseren Auftrag am Fuße dieses Berges gemeinsam übernehmen, um Gott zu dienen.« Als sie in Ägypten ankamen, riefen sie die Ältesten des Volkes zusammen und berichteten ihnen davon, daß sie das Volk aus Ägypten herausführen würden auf Gottes Geheiß. Moses zeigte ihnen die drei Zeichen, verwandelte den Stab in eine Schlange und wieder die Schlange in einen Stab, gab seiner Hand den Aussatz und reinigte sie wieder, und verwandelte Wasser aus dem Nil in Blut. Als die Israeliten die Zeichen sahen, glaubten sie an Moses und seine Sendung.

Nun gingen Moses und Aaron zu dem Pharao und sagten ihm: »Der Herr, der Gott unseres Volkes hat uns aufgetragen, daß wir in der Wüste ein Opferfest für ihn feiern sollen. Darum bitten wir dich, die Israeliten drei Tage von ihrer Arbeit zu befreien, damit wir dem Auftrag des Herrn folgen können.« »Von was für einem Herrn sprichst du?« erwiderte der Pharao. »Was kümmert mich euer Gott. Er ist nicht mein Herr. Die Israeliten wollen nur faulenzen. Träge sind sie und jetzt wollen sie auch noch drei Tage nichts tun. Das erlaube ich nicht. Im Gegenteil, sie sollen noch mehr arbeiten.« Traurig gingen Moses und Aaron nach Hause. Der Pharao gab noch am selben Tag den Befehl, die Israeliten müßten nicht nur die Ziegel in der vorgeschriebenen Weise und Anzahl brennen, sondern auch das Brennmaterial selber herbeischaffen. Da klagten die israelischen Aufseher, denn niemand konnte diese Arbeit leisten, und so sollten sie ihre eigenen Volksbrüder zur Strafe schlagen. Sie trafen Moses und Aaron am Palasttor und sagten: »Es ist eure Schuld, daß unsere Brüder jetzt noch mehr leiden müssen als vorher. Wäret ihr nicht zum Pharao gegangen mit eurer Bitte um freie Tage, es wäre noch so wie vorher. Großes Unglück habt ihr über uns gebracht.« Moses ging hin und betete zu dem Gott seines Volkes und sprach: »Warum hast du solches Unheil zugelassen, das der Pharao über dein Volk bringt.« Da sandte ihn der Herr noch einmal aus, vor Pharao hinzutreten, und sagte: »Ich werde das Herz des Pharao verhärten, daß er euch nicht ziehen läßt.

Dann will ich durch dich und Aaron große Wunder vollbringen, an denen der Pharao erkennen soll, daß ich der Herr bin und durch mich der höchste Gott zu euch spricht. Sage deinem Bruder Aaron, daß er aus dem Baum, der auf Adams Grab wächst, einen Stab schneiden und mit diesem Stab alle Zeichen vollbringen soll, die ich dir, Moses, sagen werde. Du sollst dem Pharao wie ein Gott sein und Aaron wie dein Prophet.«

Moses ging zu Aaron. Der schnitt sich einen Stab von dem Baum, der in der Mitte der Erde aus Adams Grab gewachsen war. Als Aaron den Stab geschnitten hatte, sprach der Herr zu Moses: »Nun geht zum Pharao und zeigt ihm das erste Zeichen. Aaron soll seinen Stab auf die Erde werfen und soll dem Pharao sagen, daß er die Israeliten ziehen lassen muß.« Sie gingen zum Pharao. Aaron warf seinen Stab auf den Boden und er wurde zur Schlange. Aber der Pharao rief seine Zauberer. Die warfen ihre Stäbe auf den Boden und alle wurden zu Schlangen. »Seht ihr«, sagte er, »das können meine Zauberer auch. Euer Herr ist nicht größer als sie, und ich gehorche ihm nicht.« Alle blickten erstaunt auf die Schlangen, die sich auf dem Boden vor ihren Augen wanden. Plötzlich fuhr in die Schlange des Aaron eine Kraft, und sie fraß die Schlangen der Zauberer in sich hinein. Der Pharao erzürnte darüber, aber er ließ das Volk Israel nicht ziehen. Der Herr sprach zu Moses: »Gehe morgen früh mit deinem Bruder an den Nil. Ihr werdet dort dem Pharao begegnen, der sein Morgenbad nehmen will. Schlagt mit dem Stock auf das Wasser des Nils. Es wird sich in Blut verwandeln. Schlagt alle Brunnen der Ägypter mit dem Stab, nur nicht die Brunnen der Israeliten.« Moses und Aaron gingen am nächsten Morgen an den Nil, trafen dort den Pharao, schlugen vor seinen Augen das Wasser des Nils. Es verwandelte sich in Blut und der Pharao ekelte sich, hineinzusteigen. Trotzdem rief er seine Zauberer und zeigte, wie sie mit ihren Zauberstäben auch Wasser in Blut verwandeln konnten. Sieben Tage lang war alles Trinkwasser in Ägypten Blut und erregte Ekel bei den Menschen, daß sie ihren Durst nicht löschen konnten. Aber danach war das Herz des Pharao wieder verstockt, und er ließ die Israeliten nicht ziehen. Da gebot der Herr dem Moses, Aaron solle noch einmal mit seinem Stab auf den Nil schlagen. Aaron tat es. Da kamen Frösche aus dem Wasser. Der Pharao befahl den Zauberern das gleiche zu tun. Er wollte damit beweisen, daß seine Zauberer genau so mächtig sind wie der Gott Israels. Sie schlugen auf das Wasser, und Frösche kamen hervor. Die Frösche drangen in alle Häuser der Ägypter, in alle Säle und Kammern im Palast des Pharao. Mit jedem Schritt traten die Ägypter auf Frösche.

Da bat der Pharao Moses, diese Plage von ihnen zu nehmen. »Ich will unseren Gott darum bitten. Aber wenn du uns dann nicht ziehen läßt, wird Gott euch eine weitere Strafe schicken.« Moses betete zu Gott, er möge die Frösche in den Nil zurücknehmen. Er tat es, aber zugleich verhärtete sich das Herz des Pharao, und er ließ das Volk Israel nicht ziehen. Da gebot der Herr dem Moses, Aaron möge mit seinem Stab die Luft schlagen. Er tat es, und die Luft war durchsurrt von Stechmücken. Der Pharao befahl den Zauberern, mit ihren Stäben das gleiche Zeichen zu tun. Sie schlugen in die Luft, aber keine Stechmücken entstanden. Da bekamen die ägyptischen Zauberer Angst und sagten zum Pharao: »Das ist ein Fingerzeig Gottes. Wir können dieses Zeichen nicht vollziehen. Jetzt wirkt allein der Gott Israels. Dieser ist stärker als wir. Laß dir raten, Pharao, höre auf ihn.« Aber der Pharao hörte nicht, und Gott ließ die Fliegenplage über Ägypten kommen. Die Schmeißfliegen, die auch Krankheiten bringen, setzen sich auf alles, auf Schmutz genauso wie auf die Nahrung. Sie drangen in die schmutzigen Kleider der Bettler und von da in Augen und Ohren der Reichen. Kein Ägypter konnte sich ihrer erwehren. Der Pharao ließ Moses zu sich rufen und bat ihn, mit seinem Volk in der Stadt ein Opferfest zu feiern, und nicht in die Wüste zu gehen, damit er in der Nähe sei, wenn die Schmeißfliegen nicht weichen würden. Aber Moses willigte nicht ein. »Wir können unser Fest nicht unter Ägyptern feiern, die uns schmählich behandeln. Gottes Auftrag lautet, daß wir dazu in die Wüste gehen sollen.« Da wurde der Pharao wieder verstockt und ließ sie nicht ziehen. Gott aber schickte Moses und Aaron zum Pharao, sie sollten ihn warnen, weil sonst über alles Volk der Ägypter eine tödliche Seuche hereinbrechen würde. Doch der Pharao blieb verstockt, und so starb das Vieh der Ägypter. Das Vieh der Israeliten blieb verschont. Danach gebot Gott, Moses und Aaron sollten Ofenruß nehmen und vor den Augen des Pharaos in die Luft werfen. Sie taten es. Der feine schwarze Staub überzog das ganze Land. Davon bekamen Menschen und Tiere eitrige Beulen, Blattern genannt. Die Zauberer konnten dieses Zeichen nicht nachmachen, weil sie selber an den Blattern erkrankten. Aber der Pharao gab das Volk Israel nicht frei. Da sprach der Herr zu Mose: »Geh mit Aaron zum Pharao und warne ihn, daß ich einen Hagel senden werde, der alles zerstören wird, was im Freien ist, wenn er euch nicht ziehen läßt. So soll er endlich meine Macht anerkennen.« Moses und Aaron gingen zum Pharao, aber der hörte nicht auf sie. Da ging unter schrecklichem Donnern und Blitzen ein Hagel nieder, der alles Korn, alle Bäume, alle Gärten, alle Menschen und Tiere, die im Freien waren, er-

95

schlug. Tagelang hielt das Unwetter an. Da flehte der Pharao, Mose möge dem Hagel Einhalt gebieten. »Ich will es tun, wenn du uns ziehen läßt«, sagte Moses. »Geht«, schrie der Pharao in seiner großen Angst, denn das Donnern und Blitzen war ihm die Rache des Gottes. Moses ging vor die Stadt, erhob seine Hände und betete für das Ende des Hagelsturms. Da hörte er auf. Aber Pharaos Herz verstockte aufs neue, und er gab das Volk Israel nicht frei. Da sprach der Herr, der Gott Israels zu Moses: »Gehe zum Pharao, dem ich selber das Herz verstockt habe. Dann will ich euch, euren Kindern und Kindeskindern zeigen, wie ich zu euch stehe und eure Feinde strafe, wenn sie sich nicht vor mir beugen. Ihr sollt einmal erzählen, welche Wunder ich, der Gott der Hebräer, für euch vollbracht habe. Jetzt aber gehe und sprich mit dem Pharao.« Moses und Aaron gingen hin, und Aaron sprach aus, was Moses von seinem Gott hörte: »Pharao, wenn du unser Volk nicht in die Wüste gehen läßt, damit es dort dem Herrn ein Opfer bringe, dann werden Heuschrecken über das Land der Ägypter kommen und alles auffressen, was vom Hagel noch übriggeblieben ist. Es wird so schlimm werden, wie es noch nie zuvor auf Erden erlebt worden ist.« Da flehten die Diener, die das hörten, zum Pharao: »Wie lange soll dieser Mensch uns noch unglücklich machen? Laß ihn und sein Volk endlich ziehen.« Der Pharao fragte Moses, wer denn alles in die Wüste ziehen solle, und Moses erklärte ihm, daß es das ganze Volk sein müsse, Männer, Frauen und auch die Kinder. »Das kann nicht sein«, sagte der Pharao. »Die Männer mögen hinausziehen, aber nicht die Frauen und nicht die Kinder.« Er glaubte nämlich, wenn Frauen und Kinder dablieben, würden die Männer bestimmt zu ihnen zurückkommen. Im anderen Falle würden sie womöglich nicht mehr zurückkommen, und dann müßten die Ägypter alle schwere Arbeit selber tun, die jetzt von den Israeliten verrichtet wurde. Darum sagte er: »Nur die Männer dürfen gehen.« Als Moses und Aaron diese Antwort erhalten hatten, gingen sie hinaus. Der Herr aber sprach zu Moses: »Strecke deine Hand aus.« Er tat es. Da verfinsterte sich die Sonne, weil ein riesiger Schwarm von Heuschrecken wie eine schwarze Wolke sie verdeckte und über das ganze Land herfiel. Nur das Land Gosen, in dem die Hebräer wohnten, blieb verschont. Den Ägyptern wurde der letzte Halm und der letzte Strauch von Heuschrecken zerfressen. Sie drangen auch in die Häuser und Scheunen und fraßen die Vorräte auf. Da flehte der Pharao Moses an, er möge die Plage der Heuschrecken von ihnen nehmen. Er, der Pharao, habe sich gegen seinen Gott versündigt und wolle um Verzeihung bitten. Moses erfüllte Pharaos Bitte. Er hob noch einmal seine Hand über das Land und betete zu

96

seinem Gott. Der Herr schickte einen Sturmwind vom Westen, der wehte die Heuschrecken ins Schilfmeer, daß sie darin ertranken. Dann aber verhärtete er das Herz des Pharao wieder, so daß er die Hebräer doch nicht ziehen ließ. Nun schickte der Herr eine große Finsternis. Mitten am Tag konnte kein Ägypter den anderen sehen, und die Straßen konnten sie nicht erkennen. Wer nur einen Schritt tat, stieß sich. Alle fürchteten sich und bewegten sich drei Tage lang nicht von der Stelle. Die Wohnsitze der Hebräer aber hatten den hellen Tag. Der Pharao ließ Moses rufen und sagte zu ihm: »Ihr sollt alle ausziehen in die Wüste, Männer, Frauen und Kinder. Nur euer Kleinvieh sollt ihr zurücklassen, die Schafe und Ziegen.« »Wir brauchen alle Tiere, denn wir wollen sie Gott opfern und wissen noch nicht, wieviele der Herr von uns als Opfergabe erwartet. Darum können wir das Kleinvieh nicht zurücklassen.« Da ließ der Herr einen Zorn über den Pharao kommen, so daß er schrie: »Hinweg von meinen Augen. Ich will dich nie mehr wiedersehen. Wenn du noch einmal vor mir erscheinst, sollst du des Todes sein.« Moses erwiderte: »Du hast recht geredet. Ich werde dir nie wieder vor die Augen treten.« Er drehte sich um und ging ohne Abschied hinaus.

Die Einsetzung des Passafestes

Wenige Zeit später sprach der Herr, der Gott Israels, zu Moses: »Noch eine einzige Plage will ich über den Pharao und das Volk der Ägypter kommen lassen. Zuvor aber mußt du dein Volk zusammenrufen und ihnen durch Aaron sagen lassen, was ich euch als strenge Weisung gebe. Achte genau auf meine Worte, damit du alles richtig weitergeben kannst. Der jetzige Monat soll euch in aller Zukunft der erste Monat des Jahres sein. Am zehnten Tag dieses Monats nehme jeder Familienvater ein Lamm und schlachte es. Die Knochen sollen ihm nicht gebrochen werden. Mit dem Blut des Lammes sollen die Türpfosten eurer Häuser bestrichen werden an beiden Seiten und oben. So viele Menschen sollen zum Essen des Lammes zusammenkommen, daß es gerade reicht und nichts übrig bleibt. Wenn in einer Familie zu wenig Menschen sind, um ein Lamm zu verzehren, sollen sie sich mit ihren Nachbarn zum Mahl zusammentun. Bittere Kräuter und ungesäuertes Brot sollen sie dazu essen. Sie sollen Wanderkleider tragen, Sandalen an den Füßen und den Wanderstab bereit halten. Denn in der Nacht vom 14. Tag

97

dieses Monats will ich durch die Straßen der Ägypter gehen und den Todes-engel in jedes Haus schicken, daß er die Seele aller Erstgeborenen hole, die Erstgeborenen der Menschen, vom Pharao bis zum niedersten Knecht, wie auch die Erstgeborenen aller ihrer Tiere. An den Türen, die mit Blut bestri-chen sind, will ich vorübergehen. Dann sollt ihr das Opferlamm, das ihr verzehrt, Passalamm nennen und das Mahl mit dem Lamm und den unge-säuerten Broten Passamahl, denn Passa bedeutet »Ausnahme«. Von dieser Nacht an soll bis in alle zukünftigen Zeiten mein Volk das Passamahl feiern. Vom 14. Tag bis zum 21. Tag dieses Monats sollen sie jedes Jahr wieder nur ungesäuertes Brot essen und sollen das Lamm opfern und verzehren in derselben Weise, wie ich es euch jetzt geboten habe. Wenn eure Kinder fragen, was das Mahl bedeutet, erzählt ihnen, wie der Gott Israels sein Volk befreit hat aus der Knechtschaft in Ägypten, wie er es in ein Land geführt hat, wo Milch und Honig fließt, und wie er es bereitet zu einem Gefäß für den Messias, den Gesalbten, den Sohn Gottes, des Höchsten, der als Mensch zu euch kommt. Das soll mein Volk niemals mehr vergessen und darum Passa feiern.« Als Moses diese Anweisungen des Herrn gehört hatte, ließ er alles durch den Mund Aarons seinem Volk mitteilen.

So rüsteten sich alle für den großen Auszug aus Ägypten. Der Herr aber stimmte die Ägypter freundlich gegen die Israeliten, Moses war für sie ein bedeutender Mann, den sie verehrten. Als sie bemerkten, daß die Israeliten sich zur Reise rüsteten, brachten sie ihnen Geschenke, Gold und Silber, wünschten ihnen Kraft und manche dankten ihnen auch für die viele Ar-beit, die sie den Ägyptern geleistet hatten.

Die nächtlichen Ereignisse am Nil

Der Abend für das Passamahl rückte heran. Eine Nacht davor begab sich Moses an den Nil. Er hatte vier treue junge Hebräer mitgenommen. Einer von ihnen hieß Josua. Außer ihnen war er nur noch von Aaron begleitet. Sie wußten nicht, was Moses tun wollte. Voller Vertrauen waren sie mit ihm gegangen, als er sie darum bat. Sie gingen am rechten Ufer des Nils entlang. Plötzlich hörten sie ein merkwürdiges Geräusch auf der anderen Seite des Flusses. Sie blieben stehen und lauschten hinüber. Fackeln erschienen und in ihrem Schein erblickten sie Männer. Nun konnten sie sehen, daß da nicht weit vom Ufer ein Obelisk stand. Das ist eine schmale, kantige Säule mit einer vergoldeten Spitze, die aufleuchtet, wenn die Sonne auf- oder untergeht. Die Ägypter hatten sie aufgerichtet als Begrüßungszeichen für den Sonnengott, den sie verehrten. Die Männer, die sich da um den Obelisken versammelten, waren aber keine Ägypter, sondern Israeliten. Moses und seine Begleiter hörten es an ihrer Sprache, deren Flüsterton der Wind über das Wasser brachte. Nun beobachteten sie, wie die Männer einen Strick um den Obelisken legten und mit vereinten Kräften daran zogen. Andere stützten ihn ab, und so legten sie ihn vorsichtig um. Im Schein der Fackeln sah das alles sehr gespenstisch aus. Als der Obelisk der Länge nach auf der Erde lag, schaufelten die Männer ein wenig Erde heraus. Dann sahen Moses und die Seinen, wie sie Kisten heraushoben. Danach schaufelten sie viel Erde in das Loch und befestigten den Obelisken wieder senkrecht auf seinem alten Platz. Darauf öffneten sie die Kisten und verteilten die Schätze, die sie herausholten, untereinander. Ganz leise verließen sie den Ort ihrer heimlichen Tat. Als Moses ihnen nachschaute, erkannte er, wer der Anführer dieser Diebe war. Er hieß Korah und war derselbe, der ihn in jungen Jahren bedroht hatte, als Moses zwischen den Streit getreten war, den dieser Israelit Korah mit Dathan, einem Sohn seines Volkes gehabt hatte. Nun hatte Korah eine ganze Rotte um sich gesammelt und die Schätze der Ägypter geraubt, um sie mit auf die Wanderung zu nehmen. Er traute dem Gott nicht, daß er sie ohne irdische Güter sicher führen und geleiten würde. Wieder war Moses sehr traurig, wie damals, als er den Streit zweier Israeliten miterleben mußte. Jetzt mußte er erleben, daß sie nicht nur gegen Menschen, sondern gegen Gott Mißachtung hegten. Er kniete nieder. Aaron und die jungen Männer folgten seinem Beispiel. Und Moses betete, daß der Herr diesen Männern seines Volkes ihr unrechtes Tun verzeihen möge. Dann betete er weiter: »Herr, hilf uns, das Versprechen einzulösen, das unsere Väter dem Joseph gaben, der uns vor 400 Jahren in dieses Land geführt hat, aus dem wir morgen ausziehen werden unter deinem Schutz und Geleit. Befiehl du dem Stromgott des Nil, daß er uns den Sarg Josephs an Land bringt.« Nachdem er so gebetet hatte, erhoben sich alle und traten ans Ufer. Moses zog aus seinem Mantel einen Becher, der auf jeder seiner vier Seiten ein Bild trug. Er zerbrach den Becher in vier Teile und warf den Teil mit dem Adlerbild in den Fluß. Der Nil rauschte auf, dann wurde er wieder still. Moses warf den Teil mit dem Stierbild in den Fluß. Wieder wallte das Wasser auf und beruhigte sich wieder. Das gleiche geschah, als er den Teil mit dem Löwenbild hineinwarf. Zuletzt nahm der Nil das vierte Stück mit dem Bild eines Engelmenschen auf. Da brauste das Wasser mächtig empor und trug den Sarg Josephs an Land. Moses dankte dem Stromgott und seinem Herrn. Die vier jungen Männer trugen den Sarg und bewahrten ihn an besonderem Ort, um ihn mitzunehmen in das Land, wo Milch und Honig fließt.

Der Auszug aus Ägypten

Als nun alle Familien Israels genau so, wie es ihnen der Herr durch Moses angeordnet hatte, das Passamahl bereitet, es verzehrt und heilige Psalmen zum Lobe Gottes gesungen hatten, hörten sie über die Dächer ihrer Häuser ein leises Wehen, wie von einem Wind. Das war aber der Herr, der mit dem Todesengel an ihren Häusern vorüberging. Um Mitternacht hörten sie ein vielfaches Wehgeschrei, das aus den Häusern der Ägypter zu ihnen drang. In jedem solchen Haus lag ein Toter, im Palast des Pharao genauso, wie in der ärmsten Hütte. Gott hatte die Seele eines jeden Erstgeborenen vom Todesengel holen lassen. Die Zurückgebliebenen weinten und klagten laut. Der Pharao ließ Boten zu Moses schicken und ihm sagen, er solle mit allem Volk und allen Herden sofort das Land verlassen, damit nicht noch alle Ägypter sterben. Auch ließ er ihn bitten, für ihn, den Pharao zu dem Gott Israels um Verzeihung zu beten, daß er sie nicht früher hatte ziehen lassen. Und daß der Gott Israels den Pharao segnen möge. So machte sich das ganze Volk Israel eilends auf in die Wüste. Es waren 600 000 Männer und ebenso viele Frauen und Kinder, dazu große Viehherden. Den Sarg Josephs nahmen sie mit und all ihr Hab und Gut, das sie vorher bereitgestellt hatten, dazu den ungesäuerten Brotteig, der ihnen übriggeblieben war. Sie zogen am Rande der Wüste entlang. Da sahen sie, wie vor ihnen her eine Wolkensäule zog, die ihnen den Weg zeigte. In der Nacht wurde die Wolkensäule eine Feuersäule, die ihnen den Weg beleuchtete. So konnten sie Tag und Nacht wandern. Sie wußten, daß es der Herr war, der ihnen in Wolken- und Feuersäule voranging und dem sie folgen durften.

Der Todesengel holt alle Erstgeburt und schont die Israeliten

Gott rettet Israel vor der Verfolgung der Ägypter

Inzwischen mußten die Ägypter alle Arbeit selber tun, die bis dahin die Israeliten für sie getan hatten. Sehr bald fingen sie an, darüber zu schimpfen und sich beim Pharao zu beschweren. Da bereute es der Pharao, daß er die Israeliten hatte ziehen lassen, und beschloß, sie durch ein großes Soldatenheer zurückzuholen. Über 600 Männer ritten los und verfolgten den Zug der Hebräer. Diese waren unter der Führung der göttlichen Wolken- und Feuersäule in die Nähe des Roten Meeres gelangt. Dort rasteten sie. Plötzlich bemerkten sie am Horizont eine Staubwolke, die schnell näher kam. Sie erkannten Reiter und wußten sofort, das sind Soldaten des Pharao. Die werden uns umbringen, denn sie sind stärker als wir. Das Volk begann zu jammern und beklagte sich, daß Moses sie in die Wüste geführt habe, damit sie elend umkommen. Lieber wären sie in Ägypten Knechte geblieben. Nun waren sie freie Menschen, aber in der Wüste. In Ägypten hatten sie gelebt, hier mußten sie sterben. Moses betete zu Gott. Da ging die Wolkensäule, die vor ihnen herzog, hinter sie und wurde finster, so daß die Ägypter das Volk nicht mehr sehen konnten, weil zwischen ihnen die Wolkensäule stand. Dann hörte Moses, wie der Herr zu ihm sprach: »Schlage mit deinem Stab auf das Wasser des Meeres. Es wird sich spalten, und ihr könnt trockenen Fußes hindurchgehen.« Moses tat so, und das Meer bildete eine stehende Wasserwand rechts und links. Das ganze Volk und alle Tiere zogen so durch das Meer. Als sie das andere Ufer erreicht hatten, blickten sie sich um und sahen, daß auch das Heer der Ägypter in das trockene Meerbett gezogen war. Als sie gerade wieder angstvoll klagen wollten, sprach der Herr aus der Wolkensäule zu Moses: »Schlage abermals mit deinem Stab auf das Meer.« Moses tat es. Da brach das Meer über den Ägyptern zusammen, so daß sie alle ertranken. Als die Israeliten sahen, daß der Herr sie vor ihren Feinden gerettet hatte, feierten sie ein Freudenfest, sangen Lieder zum Lobe Gottes und tanzten zu seiner Ehre.

Die Wanderung durch die Wüste

Nun zog der Herr wieder in der Wolkensäule vor dem Volke her und führte sie fort vom Schilfmeer in die Wüste hinein. Heiß war es da, und das Wasser, das sie mitgenommen hatten, ging zu Ende. Immer schlimmer wurde der Durst. Die Frauen und Kinder jammerten und die Männer murrten über diese heiße, qualvolle Wanderung in der Wüste. Endlich erblickten sie in der Ferne eine Oase. Freudig gingen sie darauf zu und fanden einen Platz mit 70 Palmbäumen und 12 Wasserquellen. Endlich konnten sie ihren Durst löschen, so dachten sie, und konnten Schatten finden gegen die große Hitze. Sie nahmen ihre Gefäße, um Wasser zu schöpfen. Doch als die ersten daraus tranken, schüttelten sie sich vor Entsetzen. Das Wasser in allen 12 Quellen war bitter und ungenießbar. Das war eine schlimme Enttäuschung und alle Menschen richteten ihre Wut und Empörung gegen Moses, der sie aus Ägypten geführt habe, damit sie in der Wüste verdursteten. So sagten die Menschen in ihrer Not. Moses kniete nieder und betete um Hilfe, und daß Gott das Murren seines Volkes verzeihen möge. Da sagte die Stimme aus der Wolkensäule zu Moses: »Sieh dort das Holz, das vom Baume abgesprungen auf dem Boden liegt. Hebe es auf und wirf es in den Brunnen.« Moses tat es. Vorsichtig probierte darauf ein Mann das Wasser und schmeckte, daß es nicht mehr bitter war, sondern gut und erfrischend. Nun konnten alle ihren Durst stillen und von den Dattelfrüchten der 70 Palmen essen. Moses dankte Gott für seine Hilfe. Nach einigen Tagen bewegte sich die Wolke wieder weiter, und das Volk Israel folgte ihr. Wieder ging es lange Zeit durch die Wüste, bis ihre Vorräte aufgezehrt waren. Weit und breit gab es weder Pflanzen noch Tiere, die ihnen zur Nahrung hätten dienen können, nur Steine und Sand. Nun war es der Hunger, der die Menschen gegen Moses aufbrachte. »Ihr meint, daß ihr mich beschimpft«, sagte Moses, »aber in Wahrheit beschimpft ihr unseren Gott, denn er ist es, der uns führt. Ihm danken wir unsere Befreiung, ihm sollt ihr vertrauen, denn er stellt uns auf die Probe, aber er läßt uns nicht untergehen, so lange wir ihm treu bleiben. Darum hört auf zu murren.« Aber die Menschen hörten nicht auf Moses. »Verzeih ihnen«, bat Moses, »und errette uns vom Hunger.« Da sprach die Stimme des Herrn zu Moses: »Achte darauf, was ich dir sage, und gib meine Anweisungen weiter an das Volk. Ihr sollt am Abend Fleisch bekommen und am Morgen Brot vom Himmel. Jeder soll davon so viel sammeln, wie er mit seiner Familie an einem Tage zum Essen braucht.

Für den nächsten Tag soll nichts aufgehoben werden, denn ich gebe euch immer heute das tägliche Brot. Nur am Freitag dürft ihr für zwei Tage Brot des Himmels einsammeln, weil ihr am Sabbat, am siebten Tag nicht arbeiten sollt. Wer das nicht einhält, wird Schlimmes erleben. Sage das alles genau meinem Volk.«

Als es Abend wurde, kamen große Scharen von Vögeln geflogen, die Wachteln heißen. Sie ließen sich im Sand nieder und die Menschen konnten die fleischigen, schweren Vögel leicht fangen. So hatten sie eine Abendmahlzeit, die ihren Hunger stillte. Froh und gesättigt gingen sie schlafen. Als sie am nächsten Morgen aus ihren Zelten kamen, lagen rings auf dem Boden weißliche Körner. »Manna«, sagten sie, das heißt: »Was ist das?« Sie sammelten die Körner ein und machten sich eine Mahlzeit daraus. Es schmeckte gut wie Honigbrot. Als sie alle gespeist hatten, rief Moses sie zusammen und sagte ihnen genau, was der Herr angeordnet hatte, daß sie jeden Tag, außer Freitag, nur so viel von dem himmlischen Brot einsammeln durften, als sie verzehren konnten. Daß sie nichts für den nächsten Tag aufheben dürften. Nun hatte das Volk jeden Abend und jeden Morgen genug zu essen und brauchte nie mehr zu hungern. Das himmlische Brot war ihnen ein Geheimnis. Darum nannten sie es Manna, was ist das? Es gab aber Menschen, die hatten Sorge, das Manna könne am nächsten Tage nicht mehr vom Himmel fallen. Sie trauten der Sache nicht. Darum sammelten sie heimlich einen größeren Vorrat und versteckten ihn in ihren Zelten. Als sie am nächsten Tag erwachten, war ein furchtbarer Gestank in ihrem Zelt. Der kam aus den Krügen mit dem aufbewahrten Manna. Als sie nachschauten, wanden sich Würmer darin und es war zu einem stinkenden Brei geworden. Da wußten sie, daß ihnen das tägliche Brot von Gott an jedem neuen Heute geschenkt wurde, wenn sie ihm nur vertrauten. Von nun an hatten sie immer genug zu essen. Nur der Durst konnte nicht für alle Zeit gestillt werden. Darum wurde der Durst der Menschen immer wieder neu ein Anlaß, ihr Vertrauen auf die Hilfe Gottes zu prüfen. In guten Zeiten war es leicht, ihm zu vertrauen. Aber als sie wieder einmal tagelang durch die Wüste gezogen waren, ohne Wasser zu finden, murrten die Israeliten gegen Moses, daß er sie in der Hitze verschmachten ließe. »Je mehr ihr gegen mich murrt, um so schwerer wird es mir, mich für euch an unseren Gott zu wenden, denn in Wahrheit murrt ihr nicht gegen mich, sondern gegen ihn«, so sprach Moses zu den klagenden, schimpfenden Menschen. Dann wandte er sich betend zu seinem Gott. Der antwortete ihm: »Tritt an die Spitze des Volkes, nimm einige der Ältesten mit dir und nimm auch den Stab, mit dem du das Rote Meer geschlagen hast. Auf einem Felsen will ich stehen, auf den sollst du mit deinem Stabe schlagen, und das Volk wird Wasser bekommen.« Moses tat alles so, wie es der Herr ihm gesagt hatte. Er schlug mit dem Stab auf den Felsen, auf dem die Wolkensäule stand. Da sprang eine Quelle hervor und floß in breitem Strom herab, so daß alle Menschen ihren Durst löschen und ihre Wasserschläuche füllen konnten.

Der Sieg über die Amalekiter

Es wohnte in der Gegend, durch die das Volk Israel zog, das Volk der Amalekiter. Als sie die Israeliten herankommen sahen, zogen sie ihnen bewaffnet entgegen, wollten sie nicht durchlassen, sondern zurück in die Flucht schlagen. Als Moses die Gefahr erkannte, rief er seinen Freund Josua zu sich und sagte zu ihm: »Sammle alle wehrfähigen Männer um dich und führe sie zum Kampf gegen die Amalekiter. Ich will mit Aaron und Hur auf den Hügel steigen, und meinen Stab gegen sie richten. So werdet ihr sie besiegen.« Josua sammelte ein Kriegsheer und zog gegen die Amalekiter. Moses stieg mit Aaron und Hur auf eine Anhöhe. Mit erhobenen Armen richtete er seinen Stab gegen die Feinde. Da siegten die Israeliten über sie. Aber seine Arme erlahmten. Er ließ sie sinken, um auszuruhen. Da wendeten sich die Amalekiter und schlugen die Israeliten in die Flucht. Als Moses das sah, erhob er sogleich wieder die Arme und der Sieg war wieder bei den Israeliten. Jedesmal, wenn Moses die Arme nicht mehr hoch halten konnte, siegten die Feinde. Da holten Aaron und Hur einen Stein herbei. Darauf setzte sich Moses. Aaron und Hur ließen sich neben ihm nieder, und Moses legte seine Arme auf ihre Schultern. So konnte er sie erhoben halten ohne zu ermüden. Die Amalekiter wurden endgültig besiegt. Der Gott Israels aber sprach: »Schreibe in ein Buch, damit alle später lebenden Menschen meines Volkes wissen: Ich will die Amalekiter auslöschen aus dem Andenken der Menschen, weil sie gegen mein Volk Krieg geführt haben.«

Jethro besucht Moses

An einem Morgen kam ein Bote zu Moses und meldete ihm, sein Schwiegervater Jethro sei mit Moses Frau und seinen beiden Söhnen auf dem Wege zu ihm. Moses freute sich sehr, hatte er doch seine Familie lange Zeit nicht gesehen. Er ging ihnen entgegen, umarmte und küßte sie und lud sie in sein Zelt ein. Dort erzählte er Jethro, Zippora und Elieser alles, was sich inzwischen zugetragen hatte. Jethro blieb einige Tage bei Moses. Er erlebte, wie er schon am frühen Morgen begann, die Streitigkeiten, die die Leute miteinander hatten, zu schlichten und Recht zu sprechen. Das ging bis spät am Abend, und Moses war erschöpft von all dem, was er für die Menschen zu ordnen hatte. Da sagte der weise Priester Jethro zu ihm: »Moses, wenn du es weiterhin so machst wie bisher, werden deine Kräfte bald so geschwunden sein, daß du krank wirst und das Volk nicht mehr führen kannst. Laß dir einen Rat geben. Suche dir zuverlässige Männer und setze sie so ein, daß je einer über Tausend, je einer über 100, je einer über 50 und je einer über 10 die Verantwortung hat. Die geringfügigen Dinge sollen diese Männer im Volk in Ordnung bringen. Nur mit den schwerwiegenden Nöten sollen sie zu dir kommen, mit den Dingen, mit denen sonst keiner zurechtkommt.« Da merkte Moses, daß Jethro ihm von Gott geschickt worden war, und er richtete alles so ein, wie ihm sein Schwiegervater geraten hatte.

Moses empfängt von Gott die Gesetze für sein Volk

Drei Monate nachdem das Volk Israel Ägypten verlassen hatte, kamen sie in die Wüste Sinai und ließen sich dort nieder gegenüber dem Berge Sinai. Moses stieg auf den Berg, um mit dem Gott seines Volkes zu sprechen. Da sprach Gott, der Höchste, durch die Stimme seines Gottes zu ihm: »Moses, verkünde dem Volke Israel meine Worte: Ihr habt selbst gesehen, wie ich euch aus Ägypten herausgeführt und wie auf Adlerflügeln euch hierher zu mir gebracht habe. Wenn ihr all meinen Weisungen folgt und den Bund mit mir haltet, will ich euch aus allen Völkern erwählen, mein besonderes Eigentum zu sein. Ihr sollt ein Königreich von Priestern sein. Die ganze Erde gehört mir. Ihr sollt mir ein heiliges Volk sein. Das sind die Worte, die du den Israeliten verkünden sollst.« Moses ging hin und berichtete alles, was der

Herr gesagt hatte. Da rief das Volk einmütig: »Wir wollen alles tun, was der Herr uns sagt.« Moses überbrachte dem Herrn die Antwort des Volkes und Gott sprach: »Diesmal will ich im dichten Gewölk zu dir kommen, damit das Volk es merkt, daß ich mit dir spreche. Zuvor aber gehe zu ihnen und sage ihnen, daß sie heute und morgen ihre Seele durch Gebete heiligen sollen und ihre Gewänder waschen sollen, damit sie übermorgen geheiligt und gereinigt vor mich hintreten können. Ich will auf den Berg Sinai herabkommen und mit dir sprechen. Darum mache eine Grenze um den Berg. Niemand, weder Mensch noch Tier, darf den Berg betreten. Wer es dennoch tut, ist des Todes.« Auch diese Worte des Herrn teilte Moses dem Volke mit. Als der dritte Tag anbrach, ließ sich der Herr in einem Feuer auf dem Berg Sinai nieder. Gewaltige Donner, grelle Blitze und der Schall mächtiger Posaunen begleiteten das Kommen des Herrn. Die Erde bebte und der Berg war in Rauch gehüllt. Moses führte das Volk dem Herrn entgegen, aber die Menschen zitterten vor Furcht. So gewaltig war alles, was ihren Gott begleitete, so mächtig und stark. Als nun der Herr auf den Berg Sinai herabgekommen war, rief er Moses, er solle auf den Berg steigen. Moses stieg hinauf. Der Herr sprach zu ihm: »Gehe hinab und sage dem Volk, daß niemand außer dir den Berg betreten darf, um zu Gott durchzubrechen. Wer trotz meines Gebotes den Fuß auf den Berg setzt, muß sterben.« »Herr«, erwiderte Moses, »ich habe es ihnen ja schon gesagt, und ich habe auch eine Grenze um den Berg gezogen. Sie wissen alle, daß sie nicht heraufkommen dürfen, und sie fürchten sich sehr.« Aber Gott schickte Moses hinab, daß er dem Volk alles noch einmal sagen solle. Als Moses beim Volk angekommen war, vernahmen sie wie viele Donner zugleich die Stimme Gottes, die sprach:

Ich bin der Herr, dein Gott. Du sollst außer mir keine anderen Götter haben.
Du sollst den Namen deines Gottes nicht mißbrauchen.
Du sollst den Feiertag heiligen.
Du sollst Vater und Mutter ehren.
Du sollst nicht töten.
Du sollst nicht ehebrechen.
Du sollst nicht stehlen.
Du sollst nichts Unwahres über einen anderen Menschen sagen.
Du sollst nicht begehren deines Nächsten Haus.
Du sollst nicht begehren deines Nächsten Frau, Magd, Knecht, Rind, Esel noch irgend etwas, das ihm gehört.

So gab Gott seinem Volk die zehn Gebote. Die Israeliten aber fürchteten sich sehr. Blitz, Donner, Posaunenton und das Beben der Erde machten ihnen solche Angst, daß sie zu Moses sagten: »Bitte, rede du mit uns. Gott soll durch dich zu uns sprechen. Wir fürchten uns, wenn er direkt mit uns spricht.« »Er wollte euch auf die Probe stellen«, sagte Moses. »Er wollte euch deutlich machen, daß ihr ihn ehren und fürchten sollt.« Das Volk blieb von Ferne stehen, als Moses dicht an das Gewölke herantrat, aus dem Gott zu ihm sprach. Der Herr gab Moses noch viele Anweisungen für das Leben der Israeliten, und sie erfuhren alles, was er sagte, durch Moses. Sie legten das Gelöbnis ab, in allen Geboten ihrem Gott gehorsam zu sein. Und was noch nie geschehen war, es durfte sich jetzt ereignen. 70 Älteste aus dem Volk durften mit Moses und Aaron auf den Berg Sinai steigen und durften dort Gott schauen, ohne zu sterben. Sie sahen den Gott Israels in seiner Herrlichkeit, und in seiner Gegenwart durften sie essen und trinken. Daran erkannten sie, daß er mit ihnen war, mit seinem auserwählten Volk. Er sprach zu ihnen: »Siehe, ich sende meinen Engel vor dir her, der dich behüte auf dem Wege und bringe an den Ort, den ich dir bereitet habe. Und in dem Engel bin ich selbst bei dir, du mein Volk Israel.« Als die Siebzig erfüllt von der Begegnung mit ihrem Gott vom Berge herabkamen, merkten die anderen, daß sie etwas Besonderes erlebt hatten, aber sie sprachen zu niemandem davon.

Am nächsten Morgen bekam Moses die Weisung von Gott, noch einmal auf den Berg zu steigen, weil der Herr seine Gebote auf steinerne Tafeln schreiben und ihm übergeben wollte. So machte er sich noch einmal auf den Weg. »Haltet euch an Aaron«, sagte er zum Volke. »Er soll euer Ratgeber sein, bis ich wieder vom Berge zurück bin.« Das Volk sah auf dem Gipfel des Berges eine Flamme. Dann sahen sie, wie eine Rauchwolke sich herniedersenkte und Moses in die Wolke des Herrn hineinging. 40 Tage und 40 Nächte blieb Moses auf dem Berge. Der Herr sagte ihm, daß er ein heiliges Zelt errichten solle, darin Aaron der Hohepriester sein solle und die Söhne aus dem Stamm Levi die Diener in diesem heiligen Zelt. Er sagte genau, wie das Zelt aussehen müsse und ebenso die Lade, darin die Tafeln mit den Gesetzen aufbewahrt werden sollen. Auch sagte er ihm, wie das Priestergewand für Aaron sein solle und das der Leviten. Alles erfuhr Moses genau von seinem Gott. Zuletzt empfing er die steinernen Tafeln, auf die Gott die Gebote mit göttlichem Lichtstrahl seines Fingers eingeschrieben hatte.

108

Mose empfängt die Gebote

Der Tanz um den goldenen Stier

Das Volk wartete inzwischen am Fuß des Berges auf die Rückkehr Moses. Eine Woche nach der anderen verging, und er kam nicht. Da dachten sie, Moses würde womöglich nie mehr zu ihnen kommen. Dann würde ihnen niemand mehr vom unsichtbaren Gott sprechen, und das würde so sein, als hätten sie gar keinen Gott. Darum gingen sie zu Aaron und baten ihn: »Mache uns einen Gott, den wir sehen können und zu dem wir auch beten können, wenn Moses nicht mehr vom Berge zurückkommt.« Aaron sagte: »Bringt mir alle goldenen Ringe, Ketten, Ohrringe, Becher und Gefäße aus Gold, die ihr besitzt.« Sie trugen alles Gold zusammen, das sie aus Ägypten mitgenommen hatten, und brachten es Aaron. Der schmolz es in einem großen Kessel und goß es dann zu einem goldenen Stier. Den stellten sie erhöht auf einen Sockel. Dann veranstalteten sie ein Freudenfest, opferten Tiere, sangen und tanzten um den goldenen Stier und beteten ihn als ihren Gott an. Der wahre Gott Israels bemerkte das alles, als Moses noch auf dem Berge weilte. Er wurde sehr zornig und sprach zu Moses: »So kurz nur halten sie ihr Versprechen. Sie wenden sich ab von mir. So wende ich mich auch ab von ihnen. Ich will nicht länger ihr Gott sein. Ich will sie vernichten. Aus dir, Moses, will ich ein neues Volk erstehen lassen. Dieses Volk ist nicht wert, daß ich in ihrer Mitte bin.« Da flehte Moses für sein Volk. Gott, der Herr, möge doch an sein Versprechen denken, daß er Abraham, Isaak und Jakob gegeben habe. »Verzeih deinem Volk noch einmal und vernichte es nicht.« »Weil du so bittest«, sprach der Herr, »will ich es nicht vernichten, aber ich will auch nicht mehr selber vor ihnen herziehen, wie bisher. Ich will statt meiner meinen Engel senden, der soll sie führen.« So ließ der Herr sich von Moses erbarmen, daß er das Volk nicht auslöschte.

Moses nahm die beiden Gesetzestafeln und stieg vom Berge herab. Schon von weitem hörte er den Lärm, den die Menschen um den goldenen Stier herum vollführten. Da packte ihn der gleiche Zorn, den er an dem Herrn erlebt hatte, der Zorn über die Untreue und Schwäche des Volkes Israel. Er zerschmetterte die Gesetzestafeln und trat unter die schreienden Menschen. Als diese Moses erblickten, verstummten sie sofort. Mit flammenden Worten sprach Moses zu ihnen, daß ihr Gewissen davon brannte. Er ließ den goldenen Stier zu Pulver zerreiben, vermengte den Goldstaub mit Wasser und ließ jeden dieses Wasser trinken als Medizin gegen Götzendienst. Dann rief er die Männer aus dem Stamme Levi und sagte: »Der Herr hat

110

euch erwählt, ihm in besonderer Art zu dienen. Jetzt müßt ihr geprüft werden, ob ihr den Herrn, euren Gott, mehr liebt, als alles andere. Geht hin und tötet die Anführer dieser Freveltat, auch wenn sie eure Freunde oder Verwandten sind.« Die Leviten befolgten die Weisung und zeigten so, daß sie Gott mehr liebten, als alles andere. Zu Aaron sprach Moses: »Warum hast du den goldenen Stier gemacht?« »Sie bedrängten mich«, sagte Aaron, »ich hatte Angst, sie würden mich umbringen. Darum tat ich ihnen ihren Willen.« »Ich habe bei Gott für euch um Gnade gefleht«, sagte Moses, »sonst müßtet ihr alle sterben. Er geht aber nicht mehr selber vor uns her, sondern sendet uns seinen Engel. Nur wenn ich ihn rufe, wird er über dem Zelt erscheinen, das wir für ihn errichten sollen, genau nach den Anweisungen, die er mir gab.«

Am nächsten Tag bekam Moses von Gott die Weisung, zwei neue Steintafeln anzufertigen und noch einmal auf den Berg zu steigen, damit Gott mit seinem Finger aus Licht die Gesetze darauf schreibe. »Ach Herr«, rief Moses, »wenn ich und dein Volk vor dir wieder Gnade gefunden haben und du dem Volk die Sünde gegen dich verzeihst, dann gib uns ein Zeichen deiner Gnade. Erlaube, daß ich dich sehe und komme wieder selber in unsere Mitte.« Gott, der Herr, antwortete Moses: »Du weißt, daß kein Mensch mein Angesicht sehen darf, aber ich will dich meine Gestalt schauen lassen. Komm auf den Berg, stelle dich mit dem Gesicht zur Höhle dort oben. Ich will meine Hand schützend über dich halten, wenn ich an dir vorübergehe. Wenn ich meine Hand von dir wegnehme, darfst du dich umdrehen und meine Schönheit von hinten schauen, aber mein Angesicht darfst du nicht sehen.« Moses schnitt die Steintafeln zurecht, stieg auf den Berg Sinai und alles geschah so, wie es der Herr gesagt hatte. Moses schaute ihn in seiner Schönheit, als er vorübergegangen war. Er blieb 40 Tage und 40 Nächte auf dem Berge und empfing die Gesetze Gottes aufs neue. Als er nun wieder vom Berge herabstieg, erwartete ihn das Volk. Sie mußten sich aber die Augen verdecken, denn vom Angesicht Moses ging ein solches Leuchten aus, daß sie es nicht ertrugen. Das Licht von Gottes Weisheit war auf Moses übergegangen, als der Herr mit ihm sprach, und strahlte nun wie zwei Lichthörner aus seiner Stirn, und auch die Haut seines Angesichtes leuchtete in göttlichem Schein. Moses legte ein Tuch über sein Gesicht, um so mit dem Volk sprechen zu können. Das tat er von nun an jedes Mal, wenn er mit Gott gesprochen hatte.

Die Errichtung des heiligen Zeltes

Moses versammelte das ganze Volk Israel und sagte ihnen, jeder könne beitragen zur Errichtung des heiligen Zeltes und zur Herstellung der Priestergewänder. Sie könnten Holz, Kupfer, Gold, Silber, Eisen bringen, sie könnten kostbare Stoffe bringen, auch Edelsteine für den Brustschild des Hohenpriesters und zur Verzierung der Bundeslade. Öl und duftendes Harz würde auch gebraucht, ebenso Geräte und Werkzeuge. Nun brachten die Menschen alles, was sie für das heilige Zelt und die Einsetzung der Priester stiften konnten. Jeder brachte das Kostbarste, was er besaß. Am Ende war es mehr, als Moses gebrauchte, und er bewahrte es für spätere Zeiten. Er wählte zwei Männer aus, die von Gott mit einer großen Kunstfertigkeit begnadet waren. Die leiteten die Herstellung von allen Gegenständen für das heilige Zelt.

Dann gebot der Herr dem Moses folgendes: »Am ersten Tag des ersten Monats sollst du das Offenbarungszelt aufschlagen, die Bundeslade mit den Gesetzestafeln darin hineinstellen und den Vorhang vor der Lade aufhängen. Dann sollst du den Tisch mit den Schaubroten aufstellen. Den Leuchter stelle dem Tisch gegenüber auf. Stelle den goldenen Räucheraltar vor den Vorhang zum Allerheiligsten, darin die Bundeslade steht, und hänge einen Vorhang an den Eingang zum Heiligtum, in dem Schaubrote, Leuchter und Räucheraltar sich befinden. Den Brandopferaltar stelle vor den Eingang des heiligen Zeltes und zwischen ihm und dem Altar errichte das Becken für die Waschungen. Fülle es mit Wasser. Laß ringsum den Vorhof aufrichten und den Vorhang am Eingang des Vorhofes anbringen. Dann nimm das Salböl und salbe die Wohnung Gottes und alles was darin ist, damit es so für Gott geweiht ist. Dann laß Aaron und seine Söhne sich mit dem Wasser im heiligen Becken Haupt, Hände und Füße reinigen. Danach lege Aaron die Priesterkleider an mit dem Brustschild, darauf die zwölf Edelsteine leuchten als Abbild der zwölf Stämme Israels. Salbe ihn mit geweihtem Öl zum Priester. Laß auch seine Söhne Priesterkleider anlegen und salbe sie zum Dienste für mich, den Herrn und Gott eurer Väter. Diese Priesterweihe soll von Geschlecht zu Geschlecht an den Nachkommen Aarons vollzogen werden.« Moses ließ alles so vollziehen, wie es der Gott seines Volkes ihm geboten hatte. Als alles vollendet war, senkte sich die Wolke Gottes hernieder und Gottes Herrlichkeit zog ein in das heilige Zelt. Sooft sich die Wolke hob, brachen die Israeliten auf, um weiterzuziehen auf ihrer langen Wanderschaft durch die Wüste. Wenn aber die Wolke über dem Zelt blieb, konnte Moses vor Gott hintreten und Gott offenbarte ihm, was er und sein Volk wissen und tun sollte. Nachts wurde die Wolke mit Feuerschein erfüllt, so daß Israel die Nähe Gottes immer schauen konnte. Das Volk versprach vor dem heiligen Zelt im Anblick der Wolke alle Gesetze zu befolgen, die ihnen der Herr durch Moses gegeben hatte.

Das Murren des Volkes gegen Moses

Im zweiten Jahr, am zwanzigsten Tag des zweiten Monats, erhob sich die Wolke vom heiligen Zelt. Da wußten die Israeliten, daß sie das Gebiet um den Berg Sinai verlassen sollten. Sie brachen auf und die Wolke führte sie bis zur Wüste Paran. Dort errichteten sie ihre Zelte und stellten die Wohnung des Herrn in der Mitte auf. Aber die Menschen dachten nicht mehr an das, was sie Gott versprochen hatten. Sie waren es leid, umherzuwandern, immer nur das Manna zu essen und nicht, was in Ägypten so reich und gut ihnen zugekommen war.

Sie murrten gegen Moses und sagten: »Wären wir doch bei den Fleischtöpfen in Ägypten geblieben, statt hier in der Wüste zu verschmachten.« Der Herr hörte diese undankbaren Worte. Sein Zorn entbrannte und zündete in Blitzen am Ende des Lagers ein Feuer. Da schrie das Volk zu Moses: »Rette uns, sonst verbrennen wir mit all unserem Hab und Gut.« »Immer laden sie alles bei mir ab, was ihre Seele erfüllt«, dachte Moses, »ihren Ärger, ihren Unglauben, ihre Angst.« Und er wandte sich an den Herrn und betete: »Herr, ich kann die Verantwortung für dieses halsstarrige Volk nicht länger tragen. Laß mich lieber sterben, als daß ich täglich aufs neue alles aushalten muß, was dieses Volk gegen dich, Herr, unternimmt. Jetzt schreien sie vor Angst, daß das Feuer sie vernichte. Gestern schrien sie nach den Fleischtöpfen Ägyptens. Ich bin zu schwach, um das allein zu tragen.« Der Herr antwortete ihm: »Suche dir 70 Älteste aus dem Volk, die dir helfen sollen, die Last der Verantwortung zu tragen.« Moses befolgte den Rat und teilte nun alle Fragen und Nöte mit diesen 70 Ältesten. Am Abend ließ der Herr den Himmel dunkel werden von unzähligen Wachteln, die auf die Erde fielen, damit die Israeliten Fleisch zu essen hätten. Es waren so viele, daß sie sich einen Vorrat von Dörrfleisch davon machen konnten.

Aber nicht nur das Volk lehnte sich gegen Moses auf. Sogar von seinen Geschwistern Mirjam und Aaron wurde er eines Morgens angegriffen, als sie im Offenbarungszelt waren. Sie sagten nämlich: »Hat der Herr etwa nur mit dir, Moses, geredet? Hat er nicht auch mit uns, mit Aaron und Mirjam geredet. Wir haben schon öfter seine Stimme vernommen und dann auch getan, was er uns sagte.« Gott der Herr hörte die Reden von Mirjam. »Verlaßt das heilige Zelt«, sprach er. Als sie hinausgegangen waren, sahen sie die Wolke drohend vor dem Eingang des Zeltes stehen. Die Stimme Gottes sprach aus der Wolke. »Es gibt Menschen, denen erscheine ich in Träumen und Gesichten. Es gibt Menschen, die dürfen von mir Worte hören. Aber keiner ist mir unter allen Menschen so nahe, wie Moses. Ich spreche mit ihm als mit einem Freund. Von Mund zu Ohr spreche ich mit ihm. Und ich habe mich ihm gezeigt nicht im Schlaf oder Traum, sondern im hellen Wachen. Niemand darf sich anmaßen zu meinen, mit mir so sprechen zu können, wie ich es meinem Knecht Moses gewähre.« Mirjam und Aaron erschraken, als sie die Stimme Gottes so sprechen hörten, und Aaron schämte sich seines Hochmuts. Aber sie konnten ihre Reden nicht zurücknehmen. Sie hatten Gottes Ohr beleidigt. Aaron blickte zu Mirjam, um zu sehen, ob sie sich auch so schäme wie er. Da erfaßte ihn ein Grausen. Vor seinen Augen wurde Mirjams rosige Haut von weißem Ausschlag bedeckt. »Bitte zu Gott für sie«, wandte er sich zu Moses, »daß er die Strafe von ihr nehme.« Moses kniete nieder und betete für seine Schwester. Die Stimme des Herrn aber sprach: »Weil Mirjam sich ohne Scham gegen mich vergangen hat, soll sie, wie es für einen Aussätzigen vorgeschrieben ist, außerhalb des Lagers leben, von anderen Menschen getrennt, sieben Tage lang. Dann will ich die Krankheit von ihr nehmen, und sie mag ins Lager zurückkehren.« So geschah es, und das Volk zog erst weiter von diesem Ort, als Mirjam wieder bei ihnen war.

Die Erlebnisse der Kundschafter

Gott der Herr sprach zu Moses, er solle zwölf Kundschafter aussenden in das Land Kanaan, das er dem Volke geben will. Moses rief aus jedem Stamm einen Anführer heraus und gab diesen zwölf Männern den Auftrag, nach Kanaan zu gehen und auszukundschaften, welche Menschen dort leben und wie das Land beschaffen sei. Als die Kundschafter in das Land kamen, sahen sie, wie reich und fruchtbar es war. Sie trafen auch Menschen, die größer von Wuchs waren als die Israeliten. Und sie fanden alte, groß angelegte Städte, die stark befestigt waren und deren Bewohner ein wohlhabendes Leben führten. In einem Tal wuchsen Trauben, so groß, daß nur zwei Männer sie tragen konnten, indem sie sie über eine Stange hängten. Das taten sie, nahmen auch noch einige riesengroße Granatäpfel und Feigen mit, um dem Volk zu zeigen, wie groß und kraftvoll alles ist im Lande Kanaan. So kehrten sie nach 40 Tagen in ihr Lager zurück. Das ganze Volk erwartete sie schon, und Moses forderte sie auf, zu berichten. Da erzählten zuerst Josua und Kaleb von dem Reichtum und der Schönheit des Landes. »Es ist ein Land wo Milch und Honig fließt«, sagten sie. Aber dann berichteten die zehn anderen Kundschafter und sagten: »Es ist zwar ein reiches Land, aber die Bewohner darin sind zahlreicher als unser Volk. Sie sind stärker, reicher und manche von ihnen sind Riesen. Seht hier, diese riesigen Trauben und Früchte, die wir euch mitgebracht haben. So viel größer als diese sind im Vergleich zu den Früchten, die wir kennen, so viel größer und stärker sind auch die Menschen in Kanaan. Wir sind wie Heuschrecken gegen sie, und es wird ihnen ein leichtes sein, uns zu vernichten.« Als das Volk die Beschreibungen der zehn Kundschafter hörten, erfaßte sie eine große Angst. Auch Josua und Kaleb konnten ihnen die Angst nicht nehmen, als sie sagten: »Ihr wißt doch, daß unsere Kraft von unserem Gott kommt und wir nichts von uns allein ausrichten können. Er will uns dieses Land geben. So wird er uns auch stark machen und wird Wege finden, auf denen wir das Land erhalten können ohne Krieg und Blutvergießen.« Aber das Volk hörte nicht auf die beiden. Ein großes Geschrei fingen sie an, ein Jammern und Klagen. »Wären wir doch in Ägypten geblieben. Jetzt werden wir die Beute unserer Feinde. Sie werden uns niedermetzeln und grausam töten oder zu Sklaven machen. Besser wäre es, in der Wüste zu sterben. Besser wäre es, die Wüstensonne würde unsere Gebeine bleichen.« Da erschien am Eingang des Offenbarungszeltes die Wolke des Herrn in einer

115

drohenden Gestalt. Sie fielen alle auf ihr Angesicht nieder und hörten, was die Stimme ihres Gottes sprach: »Was ihr gesagt habt, soll sich erfüllen. Keiner von euch soll das Gelobte Land betreten, weil ihr an mir so sehr gezweifelt habt. Eure Gebeine sollen in der Wüste bleichen und erst eure Kinder sollen das Land sehen, das ich eurem Volk verheißen habe. 40 Jahre sollt ihr ziellos durch die Wüste irren, für jeden Tag, den die Kundschafter mißbraucht haben, ein ganzes Jahr. Nur Josua und Kaleb, meine Getreuen, will ich in das Land einlassen, das Land, wo Milch und Honig fließt.« So sprach der Herr. Als er geendet hatte, richteten sich alle wieder auf. Da fielen mit einem Schlag die zehn Kundschafter tot um, die dem Volk solche Angst gemacht hatten, daß sie sich gegen ihren Gott versündigten. Als Moses dem Volk alle Worte seines Gottes mitgeteilt hatte, bereuten sie ihr Mißtrauen und einige beschlossen, nun doch in das Gelobte Land zu ziehen. Moses warnte sie und sagte: »Jetzt ist es zu spät. Gott ist nicht in eurer Mitte und darum werden die Völker, die dort wohnen, euch besiegen.« Sie hörten aber nicht auf Moses und zogen auf die Höhen von Kanaan. Dort wurden sie von den Amalekitern entdeckt, angegriffen und besiegt. Das Volk Israel wurde nun von der Wolke Gottes fort geführt von der Grenze des Gelobten Landes in die Richtung zum Schilfmeer, woher sie gekommen waren.

Der Untergang Korahs und seiner Rotte

Korah war es, der in der Nacht vor dem Auszug aus Ägypten mit seinen Anhängern an den Nil gegangen war und die Schätze der Ägypter unter dem Obelisken geraubt und mitgenommen hatte. Dieser Korah mit seinen Freunden Dathan und Abiram traten jetzt vor Moses und Aaron hin, um sich zu beschweren: »Woher nehmt ihr das Recht, über unser Volk zu bestimmen? Kann nicht ich genau so gut Priester sein wie Aaron? Ich, Abiram und Dathan und mit uns 250 Leviten verweigern Aaron die Anerkennung als Priester«, so sprach Korah. Moses erwiderte ihnen: »Kommt morgen früh zum heiligen Zelt und bringt jeder eine Räucherpfanne mit. Legt glühende Kohlen darauf. Dann wird Gott euch ein Zeichen geben, wer der von ihm erwählte Priester sei.« Am nächsten Morgen erschienen die 250 Leviten, die zu Korah hielten, vor dem heiligen Zelt. Korah, Dathan und Abiram aber kamen nicht. Der Herr aus der Wolke sprach zu Moses, er solle das Volk um die Wohnstatt der drei versammeln, die nicht gekommen waren. So zogen sie zu dem Zelt von Korah, Dathan und Abiram. Moses forderte sie auf, einen großen Abstand zu halten zu dem Zelt der drei. Dann sprach er: »Wenn diese drei Anführer auf natürliche Weise wie jeder Mensch sterben, dann ist Aaron zu Unrecht Priester. Wenn aber Gott die Erde auftut und ihr Zelt mit ihnen in die Unterwelt stürzt, dann ist es ein Zeichen, daß sie Frevler sind.« In diesem Augenblick spaltete sich die Erde und verschlang das Zelt mit den drei Anführern der Rotte Korah. Dann fiel ein Feuer vom Himmel und verzehrte die 250 Männer, die mit ihren Räucherpfannen gekommen waren, um sich sträflich das Amt des Priesters selber anzumaßen. Die übrigen Israeliten flohen voller Entsetzen in ihre Zelte. Der Herr sprach zu Moses: »Rufe die zwölf Führer der zwölf Stämme Israels. Jeder soll einen Stab bringen, in den er seinen Namen und den Namen seines Stammes eingeschrieben hat. Lege über Nacht die Stäbe ins Offenbarungszelt nahe der Bundeslade. Ich will dem Volk zeigen, daß ich Aaron und seine Nachkommen allein zum Priesterstamm erwählt habe.« Moses führte den Auftrag Gottes aus. Er legte die zwölf Stäbe mit den Namen der zwölf Stämme in das Offenbarungszelt. Am nächsten Morgen versammelte sich das Volk im Vorhof. Moses brachte die Stäbe aus dem Dunkel ans Licht. Da sahen alle, wie der Stab Aarons grüne Blätter trug, rosa Blüten und zugleich Mandelfrüchte. Das war das Zeichen Gottes, an dem alle erkannten, daß Aaron der wahre Priester war. Der Aaronstab wurde auf Gottes Geheiß neben die Bundeslade ins heilige Zelt gelegt. Danach erhob sich die Wolke des Herrn. Die Israeliten brachen ihre Zelte ab und folgten der Wolke, bis sie nach Kades kamen. Dort starb Mirjam. Sie blieben und hielten Totenklage für sie.

Moses zweifelt an Gottes Wort

Als sich das Volk in Kades niedergelassen hatte, merkten sie, daß weit und breit kein Wasser war. Ihre Schläuche waren leer, und in ihrer Angst vor dem Verdursten murrten sie wieder gegen Moses und so gegen ihren Gott. Moses betete für sie und auch Aaron flehte zu Gott um Hilfe. Da sprach Gott zu ihnen: »Nehmt den Stab, mit dem ihr schon in Ägypten manches Wunder vollbracht habt. Tretet vor einen Felsen, den ich euch zeigen will. Ihr sollt aber nicht mit dem Wunderstab wirken, sondern mit der Kraft des Wortes. Sprecht zu dem Felsen, daß er euch Wasser spenden soll, und das

Wort Gottes selber, das alle Welt erschaffen hat, das Wort, das selber ein Gott ist, wird in eurem Sprechen sein, und der Felsen wird auf Gottes Wort hören.« Moses und Aaron holten den Stab aus der Bundeslade und gingen zu dem Felsen, den der Herr ihnen zeigte. Das Volk folgte murrend und glaubte nicht, daß irgendwo in der steinigen Wüste Wasser für es sei. Als sie vor dem Felsen haltmachten, fühlte Aaron den Stab in seiner Hand, mit dem er so viele Wunder vollbracht hatte. Er reichte ihn Moses und Moses vertraute dem Stab mehr als dem Wort Gottes. Er schlug mit dem Stab an den Felsen. Da sprudelte Wasser hervor, so viel, daß das ganze Volk seinen Durst löschen konnte. Gott aber war zornig über Moses und Aaron, weil sie dem Wortesgott nicht vertraut hatten, weil sie die göttliche Worteskraft nicht in ihr menschliches Sprechen eingelassen hatten. »Zur Strafe sollt ihr das Gelobte Land selber nicht betreten, das ich dem Volk geben will, in dem der Wortesgott als Mensch geboren wird. Ihr habt die Prüfung nicht bestanden.« Da merkte Moses, daß er nun selber den Gott vergessen hatte, dem er dienen wollte, der ihm im Dornbusch erschienen war mit seinem Namen: Ich bin.

Aarons Tod

Es war im vierzigsten Jahr ihrer Wanderung, als Mirjam starb. Da kamen sie an den Berg Horeb. Der Herr sprach zu Moses: »Auf diesem Berg will ich Aaron zu seinen Vätern holen. Steige hinauf mit ihm und seinem Sohn Eleaser.« Als sie auf dem Berg Horeb gestiegen waren, gab der Herr die Anweisung, Aaron das Priestergewand abzunehmen und es Eleasar als Aarons Nachfolger umzulegen. Nachdem dies geschehen war, legte sich Aaron nieder und hauchte die Seele aus, daß sie zu den Vätern Abraham, Isaak und Jakob aufgenommen werde. Das Volk trauerte 30 Tage um Aaron. Eleasar vollzog von nun an das Priesteramt für sein Volk.

Die eherne Schlange

Keines der Völker, deren Land an das Gelobte grenzte, wollte die Israeliten in Frieden durchziehen lassen. Sie fragten die Edomiter, die Amalekiter, die Moabiter, aber alle verweigerten ihnen den Durchzug. So mußten sie weiterhin Umwege durch die Wüste machen. Da murrten sie wieder einmal gegen Moses und den Gott ihres Volkes. Sie sagten sogar: »Uns ekelt vor diesem Manna, das wir täglich essen müssen.« Das erzürnte den Gott so sehr, daß er ihnen giftige Schlangen schickte. Wer davon gebissen wurde, konnte sich nicht mehr aufrecht halten und starb. Da flehten sie Moses um Hilfe an. Der betete zum Herrn und Moses bekam die Weisung: »Lasse eine eherne Schlange machen, die sich um einen Stab aufwärts windet. Die stelle auf den Platz in der Mitte des Zeltlagers. Wer von einer giftigen Schlange gebissen wird, soll die eherne Schlange anschauen. Das wird seinen Leib aufrichten und auch seine Seele wird wieder aufrichtig werden. Jeder wahre Israelit soll ein aufrechter Mensch, ein Diener des Gottes werden mit dem Namen: Ich bin.« Moses tat, was ihm der Herr geboten hatte. Viele waren schon vom Biß der giftigen Schlangen gestorben. Nun versuchten die anderen im Anblick der aufgerichteten ehernen Schlange wahre Israeliten zu werden, das auserwählte Volk Gottes.

Balak und Bileam

Balak, der König der Moabiter, sah, wie mächtig das Volk Israel war und fürchtete sich vor ihm. »Mit Waffengewalt werden wir sie nicht aus unserem Gebiet fernhalten können. Aber es gibt noch andere Gewalten, die will ich zur Hilfe herbeiholen«, so dachte König Balak bei sich. Er rief einige vornehme Herren und sandte sie als seine Boten zu Bileam, dem Propheten. »Bittet ihn«, so lautete sein Auftrag, »er, der Prophet Bileam, möge eilends zu uns kommen. Er soll das Volk Israel verfluchen, denn ich weiß, daß sein Wort große Macht hat. Wer von Bileam gesegnet wird, der ist gesegnet, und wer von ihm verflucht wird, der ist verflucht. Sagt ihm, daß ich ihn reich belohnen will, wenn er meinen Auftrag annimmt.« Die fürstlichen Boten beluden ihre Esel mit Kostbarkeiten, die sie Bileam schenken wollten, wenn er mit ihnen zu König Balak käme.

Bileam saß gerade vor seiner Hütte am Waldrand, als sie bei ihm eintrafen. Sie trugen ihm ihre Botschaft vor, daß der König der Moabiter ihn hoch ehren wolle, wenn er ihm mit seinem Fluch über die Israeliten die Feinde verjagen würde. Bileam sagte: »Nicht ich bin es, der segnen und fluchen kann, sondern Gott tut es durch meinen Mund. Darum will ich abseits gehen und Gott fragen. Vielleicht kommt er mir entgegen. Dann will ich euch seine Antwort sagen. Ihr möget euch so lange hier ausruhen und stärken.« Bileam ging einige Schritte fort und kniete nieder, um Gottes Gedanken zu erfragen. Gott sprach zu ihm: »Das Volk, das vor dem König der Moabiter steht, ist ein gesegnetes Volk und du sollst es nicht verfluchen. Ich habe es zu Großem auserwählt.« Bileam kam zu den Boten zurück und sagte: »Ich komme nicht mit euch, denn Gott will nicht, daß ich dieses Volk verfluche, und ich kann nur tun, was er will.« Alles Bitten und alle Versprechungen der Boten halfen nichts. Sie mußten ohne Bileam zu König Balak zurückkehren.

Aber König Balak gab noch nicht auf, was er sich vorgenommen hatte. Er berief noch vornehmere Fürsten, die noch kostbarere Schätze mitnahmen, um Bileam damit zu überreden, er möge doch König Balaks Bitte erfüllen. Als diese Boten bei Bileam eintrafen und ihm noch einmal alles vortrugen, was König Balak von ihm wollte, ging Bileam noch einmal abseits, um seinen Gott zu fragen, was er tun solle. Und Gott sprach: »So gehe denn mit ihnen, aber versprich mir, daß du nur aussprichst, was ich dir sage.« Bileam versprach es. Zu den Boten sagte er: »Ich werde zu König Balak kommen, aber ich werde nur das aussprechen, was Gott mir eingibt, auch dann, wenn es König Balak nicht gefällt. Sagt ihm das. Morgen werde ich bei ihm sein.« Die Fürsten waren froh über diese gute Nachricht und ritten gleich los, um sie König Balak zu überbringen. Bileam sattelte seine Eselin und machte sich auch eilends auf den Weg. Als Gott sah, wie eilig es Bileam hatte, seinem Volk zu schaden, wurde er sehr zornig. Er sandte seinen Engel mit feurigem Schwert. Der stellte sich Bileam in den Weg. Aber Bileam sah den Engel nicht. Nur seine Eselin sah ihn, ging vom Wege ab und machte einen großen Bogen um ihn. Da schlug Bileam seine Eselin, weil sie, wie er meinte, so törichte Umwege machte. Nun stellte sich der Engel vor ihn auf einem Weg, der rechts und links von Mauern begrenzt war, denn er führte durch einen Weinberg. Die Eselin drückte sich eng an die Mauer an dem Engel vorbei, daß Bileam sein Bein an der Mauer verletzte. Wieder schlug er sie wegen ihres dummen Verhaltens und merkte nicht, daß die Eselin mehr sah als er. Noch einmal stellte sich der Engel Bileam in den Weg,

Bileam sieht nicht den Engel

diesmal an einer Stelle, wo es kein Ausweichen gab, weil rechts und links ein steiler Hang war. Die Eselin ging in die Knie und weigerte sich, weiterzugehen. Bileam schlug sie mit einem Stock. Da gab Gott der Eselin menschliche Sprache, und sie sagte: »Bileam, habe ich nicht ein Leben lang alles getan, was du von mir verlangt hast? Warum schlägst du mich und siehst nicht, warum ich dir nicht gehorchen kann?« Da gingen Bileam die Augen auf, und er sah den Engel des Herrn mit feurigem Schwert vor sich stehen. Da kniete auch er nieder, und der Engel sprach: »Warum hast du deine Eselin dreimal geschlagen? Sie sah mich und du nicht. Um ihretwillen habe ich dich am Leben gelassen. Warum bist du so schnell aufgebrochen, um mein Volk zu verfluchen. Deine Reise ist unheilvoll.« Bileam antwortete: »Wenn dir nicht gefällt, daß ich zu König Balak gehe, will ich wieder umkehren.« »Nein«, sprach der Engel des Herrn, »folge den Fürsten zu König Balak, aber versprich mir, daß du ganz bestimmt nur das ausprichst, was Gott dir eingibt.« »Ich verspreche es dir«, sagte Bileam. Da war der Engel verschwunden, und Bileam traf mit den Fürsten bei König Balak ein.

Bileam wurde am Hof König Balaks mit großer Freude und hohen Ehren begrüßt. Ein Festmahl ließ König Balak für ihn herrichten und ein königliches Gemach zum Schlafen. Am nächsten Morgen führte der König den Propheten Bileam auf einen Berg, von dem aus man einen Teil des Zeltlagers der Israeliten sehen konnte. König Balak wies mit der Hand dort hinunter und sprach: »Ich habe dich rufen lassen, damit du mir dieses Volk verfluchst. Mit Waffengewalt kann ich sie nicht besiegen, aber dein Wort wirkt stärker als alle Waffen.« »Du weißt«, erwiderte Bileam, »daß ich nur das aussprechen kann, was Gott mir eingibt. Ich will ihn fragen und seine Kraft in mich einlassen, um sie im Worte weiterzugeben. Du lasse inzwischen sieben Altäre errichten und lege auf jeden Altar einen jungen Stier und einen Widder als Brandopfer für Gott.« Als König Balak alles vorbereitet hatte, wie es von Bileam angeordnet worden war, stellte sich Bileam auf die Spitze eines Felsen, von wo aus er einen großen Teil des Volkes Israel sehen konnte. Er streckte seine Arme segnend aus und rief: »Gott spricht durch meinen Mund, gesegnet sei dieses Volk, denn ich habe es zu Großem ausersehen. Alle seine Feinde sollen ihm zu Füßen liegen. Der Sieg soll ihnen gewiß sein über alle, die es vernichten wollen. Gottes Segen über dieses Volk.« Als König Balak das hörte, wurde er bleich vor Schreck und konnte fast nicht sprechen. Stotternd kam es von seinen Lippen: »Was hast du getan? Verfluchen solltest du meine Feinde und nun hast du sie gesegnet.« »Sagte ich dir nicht vorher, daß ich nur aussprechen kann, was Gott mir eingibt?« erwiderte Bileam. »Ich will dich auf einen anderen Berg führen, von wo aus du nicht nur einen Teil, sondern das ganze Volk sehen kannst. Dort versuche es noch einmal«, sprach Balak und ging mit Bileam auf den Berg im Süden, der neben dem ersten Berg über dem Zeltlager der Israeliten war. Auch dort ließ Bileam wieder sieben Altäre errichten mit sieben jungen Stieren und Widdern darauf. Er selber ging abseits, um sich mit Gott zu verbinden. Als er zurückkam, erhob er wieder segnend die Hände und sprach: »Israel, du von Gott erwähltes Volk, starke Männer sollen aus dir hervorgehen und groß sollst du sein. Wer dich töten will, soll selber sterben, wer dich berauben will, soll selber beraubt sein, wer dich schmähen will, soll selber geschmäht werden. Der Segen Gottes ruht auf dir.« »Halt ein«, rief König Balak, »wenn du das Volk Israel schon nicht verfluchen willst, so brauchst du es doch nicht zu segnen. Zur Hilfe habe ich dich gerufen und doch nicht zum Schaden.« »Und ich sagte dir, daß ich nur Gottes Taten aussprechen kann. Ich selber vermag nichts«, wiederholte Bileam. »Ach laß es uns noch einmal versuchen, von einem Berg im Westen, der allein aus der Ebene emporragt. Vielleicht erbarmt sich dein Gott über uns, das Volk der Moabiter.« So stiegen sie zum drittenmal einen Berg hinauf und wieder wurden sieben Altäre mit den Opfertieren darauf errichtet. Und wieder konnte Bileam nichts anderes sagen, als was Gott aus seinem Munde sprach. Er segnete zum drittenmal das Volk Israel. Da schrie König Balak: »Es ist genug. Hoch wollte ich dich ehren, reich belohnen, doch dein Gott hat dich um all dies gebracht. Dreimal hast du meine Feinde gesegnet, statt sie zu verfluchen. Gehe nach Hause und tritt mir nicht mehr unter die Augen.« »Bevor ich gehe«, sprach Bileam, »will ich dir noch ein Letztes verkünden. So spricht Gott durch den Mund dessen, dem die Augen geöffnet und das Herz erfüllt wurde, so spricht Bileam: ich sehe in weiter Ferne und in ferner Zeit einen Stern aufgehen aus dem Stamme Juda. Er leuchtet über sein Volk. Er erstrahlt der ganzen Menschheit. Er bringt Rettung allen Menschen, die ihn in ihr Leben scheinen lassen. Ich sehe den Stern.« Als Bileam so gesprochen hatte, grüßte er König Balak zum Abschied und ging in seine Hütte in den Bergen zurück. Auch König Balak, der König der Moabiter, ging seinen Weg.

Pinehas

Als nun die Israeliten nach 40 Jahren die Wüste hinter sich lassen durften, rief Moses sie eines Tages zusammen und forderte sie auf, zurückzuschauen und alle Ereignisse zu erinnern, die sich in den 40 Jahren zugetragen hatten. Fast alle, die am Anfang dabeigewesen waren, lebten nicht mehr. Denn das Wort Gottes sollte sich erfüllen, daß von denen, die sich unzählige Male gegen Gott aufgelehnt hatten, niemand das Gelobte Land selber sehen durfte. Nur einer, er war noch ein Kind, als Israel aus Ägypten auszog, war von Anfang bis Ende dabeigewesen. Er nannte die Namen der Wüstenorte, wo sie längere Zeit verweilt hatten. Es waren genau 40 Lagerplätze in den 40 Jahren gewesen. Als sie nun gemeinsam auf die Zeit der Wanderungen zurückgeblickt hatten, sprach Moses: »Vergeßt nicht das erste Gebot, das der Herr uns auf dem Sinai gegeben hat: Ich bin der Herr, dein Gott, du sollst außer mir keine anderen Götter haben.« Die Menschen hörten die ernste Mahnung des Mose, aber schnell wurde sie von vielen verworfen. Sie kamen jetzt durch Länder, in denen andere Völker lebten, die andere Götter verehrten. Vielen schönen Frauen begegneten die Israeliten. Wenn sie eine solche Frau gewinnen wollten, mußten sie auch ihre Götter anbeten. So kam es, daß viele junge Männer aus Israel sich versündigten. Sie heirateten Frauen aus fremden Völkern und beteten fremde Götter an. Als das immer mehr geschah, wurde Pinehas von einem heiligen Zorn ergriffen. Er nahm einen Speer und warf ihn auf einen solchen Gottesverräter und auf seine Frau, daß beide starben. Als das die anderen sahen, ließen sie ab von den fremden Göttern und wandten sich wieder ihrem Gott zu. Der sprach: »Weil Pinehas mit heiligem Zorn für mich gekämpft hat, soll er, wie sein Vater Eleasar und wie sein Großvater Aaron Priester Gottes sein, und nur aus seinem Stamm sollen in Zukunft Priester hervorgehen. Sein Geist teile sich denen mit, die Priester im Volke Israel sein werden.«

Moses Tod

Als Moses 120 Jahre alt geworden war, sprach Gott zu ihm: »Moses, mein Erwählter, steige auf den Berg Nebo im Lande der Moabiter. Von dort kannst du das ganze Land überschauen, das ich Abraham, Isaak und Jakob versprochen habe. Du sollst es sehen, aber nicht betreten, weil du am Felsen dem Wortesgott nicht vertraut hast, wie ich es dir aufgetragen hatte. Bevor ich dich zu deinen Vätern ins Geistesland hole, übergib Josua die Führung meines Volkes. Segne ihn in meinem Namen. Er wird mein Volk über den Jordan führen in das Gelobte Land, und ich werde mit ihm sein. Segne auch die zwölf Stämme Israels und weise jedem ein Stück des Landes zu. Zuletzt gib ihnen dieses Lied, das ich für sie erdichtet habe. Sie sollen es singen, wenn sie täglich meiner gedenken.« So sprach Gott zu Moses, und dieser führte alles aus nach den Worten und dem Auftrag seines Gottes. Dann stieg er allein auf den Berg Nebo. Er hatte noch keinerlei Gebrechen. Mit seinen Augen sah er alles, und er schritt rüstig und aufrecht wie ein junger Mann. Als er den Gipfel erreicht hatte, schaute er ringsum und sah unter sich ausgebreitet das herrliche Land, das bald seinem Volk gehören sollte. Er wartete, daß Gott seine Seele holen würde in ein noch viel schöneres Land. Gott schickte den Todesengel Samael, um die Seele des Moses zu holen. Aber Moses sprach zu Samael: »Mit dir gehe ich nicht. Ich gehe nicht in den Tod, sondern in das neue Leben.« Da mußte Samael Moses wieder verlassen. Gott schickte den Engel Gabriel, um die Seele des Moses zu holen. Aber Moses sprach zum Engel Gabriel: »Mit dir gehe ich nicht, denn ich suche nicht Geburt und Leben im Erdenleibe, sondern im himmlischen Geiste.« Da mußte Gabriel Moses verlassen. Da schickte Gott den Engel Michael, um die Seele des Moses zu holen. Aber Moses sprach zum Engel Michael: »Mit dir gehe ich nicht. Ich warte, bis Gott selbst mich holt.« Da mußte auch Michael Moses wieder verlassen. Als Gott hörte, wie Moses ihm allein seine Seele übergeben wollte, sprach er: »Du hast recht, Moses. Du warst mir ein dienender Freund und kein dienender Knecht. Ich komme selbst, deine Seele zu holen.« Und Gott neigte sich zu Moses und nahm ihm seine Seele mit einem Kuß und trug sie nahe seinem Herzen in die himmlische Welt.

DIE ZEIT DER RICHTER

Gott spricht mit Josua und Josua spricht mit dem Volk

Als Moses auf Erden gestorben war, sprach Gott, der Herr Israels, mit Josua: »Moses ist gestorben. Nun sei du der Führer meines Volkes. Ziehe mit ihnen über den Jordan in das Land, das ich euren Vätern versprochen habe. Vom Libanongebirge bis zum Euphratstrom und bis zum westlichen Meer reicht das Land, das du unter die zwölf Stämme verteilen sollst. Niemand soll sich dir widersetzen. So wie ich mit Moses gewesen bin, will ich auch mit dir sein. Aber du sollst meine Gesetze streng befolgen, weder nach rechts noch links von ihnen abweichen, täglich darin lesen und zu dem Volk darüber sprechen. Wenn du das tust, wird dir alles gelingen. Sei stark und mutig. Habe keine Angst und verzage nicht, denn mit dir ist der Herr, dein Gott, bei allem, was du unternimmst.« So wurde Josua von Gott gestärkt. Er rief dann alle Anführer der zwölf Stämme zusammen und befahl ihnen, zu allen Menschen im Lager hinzugehen und ihnen zu sagen, daß sie sich mit Lebensmitteln versorgen sollen, denn in drei Tagen würden sie über den Jordan ziehen, um das Land in Besitz zu nehmen, das der Herr, ihr Gott, ihnen verheißen hatte. Die Männer antworteten ihm: »So, wie wir Moses gehorcht haben, so wollen wir auch dir gehorchen. So wie Gott mit Moses war, möge er auch mit dir sein. Jeder, der sich dir widersetzt, soll des Todes sein. Der Herr, unser Gott, gebe dir Kraft und Mut. Sei du stark und entschlossen, zu tun, was Gottes Wille ist.«

Die Kundschafter in Jericho

Josua wählte heimlich zwei Männer aus und sandte sie in das Gelobte Land, besonders nach Jericho. Sie sollten auskundschaften, wie die Stadt befestigt sei. Als die beiden Männer durch das Stadttor gegangen waren, merkten die Wächter, daß es Fremde waren. Sie meldeten dies dem König.

Der befahl sogleich alle Tore zu schließen und die Stadt nach den beiden Männern zu durchsuchen. Die Kundschafter kehrten in das Haus einer Frau ein mit Namen Rahab. Dort erfuhren sie, daß sie entdeckt worden waren und gesucht wurden. Rahab versteckte sie auf dem Dachboden, wo sie Flachs zum Trocknen ausgebreitet hatte. Sie hatte eben Säcke über die Männer gelegt und es sah aus, als ob Flachs darunter wäre, als es laut an die Tür pochte. Rahab ging um zu öffnen. Zwei Soldaten standen davor und verlangten ihr Haus zu durchsuchen, denn Leute hätten gesehen, wie die zwei israelischen Kundschafter bei ihr eingekehrt seien. »Ja«, sagte Rahab, »sie waren bei mir, aber das ist eine Stunde her. Als sie hörten, daß sie verfolgt werden, sind sie gleich wieder gegangen. Ich sah, wie sie dem Westtor zustrebten. Wenn ihr euch beeilt, könnt ihr sie sicher noch einholen.« »Wir wollen erst noch dein Haus durchsuchen, um sicher zu sein, daß stimmt, was du sagst.« Rahab führte sie durch alle Räume. Auch den Dachboden sollten sie sehen. Aber dort, so meinten sie, war nur Flachs ausgebreitet und geleerte Säcke lagen auf dem Boden. So verließen sie schnell das Haus, schwangen sich auf ihre Pferde und ritten zum Westtor hinaus. Als die Gefahr vorüber war, holte Rahab die Männer vom Dachboden in die Stube und erzählte ihnen, wie alles gegangen war. »Wir fürchten uns alle sehr vor den Israeliten«, sagte sie, »denn wir haben gehört, daß ihr Gott ihnen alle Feinde zu Füßen legt und sie schon viele Kriegsheere besiegt haben. So werdet ihr sicher auch unser Land erobern und in Jericho einfallen. Euch beide will ich nun retten, wenn ihr mir versprecht, bei der Eroberung von Jericho mich und meine ganze Familie zu schonen.« »Wenn du tust, was wir dir sagen, sollen du und deine Familie geschont werden. Du mußt aber alle in deinem Haus versammeln. Wer woanders ist, kann nicht gerettet werden. Und damit wir dein Haus wiedererkennen, schlinge ein rotes Seil um das Fensterkreuz.« »Das will ich tun«, sagte Rahab. Und sie nahm ein rotes Seil, befestigte es am Fenster und ließ es jenseits der Stadtmauer hinunter. Ihr Haus war nämlich in die Stadtmauer hineingebaut und blickte mit der einen Seite auf die Straße der Stadt, mit der anderen auf das Land außerhalb der Mauer. An dem roten Seil ließ sie die Männer hinab. So brauchten sie nicht das Stadttor zu durchschreiten und konnten unbemerkt entfliehen. Drei Tage versteckten sie sich im Gebirge. Die Verfolger waren auf Rahabs Weisung genau in die entgegengesetzte Richtung geritten, durchsuchten dort das ganze Land und fanden sie nicht. Über den Jordan kehrten die Kundschafter zu Josua zurück und erzählten ihm alles, was sie erlebt hatten. »Die Menschen im ganzen Lande fürchten sich vor

127

uns, weil sie erfahren, wie der Herr, unser Gott, mit uns ist.« So beschlossen sie ihren Bericht.

Der Zug des Volkes durch den Jordan

Am nächsten Tag ließ Josua das ganze Volk aufbrechen, das am Ufer des Jordans lagerte. Zuvor gingen die Stammesführer durchs Lager und sagten den Menschen, wie der weitere Weg zu beschreiten sei. Sie sollen warten, bis die Leviten die Bundeslade aufheben. Dann sollen sie der Bundeslade in einem Abstand von 2000 Ellen folgen. Und Josua ließ dem Volke verkünden, es solle jeder sich reinigen und Gott heiligen, denn es würde Großes mit ihnen geschehen. So zogen sie in gebührendem Abstand hinter der Bundeslade her, nachdem sie sich gereinigt hatten. Als die Füße der Priester, die die Bundeslade trugen, in das Wasser des Jordan eintauchten, – es war aber sehr viel Wasser um diese Jahreszeit im Jordanbett, – da blieb das Wasser stehen, dort wo es herabkam. Wie ein Damm blieb es stehen und auf der anderen Seite floß es ab ins Tote Meer. So stand das Volk vor einem trockenen Flußbett. Bevor sie hinübergingen, befahl der Herr dem Josua, er solle zwölf Männer auswählen, aus jedem Stamm einen. Josua tat es, dann zogen sie trockenen Fußes durch den Jordan, Männer, Frauen und Kinder mit allem Hab und Gut. Als der Letzte am anderen Ufer angekommen war, standen nur noch die Priester mit der Bundeslade im Jordanbett. Da sprach der Herr zu Josua: »Die zwölf Männer, die du erwählt hast, sollen noch einmal umkehren und dort, wo die Füße der Priester im Jordanbett stehen, sollen sie zwölf Steine aufheben. Sie sollen die zwölf Steine ans Ufer bringen und zu einem Denkmal aufrichten. Wenn dann später eure Kinder fragen werden, was dieses Denkmal bedeute, sollt ihr ihnen sagen, daß an dieser Stelle der Gott eures Volkes sein Volk trockenen Fußes durch den Jordan geführt hat. Durch die Bundeslade, die dem Gott der ganzen Erde gehört, hat der Weltengott das Wasser stillstehen lassen. So wirken der Gott der ganzen Erde und der Gott eures Volkes zusammen.«

Josua ließ alles so ausführen, wie es der Herr angeordnet hatte. Die zwölf Männer holten von dort, wo die Träger der Bundeslade standen, zwölf Steine und errichteten daraus am Ufer des Jordan ein Denkmal. Dann erst trugen die Priester die Bundeslade hinüber. Als ihr Fuß das Jordanbett verließ, stürzten die Wasser herab und der Strom folgte wieder seinem Lauf.

Von nun an verehrte das Volk Israel den von Gott erfüllten Josua, wie es einstmals den Gottesmann Moses verehrt hatte, der das Volk trockenen Fußes durchs Rote Meer geführt hatte. Sie nannten den Ort, wo ihr Denkmal stand und wo sie nun, gegenüber von Jericho, ihr Lager aufschlugen Gilgal. Die Bevölkerung des Landes hatte von ihrem wunderbaren Durchgang durch den Jordan erfahren. Sie fürchteten sich vor den Israeliten und erlaubten ihnen, sich von den Erzeugnissen des Landes zu ernähren. Als erstes feierten sie nun das heilige Passamahl in allen Familien Israels. Am nächsten Morgen gab es zum erstenmal nach 40 Jahren kein Manna mehr, denn sie konnten sich jetzt wieder auf gewöhnliche Weise ernähren. Am Abend dieses Tages saß Josua am Jordan. Als er aufblickte, sah er einen überaus großen Mann auf sich zukommen. Er erhob sich und ging dem Fremden entgegen. Der trug ein gezücktes Schwert. Josua fragte ihn: »Wer bist du? Kommst du als Freund oder als Feind?« »Ich bin der Oberste der himmlischen Heerscharen«, erwiderte der Große. Da fiel Josua vor ihm auf sein Angesicht nieder und fragte: »Hast du, o Herr, eine Botschaft für mich?« Der große Engel sprach: »Ziehe deine Schuhe aus, denn der Boden, auf dem du stehst, ist heiliges Land.« Josua tat es, und als er wieder aufblickte, sah er niemanden mehr.

Die Eroberung von Jericho

Immer wieder baten die Israeliten um Einlaß in die Stadt Jericho, aber die Bewohner fürchteten sich vor ihnen und ließen ihre Tore Tag und Nacht verschlossen. Da sprach der Herr zu Josua: »Rufe mein Volk zusammen. Sie sollen vor der Bundeslade sieben Tage lang um die Stadt Jericho ziehen. Vorangehen sollen sieben Leviten, die Lärmposaunen blasen. Immerfort, ohne Unterbrechen soll der Posaunenlärm erschallen. Hinter ihnen soll die Bundeslade getragen werden. In gebührendem Abstand soll das Volk folgen. Sie sollen schweigen, weder singen noch reden. Das nicht gesprochene Wort soll in ihrer Seele zu einer großen Kraft heranwachsen. So sollen sie sechs Tage lang, jeden Tag einmal um die Stadt ziehen. Am siebten Tag aber sollen sie sechsmal schweigend um die Stadt ziehen. Dann wird die Worteskraft so stark geworden sein, daß beim siebten Umzug am siebten Tage durch Geschrei und Kriegsrufen die Mauern von Jericho einstürzen werden. Dann sollen sie in die Stadt eindringen, jeder dort, wo er gerade steht.

Aber vom Hab und Gut der Bewohner sollen sie nichts für sich als Schätze einsammeln, sondern nur das nehmen, was sie als Opfergabe für den Herrn brauchen. Gehe hin und teile dies alles dem Volk Israel mit.« Josua versammelte das Volk, und sie machten alles so, wie es der Herr geboten hatte. Sechs Tage lang zogen sie schweigend um die Stadt. Nur die sieben Leviten, die der Bundeslade vorangingen, stießen ununterbrochen in die Posaunen. Den Menschen von Jericho war das sehr unheimlich. Und als am siebten Tag die Israeliten sechsmal schweigend um die Stadt zogen, da ahnten sie, daß Schreckliches auf sie zukam. Dann begann der siebte Umzug des siebten Tages. Mit ungeheurer Macht drang das Wort aus der Kehle des Volkes Israel. Die ganze Stadt Jericho erzitterte davon und die Mauern stürzten ein. Nur ein Haus blieb stehen. Es war das Haus Rahabs, die die beiden Kundschafter gerettet hatte. Sie und alle ihre Angehörigen wurden in das Volk Israel aufgenommen. So belohnte der Herr die Tat Rahabs.

Die Eroberung der Stadt Ai

Josua schickte nun einige Kundschafter hinauf in die Stadt Ai. Als sie zurückkamen, meldeten sie, die Stadt sei nicht so groß, die Menschen in Ai schwach und voller Furcht. Darum müsse nicht das ganze Volk zur Eroberung der Stadt hinaufziehen. Zwei- bis dreitausend Mann würden genügen. So stellte Josua ein kleineres Heer auf, denn der Herr würde ja auch mit ihnen sein und Israel zum Sieg über Ai verhelfen. Aber es kam anders. Die Israeliten wurden von den Aiten in die Flucht geschlagen und 36 von ihnen kamen ums Leben. Da warf sich Josua vor der Bundeslade nieder und flehte zu Gott, seinem Herrn: »O Herr, wenn nun die anderen Völker erfahren, daß die Männer aus Ai die Israeliten in die Flucht geschlagen haben, werden sie von allen Seiten auf uns eindringen und werden dein Volk vernichten. Warum hast du den Aiten den Sieg über uns gegeben?« Da sprach Gott, der Herr: »Israel wurde besiegt, weil Israel sich gegen mich versündigt hat. Einer von euch hat sich nicht an mein Gebot gehalten. Er hat sich fremdes Gut angeeignet und im Boden seines Zeltes vergraben. Wirf das Los über die Stämme. Dann wirf das Los über die Familien des Stammes, der vom Los getroffen wurde. Dann wirf das Los über die Männer dieser Familie, die vom Los getroffen wurde. Der, den das Los trifft, soll dir gestehen, was er getan hat. Er soll des Todes sein. Dann zieht noch einmal nach Ai, und ich will euch den Sieg geben.«

Josua rief das Volk zusammen, warf das Los, und es fiel auf den Stamm Juda. Er warf das Los zum zweiten- und drittenmal und es traf den Mann Achan. Da warf sich Achan vor Josua nieder und gestand ihm, daß er in den Trümmern von Jericho einen babylonischen Königsmantel gesehen habe. Da sei in ihm das Gelüste aufgewacht, diesen herrlichen Mantel zu besitzen. Er habe ihn an sich genommen, dazu mehrere Barren Silber und Gold. Das alles habe er unter seinem Zelt vergraben. Er fühle sich schuldig am Unglück Israels. »Ja, du bist schuldig«, sagte Josua. Und das Volk brachte ihn vor die Stadt, wo er gesteinigt wurde. Nun rief Josua alle streitbaren Männer zusammen und machte mit ihnen einen Eroberungsplan. Unter seiner Führung sollte ein Teil in die Stadt eindringen. Ein anderer Teil sollte sich hinter der Stadt verstecken. Dann wollte er sich mit seinem Heer von den Aiten in die Flucht schlagen lassen. Diese würden dann denken, es sei wie beim vorigen Mal, und würden alle die Stadt verlassen, um die Israeliten zu verfolgen. Dann sollten die anderen von hinten in die Stadt eindringen und sie erobern. Nur sollten sie sich hüten, irgend etwas, das nur dem Herrn gehört, für sich selber zu nehmen. Wie Josua es mit ihnen besprochen hatte, so wurde es durchgeführt. Diesmal war der Herr mit ihnen und die Eroberung von Ai gelang. Zur Feier ihres Sieges versammelte Josua das ganze Volk und las ihnen die Gesetze vor aus der Heiligen Schrift, die sie von Moses empfangen hatten.

Der Betrug der Gibeoniten

Bei allen Völkern im Lande Kanaan sprach sich herum, wie Israel mit Hilfe seines Gottes Jericho und Ai erobert hatte. Und sie fürchteten alle sehr, es könne ihnen genau so ergehen. Um das zu verhindern, schickten die Gibeoniter eine Gruppe von Männern, die mit den Israeliten für ihr Volk einen Vertrag schließen sollten. Sie wandten aber eine List an, indem sie sich zerschlissene Mäntel und durchlöcherte Schuhe anzogen. Schimmeliges Brot nahmen sie mit und gerissene Weinschläuche. So erschienen sie vor Josua und den Fürsten Israels. Sie neigten sich tief vor Israel und sprachen: »Wir sind gekommen, euch zu bitten, uns kein Leid anzutun, wenn ihr in unser Land kommt. Wir wollen darüber mit euch einen Vertrag schließen.

Wir haben nämlich gehört, wie stark euer Gott ist und wie er euch über Jericho und Ai den Sieg verliehen hat. Wir ehren euren Gott und bitten ihn, mit uns gnädig zu verfahren.« »Wer seid ihr denn und von wo kommt ihr?« fragte Josua die Männer. Wir sind von sehr weit hergereist. Schaut unser Brot an. Als wir aufbrachen, war es noch warm vom Ofen. Nun ist es schimmelig. Unsere Weinschläuche waren neu. Nun sind sie zerrissen. Unsere Mäntel und Schuhe waren heil. Von der weiten Reise sind sie durchgewetzt. Ihr seht, wir kommen von weit her.« Da besprach sich Josua mit den Fürsten Israels und sie meinten: »Wenn diese nicht in dem Lande wohnen, das uns der Herr geben will, können wir doch ruhig den Vertrag mit ihnen machen, daß wir sie schonen werden.« Sie vergaßen aber, ihren Gott um Rat zu fragen und unterschrieben den Vertrag. Kurze Zeit danach kamen sie in das Land, in dem die Gibeoniter wohnten. Die traten ihnen mit dem Vertrag entgegen und sagten: »Ihr dürft uns nichts tun. Ihr habt im Namen eures Gottes uns dies versprochen, was hier steht.« Da merkte Josua, daß die Gibeoniter sie betrogen hatten, daß sie nicht sehr weit weg, sondern mitten im Lande Kanaan wohnten. Da sie aber im Namen des Herrn gelobt hatten, den Gibeoniter kein Leid zu tun, durften sie nun keinen Krieg gegen sie führen, obwohl die Israeliten wegen des Betruges voller Wut gegen sie waren. Aber Josua sagte: »Wenn wir euch auch nicht bekämpfen werden, so müßt ihr doch für euer gemeines Verhalten bestraft werden. Ihr und eure Nachkommen sollt für uns arbeiten. Ihr sollt unsere Holzfäller und Wasserträger sein. Und wenn wir einmal einen Tempel haben werden, sollt ihr alle niedrige Arbeit darin verrichten. So sollt ihr bestraft sein dafür, daß ihr das Volk Gottes betrogen habt.« Die Gibeoniter nahmen die Strafe an, denn sie waren froh, daß sie am Leben bleiben durften.

Israels Sieg über alle Könige in Kanaan

Als der König von Jerusalem hörte, daß die Gibeoniter mit Israel einen Vertrag geschlossen hatten, empörte er sich darüber. Er sandte Boten zu vier Königen anderer großer Städte, darunter Hebron, und forderte sie auf, mit ihm einen Rachezug gegen Gibeon zu unternehmen. So sammelten fünf Könige ihre Heere und zogen in den Krieg gegen Gibeon. Als die Gibeoniter sahen, welche gewaltige Übermacht da gegen sie anrückte, sandten sie eilends Boten zu Josua ins Lager der Israeliten bei Gilgal, ob sie ihnen nicht zu

Hilfe kommen möchten. Sie seien doch ihre Vertragsfreunde und seien in großer Bedrängnis. Josua rief sofort das Heer der Israeliten zusammen und sie eilten den Gibeonitern zu Hilfe. Der Herr war mit ihnen. Als erstes schlugen sie den König von Jerusalem mit seinem Heer in die Flucht. Bald konnten auch die anderen nicht mehr standhalten. Der Herr ließ Hagel und Steine vom Himmel fallen, daß die Feinde von Entsetzen gepackt wurden und flohen. Aber der Abend nahte und im Dunkeln würden sie nicht weiterkämpfen können. Die Feinde würden sich ausruhen und am nächsten Morgen mit frischen Kräften kämpfen. Da warf sich Josua vor dem Herrn nieder, reckte die Hand nach oben und rief: »Sonne, stehe still über Gibeon und du, Mond, über dem Tal von Ajjalon«. Da hielten Sonne und Mond inne auf ihrem Gang um die Erde. Einen ganzen Tag lang blieben sie stehen, so daß die Nacht nicht einbrach so lange, bis alle fünf Könige mit ihren Heeren besiegt waren. Nie zuvor und auch nie danach hat je ein Mensch vermocht, Sonne und Mond in ihrem Lauf Einhalt zu gebieten. Nach diesem großen Sieg feierten die Israeliten ein großes Dank- und Opferfest für ihren Gott und Herrn. Dann eroberten sie unter der Führung Josuas das ganze Land, das ihnen der Herr zugesprochen hatte. Es waren dreiunddreißig Könige, die sie besiegten. Josua verteilte dann das Land unter die zwölf Stämme genau so, wie es Moses vor seinem Tod ihm vom Herrn gesagt hatte. Als Josua 110 Jahre alt geworden war, rief er die Ältesten und Fürsten von Israel zu sich. Sie lebten schon viele Jahre in Frieden mit den Nachbarvölkern. Nun wurde Josua vom Herrn zu seinen Vätern gerufen. Noch einmal las er ihnen das Gesetzbuch des Moses vor und forderte sie auf, sich immer daran zu halten, auf daß der Herr mit ihnen sei und bleibe. Dann segnete er sie und schloß die irdischen Augen für immer. Sie begruben ihn im Gelobten Land.

Der Richter Gideon

Nach dem Tode Josuas wurde das Volk Israel seinem Gott dadurch untreu, daß sich viele von ihnen verleiten ließen, den Gott Baal und die Göttin Astarte anzubeten. In solchen Zeiten zog der Herr sich auch von ihnen zurück. Dann konnten die anderen Völker Macht über Israel gewinnen. Sobald sie aber ihr Tun bereuten und sich, um Vergebung flehend, wieder ihrem Gott zuwandten, berief der Herr aus dem Volk einen Menschen, der sie in seinem Namen führen sollte, ihnen die Richtung zu Gott weisen sollte. Darum wurden diese führenden Männer und Frauen Richter und Richterinnen genannt. So wechselten im Volke Israel die Zeiten der Gottferne und der Gottnähe, je nach ihrem Verhalten und nach der Richtung gebenden Kraft ihrer Richter.

Einmal waren sie unter die Knechtschaft der Midianiter geraten. Ihr Richter war selber Gott untreu geworden und war gestorben. Führerlos lebten sie einige Jahre. Da sandte Gott seinen Engel zu Gideon, einem jungen Mann aus dem Stamm Manasse. Der Engel des Herrn ließ sich nieder unter einer Terebinthe nahe dem Acker, auf dem Gideon arbeitete. Als Gideon ihn erblickte, trat er zu ihm, und der Engel sprach zu ihm: »Der Herr ist mit dir, du tapferer Held«. Gideon erwiderte: »Entschuldige, wenn ich dir widerspreche, aber wenn der Herr mit uns wäre, wie könnten dann die Midianiter Herr über uns sein? Wie konnte uns da so viel Unglück widerfahren? Wunderbare Geschichten hat man uns erzählt aus der Zeit des Moses und des Josua. Da war der Herr noch mit seinem Volk. Aber heute gibt es so etwas nicht mehr. Der Herr hat uns verstoßen.« Der Engel des Herrn hatte Gefallen an den mutigen, ehrlichen Worten des Gideon, der es sogar wagte, ihm, dem Boten Gottes, frei entgegenzutreten. Er sprach: »Mit der gleichen Kraft, mit der du mir begegnest, sollst du vor dein Volk hintreten und sollst sie von der Herrschaft der Midianiter befreien. Ich, der Herr, bin es ja, der dich so stark macht.« »Entschuldige, mein Herr«, sagte Gideon, »aber ich bin der Jüngste in meines Vaters Haus, und unser Geschlecht ist das kleinste im Stamme Manasse, wie soll ich ein ganzes Volk zum Sieg führen. Bitte gib mir ein Zeichen, daß wirklich der Herr zu mir spricht. Entferne dich nicht, bis ich dir eine Gabe von mir aus dem Hause geholt habe.« »Ich will hier sitzen bleiben, bis du wieder kommst«, sagte der Engel. Gideon ging ins Haus und holte ein Ziegenböckchen, ungesäuerten Kuchen, einen Topf mit Brühe, ein Maß Mehl und stellte es vor seinen Gast hin. Der sprach: »Nimm das Fleisch und die Kuchen, lege sie dort drüben auf die Felsplatte und gieße die Brühe darüber.« Als Gideon das getan hatte, berührte der Engel mit der Spitze seines Stabes das Fleisch und die Kuchen. Da schlug Feuer aus dem Stein und verzehrte alles. Als Gideon aufschaute, war der Engel verschwunden. Da erst erkannte Gideon, daß er mit dem Engel des Herrn gesprochen hatte, und er rief klagend: »Wehe, mein Herr, ich muß sterben, denn ich habe mit Gott von Angesicht zu Angesicht gesprochen, ich habe den Herrn gesehen.« »Friede mit dir«, sprach die Stimme Gottes, »du sollst leben und Taten vollbringen im Dienste deines

Volkes und seines Herrn.« Da errichtete Gideon an dieser Stelle einen Altar und nannte ihn »Der Herr ist Heil«. In der Nacht darauf gab ihm der Herr den Auftrag: »Zerbrich den Baals-Altar im Hause deines Vaters, zerbrich auch den Götzenpfahl davor. Nimm die Steine, trage sie auf die Höhe, errichte mir dort einen Altar und schlachte den Stier im Stall deines Vaters als Brandopfer für mich.« Gideon tat alles so, wie ihm der Herr gesagt hatte. Als am nächsten Morgen die Leute sahen, was Gideon getan hatte, gingen sie zu Joas, seinem Vater und sagten: »Gib uns Gideon heraus. Er muß sterben, denn er hat den Altar Baals zerstört.« Aber der Vater sagte: »Baal mag selber für seinen Altar sorgen. Hat doch auch Gideon aus sich selbst, gegen mich, gegen Baal gehandelt. Über ihm ist nur noch der Gott unseres Volkes. Gideon soll leben.« Da merkten die Leute, daß durch Gideon etwas Neues in ihr Leben kam, und gingen schweigend nach Hause.

Gideon ließ nun alle streitbaren Männer aus dem Volk mit Posaunen rufen. Dann trat er noch einmal vor Gott hin und sprach: »Wenn es wirklich wahr ist, daß ich dein Volk als Richter führen soll, dann gib mir ein Zeichen. Ich will über Nacht ein Schaffell auf die Wiese legen. Ist die ganze Wiese morgen früh trocken und nur das Schaffell naß, dann soll dies das Zeichen von dir sein.« Als Gideon am nächsten Morgen das Schaffell aufhob, war es so naß, daß er einen Krug voll Wasser daraus pressen konnte. Die Wiese aber war trocken. »Vielleicht ist es Zufall«, dachte Gideon und sprach zum Herrn. »Bitte verzeih mir meine Vermessenheit, aber ich möchte dich um eine Ergänzung deines Zeichens bitten. Wenn morgen früh die ganze Wiese naß und nur das Schaffell trocken ist, dann bin ich bereit, dein Volk zu führen.« Dem Herrn gefiel es, wie Gideon frei und unerschrocken vor ihn hintrat, und auch seine Zweifel konnte Gott anerkennen. War doch der Mensch auf dem Wege zu Gott, und dieser Weg führt auch durch Zweifel und Fragen. Darum gewährte er Gideon die Fortsetzung des Zeichens. Am nächsten Morgen war die Wiese naß und das Schaffell lag trocken darin. Nun wußte Gideon, daß es Gott, der Herr, war, der ihm den Auftrag gab.

Gideons Sieg über die Midianiter

Als nun Gideon Richter über Israel geworden war, rief er ein großes Heer zusammen, um gegen die Midianiter zu kämpfen und gegen andere Völker aus dem Osten, die sich mit den Midianitern verbündet hatten und Israel das Land streitig machten. Da sprach der Herr zu Gideon: »Wenn du mit einem solch großen Heer siegen wirst, werden die Israeliten glauben, sie selbst hätten das verdient. Sie sollen aber erfahren, daß sie nur durch mich ihre Feinde besiegen können. Darum gib im ganzen Heer bekannt, daß jeder, der sich fürchtet, nach Hause kehren soll.« Als Gideon das den Männern sagte, kehrten 22000 um und 10000 blieben bei Gideon. »Das sind immer noch zu viele«, sprach der Herr. »Führe sie zu einem Bach, und ich will dir sagen, wie du eine weitere Auswahl treffen sollst.« Gideon führte die Männer zu einem Bach und forderte sie auf, ihren Durst daraus zu löschen. Der Herr sprach zu Gideon: »Achte genau darauf, wie sie trinken. Jeder, der das Wasser direkt in den Mund fließen läßt, mit der Zunge es schlürft, wie die Hunde es tun, weil er sich beeilen will, der soll mit dir in den Kampf ziehen. Jeder, der sich Zeit läßt, der mit der Hand das Wasser schöpft und zum Munde führt, soll wieder nach Hause gehen.« So trennte Gideon die Soldaten an der Art, wie sie das Wasser tranken. Da waren es nur 300 von den 10000, die sich so beeilten, daß sie das Wasser nicht erst mit der Hand schöpften, sondern gleich in den Mund nahmen. Mit diesen 300 Männern sollte er das riesige Heer der Feinde besiegen. »Wenn du Angst hast«, sagte der Herr zu Gideon, »dann nimm heute Abend deinen Knaben Pura mit und schleiche dich mit ihm heimlich ins Zeltlager der Midianiter. Dort wirst du etwas erleben, das dir die Angst nimmt.«

Als es Nacht geworden war, schlich Gideon mit Pura in das feindliche Lager. Vor einem Zelt ließen sie sich nieder. Da hörten sie, wie einer erzählte: »Ich hatte heute Nacht einen seltsamen Traum. Ich sah ein steinhartes Gerstenbrot den Berg herabrollen. Es fiel auf ein midianitisches Zelt, warf es um, so daß das unterste zu oberst gekehrt wurde.« Eine andere Stimme sagte darauf: »Das bedeutet nichts anderes, als daß der Israelit Gideon unser Lager von unterst zu oberst kehren und die Midianiter und alle unsere Verbündeten vertreiben und besiegen wird.« Als Gideon den Traum und seine Deutung vernommen hatte, wich alle Angst von ihm. Er vertraute ganz und gar auf Gott, seinen Herrn. Am nächsten Morgen teilte er die 300 Männer in drei Gruppen. Jedem gab er eine Posaune und einen

Krug, darin eine Fackel war. Er gebot ihnen, von drei Seiten sich an das Heerlager der Feinde heranzuschleichen und dann alles genau so zu machen, wie Gideon, der eine der drei Gruppen anführte. Sie machten es so und warteten aus ihrem Hinterhalt, was Gideon tun würde. Plötzlich stieß er in die Posaune und sogleich stießen alle 300 in ihre Posaunen. Zugleich zerschmetterte Gideon den Krug und schwenkte die brennende Fackel in der Hand. So stürmten sie alle gleichzeitig von drei Seiten auf die Midianiter und ihre Verbündeten. Jeder hielt in einer Hand die Posaune und blies hinein. Mit der anderen schwenkte er die Fackel, bis alle gleichzeitig, wie es Gideon begann, die Fackeln ins Lager warfen. Ein großes Feuer entbrannte. Die Midianiter packte ein solches Entsetzen, daß sie die Schwerter zogen, wild damit loshieben und so einer den anderen von ihnen erschlug. So siegte Gideon mit Gottes Hilfe über die Übermacht der Midianiter.

Noch viele andere Kämpfe bestand er und gewann seinem Volk das Land zurück, das man ihnen genommen hatte. Als er starb, ging es Israel gut. Aber nach ihm kamen wieder schlechte Richter, die das Volk nicht abhielten vom Götzendienst. Schließlich mußte das Volk Israel unter der Herrschaft der Philister sehr viel erdulden.

Simson

Vierzig Jahre lang knechteten die Philister das Volk Israel. Da sandte Gott die Rettung. Ein Ehepaar aus dem Geschlechte Dan war seit vielen Jahren kinderlos geblieben. Manoa und seine Frau waren schon alt. Da erschien der Frau, als sie einmal in ihrer Stube saß, der Engel des Herrn und sprach: »Bis jetzt warst du kinderlos, aber wisse, Gott der Herr, hat beschlossen, euch einen Sohn zu schicken. Er soll von Geburt an ein Gottgeweihter sein, denn Gott will durch ihn sein Volk an den Philistern rächen. Darum nimm dich von jetzt an in acht. Trinke keine berauschenden Getränke und iß nichts Unreines. Und wenn du den Sohn geboren hast, soll niemals ein Schermesser sein Haupt berühren. Sein Haar soll lang bleiben. Denn er ist ein Gottgeweihter und der erste, durch den Israel sich von den Philistern befreien wird.« Als der Engel die Frau verlassen hatte, ging sie hinaus auf den Acker, wo ihr Mann, Manoa, arbeitete. Sie erzählte ihm alles was geschehen war. Da kniete Manoa nieder und betete: »Ach Allherr, bitte, laß doch den Gottesmann noch einmal zu uns kommen, damit auch ich genau erfahre, wie wir es mit dem Sohn halten sollen, der uns geboren wird.« Gott erhörte Manoas Gebet. Als die Frau auf dem Felde war, erschien ihr der Engel des Herrn noch einmal. Sie lief zu ihrem Mann und holte ihn. Da sprach Manoa: »Bitte, Mann Gottes, sage auch mir die Botschaft, die du meiner Frau gebracht hast, damit wir gemeinsam alles recht machen können.« Da wiederholte der Engel alles, was er der Frau gesagt hatte. Manoa fragte: »Wie heißt du?« Er wußte nämlich nicht, daß es ein Engel Gottes war und kein Mensch. Der Engel antwortete: »Warum fragst du mich nach meinem Namen, der ein Geheimnis ist?« Manoa sagte: »Wir wollen dir gerne eine Ehre erweisen, wenn sich deine Verheißung erfüllt hat. Darum fragte ich nach deinem Namen. Vielleicht dürfen wir dir aber ein Mahl zubereiten. Warte, ich werde es bald bringen.« »Ich werde nicht essen«, sagte der Engel. »Aber ich freue mich, wenn du Gott dem Herrn ein Brandopfer zubereitest.« Da holte Manoa ein Ziegenböckchen und legte es auf den Altar. Als die Flammen das Opfertier verbrannten, sahen sie, wie der Engel des Herrn darin zum Himmel aufstieg. Da warfen sich die beiden Menschen in Verehrung auf ihr Angesicht nieder und beteten. Dann sagte Manoa: »Es war der Engel des Herrn, den wir gesehen haben. Nun müssen wir sicher sterben.« »Nein«, sagte seine Frau, »wir sterben nicht, denn wir sollen ja Vater und Mutter eines Gottgeweihten werden.« Als das Kind geboren war, nannten sie es Simson. Es wuchs heran und sie befolgten alles, was der Engel Gottes ihnen gesagt hatte.

Simson heiratet eine Philisterin

Als Simson herangewachsen war, lernte er in der Stadt Thimnar ein Mädchen kennen, das er von Herzen lieb gewann. Sie war aber eine Philisterin. Als er nun seine Eltern bat, sie möchten für ihn um dieses Mädchen werben, daß er sie zur Frau bekäme, sagten die Eltern: »Warum mußt du eine Philisterin heiraten. Gibt es in den Stämmen Israels kein Mädchen, das du lieben und zur Frau nehmen kannst?« Sie wußten aber nicht, daß der Gott Israels es so fügte, weil er durch Simson die Philister besiegen lassen wollte. Und Simson sagte: »Nur dieses Mädchen allein möchte ich heiraten. Bitte geht zu ihren Eltern und werbt für mich um sie.« Manoa und seine Frau gingen also nach Thimnar und erfüllten Simson seinen Wunsch. Simson ging etwas später den gleichen Weg, um das Mädchen zu besuchen. In den

Weinbergen kurz vor Thimnar sprang plötzlich ein Löwe hervor und griff ihn an. Da kam der Geist Gottes über Simson. Er packte den Löwen und zerriß ihn in Stücke, wie man ein Böckchen für ein Brandopfer zerreißt. Dann warf er den toten Löwen ins Gebüsch und erzählte niemandem von seiner Tat. Manoa hatte inzwischen seine Werbung vorgetragen und die Eltern des Mädchens hatten zugestimmt. Nun wurde die Hochzeit vorbereitet. Dreißig Brautgesellen wurden bestellt. Die sollten eine ganze Woche lang mit ihnen feiern. Als nun Simson auf dem Wege nach Thimnar war, festlich gestimmt für seine Hochzeit, fiel ihm der Löwe ein, den er hier vor wenigen Wochen bezwungen hatte. Er trat in das Gebüsch, wohin er ihn geworfen hatte. Da war von dem Löwen nur noch der Schädel zu sehen, und in dem Schädel hatten Bienen eine Wabe gebaut. Er löste die Wabe aus dem Löwen-Schädel und aß mit Genuß den süßen Honig darin. Auch dieses Erlebnis erzählte er niemandem.

Er ging in das Haus seiner Braut. Da wurde er von den Brautgesellen empfangen. Gemeinsam gingen sie zum Fest. Als nun die Hochzeit mit Mahl, Gesang und Tanz gefeiert wurde, erhob sich Simson und rief in die Menge: »Ich will euch, ihr dreißig Brautführer, ein Rätsel aufgeben. Wenn ihr es bis zum Ende der Woche geraten habt, will ich jedem von euch ein Untergewand und ein Festgewand schenken. Wenn ihr das Rätsel nicht erratet, müßt ihr mir dreißig Untergewänder und dreißig Festgewänder schenken.« »Sag uns das Rätsel«, riefen die Männer. »Wir wollen sehen, wer gewinnt.« Simson sagte das Rätsel. Es lautete so: »Fraß kam aus dem Fresser und Süßigkeit aus dem Starken.« Die Philister dachten über die seltsamen Worte nach, aber sie konnten ihren Sinn nicht erraten. Tage und Nächte grübelten sie, bis sie merkten, daß sie es niemals herausbekommen würden. Da ging einer der Philister zu Simsons Braut und sagte: »Du bist doch aus unserem Volk. Du darfst nicht zulassen, daß ein Israelit, auch wenn er dein Mann ist, Männer aus deinem Volk ein Rätsel aufgibt, das sie nicht lösen können. Erfrage du von ihm die Lösung. Dir wird er sie sagen. Und dann sage du sie uns.« Das Mädchen bettelte Simson, er möge doch wenigstens ihr die Lösung sagen, wenn schon sonst keiner sie weiß. Er wollte nicht, aber sie flehte ihn dringlich und sagte schließlich: »Wenn du mir die Lösung nicht sagst, hast du mich nicht lieb.« Er gab nach und erzählte ihr die Geschichte von dem Löwen. Da verstand sie: »Fraß kam aus dem Fresser und Süßigkeit aus dem Starken.« Am nächsten Morgen ging sie zu den Philistern und verriet ihnen die Lösung des Rätsels. Als dann das Fest zu Ende ging und alle fröhlich beim Mahle saßen, erhob sich Simson

Simson bezwingt den Löwen

und fragte: »Weiß nun einer von euch meines Rätsels Lösung.« Sie antworteten ihm: »Der Fresser und der Starke ist ein Löwe. Der Fraß und die Süßigkeit ist der Honig.« »Oh«, rief Simson, »ihr wüßtet die Lösung nicht, wenn ihr nicht mit meinem Ochsen gepflügt hättet.« Sie verstanden, was er meinte, nämlich daß sie nicht selber darauf gekommen wären, und darum seine Frau vorgespannt hatten.

Da kam der Geist des Herrn über ihn und ließ ihn in großen Zorn geraten über die Feinde seines Volkes. Er stürzte aus dem Haus, den Berg hinunter. Dort unten, bei Askalon, erschlug er dreißig Philister, nahm ihre Kleider und gab sie den dreißig Brautgesellen. Dann ging er wutentbrannt nach Hause. Der Vater der Braut gab das Mädchen einem der Brautgesellen zur Frau.

Einige Zeit später, als sein Zorn sich gelegt hatte, schlachtete Simson ein Böckchen, um es als Versöhnungsgeschenk seiner Frau zu bringen. Der Vater wollte ihn aber nicht zu ihr hereinlassen. Er sagte: »Ich wußte nicht, daß du sie noch als deine Frau betrachtest. Du bist ja gleich nach der Hochzeit davongerannt. Nun habe ich sie mit einem anderen verheiratet.« Da schrie Simson auf vor Schmerz, denn er hatte sie sehr lieb gehabt. Und wieder kam der Geist des Herrn über ihn. »Diesmal können mir die Philister nichts vorwerfen, wenn ich ihnen einen Denkzettel gebe«, sagte er zu sich. Er fing ein Rudel Füchse, band immer zweien die Schwänze zusammen und steckte zwischen die Fuchsschwänze eine brennende Fackel. Damit liefen die Füchse in die Felder und Wiesen der Philister und entfachten einen großen Brand.

Simson nahm seinen Wohnsitz in einer Felsenhöhle in Juda. Als nun die Philister erfuhren, wer diesen schrecklichen Feuerbrand angerichtet hatte, verfolgten sie Simson und kamen in das Gebirge von Juda. Die Judäer fragten sie, was sie hier suchten und erfuhren, daß sie Simson fangen wollten. Sie fürchteten sich vor den Philistern und boten an, ihnen Simson zu bringen, wenn die Philister sie dafür in Ruhe ließen. Die Philister waren froh, auf so einfache Weise Simson ausgeliefert zu bekommen. 3000 Israeliten zogen vor die Höhle zu Simson und riefen: »Was hast du uns angetan, indem du die Philister erzürntest. Sie sind doch Herren über uns. Wir sind hergekommen, um dich ihnen auszuliefern. Simson, komm heraus.« Simson fragte sie: »Versprecht ihr mir, daß ihr selber mir nichts zuleide tut, sondern mich nur den Philistern übergebt?« Sie versprachen es.

Er kam aus der Höhle und sie banden ihn mit Stricken an Füßen und Händen und lieferten ihn den Philistern aus. Als aber Simson vor seinen Feinden stand, kam erneut der Geist seines Gottes über ihn. Er glühte von

141

heiligem Zorn, daß die Fesseln von ihm abfielen wie verkohlte Stricke. Dann fand er einen Eselskinnbacken auf dem Wege liegen, hob ihn auf und schlug damit um sich und erschlug so 1000 Philister. Die anderen liefen voller Entsetzen fort. Als er sie so geschlagen hatte, fühlte er großen Durst. Er kniete nieder und betete: »Herr, nun habe ich dein Volk von den Philistern befreit und soll doch hier vor Durst umkommen?« Da spaltete Gott den Eselskinnbacken, der noch neben Simson lag, und ließ Wasser daraus sprudeln. Simson trank das wunderbare Wasser und fühlte, wie ihm die Lebensgeister zurückkehrten. Nach diesem Ereignis wurde Simson Richter über Israel.

Simsons weitere Krafttat

Einmal kam Simson nach Garga und kehrte dort bei einer Frau ein. Als die Philister erfuhren, daß Simson in ihre Stadt gekommen war, beschlossen sie, ihn am nächsten Morgen gefangen zu nehmen. Simson aber blieb nur bis Mitternacht bei der Frau. Als er zum Stadttor kam, war dies verriegelt. Da hob Simson beide Pfosten des Tores heraus und trug das Stadttor auf den Berg. Die Wächter hatten nichts bemerkt, denn sie hatten geschlafen statt zu wachen. Wie erschraken sie am Morgen, als das Tor verschwunden war. Aber noch schlimmer war, daß ihnen Simson entkommen war. Später fanden sie das Tor auf dem Gipfel des Berges. Da wußten sie, wie beides zusammenhing, das verschwundene Tor und der verschwundene Simson.

Simson und Delila

Noch einmal gewann Simson ein Mädchen lieb. Sie hieß Delila und war auch eine Philisterin. Jeden Abend ging er zu ihr, um sich auszuruhen und mit ihr zu sprechen. Sie konnte so schöne Geschichten erzählen. Die Philister erfuhren von der Liebe Simsons zu Delila. Da kamen eines Tages einige Fürsten der Philister zu Delila und sagten: »Du gehörst unserem Volk an und bekommst jeden Abend Besuch von unserem größten Feind. So frage ihn doch, woher seine Kraft kommt und wie sie ihm genommen werden kann. Jeder von uns gibt dir 1100 Silberstücke, wenn du das herausbekommst und wir ihn endlich unschädlich machen können.« Sie verabredeten dann noch, daß eine Truppe Soldaten sich vor Delilas Gemach verstekken solle, um Simson zu überwältigen, wenn er ihr sein Geheimnis verraten habe.

Am Abend kam Simson wie sonst zu Delila. Er legte seinen Kopf in ihren Schoß und ließ sich Geschichten erzählen. Dann fragte Delila ihn: »Bitte, magst du mir nicht sagen, woher deine große Kraft kommt und womit man dich binden müßte, um dich zu überwältigen?« Freimütig sagte Simson: »Wenn man sieben frische Sehnen nimmt, die noch nicht getrocknet sind, und mich damit bindet, bin ich schwach, wie jeder andere Mensch.« Am nächsten Abend hatte sich Delila sieben ungetrocknete frische Sehnen beschafft. Sie band ihn damit, als sei es ein Spiel. Dann rief sie laut: »Simson, die Philister kommen.« Simson sprang auf und zerriß die Sehnen als seien es morsche Fäden. Da beklagte sich Delila und sagte: »Du hast mir nicht die Wahrheit gesagt, woher deine Kraft kommt und wie man dich bezwingen könnte.« Er antwortete: »Wenn man neun neue Seile nimmt, die noch nie zur Arbeit benutzt wurden, und man würde mich damit binden, wäre ich schwach, wie jeder gewöhnliche Mensch.« Da ließ sie neun ungebrauchte Seile bringen, band ihn damit und rief: »Simson, die Philister kommen.« Simson sprang auf und zerriß die Seile wie Fäden. »Du hast mich schon wieder betrogen. Sag mir doch endlich die Wahrheit«, bettelte Delila. Er sagte: »Wenn du meine sieben Haarlocken in das Gewebe eines Webstuhls webst und den Webstuhl mit einem Pflock in die Erde festmachst, bin ich jedem, der mich überfällt, ausgeliefert und schwach wie jeder gewöhnliche Mensch.« Delila wartete nun, bis Simson eingeschlafen war. Dann ließ sie einen Webstuhl bringen, webte seine sieben Haarlocken hinein, schlug einen Pfosten durchs Gewebe in die Erde. Dann rief sie: »Simson, die Philister kommen.« Er sprang auf, riß mit seinem Haar den Pflock und den Webstuhl aus der Erde und zeigte sich stark wie zuvor. Tage und Nächte lang klagte Delila vor ihm, daß er ihr sein Geheimnis nicht verrate. »Ich weiß, du liebst mich nicht wirklich, sonst würdest du mir meinen größten Wunsch erfüllen«, jammerte sie. Da konnte er ihr nicht länger widerstehen und erzählte ihr alles, wie es war. Er erzählte ihr, daß er von Geburt an ein Gottgeweihter sei und daß nie ein Schermesser über sein Haupt gekommen sei. Seine übermenschliche Kraft ströme ihm zu aus seinem langen, nie geschnittenen Haar.« Delila spürte, daß dies die Wahrheit war. Sie gab den Soldaten Bescheid, daß sie sich diesmal ganz bereit halten sollten. Sie bestellte einen Mann mit einem Schermesser. Als Simson ganz fest eingeschlafen war, holte sie ihn ins Gemach und er schor ihm sein langes Haar.

Simson merkte es nicht. Dann rief Delila: »Simson, die Philister kommen.«
Da sprang Simson auf, aber seine Kraft war geschwunden. Die Philister
drangen ein, fesselten ihn und nahmen ihm das Augenlicht, daß er blind
wurde. So führten sie ihn ins Gefängnis und ein riesiger Jubel ging durch
das Philistervolk, daß ihr Erzfeind Simson endlich unschädlich geworden
war. Nur ein Mensch aus dem Philistervolk konnte nicht froh werden, Delila.

Simsons letzter und ungewöhnlicher Sieg

Die Philister dankten ihrem Gott Dagon, daß sie Simson endlich bezwungen hatten. Nach einiger Zeit veranstalteten sie ein großes Fest zur Erinnerung an ihren Sieg über Simson und zu Ehren ihres Gottes. Sie kamen zu
Tausenden in einem großen palastartigen Haus zusammen, und ein großer
Saal mit einem Umgang nahm sie alle auf. Als das Fest auf seiner Höhe war,
wollte der König seinem Volk noch etwas ganz besonderes bieten. Er ließ
aus dem Kerker Simson holen, damit er für das Volk tanzen und singen
sollte. So brachten sie den blinden Simson unter die festliche Menge. Ein
Knabe führte ihn. Sein Haar war wieder lang gewachsen, wie in früheren
Zeiten, aber die Philister achteten nicht darauf. Sie forderten ihn auf, ihnen
Gesänge und Tänze seines Volkes vorzuführen. Simson fühlte, wie sie ihn
damit beschämen wollten und ihren Sieg über ihn noch einmal auf diese
Weise auskosten wollten. In seinem Herzen wandte er sich an den Gott
seines Volkes und betete schweigend: »Herr, gib mir noch ein einziges Mal
deine Kraft, daß ich den Feinden deines Volkes den letzten Schlag versetze.
Ich bin bereit, mit ihnen zusammen unterzugehen. Aber sie sollen erfahren, daß du der wahre Gott bist und stärker als ihr Götze Dagon, für den sie
dieses Fest veranstalten. Herr, ich singe und tanze jetzt für dich. Dann wirke
du durch mich.« Als Simson so zu seinem Gott gebetet hatte, fühlte er die
alte Kraft wieder in sich. Er tanzte einen rasenden Tanz und sang ein wildes
Lied, daß die Leute selber rasend und wild tanzten und schrien. Mitten in
dem lauten Treiben flüsterte Simson dem Knaben zu: »Führe mich zu den
beiden Säulen, die das Dach tragen.« Der Knabe tat es. Simson tastete die
Säulen ab und sprach ein letztes Gebet. Dann stellte er sich mitten zwischen
die Säulen, stemmte beide Arme nach rechts und links gegen sie. Da kam
die Kraft Gottes über ihn. Er stürzte die Säulen, und das ganze Haus brach

zusammen. Tausende Philister wurden unter den Trümmern begraben und Simson mit ihnen. 20 Jahre lang war Simson Richter von Israel gewesen und hatte auf diese grausame Weise seinem Volk wieder Achtung verschafft vor seinen Feinden.

Ruth kommt nach Bethlehem

In Bethlehem lebte ein Mann, Elimelech, mit seiner Frau Naomi und seinen beiden Söhnen Machlon und Kiljon. In einem Jahr brach eine Hungersnot über das Land herein. Es war die Zeit, als ein gottloser Richter das Volk Israel lenkte. Da ging Elimelech mit seiner Frau und seinen Söhnen ins Nachbarland der Moabiter. Die nahmen sie freundlich auf. Nicht lange danach starb Elimelech. Seine Söhne aber nahmen sich Moabiterinnen zur Frau. Sie lebten schon viele Jahre in der Fremde. Da starben auch Machlon und Kiljon. Nun war Naomi mit den beiden Schwiegertöchtern allein zurück geblieben. Eines Tages hörte sie, daß die Hungersnot in ihrer Heimat beendet sei. Da beschloß sie, nach Hause zurückzukehren. Sie packte ihre Sachen, viel hatte sie nicht, und begab sich auf den Weg. Ihre Schwiegertöchter, Orpa und Ruth, begleiteten sie. Unterwegs sprach Naomi mit ihnen und sagte: »Ich bin zu alt, um noch einmal zu heiraten, und selbst, wenn ich heute heiraten würde und mir von Gott Söhne geschickt würden, ihr könntet nicht warten, bis sie erwachsen sind, um sie zu heiraten. Darum nehmt euch einen Mann aus eurem Volke und werdet Mutter eurer Kinder und laßt mich alleine nach Bethlehem gehen. Orpa umarmte ihre Schwiegermutter und verabschiedete sich mit Tränen von ihr. Ruth umarmte sie und drückte sie fest an ihr Herz, aber dann ging sie nicht mit Orpa, sondern ging weiter mit Naomi. Unterwegs sagte sie zu ihr: »Dränge mich nicht, dich zu verlassen und ohne dich umzukehren. Wo du hingehst, da will auch ich hingehen. Wo du bleibst, da will auch ich bleiben. Wo du stirbst, da will auch ich sterben, und wo du begraben wirst, da will auch ich begraben sein. Dein Volk ist mein Volk. Dein Gott ist mein Gott. Er mache mit mir, was er will. Nur der Tod soll mich von dir scheiden.« Als Naomi nun sah, wie Ruth fest entschlossen war, bei ihr zu bleiben, nahm sie die Liebe ihrer Schwiegertochter an, denn auch sie liebte Ruth über alles. So kamen die beiden nach Bethlehem. Es war gerade Kornernte. Als Naomi die Tür zu ihrem Haus öffnete, das so lange Jahre leer gestanden hatte, war darin noch alles

145

so wie früher. Nur Spinnweben zogen sich durch die Stuben und Staub lag auf allem. Bald hatten sie sich eingerichtet. Aber sie waren arm. Was sie aus Moabit mitgebracht hatten, war schnell verzehrt.

Eines Morgens sagte Ruth: »Ich will hinausgehen auf die Felder, wo gerade das Korn geerntet wird, und will fragen, ob ich hinter den Schnittern hergehen und die liegengebliebenen Ähren auflesen darf.« »Tue das, meine Tochter, Gott schütze dich«, sagte Naomi. So kam Ruth auf die Felder eines reichen Mannes mit Namen Boas. Sie fragte bescheiden die Knechte, ob sie die übrigen Ähren auflesen dürfe, und sie erlaubten es ihr. Sie arbeitete fleißig und blickte nicht um sich dabei. Sie wollte keinem auffallen, nur einfach Ähren lesen, damit Naomi und sie wieder zu Essen hatten. Sie trug ein rotes Kleid und einen blauen Umhang darüber. Der leuchtete weit in dem goldgelben Korn. Als nun Boas mittags aufs Feld kam, um nach seinen Knechten und Mägden zu sehen, erblickte er die fremde, schöne Frau schon von weitem. »Wer ist sie?« fragte er seine Knechte. »Sie ist Ruth, die mit Naomi aus dem Moabiterland zu uns nach Bethlehem gekommen ist. Den ganzen Vormittag hat sie, ohne Pause und ohne aufzublicken, Ähren aufgelesen.« Eine Weile schaute Boas ihr zu, wie sie da über das Feld schritt, aufrecht, dann wieder sich beugend, um Ähren zu sammeln, dann wieder aufrecht zum nächsten Platz. Alles machte sie ruhevoll und mit Anmut. Er hätte ihr noch lange zusehen mögen. Aber seine Knechte und Mägde wollten mit ihm das Mittagsmahl einnehmen. Er ging zu Ruth und lud sie ein, mit ihnen zu essen. »Du brauchst auch nicht auf andere Felder zu gehen«, sagte er, »schließe dich meinen Knechten an. Ich habe noch viele Felder zu ernten. Du darfst dir auf allen die Ähren auflesen, die liegen bleiben. Wenn du Durst hast, hole dir zu trinken von dem Wasser, das die Knechte geholt haben.« Da warf sich Ruth vor Boas nieder und sprach: »Warum bist du so gut zu mir? Ich bin doch eine Fremde in eurem Land.« Boas antwortete: »Ich weiß alles, was du für Naomi getan hast. Du hast dein Land, dein Volk verlassen und bist mit ihr in die Fremde gegangen. Der Herr, unser Gott, wird es dir vergelten, unter dessen Flügeln du Schutz suchst und dem du vertraust.« »Ich danke dir für deine Freundschaft«, sagte Ruth. »Du hast mich getröstet und mich mit Herzlichkeit aufgenommen, obwohl ich für dich doch niedriger bin als deine Mägde.« »Erhebe dich«, sagte Boas, »du sollst nicht vor mir im Staub liegen, denn Gott wird dich erheben und dich segnen.« Als Ruth wieder aufs Feld zum Ährenlesen gegangen war, ordnete Boas an, daß die Knechte Ruth achten sollten, und daß sie für sie absichtlich Ähren liegen lassen sollten. Am Abend schlug Ruth die Körner aus den

Ähren, die sie aufgelesen hatte. Da waren es beinahe 40 Liter. Die trug sie nach Hause zu Naomi. Dazu brachte sie ihr auch das, was vom Essen übriggeblieben war. Naomi staunte und fragte: »Auf wessen Acker bist du denn gewesen?« »Der Mann heißt Boas«, erzählte Ruth, »er war sehr freundlich zu mir und hat gesagt, ich dürfe jeden Tag kommen und auf seinen Feldern Ähren lesen. Ich brauchte zu niemand anderem gehen. Auch die Knechte und Mägde waren überaus freundlich zu mir.« »Bei Boas bist du gewesen«, rief Naomi freudig, »das ist eine Fügung des Herrn. Boas ist unser einziger Verwandter, ein wohlhabender Mann aus der Familie von Elimelech, meinem verstorbenen Mann. Er ist unser Löser. Weißt du, was das heißt?« »Nein, erkläre es mir«, bat Ruth. »In unserem Volk ist es Gesetz, daß eine Frau nach dem Tod ihres Mannes nur einen Mann heiraten darf, der aus der Familie ihres ersten Mannes stammt. Dieser allein kann sie aus ihrer Ehelosigkeit lösen. Einen anderen darf sie nicht heiraten. Boas ist der einzige lebende Verwandte aus der Familie deines verstorbenen Mannes. Ich gebe dir nun einen Rat. Wenn die Kornernte vorüber ist, wird Boas selber auf seiner Tenne sein Korn dreschen. Wenn dann abends alle Menschen in Bethlehem schlafen, gehe zu ihm, lege dich zu seinen Füßen hin und warte, bis er mit dir spricht und dir sagt, was du tun sollst.«

Als die ganze Ernte in die Scheunen eingebracht war, tat Ruth, was Naomi ihr geraten hatte. Sie wusch sich, zog ihr schönstes Kleid an und ging, als es schon dunkel war, auf die Tenne, wo Boas den ganzen Tag gedroschen hatte. Sie hielt sich abseits und wartete, bis er gegessen und getrunken hatte. Er legte sich nieder und schlief bald fest ein. Da legte sich Ruth zu seinen Füßen nieder. Um Mitternacht erwachte Boas. Zuerst erschrak er, als er eine Frau zu seinen Füßen liegen sah. »Wer bist du?« fragte er sie im Dunkeln. »Ich bin Ruth, die Moabiterin. Ich bin gekommen, um mich deinem Schutz anzuvertrauen, denn du bist Löser für mich.« »Ich weiß, daß du meiner Verwandten Naomi große Liebe erwiesen hast. Alle in Bethlehem sprechen davon. Sie sagen auch, daß du sehr tugendreich bist und nicht, wie viele andere, deine Blicke auf junge Männer wirfst und ihnen nachläufst. Ich will wohl dein Löser sein. Aber da ist noch ein anderer, der ist noch näher verwandt mit deinem gestorbenen Mann. Der muß zuerst gefragt werden, ob er dein Löser sein will. Doch das will ich schon besorgen und dir dann Bescheid sagen. Gehe aber nach Hause bevor es hell wird, damit die Leute nicht gemein über dich reden, wenn sie dich von meiner Tenne kommen sehen. Nun tu deinen Mantel auf, du sollst nicht leer von mir gehen.« Ruth hielt ihren blauen Mantel wie eine Schale hin, und er

147

füllte sie mit Korn. Als Ruth nach Hause kam, erzählte sie Naomi, wie alles gegangen war. Die freute sich mit ihr und sagte: » Sei getrost, meine Tochter, es wird alles gut werden. Noch heute wird Boas die Sache mit dem anderen Löser klären. « Und so geschah es.

Boas wird Löser für Ruth

Das Recht des Lösers galt nicht nur für die Frau eines verstorbenen Mannes, sondern auch für dessen Hab und Gut. Bevor ein anderer etwas davon kaufen wollte, mußte erst der Löser gefragt werden. Er hatte das erste Anrecht auf alles, was dem Verstorbenen gehört hatte. Wenn er verzichtete, durfte ein anderer es erwerben.

Am Morgen, nachdem Ruth bei Boas auf der Tenne gewesen war, zog sich Boas feierlich an und ging zum Stadttor von Bethlehem. Er bat zehn Älteste aus der Stadt, ihn zu begleiten. Nach kurzer Zeit kam der Löser vorbei. Boas rief ihn und sagte: » Ich muß etwas Wichtiges mit dir besprechen. Diese Ältesten und alle Leute hier ringsum sind Zeugen für das, was wir miteinander jetzt auszumachen haben. « » Sprich, worum geht es «, sagte der erste Löser. Boas begann: » Naomi, unsere Verwandte, die Frau von Elimelech, hat beschlossen, ihr Grundstück zu verkaufen. Du weißt, es ist ein schön gelegenes Stück Land. Weil du der erste Löser bist, frage ich dich in Naomis Namen, ob du das Grundstück haben willst? « » Mir gefällt das Stück Land. Ich kenne es und möchte es gerne besitzen «, sagte der Löser. » Gut, du sollst es haben. Es ist nur eine Bedingung daran geknüpft. Du mußt dann auch die Frau unseres Verwandten heiraten, die Fremde aus Moabit. Denn es gibt nur einen Löser sowohl für das Land wie für die Frau. So sagt es das Gesetz. « Da erschrak der Löser. Eine Fremde wollte er nicht zur Frau haben. » Dann verzichte ich auf das Land. Die Moabiterin will ich nicht «, sagte er. Und wie es Sitte war in Israel, zog er, als Zeichen für dieses Abkommen, seinen Schuh aus und überreichte ihn Boas. Der sprach: » Ihr Ältesten und alle, die uns zugehört haben, ihr seid Zeugen, daß dieser Löser auf das Land und auf die Frau verzichtet. « Sie bestätigten das und Boas war nun rechtmäßiger Löser von Ruth. Wie er sie vom ersten Begegnen an geliebt hatte, so liebte er sie sein Leben lang als Frau und Mutter seiner Kinder. Sie gebar ihm einen Sohn, den nannten sie Orbet, das heißt » Diener des Herrn «. Orbet wurde der Vater von Isai, und Isai oder auch Jesse genannt wurde der Vater von

David. Aus Davids Geschlecht wurde 1000 Jahre später Jesus geboren, der Erlöser der Welt, der den Sohn Gottes in sich aufnahm und Christus hieß. Er wurde in Bethlehem geboren, in der Stadt, die seine Urmutter Ruth freundlich aufgenommen hatte.

Die Geburt Samuels

In Rama lebten Elkana und seine Frau Hanna. Seit vielen Jahren schon baten sie Gott, er möge ihnen Kinder schenken. Jedes Jahr gingen sie nach Silo in die Stadt, wo die Israeliten für ihren Gott ein Haus als Tempel eingerichtet hatten, gemäß dem heiligen Zelt. Dort brachten sie Opfergaben dar und beteten um das einzige, was ihnen zum Lebensglück fehlte, ein Kind. Einmal kniete Hanna im Heiligtum und betete so innig, daß sie die Lippen dabei bewegte, ohne laut zu sprechen. Der Priester Eli sah das, schaute ihr eine Weile zu und dachte dann, sie sei trunken von Wein. Er trat auf sie zu und machte ihr Vorwürfe, daß sie es wage, in diesem Zustand das Heiligtum zu betreten. »Ich bin nicht trunken«, sagte Hanna, »ich bin eine ehrbare Frau. Ich flehte zu Gott, er möge mir einen Sohn schicken, ich will ihn auch Gott weihen. Kein Schermesser soll sein Haupt berühren, und hier bei Dir soll er aufwachsen um ein Diener des Herrn zu werden. Das versprach ich Gott zu tun, wenn er meine Bitte erhört.« »Wenn das so ist«, sagte der Priester Eli, »dann gehe in Frieden. Der Gott Israels wird dein Gebet erhören.« Glücklich verließ Hanna das heilige Haus und Elkana sah gleich, wie sie strahlte, und fragte sie, was geschehen sei. Sie erzählte ihm alles und auch er freute sich.

Über ein Jahr bekamen sie einen Sohn und nannten ihn Samuel, das heißt »Gott hat erhört«. Elkana zog nach Silo, um dem Herrn Israels zu danken. Hanna sagte: »Ich kann nicht mitgehen, denn der Knabe ist noch zu klein. Er braucht noch die Muttermilch. Sage dem Priester Eli, daß sein und mein Gebet erhört wurde und daß ich den Knaben bringen werde, sobald er der Mutterbrust entwöhnt ist.« Das tat sie auch. Noch nie ist ein Mensch so früh zum Dienst für Gott in die heilige Behausung aufgenommen worden. Als Hanna ihn nach Silo brachte, sang sie im Heiligtum einen Lobgesang. Ihr Herz war so von Dank erfüllt, daß sie den Abschied von ihrem Knaben nicht schmerzen fühlte, wußte sie ihn doch im Schutz ihres Gottes. Jedes Jahr kam sie, wie vorher schon, mit Elkana nach Silo, um zu beten und Opfergaben zu bringen. Dabei schenkte sie Samuel ein neues Gewand aus weißem Linnen, das er als Tempelknabe trug. Eli segnete sie und sprach zu Elkana: »Der Gott Israels schenke dir weitere Kinder von dieser Frau dafür, daß sie Samuel ihm geweiht hat.« Der Wunsch ging in Erfüllung und sie bekamen noch drei Söhne und zwei Töchter.

Die Söhne Elis und Samuel

Die Söhne Elis waren auch Priester, aber nur scheinbar. In ihrem Herzen waren sie es nicht. Sie frevelten gegen Gott und gegen die Menschen. Denn jedesmal, wenn ein Mensch seine Opfergaben in den Tempel brachte, ein gemästetes Kalb, einen Widder oder einen jungen Stier, schickten sie ihre Diener, die das Fleisch den Menschen fortnahmen, noch bevor es als Brandopfer auf den Altar gelegt wurde. Wenn dann ein frommer Mensch sich dagegen wehrte und das Opfer für seinen Gott darbringen wollte, wurde er von Elis Söhnen bedroht und zum Schweigen gebracht. Auch sonst taten die beiden Söhne Elis frevelhafte Dinge. Einmal kam ein Gottesmann zu Eli und warnte ihn: »Wenn du deinen Söhnen nicht streng entgegen trittst und ihr böses Tun unterbindest, wird Gott dich und dein ganzes Haus für alle Zeiten strafen.« Eli nahm sich die Worte des Propheten zu Herzen. Er rief seine Söhne zu sich, um sie zu warnen. Aber er konnte nicht streng sein. Er sagte ihnen zwar, daß sie den Menschen nicht mehr die Opfertiere abnehmen und selber verspeisen dürften, daß sie echte Priester vor Gott sein sollten, aber die Söhne machten sich nichts aus seiner Rede, denn er strafte sie nicht und ließ sie weiterhin das Priesteramt ausüben.

Samuel war inzwischen zu einem Jüngling herangewachsen. Er schlief bei der Bundeslade neben dem Raum, in dem Eli wohnte. In einer Nacht hörte er seinen Namen rufen: »Samuel«. Er sprang auf und lief zu Eli, weil er glaubte, der habe ihn gerufen. »Lege dich nur wieder hin. Ich habe dich nicht gerufen«, sagte Eli. Als Samuel wieder eingeschlafen war, hörte er erneut seinen Namen rufen. Und wieder lief er zu Eli. Der aber beruhigte ihn und sagte: »Schlaf nur weiter. Du hast wohl geträumt.« Samuel legte sich nieder, und zum drittenmal wurde er durch das Rufen seines Namens geweckt: »Samuel!« Er ging zu Eli. Da merkte dieser, daß es wohl Gott war, der Samuels Namen rief. Eli sagte jetzt zu Samuel: »Wenn du noch einmal gerufen wirst, dann knie nieder und sprich: ›Rede Herr, dein Knecht hört.‹

150

Dann merke dir jedes Wort, das der Herr zu dir spricht. Morgen früh berichte mir seine Rede genau.« Samuel legte sich wieder nieder, und bald hörte er seinen Namen rufen: »Samuel«. Er kniete nieder und sprach: »Rede Herr, dein Knecht hört.« Da sprach der Gott Israels zu ihm: »Wisse wohl, ich werde in Israel etwas vollführen, daß jedem, der es hört, die Ohren gellen. Denn es wird in Erfüllung gehen, was ich Eli durch den Gottesmann habe androhen lassen. Er und sein ganzes Geschlecht werden für alle Zeit untergehen, weil er seine Söhne von ihrem frevelhaften Tun nicht mit Strenge abgebracht hat.« Samuel erschrak über diese Botschaft, denn er hatte Eli lieb. Am nächsten Morgen hätte er es ihm am liebsten nicht gesagt, was er vom Herrn erfahren hatte. Aber Eli forderte ihn dringend dazu auf. Samuel berichtete ihm alles genau. Da sprach Eli: »Er ist der Herr. Er tue, was ihm wohlgefällt.« Von da an sprach der Herr in Silo mit Samuel immer wieder, und das Volk erkannte, daß er vom Herrn zum Propheten erwählt worden war.

Die Freveltat der Israeliten

Gott der Herr ließ die Philister erneut einen Krieg gegen Israel entfachen. Als die Israeliten merkten, daß die Philister stärker waren als sie, beschlossen sie, die Bundeslade in die Schlacht zu holen, denn sie wollten Gott zwingen, sie zu führen und den Feinden mit der Bundeslade Angst einjagen. Sie gingen also nach Silo und ließen die Bundeslade von den Söhnen Elis begleiten, damit sie von Priestern umgeben war. Sie trugen die Bundeslade hinaus auf das Schlachtfeld. Als nun die Israeliten die Bundeslade sahen, brachen sie in ein großes Jubelgeschrei aus, so gewaltig, daß die Erde davon erbebte und die Berge widerhallten: Die Philister fragten, was das zu bedeuten habe und erfuhren, daß die Bundeslade des Gottes, der das Volk Israel führt, ins Heerlager gekommen sei. Da erfaßte sie eine große Angst. »Das ist doch der Gott«, sagten sie, »der den Ägyptern furchtbare Plagen geschickt hat, um das Volk Israel von ihrer Herrschaft zu befreien. Wenn wir jetzt nicht alle Kraft einsetzen, tapfer alle Angst überwinden, dann werden die Hebräer uns zu ihren Knechten machen. Auf, ihr Philister, wir müssen sie besiegen.« Da wurden die Israeliten von den Philistern geschlagen. Viele flohen nach Hause in ihre Wohnungen und 3 000 fielen im Kampf. Das Schlimmste war, daß die Philister die Bundeslade eroberten. Die beiden

Söhne Elis kamen dabei ums Leben. Ein Mann aus dem Stamme Benjamin lief nach Silo. Als er in die Stadt kam, bemerkten die Leute gleich, wie erregt er war, und fragten ihn, was geschehen sei. Als sie erfuhren, daß die Philister Israel besiegt und die Bundeslade erbeutet hatten, fingen sie ein großes Wehgeschrei an. Das hörte der Priester Eli. Er war inzwischen 98 Jahre alt und blind geworden. Er wollte wissen, warum die Menschen so herzzerreißend schrien und klagten. Da kam der Bote auch zu ihm, erzählte ihm von der verlorenen Schlacht, erzählte vom Tod seiner beiden Söhne. Eli hörte alles an. Der Bote erzählte, daß die Bundeslade den Philistern in die Hände gefallen sei. Diese Nachricht traf Eli ins Herz. Er stürzte vom Stuhl, brach das Genick und war tot. Vierzig Jahre lang war er Richter von Israel gewesen.

Die Bundeslade kehrt zurück

Die Philister stellten die Bundeslade in den Tempel ihres Gottes Dagon. Als nun am nächsten Morgen die Leute in den Tempel kamen, lag die Figur des Gottes Dagon mit dem Gesicht auf dem Boden vor der Bundeslade. Sie stellten ihn wieder auf seinen Sockel, aber am nächsten Tag lag er wieder vor der Bundeslade. Am dritten Tag waren ihm Kopf und Arme abgebrochen, im Tempel zerstreut und nur sein Leib lag vor der Bundeslade. Da fürchteten sich die Einwohner dieser Stadt und schickten die Bundeslade in eine andere Stadt. Als sie dort aufgestellt war, brach die Pest in der Stadt aus und raffte viele Menschen dahin. Auch diese Stadt wollte die Bundeslade nicht behalten und schickte sie in eine dritte Stadt. Als die Bundeslade dort ankam, gab es in der Stadt eine furchtbare Mäuseplage. Da riefen die fünf Könige der Philister ihre Priester und Wahrsager zusammen und fragten sie, was sie tun sollten, um die Bundeslade nach Israel zurückzuschicken, denn sie hatte nun schon sieben Monate lang Unheil in ihrem Lande angerichtet. »Es ist gut, wenn ihr sie zurücksendet«, sagten die Priester und Wahrsager, »sonst würde es euch gehen, wie einstmals den Ägyptern, die der Gott Israels mit zehn Plagen schlug. Ihr müßt aber Geschenke als Sühneopfer mitgeben. Laßt aus Gold Abbildungen von den Mäusen anfertigen, die eure Stadt heimgesucht haben, und Abbildungen von Pestbeulen. Legt diese goldenen Abbildungen in kostbare Kästen und stellt sie zur Bundeslade auf den Wagen. Vor den Wagen spannt Kühe, die noch nie vorher einen Wagen gezogen haben. Laßt die Kühe alleine den Weg bestimmen. Wenn sie nach Rama gehen, in die heutige Stadt der Bundeslade, dann wißt ihr, daß das alles kein Zufall war, sondern vom Gott Israels so gelenkt.«

Die Philister befolgten genau den Rat der Weisen und die Kühe gingen, ohne von Menschen gelenkt zu werden, den richtigen Weg. Als sie über die Grenze nach Israel kamen, jubelte das Volk. Sie holten Leviten, die nun die Bundeslade begleiteten, und trugen sie in das Tempelhaus, wo Samuel Priester war. So lange Samuel Richter war, gab es keinen Krieg mehr mit den Philistern.

DIE ZEIT DER KÖNIGE

Israel verlangt einen König

Als Samuel fühlte, daß er alt geworden war, berief er seine beiden Söhne zu Richtern. Die aber wollten Macht ausüben, wollten Reichtum erwerben und ließen sich Geschenke geben, damit er den Gebern Recht sprach, auch wenn sie im Unrecht waren. Sie gingen also nicht die Wege der Wahrheit und Gottergebenheit wie ihr Vater Samuel. Das bemerkten die Israeliten und klagten es ihren Ältesten. Die erschienen eines Tages vor Samuels Haus und erklärten ihm: »Wir wollen einen König, wie alle anderen Völker ringsum auch einen König haben. Bitte, erwähle du einen aus unserem Volke zum König.« Samuel erschrak über diese Worte. Er wußte, daß Gott allein der König Israels war und daß Israel das von Gott auserwählte Volk war und keinen Menschen als König brauchte, wenn es auf seinen Gott hörte. Aber die Männer hörten nicht auf, in ihn zu dringen mit der Bitte: »Wir wollen einen König«. So fragte Samuel den Herrn um Rat, was er tun solle. Und der Herr sprach: »Seit ich das Volk aus Ägypten geführt habe, wenden sie sich immer wieder ab von mir und wollen so leben, wie die anderen Völker. Erfülle ihren Willen, aber sage ihnen zuvor, was es für Folgen für sie hat, wenn sie nicht mehr Gott, sondern einen Menschen zum König haben.« Samuel teilte den Männern genau mit, was der Herr zu ihm gesprochen hatte und sagte auch: »Wenn ihr einen König habt, müßt ihr alles tun, was er von euch verlangt. Ihr müßt seine Soldaten, seine Knechte, seine Diener sein, ob es euch recht ist oder nicht. Eure Frauen müssen dem König in allen Dingen gehorchen, müssen für ihn arbeiten, ihm Mägde sein. Von eurem Besitz müßt ihr dem König ein Zehntel abtreten.« »Soll es so sein«, sagten die Israeliten, »uns ist alles recht, wenn wir nur endlich einen König bekommen.« Samuel trug dem Herrn vor, was das Volk gesagt hatte, und der Gott Israels sprach: »Erfülle ihre Bitte.« Da ging Samuel zu ihnen, schickte sie nach Hause und versprach, ihre Bitte zu erfüllen.

Saul wird König

Es war ein Mann aus dem Stamme Benjamin, sein Name war Kis. Er hatte einen Sohn Saul, der außerordentlich schön war und alle anderen Männer in Israel an Größe überragte. Einmal verlor Kis zwei Eselinnen. Sie waren abends nicht mit den anderen Tieren in den Stall gekommen. Da schickte er seinen Sohn Saul, die Eselinnen zu suchen. Er gab ihm einen Knecht als Begleiter mit und Wegzehrung. Die beiden wanderten durch viele Gegenden, aber die Eselinnen fanden sie nicht. Ihre Wegzehrung war beinahe aufgegessen. Saul meinte: »Wir wollen umkehren. Sonst sorgt sich mein Vater um uns mehr als um die Eselinnen.« Doch der Knecht meinte: »Hier ganz in der Nähe wohnt ein Seher. Zu ihm wollen wir gehen. Vielleicht kann er uns sagen, wo die Eselinnen zu finden sind.« »Aber wir haben doch nichts, was wir dem Gottesmann als Entgelt geben könnten«, sagte Saul. »Ich habe noch einen Schekel Silber in meinem Sack. Laß uns also den Seher noch befragen, bevor wir umkehren«, schlug der Knecht vor. Sie gingen in die Stadt, und beim Tor fragten sie einige Mädchen nach dem Seher. »Da vorn geht er. Eben ist er in die Stadt gekommen, um mit den Menschen oben auf dem Berg ein Opferfest zu feiern. Wenn ihr euch beeilt, holt ihr ihn noch ein.« Sie dankten den Mädchen und kamen mit schnellen Schritten zu Samuel. Der blieb stehen, drehte sich nach ihnen um und begrüßte sie. »Da bist du ja«, sagte er zu Saul, als kenne er ihn schon und habe auf ihn gewartet. Gott hatte ihm nämlich einige Stunden vorher alles von Saul gesagt, was sich jetzt in den nächsten Tagen erfüllen sollte. Samuel lud die beiden ein, zum Opferfest auf den Berg mitzukommen. Später würde er alle ihre Fragen beantworten. Sie könnten ganz ruhig sein, denn die Eselinnen des Vaters seien schon längst zu Hause eingetroffen. So gingen Saul und sein Knecht mit Samuel zu dem Fest. Ein großes Festmahl war zubereitet und Samuel sagte dem Koch, Saul sei es, für den er das größte und schönste Stück Fleisch hatte aufbewahren lassen. Das wurde Saul nun gebracht, und er mußte am Kopfende der Tafel Platz nehmen. Als das Fest zu Ende war, nahm Samuel die beiden mit in sein Haus. Saul schlief auf dem Dach. Am nächsten Morgen sehr früh weckte Samuel ihn und sagte, er solle seinen Knecht vorausschicken, denn er wolle Saul eine Botschaft von Gott übergeben. So gingen Samuel und Saul bis zum Stadtrand. Der Knecht war schon vorausgegangen. Sie waren alleine auf dem Weg. Da sagte Samuel zu Saul, er möge niederknien. Saul tat es, und nun zog Samuel ein Fläschchen

155

mit Salböl aus der Tasche und salbte Saul zum König über Israel. Als die Salbung mit dem Königssegen vollendet war, erhob sich Saul wieder. Doch er konnte kaum begreifen, was geschehen war. »Woran soll ich erkennen, daß wahr ist, was du vollzogen hast?« fragte er. Samuel sprach: »Nimm das als Zeichen: Die Eselinnen sind wieder zu Hause. Ihr werdet drei Männern begegnen, der eine trägt drei Böckchen, der andere drei Laib Brot, der dritte einen Weinschlauch. Sie werden euch von allem abgeben. Dann werdet ihr einem Zug mit Propheten begegnen, die singen und rufend prophezeien werden. Du, Saul, wirst dich in ihren Zug stellen und als Prophet mit ihnen verkünden, was in Zukunft geschieht. Wenn das alles drei eintrifft, wie ich es dir jetzt gesagt habe, dann wisse, daß du König von Israel geworden bist.« Als Saul sich von Samuel verabschiedet hatte, fühlte er, wie Gott sein Herz verwandelte, wie er ein ganz neuer Mensch geworden war. Er holte seinen Knecht ein, dem er nicht sagte, was geschehen war. Alle Zeichen, von denen Samuel gesprochen hatte, gingen in Erfüllung.

Einige Zeit danach rief Samuel das ganze Volk zusammen nach Mizpa vor das Heiligtum des Herrn. Dort teilte er ihnen mit, daß sie ja ihren Gott, der sie aus Ägypten geführt habe, nicht mehr als ihren König anerkennen wollten und darum Gott ihnen einen Menschen zum König auswählen wolle. Es solle nun das Los geworfen werden. Da stellten sie sich in Gruppen von je Tausend auf. Das Los fiel auf den Stamm Benjamin. Der Stamm Benjamin trat hervor. Das Los fiel auf die Familie Kis. Als das Los zum dritten Mal geworfen wurde, zeigte es den Namen Saul. Aber Saul war nicht da. Sie suchten ihn überall und fanden ihn nicht. Da fragte Samuel den Herrn, wo Saul zu finden sei, und er bekam die Antwort: »Er ist bei den Wagen mit dem Gepäck derer, die von weit her gereist sind.« Sie gingen zu dem Platz, wo die Wagen mit den Säcken und Zelten standen. Da fanden sie Saul, der sich dort versteckt hatte. Sie brachten ihn zu Samuel. Das ganze Volk war begeistert und rief im Chor: »Es lebe unser König.« Noch einmal sagte Samuel ihnen alle Rechte und Pflichten des Königs und schrieb sie in ein großes Buch. Er schloß das Fest der Königskrönung und wies sie hin darauf, wie wunderbar der Gott Israels die Wahl des ersten Königs getroffen habe. Fast alle waren froh und jubelten ihrem König zu. Aber einige wenige sagten: »Das soll unser König sein?« und schickten ihm keine Geschenke. Saul tat so, als ob er es nicht gemerkt habe. Als Saul nun König über Israel geworden war, legte Samuel vor allem Volk sein Richteramt nieder. Sie aber baten ihn, auch weiterhin bei ihrem Gott Fürsprache für sie einzulegen. Samuel erwiderte ihnen: »Solange ihr nicht fremde Götter anbetet und eurem Gotte gehorsam seid, wird er mit euch und eurem König sein. Sobald aber ihr oder euer König die Gebote eures Gottes übertretet, wird er sich von euch abwenden und euren Feinden Macht über euch geben. Ich aber will auch weiterhin für euch beten und euch den Willen Gottes kundtun.«

Saul verliert sein Königtum

König Saul ließ durch seinen Sohn Jonathan die Göttersäule der Philister zertrümmern, denn er wollte dem Volk seine Verachtung gegenüber fremden Göttern zeigen. Die Philister aber fühlten sich davon so beleidigt, daß sie erneut gegen Israel in den Krieg zogen. Samuel ging zu König Saul und riet ihm: »Rufe ein Heer zusammen und ordne es für den Kampf gegen die Philister. Bevor ihr hinauszieht, will ich mit euch ein Dankopfer vollbringen und den Herrn um Hilfe für euch bitten. Warte also, bis ich komme, und wisse, daß niemand außer dem Priester den Gottesdienst verrichten darf.« König Saul sammelte das Heer und sie warteten auf Samuel, der den Priesterdienst verrichten sollte, bevor sie in den Kampf zogen. Sie warteten viele Stunden lang. Einige Männer wurden ungeduldig und gingen wieder nach Hause. Die Philister rückten näher. Saul schickte immer wieder Boten, die Ausschau hielten nach Samuel. Er kam nicht. Da ließ König Saul Opfertiere schlachten, einen Altar errichten, Feuer darauf entzünden. Noch einmal ließ er nachsehen, ob Samuel komme. Er kam nicht. Darauf vollzog er selber das Brandopfer, sprach die priesterlichen Gebete, wie er es oft von Samuel gesehen und gehört hatte. Mitten im Opfervollzug erschien Samuel. Er sah, wie König Saul ein heiliges Gebot Gottes brach und als Ungeweihter das Opfer vollzog. Als es beendet war, trat Samuel vor König Saul hin und sprach: »Weil du dich gegen Gott versündigt hast, wendet er sich ab von dir und sucht einen Menschen, der würdiger ist als du, König über sein Volk zu sein.« Da flehte König Saul um Vergebung und erzählte Samuel, wie ihm schon Männer aus seinem Heer davongelaufen seien, wie die Philister immer näher gerückt seien und er bis zuletzt nach Samuel ausgeschaut habe. Nur aus Not und in Angst, daß Samuel nicht mehr käme, habe er dann selbst den heiligen Priesterdienst verrichtet. Er wolle gewiß nie mehr solches sich anmaßen. »Ich will mich bei dem Herrn für dich einsetzen«, sprach Samuel, »daß er dir vergebe. Aber hüte dich, jemals wieder ein göttliches Gebot zu übertreten.« König Saul versprach es.

Einige Zeit danach ließ der Herr König Saul durch Samuel wissen, er solle die Amalekiter besiegen, weil sie sein Volk, als es aus Ägypten kam, nicht durch ihr Land hatten ziehen lassen. Er dürfe aber nicht zulassen, daß irgendein Israelit von dem Besitz und dem Vieh der Amalekiter etwas für sich selber nähme. Das versprach König Saul. Israel besiegte mit der Hilfe seines Gottes die Amalekiter. Als Saul den großen Reichtum und die Viehherden sah, dachte er, es sei doch ungerecht, daß nichts davon seinem Volk als Beute gehören sollte. Er ordnete an, daß die Herden in kleine Gruppen aufgeteilt und auf verschiedenen Wegen in die Höfe der Israeliten getrieben würden. Sollte Samuel die Tiere bemerken, würde er sagen, sie seien als Opfertiere für den Herrn bestimmt. Gott aber sprach zu Samuel: »Mache dich auf, nimm Saul das Königtum. Ich habe in meinem Geiste bereits einen besseren Menschen zum König von Israel erwählt. Saul hat sich schon wieder von mir abgewendet.« Samuel liebte Saul und weinte um ihn die ganze Nacht und flehte zu Gott um Vergebung für ihn. Aber Gott bereut nicht, was er sagt und tut, denn er sagt und tut nichts Falsches. Als Samuel das einsah, machte er sich auf den Weg und erfüllte den Auftrag seines Gottes. Er zog König Saul entgegen. Da hörte er die Tritte der Viehherden auf allen Wegen. Als er zu Saul kam, fragte er ihn, was das bedeute. Saul erklärte ihm, daß das Opfertiere für den Herrn seien. Da sprach Samuel: »Der Herr hat mehr Wohlgefallen an Treue und Gehorsam zu ihm, als an Opferrauch und Tierblut. Du hast sein Gebot zum zweitenmal übertreten. Nun hat er sich von dir abgewendet und einen anderen in seinem Geist zum König erwählt.« Da fiel Saul vor Samuel nieder und flehte ihn an um Vergebung. Aber Samuel wendete sich ab. Saul erfaßte ein Ende von Samuels Mantel. Aber der riß ab und Samuel sprach: »Genauso ist auch deine Verbindung zu Gott abgerissen. Alles Flehen hilft nichts mehr, denn Gott hat nicht nötig, zu bereuen, was er getan oder gesagt hat.« So verließ Samuel König Saul, und mit ihm wurde er auch von Gottes Geist verlassen.

David wird in Bethlehem zum König gesalbt

Der Herr sprach zu Samuel: »Wie lange willst du noch um Saul trauern? Ich habe doch schon längst einen anderen zum König erwählt. Mache dich auf. Fülle dein Horn mit Öl, gehe nach Bethlehem. Dort wohnt Isai mit seinen Söhnen. Einer von ihnen soll König sein. Ich will ihn dir zeigen.«

»Wenn Saul das erfährt, bringt er mich um«, wagte Samuel Gott zu entgegnen. Aber der Herr sprach: »Die Menschen in Bethlehem sollen sich äußerlich und innerlich reinigen und dann mit dir ein Opferfest feiern. Dagegen kann Saul nichts einwenden. Während des Festes will ich dir den zeigen, den du zum König salben sollst. Niemand, außer seiner Familie, soll dabei sein. Sie sollen niemandem von seiner Königssalbung erzählen, bis eines Tages auch das Volk ihn wählen wird. Er soll ein heimlicher König sein, von mir gesegnet und stark gemacht. Ist doch jeder Mensch in meinem Geiste schon längst derjenige, der er vor den Menschen erst viel später sein wird. Darum salbe ihn in meinem Namen zum König, bevor er vor den Menschen König wird.« Samuel füllte sein Horn mit Öl und ging nach Bethlehem. Die Menschen, die ihn auf der Straße trafen, erschraken, denn sie glaubten, er bringe ihnen eine schlimme Botschaft von ihrem Gott. Hatte er doch ihrem König Saul solche schweren Strafen verheißen. Aber Samuel sagte: »Gott schickt mich, daß ich ein Opferfest feiere mit euch. Reinigt euch und bereitet das Opfermahl vor.« Sie folgten erleichtert seinen Worten.

Samuel trat nun in das Haus Isais und bat auch ihn, er und seine Söhne mögen sich auf das Opferfest vorbereiten. Er möge sie rufen, damit er sie begrüßen könne. Isai ließ seine Söhne rufen. Zuerst trat der älteste, Eliab, ein. Als Samuel ihn kommen sah, dachte er: Wie schön ist Eliab, wie stark und groß seine Gestalt. Sicher ist er es, den unser Gott erwählt hat. Aber der Herr sprach: »Er ist es nicht. Gott schaut nicht auf äußere Schönheit und Kraft. Gott schaut in das Herz des Menschen, ob seine Seele schön und stark ist.« Samuel begrüßte Eliab. Dann trat der zweitälteste Sohn herein. Gott sprach: »Er ist es nicht.« Genauso ging es mit den fünf anderen Söhnen. Jedesmal, wenn sie vor Samuel hintraten, hörte er die Stimme des Herrn sagen: »Er ist es nicht.« Als nun alle sieben Söhne Isais den Samuel begrüßt hatten, fragte er den Vater: »Sind dies alle deine Söhne?« Isai antwortete: »Der jüngste ist David, der hütet weit draußen die Schafe auf dem Feld. Er braucht nicht zu kommen, denn für den Opfergottesdienst ist er noch zu jung.« »Er muß kommen«, sagte Samuel, »so will es Gott. Schicke deinen schnellsten Knecht, ihn zu holen.« Da lief ein Knecht Isais auf das Feld, um David zu rufen. Er selber sollte in der Zwischenzeit die Herde hüten, damit David ungehindert von der langsamen Herde nach Hause eilen könne.

David sah schon von weitem den Knecht kommen und wunderte sich. Hoffentlich brachte er keine schlechte Nachricht. Als nun der Knecht seine Botschaft ausgerichtet hatte, machte sich David eilends auf den Weg. Er wunderte sich, daß der Gottesmann Samuel das Opferfest nicht ohne ihn

159

feiern wollte, wo er doch noch so jung war und bis jetzt noch nie zum Fest nach Rama mitgenommen worden war. Er lief immer schneller, um den heiligen Mann nicht so lange warten zu lassen. Als er aber von weitem das Haus seines Vaters erblickte, wurden seine Schritte langsamer. Eine große Erwartung stieg in ihm auf, ein Vorgefühl von etwas Besonderem, das er erleben sollte. Auch Ehrfurcht vor Samuel und vor dem großen Gott, dem er diente, erfüllten sein Herz. War er denn würdig, dem zu begegnen? Nein, er war es nicht. Er war ja nur ein einfacher Hirtenjunge, der nichts anderes konnte, als seine Tiere zu hüten und die Harfe zu spielen. War das vor den Augen Gottes doch zu wenig. Unter solchen Gedanken und Empfindungen trat David in das Haus seines Vaters ein.

Als Samuel ihn erblickte, braungebrannt im Gesicht und mit arglosen, kindlichen Augen, hörte er die Stimme Gottes: »Dieser ist es, den ich erwählt habe. Salbe ihn zum König über Israel.« Der Vater Isai, die Mutter und die Brüder waren versammelt, als David eintrat. Sie hatten sich in einen Kreis gestellt. Samuel trat in die Mitte des Kreises und forderte David auf, niederzuknien. Der Knabe tat es in frommem Gebet seines Herzens. Er wußte noch nicht, was geschehen sollte. Da goß Samuel das Öl aus dem Horn auf sein Haupt und seine Hände und weihte ihn so zum König über das Volk Israel. Er segnete ihn. Da kam die Kraft Gottes über David. Er fühlte ein großes Vertrauen, eine Freude und Frieden. Als er sich erhoben hatte, nahm er seine Harfe und sang dazu ein Lied zum Lobe Gottes und zum Dank für seine Gnade, die er ihn hatte erfahren lassen. Dann ging Isai mit seiner ganzen Familie hinaus zum Opferfest und keiner sprach ein Wort darüber, was mit David geschehen war.

David kommt an den Hof von Saul

Seitdem der Geist Gottes von König Saul gewichen war, hatte der Herr einen bösen Geist geschickt, der den König von Zeit zu Zeit überfiel. Ohne daß er einen äußeren Grund gehabt hätte, bekam dann König Saul einen solchen Zorn, daß er schrie, um sich schlug und alles zerstörte, was in seiner Nähe war. Dabei hatte er selber furchtbare Angst. Und je mehr die Angst sich seiner bemächtigte, um so mehr tobte und wütete er. Kein Mensch wagte sich in solch einer Zeit in seine Nähe. Einer seiner Ratgeber sagte zu ihm: »König Saul, es gibt nur eines, was den bösen Geist vertreibt, wenn er über dich kommt. Du brauchst einen Mann, der sich auf das Harfenspiel versteht. Nur die Musik, die von den Saiten ertönt, kann dich von dem Dämon befreien, der in dich fährt und dich so böse macht.« Ein Diener hörte die Rede des Ratgebers und sagte: »Ich kenne einen Mann, der Harfe spielen kann. Es ist der jüngste Sohn des Bethlehemiten Isai, David, aus dem Stamme Juda.« »Hole ihn schnell«, befahl König Saul. »Ich will sehen, ob er mir helfen kann.« Der Diener machte sich auf den Weg nach Bethlehem. Dort lebte David genau so, wie er vor seiner Königssalbung gelebt hatte. Er hütete die Herden seines Vaters, tanzte und spielte abends mit den jungen Leuten in Bethlehem, verrichtete seine Gebete und spielte für seinen Gott auf der Harfe. Nur manchmal, wenn er allein war, fiel ihm alles ein, was er damals mit Samuel erlebt hatte. Dann dachte er: »Gott weiß, wann er mich braucht. Wenn es Zeit ist, wird er mich rufen.« Und er fühlte in solchen Stunden sich dem Gott der Liebe ganz nah.

An einem Abend saß er vor dem Hause und spielte auf seiner Harfe. Da kam der Diener Sauls eilig gelaufen. David sah ihn schon von weitem, und es erinnerte ihn das an den Augenblick, als er schon einmal einen Diener von weitem hatte herankommen sehen, damals als er zu Samuel gerufen wurde. Als der Knecht Sauls herangekommen war, trug er seine Botschaft vor. »Es ist so weit«, sagte Isai, »nun kommst du, mein Sohn David, zum erstenmal an den Königshof. Möge der Wille Gottes sich erfüllen.« Er und die ganze Familie verabschiedeten sich von David. Er nahm seine Harfe und ging mit dem Diener zum Hofe von König Saul. Als sie dort ankamen, wütete gerade der böse Geist durch Saul, und die Menschen liefen voller Schrecken fort von ihm. Niemand wagte sich in Sauls Nähe. Da setzte sich David dem König gegenüber und spielte auf seiner Harfe. Es dauerte nicht lange, da wich der böse Geist von Saul, und der König begrüßte David mit großem Dank und Herzlichkeit. Er gewann ihn so lieb, daß er ihn zu seinem Waffenträger erhob. So war David immer in seiner Nähe, und sobald der böse Geist ihn überfiel, vertrieb ihn David mit seinem Saitenspiel. König Saul ließ Isai in Bethlehem sagen, er möge zustimmen, daß David am Königshof als sein Waffenträger und Harfenspieler bleibe. Isai stimmte zu, fühlte er doch, wie David von Gott geführt war.

David und der Riese Goliath

Eines Tages sammelten die Philister wieder ihre Heere, um gegen Israel den Krieg zu eröffnen. Sie lagerten sich auf dem Rücken eines Berges. König Saul sammelte sein Heer auf einem Bergrücken jenseits des Tales. So lagen sich die beiden Heere gegenüber und ein tiefes Tal war zwischen ihnen. Als die Israeliten sich gerade in Schlachtordnung aufstellen wollten, trat aus den Reihen der Philister ein Vorkämpfer heraus, stellte sich auf einen Felsvorsprung und rief zu den Israeliten herüber: »Warum wollt ihr ein ganzes Heer gegen uns aufbieten? Schickt einen einzigen Mann, der gegen mich kämpfen soll. Besiegt er mich, dann wollen wir eure Knechte sein. Besiege ich ihn, so sollt ihr unsere Knechte sein.« Der Mann, der das rief, war aber ein Riese, sechs Ellen und eine halbe Spanne hoch. Er trug einen Helm aus Eisen. Sein Schuppenpanzer war aus 500 Schekel Erz gemacht. Er trug eiserne Beinschienen und trug einen Speer, dessen Spitze aus 600 Schekel Eisen bestand. Sein Schildträger ging vor ihm her. Als die Israeliten ihn sahen, überfiel sie eine große Angst, und keiner wagte gegen ihn anzutreten. Jeden Tag trat der Riese, er hieß Goliath, auf den Felsvorsprung und verspottete das Volk Israel. Immer wieder forderte er einen zum Kampf auf, aber keiner wagte es.

Weil David noch zu jung war, um in den Krieg zu ziehen, war er für diese Zeit nach Bethlehem zu seinen Herden zurückgekehrt. Saul hatte dafür die drei ältesten Brüder Davids in den Krieg gegen die Philister gerufen. Nach einigen Wochen schickte der Vater Isai David ins Heerlager, damit er seinen Brüdern Brot, Wein und ein Ziegenböckchen zum Essen bringen sollte. Dabei sollte er sich erkundigen, wie es ihnen gehe. So kam also David ins Heerlager und fragte nach seinen Brüdern. In dem Augenblick trat wieder der Riese Goliath hervor und rief seine Herausforderung mit seinem Hohn zu den Israeliten hinüber. David war empört über die unverschämten Worte des Riesen. Die umstehenden Soldaten erzählten ihm, daß der König demjenigen, der den Riesen Goliath besiege, seine Tochter zur Frau geben und seiner ganzen Familie die Steuern erlassen wolle. »Wer ist denn dieser Philister, der es wagt, das Volk des lebendigen Gottes so zu verhöhnen und herauszufordern?« fragte David, und die Soldaten erzählten ihm noch einmal, was der König dem Sieger über Goliath zur Belohnung geben würde. Eliab, der älteste Bruder Davids, ärgerte sich über die Reden und schrie dazwischen: »Wozu bist du vorwitziger Knabe eigentlich hergekommen und hast die Herden unseres Vaters verlassen? Doch bloß, weil du boshaft und neugierig bist und dir mal den Krieg anschauen wolltest. Geh nur wieder hin, wo du hergekommen bist.« »Ich darf doch wohl noch Fragen stellen«, erwiderte David und wandte sich von ihm ab. Er erkundigte sich weiter und erfuhr, daß alle sich vor Goliath fürchteten und noch keiner gewagt hatte, gegen ihn anzutreten.

Inzwischen hatte König Saul von den Reden Davids erfahren und ließ ihn zu sich rufen. David erschien vor dem König und sagte: »Kein Mensch braucht wegen dem da – er zeigte auf den Riesen Goliath – den Mut zu verlieren. Ich will hingehen und gegen diesen Philister kämpfen.« Aber Saul erwiderte: »Goliath ist ein alter, erfahrener Kämpfer. Du aber bist noch ein Jüngling und hast noch nie gegen einen Feind im Kampf gestanden. Er wird dich elend niederschlagen und töten.« »Ich habe sehr wohl gegen Feinde gekämpft«, rief David aus, »ich habe Löwen und Bären bezwungen, wenn sie in meine Herden einfallen wollten. Ich habe sie am Fell gepackt und erschlagen. Sollte ich da nicht diesen Philister erschlagen können, der es wagt, das Volk des lebendigen Gottes täglich zu verhöhnen? Der Gott, der mich aus den Krallen der Löwen und den Klauen der Bären gerettet hat, der wird mir auch beistehen im Kampf gegen den Riesen Goliath, den Feind seines Volkes.« Darauf sagte Saul zu David: »So gehe hin. Der Herr wird mit dir sein.« Er zog seine Rüstung aus und übergab sie David. Der zog sie an und ging darin ein paar Schritte. Das war aber für ihn so ungewohnt, daß er kaum darin laufen konnte. Er zog Sauls Rüstung wieder aus, lief zum Bach und holte sich dort fünf glatte Kieselsteine; die steckte er in die Hosentasche. Im Gürtel hatte er seine Steinschleuder. So stieg er den Berg hinauf, auf dem Goliath ihn schon erwartete. »Wollt ihr mich verspotten?«, rief er zu den Israeliten. »Was soll ich mit diesem Knirps anfangen?« Da legte David seine Steinschleuder an und traf den Riesen mit dem Kieselstein direkt auf die Stirn. Der Stein bohrte sich tief hinein und Goliath fiel ohnmächtig um. David rannte zu ihm, zog das Schwert dem Riesen aus der Scheide und hieb ihm damit den Kopf ab. Als die Philister sahen, daß ihr Anführer tot war, getötet von einem Jüngling ohne Rüstung und Waffen, ergriffen sie in großem Schrecken die Flucht. Die Israeliten verfolgten und besiegten sie. David nahm den Kopf von Goliath und brachte ihn nach Jerusalem. Rüstung und Schwert des Besiegten legte er im heiligen Zelt nieder. Dann ging er zurück an den Hof von König Saul. Michal, die Tochter Sauls, wurde seine Frau.

David und Goliath

David und Jonathan

Jonathan, der Sohn von König Saul, schloß mit David einen Freundschaftsbund, denn er liebte David wie sich selbst. Er gab ihm seinen Mantel, seinen Waffenrock und sein Schwert, denn David zog noch einige Male für König Saul in den Krieg und besiegte die Feinde seines Volkes. Nach dem großen Sieg über den Riesen Goliath waren alle Frauen aus Jerusalem, alle Greise und Knaben, die zurückgeblieben waren, dem Heere Israels mit Siegesjubel entgegengezogen. Im Sprechchor hatten sie ihnen zugerufen: »Saul hat Tausend geschlagen, David hat Zehntausend geschlagen. Saul hat Tausend geschlagen, David hat Zehntausend geschlagen.« Obwohl es die Wahrheit war, stach dieser Ruf dem Saul ins Herz und weckte in ihm die Eifersucht. Dann mußte er erleben, wie David beim Volk immer beliebter wurde. Sogar sein Sohn Jonathan liebte ihn über alles. Und so auch seine Tochter Michal, die er ihm zur Frau geben mußte. Wenn das so weiter ginge, dachte Saul, dann würde Gott ihm eines Tages seinen Geist senden, den er von Saul genommen hatte. Dann würde David König werden. Bei diesem Gedanken fuhr wieder der böse Geist in Saul, und er raste. Da nahm David seine Harfe, wie er es früher so oft getan hatte, setzte sich an die Wand, dem Throne des Königs gegenüber und spielte. Aber diesmal wurde die Wut Sauls durch das Spiel nur noch schlimmer. Er ergriff seinen Speer und warf ihn nach David. Der bückte sich, und der Speer sauste in die Wand. David spielte ruhig weiter, denn er hoffte, Saul doch noch beruhigen zu können. Aber noch ein zweites und drittes Mal warf Saul den Speer nach ihm. Da merkte David, daß der böse Geist Saul zu seinem Feind gemacht hatte. Auch Jonathan und sogar die Diener des Königs hörten, wie Saul sagte, er wolle David töten. Jonathan ging zu David und besprach sich mit ihm: »Ich will morgen mit meinem Vater einen Gang durch die Felder machen und versuchen, ihn von seinem bösen Vorhaben abzubringen«, sagte er, »komme morgen nicht zu Saul, sondern warte, welchen Bescheid ich dir geben werde.« David befolgte Jonathans Rat. Am nächsten Morgen begleitete Jonathan seinen Vater und stellte ihm vor die Seele, was David schon alles für ihn und sein Volk Hilfreiches getan hatte. Da sah Saul ein, daß Jonathan recht hatte und sagte: »David soll leben.« Nicht lange danach kam David wieder einmal siegreich aus einer Schlacht zurück, und das Volk jubelte ihm zu. Da wurde Saul vom bösen Geist gepackt. Er schickte Soldaten aus. Die sollten David töten. Als sie ins Haus Davids kamen, öffnete

165

Michal ihnen die Tür und sie verlangten, zu David vorgelassen zu werden. Michal sagte, David sei krank, denn sie ahnte nichts Gutes. Die Soldaten meldeten also ihrem König, sie hätten seinen Befehl nicht ausführen können, denn David sei krank. »Dann bringt mir den kranken David mitsamt dem Bett«, schrie Saul. Die Soldaten liefen voller Angst, um den Befehl auszuführen. Michal hatte aber inzwischen David zum Fenster herausgelassen und einen hölzernen Götzen in das Bett gelegt. Dem hatte sie Ziegenhaar auf den Kopf und ans Kinn geklebt und ihn bis oben zugedeckt. Die Soldaten kamen nun, packten das Bett und trugen es mit der hölzernen Figur vor König Saul. Der raste vor Wut, stach mit seinem Speer in die Gestalt auf dem Bett. Da merkte er, daß er in Holz stieß und schrie vor böser Raserei.

Indessen suchte Jonathan nach seinem Freund David und fand ihn vor der Stadt auf freiem Feld. »Dein Vater steht mir nach dem Leben«, sagte David. »Ich will ihn noch einmal beruhigen; dann kannst du zum Königshof zurückkehren«, meinte Jonathan. »Ich glaube nicht, daß dir das diesmal gelingt, aber versuche es. Wie werde ich erfahren, ob ich zurückkommen kann oder nicht?« fragte David seinen Freund. »Morgen ist Neumond«, sagte Jonathan, »Feldhauptmann Abner und ich werden mit Saul frühstücken und du wirst fehlen. Ich werde sagen, daß du nach Bethlehem gegangen bist, um mit deiner Familie das Jahresfest zu feiern. Wenn er dann ruhig bleibt, kannst du zurückkommen. Wenn er aber tobt, mußt du von hier fliehen. Dieses soll das Zeichen sein. Ich werde mit einem Knaben hier aufs Feld kommen. Du verstecke dich dort hinter dem großen Stein, aber höre und sieh, was ich tue. Ich werde drei Pfeile losschießen. Wenn sie über den Knaben hinausfliegen, so daß er nach vorne laufen muß und ich rufe ihm zu: Lauf vorwärts, dann bedeutet das, daß mein Vater dich töten will. Dann mußt du fliehen. Wenn ich die Pfeile aber so schieße, daß er umkehren muß und ich rufe ihm zu: Sie liegen hinter dir, dann bedeutet das, daß mein Vater sich mit dir aussöhnen will und du zurückkehren kannst. O David, möge das Letztere geschehen.« Mit diesen Worten verließ Jonathan seinen Freund David. Am nächsten Morgen versteckte sich David, wie verabredet, hinter dem großen Stein. Er wartete auf Jonathan und die Zeit schien ihm endlos lang, bis er seinen Freund von Ferne kommen sah. Der Knabe lief voraus und Jonathan schoß die drei Pfeile weit über ihn und rief: »Lauf Knabe, sie liegen ja vorne vor dir.« Als der Knabe die Pfeile gebracht hatte, schickte Jonathan ihn nach Hause. Dann kam David aus seinem Versteck, warf sich auf sein Angesicht, verneigte sich dreimal. Dann umarmten sich die beiden Freunde und weinten bitterlich. Als David sich endlich beruhigt hatte, küßten sie einander und Jonathan sprach: »David, wir beide sind Freunde. Wenn wir uns nun auch äußerlich trennen müssen, unsere Seelen bleiben vereint, und keine Macht der Welt kann uns die Liebe zueinander aus dem Herzen reißen. Gehe hin in Frieden. Der Herr, unser Gott, segne unsere Freundschaft. In seinem Namen wollen wir einander die Treue halten und auch deine und meine Nachkommen sollen alle unseren Bund ehren.« So trennten sich die beiden Freunde David und Jonathan und blieben dennoch unzertrennlich. David floh ins Gebirge. Jonathan ging in die Stadt.

Davids Lüge und ihre schlimmen Folgen

Nach einigen Tagen ging David in den Ort Nob, wo das heilige Zelt aufgerichtet war. Der Priester Abimelech, der dort gerade den Dienst zu verrichten hatte, kam ihm ehrfürchtig entgegen und fragte: »Was führt dich hier her und warum kommst du allein, ohne Gefolgschaft?« David erwiderte: »Ich habe einen geheimen Auftrag vom König. Niemand soll davon wissen. Darum habe ich meine Mannschaft am Rande des Gebirges zurückgelassen. Nun frage ich dich, ob du irgendetwas für uns zu essen hast. Wir mußten so eilig aufbrechen, daß wir nichts mitnehmen konnten. Ich habe nicht einmal eine Waffe dabei. Vielleicht kannst du mir auch eine solche verschaffen?« »Ich habe kein gewöhnliches Brot im Haus«, sagte Abimelech. »Aber ich weiß ja, daß du ein Gesegneter des Herrn bist. So will ich dir und deinen Männern die Schaubrote geben, die hier im Heiligtum liegen. Sorge dafür, daß die Männer sich gereinigt haben, bevor sie davon essen. Und die einzige Waffe, die ich dir geben kann, ist das Schwert des Riesen Goliath, das du selber nach deinem Sieg über ihn hierher gebracht hast.« »Eine bessere Waffe gibt es nicht«, sagte David. Er nahm das Schwert und die Schaubrote, dankte dem Priester und verließ eilig den Ort, um sich wieder zu verstecken. Als er aus dem Zelt trat, sah er im Vorhof einen Mann stehen, Doeg, der oberste Hirte über Sauls Herden. Der Schreck durchzuckte ihn. Wenn Doeg das alles beobachtet hatte, konnte daraus Schlimmes werden.

David fand eine Höhle, in der er sich niederließ. Seine Familie fand das Versteck und auch viele Männer, die keine Arbeit hatten und von Saul schlecht behandelt worden waren. Sie sammelten sich um David, etwa

400 Mann und wurden seine Gefolgschaft. Die Leute am Hofe des Königs erfuhren, daß David vor Saul hatte fliehen müssen und waren sehr traurig darüber. Da rief König Saul eines Tages alle Männer seines Hofes zusammen und machte ihnen Vorwürfe, daß keiner ihm gesagt habe, wie sein Sohn Jonathan mit David Freundschaft schloß, daß keiner ihm sage, wohin David geflohen sei, daß sie alle zu David hielten und nicht zu ihm. Als die Männer Saul so reden hörten, fürchteten sie, der böse Geist könne wieder in ihn fahren und sie alle vernichten. Da trat der Oberhirte Doeg vor und erzählte, was er im heiligen Zelt gesehen und gehört hatte, wie Abimelech dem David die Schaubrote und das Schwert Goliaths gegeben habe. Als Saul das hörte, raste er vor Wut und ließ Abimelech mit seinen 85 Priestern kommen. Er stellte Abimelech zur Rede und dieser sagte wahrheitsgemäß: »Herr, ich weiß, daß David dein Schwiegersohn ist und schon viele Siege für unser Volk errungen hat. Ich weiß, daß er von Menschen hoch geehrt und von Gott gesegnet ist. Wie sollte ich ihm da in seiner Not nicht helfen? Er kam doch in einem geheimen Auftrag von dir zu mir.« Als Saul das hörte, schrie er: »Tötet ihn und mit ihm alle seine Priester.«

Keiner von den Männern war aber bereit, die Priester des Herrn, die im heiligen Zelt dienten, zu töten. Da rief Saul den Doeg und sagte: »Töte du ihn.« Doeg bangte um sein eigenes Leben und tötete alle Priester des Herrn. Nur einer, der Sohn Abimelechs, Abjathar, konnte fliehen. Er lief ins Gebirge und suchte David. Er fand ihn in seiner Höhle. David ging ihm entgegen, und laut klagend berichtete ihm Abjathar was Furchtbares geschehen war. Da wurde David bewußt, wie schwer er sich versündigt hatte. Statt auf Gottes Hilfe zu vertrauen, hatte er Lügen angewendet, um Brot und Waffen zu bekommen. Nun waren seinetwegen alle Priester getötet worden, die im heiligen Zelt gedient hatten. Nie mehr würde er dieses Unrecht gut machen können. Er weinte die ganze Nacht und bat den Gott der Liebe um Vergebung. Am Morgen ging er zu Abjathar, der vor der Höhle auf ihn wartete: »Ich habe dir und unserem Gotte Furchtbares angetan«, sagte David. »Willst du trotzdem mein Freund sein?« Abjathar reichte ihm die Hand und Herzenswärme strahlte aus seinen Augen David zu. Da fühlte David, wie Gott ihm durch die Freundschaft Abjathars vergeben hatte. Sie umarmten einander und beteten zusammen zum Gott der Liebe.

Davids mehrfache Errettung vor Saul

Eines Tages erfuhr David, daß die Philister die Stadt Kegila belagerten und die Israeliten dort von ihnen geknechtet wurden. Da fragte David den Herrn: »Soll ich nach Kegila ziehen und die Philister schlagen?« Der Herr antwortete ihm: »Ziehe hinab und schlage die Philister. Die Männer in Kegila werden vor dir erschrecken.« Als aber Davids Truppe hörte, daß er die Philister mit ihrer Hilfe schlagen wollte, jammerten sie und klagten: »Leben wir nicht schon gefährlich genug und müssen uns täglich vor Saul verstecken. Nun willst du uns auch noch den Philistern ausliefern.« David fragte den Herrn noch einmal, ob er es tun solle. Und der Herr antwortete: »Ziehe nach Kegila mit deinen Männern, ich bin bei euch und gebe euch den Sieg.« Da gingen sie nach Kegila und vertrieben die Philister aus der Stadt. Man hatte aber Saul berichtet, was in Kegila geschehen war. »Das ist gut«, sagte Saul. »David ist in einer Stadt, deren Tore ich verriegeln lassen kann. So wird er bald mein Gefangener sein.« Ein Bote kam zu David und erzählte ihm, was Saul vorhatte. Wieder wandte sich David mit der Frage an den Herrn: »Wird Saul nach Kegila kommen?« »Ja, er wird kommen«, antwortete der Herr. »Werden mich die Bürger von Kegila ihm ausliefern?« fragte David weiter. »Ja, sie werden dich Saul ausliefern«, antwortete der Herr. Das enttäuschte David sehr. Hatte er doch die Bürger von Kegila von den Philistern befreit. Er floh aus der Stadt und versteckte sich in der Wüste Siph. Saul erfuhr das und ging nicht nach Kegila. Als Jonathan hörte, David hielte sich in den Bergen der Wüste versteckt, ging er dort hin, um ihn zu trösten und ihm Mut zu machen. Er fand David allein vor einer Höhle sitzen, traurig und enttäuscht. Als dieser Jonathan erblickte, lief er ihm entgegen und umarmte ihn. Wie lange hatte er den Freund nicht gesehen. Er erzählte Jonathan alles, was ihm widerfahren war. Jonathan sagte: »Fürchte dich nicht. Die Hand meines Vaters Saul wird dich nicht erreichen. Der Herr beschützt dich und lenkt deine Schritte. Du wirst König sein und ich in deinem Reich der nächste nach dir. Das weiß auch Saul. Darum verfolgt er dich. Vertraue dem Herrn.« Dann erhob sich Jonathan. Sie erneuerten ihren Bund und gelobten sich noch einmal Treue bis zum Ende. Jonathan kehrte zurück, und David blieb in der Wüste.

Saul hatte aber erfahren, daß David sich im Gebirge der Wüste aufhielt. Er umzingelte mit seinem Heer das Gelände von allen Seiten und schloß David immer mehr ein. Als er ihn mit seiner Schar fast ganz eingekreist hatte, kam ein Bote und meldete ihm, die Philister seien wieder eingefallen und verwüsteten das Land. Da mußte Saul sein Heer zurückrufen, um gegen die Philister zu kämpfen, die ihm doch noch gefährlicher waren als David. Daran erkannte David, daß der Herr mit ihm war, und er wurde wieder froh und voll Vertrauen zu seinem Gott.

David verschont Saul

Als der Kampf gegen die Philister beendet war, setzte Saul seine Verfolgung gegen David fort. Er kam wieder in das Gebirge, darin sich David versteckt hielt. Saul setzte sich am Eingang einer Höhle nieder um auszuruhen. Er bemerkte nicht, daß hinten in der Höhle David mit seinen Leuten war. Die aber hatten Saul sehr wohl bemerkt, verdeckte er ihnen doch das Licht, das durch den Eingang in die Höhle fiel. Die Männer redeten flüsternd auf David ein: »Siehe, der Herr ist mit dir. Er gibt dir deinen Verfolger, deinen größten Feind in die Hand. Du kannst ihn leicht töten. Wenn du es nicht selber tun willst, laß es einen von uns tun. Nie hat jemand seinen Feind leichter töten können, als du es jetzt vermagst. Gott gibt dir dies als Zeichen seiner Güte. Töte ihn nun.« Aber David griff nicht zum Schwert. Er schwieg. Innerlich sprach er mit dem Gott der Liebe. Dann sagte er zu den Männern: »König Saul ist ein von Gott Gesalbter. Ich töte ihn nicht, und ihr sollt ihn auch nicht töten. Obwohl er mein Feind ist, will ich ihn nicht töten. Gott, der Höchste, will die Kraft meiner Liebe prüfen. Ich liebe König Saul, auch wenn er mich verfolgt. Er soll leben.« Noch einmal versuchten die Männer ihn zu überreden, Saul zu töten. Da schlich sich David ganz leise von hinten an Saul heran und schnitt mit dem Schwert ein Stück von Sauls Mantel ab. Saul merkte es nicht. Er stand auf, nahm seinen Speer und verließ die Höhle. Er hatte erst wenige Schritte getan, da folgte ihm David und rief: »König Saul, halt ein.« »Ist das nicht deine Stimme, mein Sohn David«, rief Saul überrascht und blieb stehen. Da fiel David vor ihm nieder, ehrte ihn als König. Dann sprach er: »König Saul, warum glaubst du denen, die sagen, ich wolle dich töten. Ich will dir nichts Böses, aber du verfolgst mich und stellst mir nach dem Leben. Höre auf und glaube mir, ich will dich lieben.« Als Saul die Worte Davids hörte, war er erschüttert und weinte laut: »Sieh hier«, sagte David, »ich schnitt ein Stück aus deinem Mantel zum Beweis, daß ich dich hätte töten können. Der Herr hat dich in meine

Hand gegeben. Aber du bist von ihm gesalbt und bist König und bist der Vater meiner Frau und meines Freundes. Laß uns Frieden schließen.« »O David«, rief Saul, »du bist gerechter als ich. Ich wollte dich töten, und du hast mir heute deine Liebe bewiesen. Ich weiß, du wirst einmal König sein. Dann schone meine Nachkommen und lösche meinen Namen nicht aus. Schwöre mir das.« »Ich schwöre es dir«, sagte David. Dann ging Saul heim und David zog mit seinen Leuten in eine Bergfeste ein. Kurz danach starb der Priester Samuel, und ganz Israel trauerte um ihn.

David und Abigail

In dem Bergland, in dem David all die Zeit der Verfolgung mit seiner Schar sich versteckt gehalten hatte, lebte ein reicher Viehhirte mit Namen Nabal. Er war grob und töricht und ließ nicht mit sich reden. David und seine Leute hatten ihn oft geschützt, wenn er und seine Hirten mit den Tieren draußen waren. Nie hatten sie ihm etwas zuleide getan. Nun hörte David, daß Nabal das Fest der Schafschur feierte. Er schickte einige seiner Männer zu ihm, daß sie ihn bitten sollten, vom Festmahl ihnen auch etwas zukommen zu lassen. Als die Männer freundlich und höflich Nabal darum baten, wurde der grob, beschimpfte sie und jagte sie zum Hoftor hinaus. Sie kamen zu David und erzählten, wie es ihnen ergangen war. Da wurde David wütend, forderte seine Männer auf, ihre Schwerter zu nehmen und mit ihm zu gehen. Er wolle sich an Nabal und seinen Knechten rächen. David ging als erster los. Die Knechte Nabals hatten aber gehört, wie grob und gemein dieser die Männer Davids behandelt hatte. Sie waren zu Nabals Frau Abigail gelaufen und hatten ihr alles erzählt. Auch fürchteten sie, David könne in Zorn geraten sein und sich an ihnen rächen wollen. Als Abigail das alles erfuhr, lud sie Fleisch, Mehl, Kuchen, Weintrauben auf Esel. Selber ritt sie den beladenen Eseln voran. Sie ritt den Berg hinauf, den David herabgestürmt kam. Als sie ihn sah, sprang sie vom Esel herab und warf sich vor David in den Staub. »O Herr«, rief sie, »es ist meine Schuld, daß du und deine Leute nichts von uns zu essen bekamen. Ich hätte alles für euch herrichten sollen, denn ihr seid immer gut zu uns gewesen. Bevor du Männer zu Nabal schicktest, der, wie sein Name sagt, ein Tor ist, hätte ich schon an euch denken und euch versorgen sollen. Nun habe ich die Esel voll beladen, um dir und deinen Leuten recht zu tun. Bitte, nimm nun die Gaben an und zürne nicht.« Da richtete David sie vom Boden auf und sagte: »Gepriesen sei der Gott unseres Volkes, gepriesen seist auch du, daß du mir entgegengekommen bist, bevor ich eine schlimme Blutschuld auf mich geladen hätte. Ich wollte alle, die das Schurfest feiern, töten, aus Rache gegen Nabal, der uns so schmählich behandelt hat. Der Herr hat dich mir geschickt. Deine Klugheit und Güte hat mich vor großem Unrecht bewahrt. Dem Herrn sei Dank.« Darauf nahm David die Geschenke Abigails an und sagte: »Kehre in Frieden in dein Haus zurück. Ich werde keinem von euch ein Leid antun.« Als Abigail zu Nabal kam, war das Fest in vollem Gange. Nabal war betrunken. Darum sagte ihm Abigail noch nichts von David. Erst am nächsten Morgen, als Nabal seinen Rausch ausgeschlafen hatte, erzählte ihm Abigail, was sie getan hatte, um David zu versöhnen. Da erlitt Nabal einen Schlaganfall, wurde starr wie ein Stein, und zehn Tage später starb er. Als David erfuhr, daß Nabal gestorben war, schickte er Boten zu Abigail mit der Frage, ob sie seine Frau werden wolle. Saul hatte nämlich aus Feindschaft zu David seine Tochter Michal einem anderen zur Frau gegeben. David aber hatte Abigail liebgewonnen, als sie ihm entgegengezogen war und ihn vor schrecklicher Schuld bewahrt hatte. Als Davids Boten ihr die Frage stellten, sagte sie Ja und begab sich mit ihren fünf Dienerinnen zu David und wurde seine Frau.

David verschont Saul noch einmal

Nicht lange währte das Vertrauen Sauls zu David. Dann stieg der alte Haß und Neid wieder in ihm auf, und aufs neue begann er die Verfolgung. Er rief 3 000 Männer zusammen und errichtete ein Kriegslager am Bergeshang, jenseits der Höhle, in der David sich verborgen hielt. Das Tal lag dazwischen. David fragte: »Wer ist bereit, mit mir heute Nacht in das Heerlager Sauls einzudringen. Ich habe einen besonderen Plan. Da meldete sich ein junger Mann, Abisai. Als es dunkel geworden war, machten sich die beiden auf den Weg. Sie stiegen von der Höhle herab ins Tal und auf der anderen Seite wieder hoch. Das Zelt von Saul war in der Mitte der Wagenburg. Außen herum waren Wächter aufgestellt. Der Feldhauptmann Abner sollte den Eingang zu Sauls Zelt bewachen. Als David und Abisai zur Wagenburg kamen, waren alle Wächter eingeschlafen. Sogar der Feldhauptmann Abner lag neben Sauls Zelt und schlief. »Der Herr gibt dir deinen Feind in die

Hand«, flüsterte Abisai. »Hier ist Sauls Speer, ich nehme ihn und will ihn mit einem Stoß durch sein Herz bohren.« »Nein«, sagte David, »das tue nicht. Er ist der vom Herrn gesalbte König Israels. Wer ihn tötet, muß selber sterben. Ich habe vom höchsten Gott die Kraft empfangen, mich nicht an meinem Feind zu rächen, sondern alles, was mir von ihm Schlimmes widerfährt, als eine Prüfung von Gott zu nehmen. Prüfungen werden nur geschickt, um daran stark zu werden. So danke ich für alle Prüfungen und versuche den zu lieben, durch den sie mir geschehen. Töte Saul nicht. Ich liebe ihn.« Dann nahm David den Speer und den silbernen Trinkbecher Sauls und verließ das Zelt, in dem der König schlief. Bei Morgengrauen stand er am Bergeshang und rief zur Wagenburg hinüber: »Ihr Wächter, wie großartig habt ihr euren König bewacht. Seht her, ich war in seinem Zelt und habe ihm Speer und Becher genommen.« Als Saul die Stimme Davids hörte, trat er hervor und sah ihn in der Ferne, in der einen Hand Sauls Speer, in der anderen Sauls Becher. David rief zu Saul hinüber: »So wahr, wie ich heute dein Leben geschont habe, so wahr möge Gott der Herr mein Leben schützen und der Führer auf meinen Wegen sein.« »Er wird es tun«, rief Saul zurück. »Du wirst deine Sache mit seiner Hilfe gut zu Ende führen, mein Sohn David.« Dann gingen beide ihren Weg zurück.

Saul bei der Wahrsagerin von Endor

Als Samuel gestorben war, ließ Saul nicht mehr zu, daß irgend ein anderer Mensch die Zukunft voraussagte. Alle Wahrsager und Propheten vertrieb er aus dem Lande oder ließ sie töten.

Viele Jahre lang hatte Saul mit seinem Heer immer wieder Krieg führen müssen gegen das Volk der Philister. Seitdem David nicht mehr auf seiner Seite kämpfte, verlor er viele Schlachten und wurde des Krieges müde. Da wurde ihm wieder einmal gemeldet, daß die Philister sein Land bedrohten. Er rief sein ganzes Heer zusammen und sie lagerten sich auf einem Berg. Von dort konnte er das Heer der Philister überblicken, und er erschrak, weil es unübersehbar groß war. Saul bekam Angst und flehte zum Herrn, aber der Herr gab ihm keine Antwort, und so wußte er nicht, was er tun sollte. Er sprach zu seinen Dienern: »Macht mir eine Frau ausfindig, die sich darauf versteht, Tote zu beschwören.« Denn er dachte bei sich, daß der einzige, der ihm immer die Wahrheit von Gott gesagt hatte, Samuel gewesen war. Die

Diener berichteten ihm, daß in einer Höhle in der Nähe von Endor eine Totenbeschwörerin lebe. Saul verkleidete sich, daß ihn niemand erkennen sollte, nahm zwei Begleiter mit und machte sich auf den Weg nach Endor. In der Nacht kam er bei der Totenbeschwörerin an und sagte zu ihr: »Wahrsage mir, was in der Zukunft geschehen wird, indem du mir den aus dem Totenreich heraufrufst, den ich dir nennen werde.« Die Frau antwortete ihm: »Du weißt doch selber, daß Saul bei Todesstrafe verboten hat, Tote zu beschwören und wahrzusagen. Warum willst du mir diese Falle stellen.« »Ich verspreche dir, daß dir nichts geschehen wird, daß ich alle Folgen auf mich nehme, wenn du jetzt meinen Willen tust.« Da fragte die Frau: »Wen soll ich dir heraufrufen?« »Laß mir Samuel erscheinen«, erwiderte Saul. Als die Frau Samuel gerufen hatte, schrie sie laut auf und sagte zu Saul: »Warum hast du mich betrogen? Du bist ja selbst Saul.« »Fürchte nichts«, sagte Saul. »Kein Leid wird dir geschehen. Sage mir nun, was du siehst.« »Ein Götterwesen sehe ich aus der Erde aufsteigen«, sagte die Frau. »Beschreibe es genau. Wie sieht es aus«, forderte Saul sie auf. »Ein alter Mann steigt herauf. Er ist in einen Mantel gehüllt«, sagte die Frau. Da erkannte Saul, daß es Samuel war, neigte sich tief und brachte ihm seine Verehrung dar. Samuel sprach zu Saul: »Warum störst du mich in meiner Ruhe, daß du mich heraufkommen läßt?« »Ich bin in großer Not«, erwiderte Saul. »Die Philister haben wieder Krieg gegen mich begonnen, mit einem großen, starken Heer. Ich fragte den Herrn, was ich tun soll, aber er gibt mir keine Antwort. Darum habe ich dich rufen lassen, daß du den Herrn für mich fragen und mir eine Antwort sagen mögest.« »Du weißt doch«, sagte Samuel, »daß der Herr dich verlassen hat und das Königtum einem anderen, David, gegeben hat. So wird er dich und das Volk Israel in die Gewalt der Philister geben. Morgen wirst du mit deinen Söhnen bei mir sein.« Als Saul das hörte, fiel er der Länge nach um und war wie tot. Als er wieder zu sich kam, gab die Frau ihm und seinen Begleitern zu essen. Noch in der gleichen Nacht traten sie den Rückweg an.

Sauls Tod

Es kam zur Schlacht zwischen Israel und den Philistern. Die Philister verfolgten Saul und seine Söhne und setzten ihnen hart zu. Alle drei Söhne Sauls fielen im Kampf. Als Saul sah, daß seine Söhne tot waren und er selbst schwer verwundet, wollte er nicht länger leben. Er wollte nicht als Gefangener den Philistern in die Hände fallen. So zog er sein Schwert und stürzte sich hinein. Ein Amalekiter rannte eben vorbei. Er sah den König auf der Erde in seinem Blute liegen. »Ich bin noch nicht gestorben, bitte nimm dies Schwert und töte mich.« Da tat der Amalekiter, was Saul ihn geheißen hatte, und tötete ihn. Dann lief er zu der Bergfeste, in der David sich befand und erzählte ihm alles, was geschehen war. Als David hörte, sein Freund Jonathan sei tot und der gesalbte König des Herrn, Saul, habe sich selbst das Leben genommen, der Amalekiter habe ihm nur den erlösenden Stoß versetzt, da schrie David laut vor Schmerz und klagte über das große Unglück.

Die Psalme Davids

In besonderen Augenblicken des Lebens, wenn David eine große Freude erlebte, wenn er eine Gnade durch Gott erfuhr oder auch, wenn er einen großen Schmerz durchlitt, dann dichtete David Lieder für seinen Gott und sang sie ihm zur Harfe. Diese Lieder wurden Psalme genannt. 150 solche Psalme stehen im Heiligen Buch, der Bibel. Einige wollen wir euch hier aufschreiben, denn noch heute können Menschen Gott loben und danken und ihn erfreuen, wenn sie ihm Davids Psalme sprechen oder auch selber solche Lobgesänge für Gott erdichten.

Psalm 23

Der Herr ist mein Hirte. Es wird mir nicht mangeln.
Er weidet mich auf einer grünen Aue.
Er führet mich zum frischen Wasser.
Er erquicket meine Seele.
Er führet mich auf rechter Straße
um seines Namens willen.
Und ob ich schon wanderte im finsteren Tal,
fürchte ich nicht das Böse; denn Du bist bei mir.
Dein Stecken und Stab trösten mich.
Du bereitest vor mir einen Tisch
im Angesicht meiner Feinde.
Du salbest mein Haupt mit Öl
und schenkest meinen Kelch voll ein.

Güte und Barmherzigkeit werden mir folgen all mein Leben,
und ich will wohnen im Hause des Herrn immerdar.

Psalm 36, Vers 2–13

Es raunt die Sünde dem Bösen ein im Innern seines Herzens.
Es ist keine Scheu vor dem Göttlichen in seinen Augen.
Die Sünde schmeichelt ihm in seinen Augen, daß er findet
    Schuld und Haß.
Die Worte seines Mundes sind Verderben, Frevel und Trug.
Aufgehört hat er, weise und gut zu sein.
Frevelhaftes sinnt er auf seinem Lager.
Er betritt den Weg, der nicht gut ist.
Herr, in den Himmeln – Deine Gnade.
Deine Wahrheit – bis zu den Wolken.
Deine Gerechtigkeit – wie Berge Gottes.
Deine Gerichte – eine große Tiefe.
Mensch und Tier bist Du ein Heiland.
O Herr, wie kostbar ist Deine Gnade.
Göttliche Wesenheiten und Menschen-Söhne
bergen sich im Schatten Deiner Flügel
Sie ersättigen sich an der Fülle Deines Hauses.
Du tränkest sie mit dem Strom Deiner Wonne;
denn bei Dir ist der Quellort des Lebens.
In Deinem Lichte sehn wir das Licht.
Erhalte Deine Gnade denen, die Dich erkennen,
und Deine Gerechtigkeit denen, die aufrichtigen Herzens sind.
Nicht möge ich niedergetreten werden vom Fuß des Stolzen,
und die Hand der Gottlosen reiße mich nicht zu Boden.
Da – sie sind schon gefallen, die Täter des Frevels,
sie sind gestürzt, stehn nicht wieder auf.

Psalm 84

Ein Lied über den Keltern, von den Korah-Söhnen.
Wie sind sie Liebe-weckend, Deine Wohnungen,
    Du Herr der glänzenden Scharen!
Meine Seele sehnt sich, ja sie verzehrt sich
    nach den Vorhöfen des Herrn.

Mein Herz und mein Fleischesleib, sie frohlocken
in dem Gotte, der das Leben ist.
Der Vogel fand sein Zuhause, die Schwalbe ihr Nest,
ihre Jungen darin zu bergen:
Deine Altäre! Du Herr der glänzenden Scharen,
meines Ich-Wesens König und Gott!
Selig, die da wohnen in Deinem Hause.
Allzeit singen sie Dir den Lobpreis.

Sela

Selig der Mensch, der seine Stärke hat in Dir.
Höhen-Wege im Herzen, durchschreiten sie das Tal der Tränen.
Zum Quellen-Ort wandeln sie es um –
Der Segnungen voll ist, der den Weg weist.
Sie wandern von Kraft zu Kraft, zur Gottes-Schau in Zion.
Herr, Du Gottheit der glänzenden Scharen,
höre mein Gebet, neige dein Ohr, Du Gott Jakobs.

Sela

Du unser Schild, sende doch Deinen Lichtstrahl, o Gott!
Erlichte das Antlitz Deines Gesalbten!
Ein Tag in Deinen Vorhöfen ist mehr wert als tausend andere.
Lieber an der Schwelle weilen im Hause meines Gottes,
als wohnen in den Zelten der Gottes-Ferne.
Ja, Sonne und Schild ist der Herr, der Gott.
Gnade schenkt der Herr und Glorien-Licht.
Nicht versagt er Gutes denen, die in Frommheit wandeln.
Du Herr der glänzenden Scharen –
Selig der Mensch, der sein Vertrauen gründet in Dir!

David wird König

Als nun Saul nicht mehr am Leben war, fragte David den Gott Israels: » Soll ich nun in eine Stadt Judas ziehen?« Und er bekam die Antwort: »Ja, ziehe hinauf nach Hebron.« Da zog David mit seiner Familie und seiner ganzen Schar, die ihn treulich durch die Jahre der Verfolgung begleitet hatte, nach Hebron. Sie ließen sich alle in der Gegend von Hebron nieder. Dort wurde

David zum König über den Stamm Juda gekrönt. Die anderen elf Stämme glaubten, ein Sohn Sauls müsse dessen Nachfolger und König werden. Der Feldhauptmann Abner, der König Saul ein Leben lang treu gedient hatte, setzte sich nun dafür ein, daß Isboseth, der Sohn Sauls, König über Israel werden sollte. Doch eines Tages beleidigte Isboseth den Feldhauptmann Abner so sehr, daß dieser zu David ging, und ihn fragte, ob er in seine Dienste treten dürfe. David war erst sehr erstaunt, denn Abner hatte die ganze Zeit gegen ihn gekämpft und viele Judäer getötet. Auch der Bruder von Davids Feldhauptmann Joab, Asahel war durch seine Hand ums Leben gekommen. Als David aber länger mit Abner sprach, merkte er, daß Abner deshalb so schwer beleidigt worden war von Isboseth, damit er auf diese Weise Gottes Wille erfülle und David zu seinem Königtum über Israel verhelfe. So nahm er ihn in seine Reihen auf. Als Abner das Haus von David verließ, wurde er von Joab gesehen, dessen Bruder er im Kampf getötet hatte. Joab ging zu David und machte ihm Vorwürfe, daß er Abner geglaubt und ihn wieder hatte ziehen lassen: »Weißt du nicht, daß er ein Listiger ist?« sagte er, »Abner ist ja bloß zu dir gekommen, um alles bei dir auszukundschaften und dann gegen uns zu kämpfen und uns zu besiegen.« Joab verließ wütend Davids Haus und schickte einen Knecht, den Abner zurückzuholen. Er tat so, als habe er etwas Wichtiges und Geheimes mit Abner zu besprechen und zog ihn mit sich unter einen dunklen Torbogen. Dort erstach er Abner. Als David das erfuhr, ließ er eine große Trauerfeier für Abner veranstalten. Am Grabe Abners weinte er laut und klagte um ihn, der ein tapferer und ehrlicher Mensch gewesen war und dem König Israels treu gedient hatte im Namen des Herrn. Alles Volk klagte mit David und er rief laut: »Dieser Tod hat mit mir und meinem Königtum nichts zu tun. Gott wird ihn an Joab rächen.«

Als Sauls Sohn, Isboseth, hörte, daß Abner, sein Feldhauptmann, tot war, verließ ihn aller Mut und alle Kraft. Das merkten zwei böse Gesellen. Sie gingen in der Nacht in Isboseths Haus, und während Isboseth schlief, ermordeten sie ihn. Nun war der Sohn Sauls, der König über Israel werden wollte, auch tot. Aber David konnte sich nicht darüber freuen. Er verurteilte vor allem Volk die böse Tat und trauerte um Isboseth wie um seinen eigenen Sohn. Da sahen die Menschen, wie edel der Sinn Davids war, daß er sich nicht über Unrecht freute, auch dann nicht, wenn es seinen Feinden geschah. Und sie sprachen: »Ist nicht David schon lange unser wahrer König? War er es nicht schon, als Saul noch lebte? So wollen wir ihn doch endlich zum König über ganz Israel krönen und den Willen unseres Gottes erfüllen, der David von Samuel zum König salben ließ, als dieser noch ein Jüngling war.« So wurde David König von Israel. Er war dreißig Jahre alt, als er König von Juda wurde und regierte vierzig Jahre. Sieben Jahre über Juda und dreiunddreißig Jahre über ganz Israel.

David als König

David mußte noch viele Kriege führen gegen die Völker, die von Anfang an Feinde Israels waren. Bevor er als König einen Befehl oder eine Anordnung gab, fragte er Gott, den Herrn, um Rat. Dadurch war Gott immer mit ihm und schenkte ihm Sieg über alle Feinde.

Er zog hinauf in die Stadt Jerusalem, die man von da an auch Davidsstadt nannte. Der König Hiram von Tyrus schickte ihm Zedern vom Libanongebirge und er baute sich daraus einen herrlichen Palast. Auch ließ er das heilige Zelt mit der Bundeslade in Jerusalem aufbauen. Als die Bundeslade nach Jerusalem durch das Stadttor herein getragen wurde, ließ David Zither und Flöten und viele andere Instrumente spielen. Er selber trug ein linnenes Schulterkleid und tanzte mit anderen vor der Bundeslade zu Ehren des Herrn und aus Freude, daß nun der Herr in der Königsstadt Wohnung nehmen würde. Seine Frau Michal sah aus dem Fenster und sah, wie der König tanzte und schämte sich für ihn. Später machte sie ihm Vorwürfe: »Wie konntest du, der König Israels, dich so erniedrigen und wie ein gewöhnlicher Mann auf der Straße tanzen.« Aber David wies sie zurecht und sprach: »Vor Gott bin ich ein niedriger Knecht. Wie sollte ich ihm da nicht auch, dem niedrigsten gleich, alle erdenkliche Ehre erweisen? O Michal, was weißt du von der Demut eines Königs vor Gott.« Michal schwieg und fühlte, daß sie vieles nicht verstand, was David heilig war.

Einige Zeit später sprach König David zu Nathan, dem Propheten: »Ich wohne jetzt in einem herrlichen Palast aus Zedernholz. Sollte der Gott Israels nicht auch ein festes Haus, einen Tempel bekommen? Lange genug ist die Bundeslade in einem Zelt herumgewandert.« Nathan fragte den Herrn und bekam die Antwort, daß erst Davids Sohn dem Herrn einen Tempel bauen dürfe. Daß aber der Gott Israels David verspricht: das Königtum wird nicht an einen anderen Stamm übergehen, wie es bei Saul und David war. Da hat es der Herr vom Stamme Benjamin, dem Saul angehörte, zum Stamme Juda, dem David angehört, übergehen lassen. Von nun an soll es immer beim Stamme Juda bleiben, auch dann, wenn ein König sich gegen Gott versündigt. Von nun an will Gott dem König nicht mehr wie ein Richter sein, sondern der König soll dem Gotte Israels wie ein Sohn sein. Ein Vater liebt seinen Sohn auch dann noch, wenn er Unrecht tut. Als König David hörte, wie gnädig der Herr sich dem Geschlecht Juda erweisen wollte, war er tief glücklich und dankte dem Herrn mit einem Psalm. Da sandte der Herr in der Nacht einen Engel zu König David. Der überreichte ihm den Bauplan des zukünftigen Tempels mit der Weisung: »Dir übergibt der Herr den Plan für sein Haus, das erst durch deinen Sohn erbaut werden soll. Hüte ihn bis zu deinem Tode und überreiche ihn dem dritten König Israels, daß er dem Herrn ein festes Haus unter den Menschen seines Volkes erbaue.« Und David bewahrte gut den Bauplan des Tempels, den ihm der Engel des Herrn überbracht hatte.

König David fragte, ob es noch Nachkommen des Königs Saul in Israel gäbe und erfuhr, daß nur noch ein Sohn von Jonathan, dem Sohne Sauls, am Leben sei. Das sei Mephiboseth, ein Mann, der an beiden Füßen lahm sei, weil er als Kind unglücklich gestürzt war. König David ließ Mephiboseth zu sich rufen und sprach zu ihm: »Dein Vater Jonathan war mein bester Freund. Um seinetwillen will ich dich ehren und dir dein Leben angenehm machen. Ziehe mit deiner ganzen Familie herauf nach Jerusalem, in meine Nähe. Ich will euch Besitz geben und du sollst jeden Morgen mit mir das Frühstück einnehmen. Ich will mit dir sprechen wie mit einem Freund. Das will ich tun, Jonathan zuliebe.« So durfte der Enkel Sauls, der einzige Überlebende aus Sauls Geschlecht, sein Leben in der äußeren und inneren Nähe zu David verbringen.

David und Bathseba

Eines Abends ging David auf dem Dach seines Hauses auf und ab und erfrischte sich an dem kühlen Abendwind. Da sah er im Tal eine sehr schöne Frau, die dort im Flusse badete. Sie gefiel ihm so gut, daß er einen Diener aussandte, um sie in sein Haus einzuladen. Bathseba folgte dem Ruf des Königs, und er verbrachte eine festliche Nacht mit ihr. Er liebte sie so, daß er Tag und Nacht an sie denken mußte. Er wollte, daß sie seine Frau werden sollte. Sie aber war schon verheiratet mit Uria, einem ehrenwerten Manne, der sie sehr liebte. Uria diente dem Heer des Königs unter der Führung des

Feldhauptmann Joab. König David ließ Uria zu sich rufen und gab ihm einen Brief für Joab. Uria kannte die Botschaft nicht und gab den Brief Joab. Der las, daß darin stand, Joab möge den Uria in die vorderste Reihe aufstellen beim nächsten schweren Kampf. Damit wollte David erreichen, daß Uria in jedem Fall im Krieg ums Leben käme. Joab befolgte den Befehl Davids und Uria fiel in der Schlacht. Als nun Bathseba hörte, daß ihr Mann nicht mehr lebe, trauerte sie dreißig Tage um ihn. Als die Trauerzeit vorüber war, lud König David sie zu sich und bat sie, seine Frau zu werden. Sie willigte ein. Nachdem sie das Hochzeitsfest gefeiert hatten, kam der Prophet Nathan zu König David: »Ich will dir eine Geschichte erzählen«, sagte er, »es war einmal ein reicher Mann, der hatte viele Herden. Und es war im selben Ort ein armer Mann, der hatte nur ein einziges Schaf. Er liebte das Schäflein über alles, hegte und pflegte es. Nachts durfte es in seiner Nähe schlafen und oft hielt er es im Schoß und streichelte es. Eines Tages bekam der reiche Mann Besuch. Er wollte von seinen vielen Tieren keines hergeben und nahm dem Armen sein Schäflein, um es für seine Gäste zum Mahl zu schlachten.« Als König David diese Geschichte hörte, empörte er sich über den reichen Mann und rief: »Der muß des Todes sein, weil er sich so schändlich verhalten hat.« »Der reiche Mann bist du«, sagte Nathan. »Du hast dich gegenüber Uria schändlich verhalten. Du müßtest des Todes sein.« »O wie entsetzlich ist, was ich getan habe, wie bereue ich es«, rief David. »Gott hat Mitleid mit euch, weil du bereust. Er wird dich nicht töten. Aber das Kind, das Bathseba dir gebären wird, das wird er wieder zu sich holen. Das ist die Strafe für deine Sünde. Das Kind würde nicht froh werden, weil es von deiner schlimmen Tat betroffen ist. Auf dem Wege zur Erde begegnete ihm die Seele Urias, der eben die Erde verließ.«

Nathan verließ König David. Bathseba bekam einen Sohn. Das Kind war schwach und krank. David schloß sich in seine Kammer ein und betete Tag und Nacht um das Leben des Kindes. Wenn die Diener ihm zu essen bringen wollten, lehnte er ab, denn er hoffte, durch Fasten den Sinn des Herrn umzustimmen, daß er ihnen das Kind am Leben ließe. Nach sieben Tagen starb das Kind. Die Diener wagten nicht, es dem König zu sagen. David hörte, wie sie vor seiner Tür flüsterten. Er kam heraus und fragte: »Ist es gestorben?« »Ja«, sagten sie. »Dann bringt mir zu essen«, bat der König. Die Diener wunderten sich und fragten: »Als das Kind lebte, hast du nichts gegessen und nun, wo es gestorben ist, willst du essen?« »Ja, ich versuchte mit Fasten den Willen des Herrn umzustimmen. Nun ist das Kind tot. Ich muß den Willen Gottes annehmen. Der Herr ist gerecht.«

Er trauerte mit Bathseba um den Sohn, der ihnen genommen wurde. Über ein Jahr bekam Bathseba wieder einen Sohn. Sie nannten ihn Salomo, das heißt der Friedensreiche. Sie ließen den Knaben von dem Priester Nathan erziehen im Umkreis der heiligen Wohnung Gottes.

David und Absalom

Außer Salomo hatte David schon Söhne, die älter waren als das Kind Bathsebas. Einer von ihnen war Absalom, ein Mann von großer Schönheit. Er trug das Haar sehr lang und kleidete sich mit kostbaren Stoffen. Er hoffte sehr, einmal der Nachfolger seines Vaters, König von Israel zu werden. Aber sein Vater David war noch rüstig und würde sicher noch lange leben. Da dachte Absalom sich eine List aus. Jeden Morgen kamen Menschen aus allen Stämmen Israels, um sich von König David Recht sprechen zu lassen. Absalom stellte sich unter das Stadttor, und jeden der auf dem Wege zu König David war, sprach Absalom an: »Was ist mit dir Freund?« oder »Du siehst so traurig aus«, oder »kann ich dir helfen?« und ähnliche freundliche Worte. Dann blieb der Angesprochene stehen und erzählte Absalom, was er David vortragen wolle, wie sein Feind ihn ungerecht, hinterhältig, verlogen, diebisch und vieles andere mehr behandelt habe. Absalom sagte dann: »Es ist fraglich, ob König David dir recht geben wird. Ich verstehe dich gut. Ich würde dir ganz bestimmt recht geben.« Das sagte er aber genauso zu dem Gegner des ersten Mannes. Er sagte es zu jedem und machte sich auf diese Weise bei den Leuten beliebt. Eines Tages rief er seine stärksten Anhänger zusammen und verabredete mit ihnen, daß er nach Hebron gehen wolle. Dort sollten sie ihn zum König krönen. Wenn dann die Posaunen geblasen werden, sollten sie durchs ganze Land reiten und überall verkünden, daß Absalom König geworden ist. Zu seinem Vater David sagte Absalom, er wolle nach Hebron gehen, um dort dem Herrn ein Opfer zu bringen. In Wahrheit aber krönten ihn dort seine Anhänger zum König. Es waren sehr viele, denn er hatte sich jahrelang auf trügerische Weise beim Volk beliebt gemacht.

Ein Bote brachte König David die Nachricht, daß Absalom sich zum König hatte krönen lassen. Da erschrak König David und sagte zu den Menschen an seinem Hof, zu seinen Ratgebern und seinen Soldaten: »Bevor Absalom kommt und die schöne Stadt Jerusalem zerstört, um mich zu besiegen, will ich ihm die Stadt überlassen. Wir wollen fliehen.« Da machte David sich mit all seinen Leuten auf und floh aus der Davidsstadt. Er ging hinunter ins Kidrontal, über den Kidron den Ölberg hinauf. Seine Freunde sprachen auf ihn ein, er solle doch nicht so schmählich fliehen, sondern seinen Feind schlagen, wie er es mit Gottes Hilfe so oft getan. »Ich weiß nicht, warum Gott das alles zuläßt«, sagte David, »ich wehre mich nicht. Sein Wille geschehe.« Er ging weiter und weinte vor Trauer über seinen Sohn Absalom. Er verhüllte sein Haupt, und alle, die mit ihm gingen, machten es ebenso und weinten mit ihm. Da sprang aus dem Gebüsch ein Mann hervor und versperrte König David den Weg. Es war ein Nachkomme König Sauls, einer aus dem Stamme Benjamin. Der rächte sich jetzt, wo David im Leid war. Er verspottete ihn, bewarf ihn mit Steinen und spuckte nach ihm. »Ich will ihn töten«, rief Joab und wollte Simei, so hieß er, ergreifen. Aber David sagte: »Laß ihn. Wenn der Herr es zuläßt, daß ich verspottet und bespien werde, wird der Herr den Sinn davon kennen. Ich beuge mich ihm.« David konnte nicht wissen, was nur Gott der Allerhöchste in diesem Augenblick wußte, daß der Gottessohn selber, wenn er Mensch werden würde in seinem auserwählten Volk, daß er dann diesen Weg durchs Kidrontal gehen würde, vom Ölberg hinunter über den Bach und hinauf nach Jerusalem. Und daß auch er auf diesem Weg geschmäht, verspottet und bespien werden würde. Hätte David gewußt, daß der Sohn Gottes einmal das gleiche erleben würde auf diesem Weg, wie er nun erlebte, die Schmach wäre ihm als eine große Ehre erschienen. So trug er sie ergeben in Gottes Willen, wie es einmal auch Gottes Sohn tragen würde zur Heilung der Menschheit.

Als Absalom nach Jerusalem kam und merkte, daß sein Vater geflohen war, eröffnete er die Verfolgung. König David hatte 3 000 Mann um sich. Er teilte sie in drei Gruppen auf und sagte zu allen Anführern: »Kämpft mutig gegen die Israeliten, aber schont mir den Jüngling Absalom. Ihr sollt ihn besiegen, aber nicht töten. Schont Absalom.«

Es wurde ein heißer Kampf und der Herr war mit Davids Heer. Die Israeliten wurden in die Flucht geschlagen. Absalom ritt auf einem Maultier. Mit seinem langen Haar blieb er in den Ästen einer Terebinthe hängen. Joab sah ihn und durchbohrte Absalom mit drei Speeren. Dann hieb er ihn mit dem Schwert vom Baum und tötete ihn ganz. Als die Israeliten sahen, daß ihr König Absalom tot war, gaben sie den Kampf auf und gingen nach Hause. Ein Bote lief zu König David und meldete ihm, daß sein Heer über das Heer Absaloms gesiegt habe. »Und wie geht es meinem Sohn Absalom«, fragte

David. »Wie es ihm geht, möge es allen deinen Feinden ergehen«, sagte der Bote. Da zerriß David seine Kleider und klagte laut: »O Absalom, wärest du noch am Leben. Absalom mein Sohn.« David klagte so gewaltig um seinen Sohn, daß die Berge erbebten und die Bäume zitterten. Niemand wagte, ihm ein tröstendes Wort zu sagen. Seine Klage dauerte viele Tage und Nächte.

König Davids Volkszählung

David wollte wissen, wieviel Menschen zu seinem Volk gehören, aber der Priester Nathan warnte ihn und sagte: »Menschen darf man nicht zählen. Ein Mensch kann gewichtig sein wie nicht zehn andere, und zehn Menschen können weniger Gewicht haben für die anderen als ein einziger. Darum will der Herr nicht, daß Menschen gezählt werden wie Vieh oder wie Äpfel.« Aber König David achtete nicht auf Nathans Worte. Er schickte Boten durchs ganze Land und ließ die Menschen aller zwölf Stämme zählen. Als Joab ihm das Ergebnis der Volkszählung mitteilte, schlug König David das Gewissen. Er betete zum Herrn und bat ihn um Verzeihung. Am nächsten Morgen kam der Prophet Jad im Auftrag des Herrn zu König David und sagte ihm: »Der Herr läßt dir sagen, daß du dich sehr vergangen hast und bestraft werden mußt. Du sollst selber zwischen drei Strafen wählen: Entweder drei Jahre Hungersnot oder drei Monate Flucht vor deinen Feinden oder drei Tage Pest in deinem Land.« Da wurde es David sehr bange ums Herz. Dann sagte er: »Ich möchte lieber in die Hände des Herrn fallen, denn er ist gnädig. Ich möchte nicht in die Hände von Menschen fallen. Darum wähle ich nicht Hungersnot und Verfolgung, sondern die Pest.« So wütete diese schlimme Krankheit drei Tage unter seinem Volk und raffte 70 000 Menschen dahin. David klagte und sagte: »Herr, gebiete dem Todesengel Einhalt, denn ich bin es doch, der gesündigt hat, und nicht das Volk.« Er brachte Gott ein großes Opfer und der Herr gebot dem Todesengel Einhalt.

König David erwählt seinen Nachfolger

David hatte einen Sohn, Adonia. Der war gleich nach Absalom geboren. Auch er war sehr schön. Und er war fest davon überzeugt, daß er einmal König von Israel werden würde. Er sprach sogar manchmal davon. Aber König David hörte nicht zu. Er war schon alt und hoffte, bald sterben zu dürfen. Doch Gott rief ihn noch nicht zu seinen Vätern. Adonia wartete sehr auf den Tod seines Vaters, um endlich selber König zu werden. Da verließ ihn eines Tages die Geduld. Er lud alle, die zu ihm hielten, zu einem großen Fest an einer Quelle im Gebirge Juda ein. Dort wollte er sich von seinen Anhängern zum König krönen lassen. Doch Bathseba, die Mutter Salomos, hörte davon und ging zu dem Priester Nathan und besprach sich mit ihm. Der riet ihr, König David alles zu erzählen, was sie von Adonia gehört habe. Er wolle dann auch kommen und seinen Rat König David erteilen. So ging also Bathseba zu ihrem Gatten, dem König, und erinnerte ihn, wie er nach der Geburt Salomos von Gott gehört habe, daß dieser das Königtum weitertragen solle. Nun aber sei Adonia bei einem großen Fest, um sich dort zum König krönen zu lassen. Als sie König David das alles erzählt hatte, trat Nathan ein. Bathseba verließ das Zimmer. Nathan sagte zu König David: »Es ist der Wille des Herrn, daß Salomo König über ganz Israel wird. Bevor nun ein anderer ihm zuvorkommt, rufe Salomo, daß ich ihn im Namen unseres Gottes zum König salbe.« David befolgte, was ihm der Herr durch Nathan sagen ließ. So wurde Salomo noch zu Lebzeiten Davids König von Israel. Ein Bote brachte Adonia diese Nachricht. Der mußte das Fest abbrechen und mußte miterleben, daß sein Bruder König geworden war.

Bevor David starb, rief er alle seine Kinder und Enkel herbei, um sie zu segnen. Seinem Sohn Salomo vertraute er sein Volk an und mahnte ihn, immer auf Gott, den Herrn Israels zu hören. Dann würde er ihn durchs ganze Leben begleiten und stark machen und Güte in sein Herz senken, daß er ein würdiger König werde vor dem Angesicht des Herrn. Dann schloß König David die Augen und ging zu den Vätern Israels, in die himmlische Heimat. Das Volk trauerte um ihn, denn es hatte ihn sehr lieb gehabt.

Salomos Traum

Salomon war noch sehr jung, als er König wurde. Er fürchtete sich vor seinem älteren Bruder Adonia und vor dessen Anhängern. Sie würden sicher versuchen, ihm den Thron zu rauben, und Adonia zum König machen. Da hatte er eines Nachts einen Traum. Es erschien ihm der Herr, der Gott seines Volkes und sprach zu ihm: »Du darfst dir etwas von mir wünschen.« Da antwortete Salomo: »O Herr, ich bin noch so jung, und ich weiß nicht mehr aus noch ein, wie ich regieren und was ich tun soll. Ich kann Recht von Unrecht nicht unterscheiden, weiß nicht, wer bestraft, wer getötet werden muß zum Wohle deines Volkes, und wer nicht. So bitte ich dich denn um Einsicht und Weisheit. Ich stehe in der Mitte meines Volkes. Nur mit deiner Hilfe kann ich dieses ganze Volk regieren. Ich will alle deine Satzungen und Gebote achten.« Der Herr sprach zu Salomo: »Weil du nichts für dich gewünscht hast, nicht Reichtum oder langes Leben, auch nicht den Tod deiner Feinde, will ich dir deinen Wunsch erfüllen und dich mit Weisheit beschenken. Kein Mensch vor dir und keiner nach dir soll so weise sein wie du. Ich will dir, weil du es nicht für dich gewünscht hast, Reichtum und langes Leben dazugeben.« Als Salomo erwachte, merkte er, daß er einen wichtigen und wahren Traum gehabt hatte.

Das weise Urteil König Salomos

Es lebten zwei Frauen zusammen in einem Haus. Die eine Frau brachte ein Kind zur Welt, und zwei Tage später schenkte auch die andere Frau einem Kind das Leben. Sie freuten sich beide an ihren Kindern und hatten sie sehr lieb. Nachts schliefen die Kinder im Bett ihrer Mutter. Eines Morgens wollte die eine Frau ihrem Kinde zu trinken geben. Als sie es aufhob, erschrak sie furchtbar, denn das Kind, das da neben ihr gelegen hatte, war tot. Als sie es näher anschaute, sah sie, daß es gar nicht ihr Kind war. Es war nämlich nachts, als sie schlief, die andere Frau leise an ihr Bett gekommen, hatte ihr Kind genommen und das eigene Kind neben die schlafende Frau gelegt. Denn ihr Kind war plötzlich, ohne einen erkennbaren Grund, gestorben, und sie wollte doch ein lebendiges Kind haben. Als aber die Mutter des lebendigen Kindes den Betrug bemerkte, ging sie zu der anderen Frau und verlangte das Kind von ihr. Die aber behauptete, das lebendige Kind sei ihres und die andere habe ihr Kind wohl im Schlaf erdrückt und wolle es bloß nicht zugeben. Weil sie sich nicht einig werden konnten, gingen sie vor König Salomo, der auf dem Richterstuhl saß, und trugen ihm ihre Geschichte vor, damit er Recht sprechen sollte über sie. Viele Menschen standen im Kreis um die beiden Frauen mit dem Kind. Wie sollte denn ein Mensch wissen können, wem von ihnen das Kind gehöre? Wie wollte der König da gerecht sein? Die beiden Frauen klagten sich gegenseitig an, jede behauptete, das Kind gehöre ihr und die andere habe ein totes Kind. Zuletzt beschimpften sie einander vor allen Menschen. Da sprach König Salomo zu einem Knecht: »Bringe ein Schwert.« Als dieser das Schwert gebracht hatte, sagte der König: »Teilt das Kind in der Mitte entzwei. Jede der Frauen soll ein halbes Kind bekommen.« Da rief die eine Frau: »Halt ein, König Salomo, lieber will ich auf das Kind verzichten. Gebt es ihr, aber tötet es ja nicht.« Die andere Frau aber sagte: »Es soll weder ihr noch mir gehören; zerteilt es.« König Salomo blickte in die Runde der Menschen, die betroffen waren von dem, was sie da hörten. Jedem war plötzlich klar, wer die wahre Mutter des Kindes war, und sie staunten über die Weisheit Salomos. Der König aber sprach: »Gebt ihr das Kind, die für sein Leben gebeten hat, denn sie ist die wahre Mutter.« In ganz Israel sprach es sich nun herum, daß der Gott Israels dem König Weisheit und Gerechtigkeit ins Herz gegeben habe. Ja, weit über Israels Grenzen hinaus sprach man von König Salomos Weisheit, Reichtum und Macht und von seiner Begabung zu dichten und zu singen. Die Könige aus fernen Ländern besuchten ihn und bewunderten ihn.

Salomos Tempelbau

Vier Jahre lang war Salomo König, als ihm das Versprechen einfiel, das der Herr seinem Vater David gegeben hatte. Sein Sohn solle einmal dem Gott Israels einen Tempel errichten nach dem Plan, den David von einem Engel erhielt. Salomo schickte also Boten zu dem alten Freund seines Vaters, zu König Hiram von Tyrus. Er ließ ihn fragen, ob er ihm Zedern, Zypressen und Gold zukommen ließe, um für den Herrn einen Tempel zu bauen. König Hiram stimmte freudig zu und machte mit König Salomo einen Vertrag über die Gegenleistung, die er zu bringen habe dafür, daß König Hiram ihm beim Tempelbau helfe. 30 000 Männer wurden herbeigerufen. Sie schlugen Steine aus den Steinbrüchen so, daß sie auf dem Bauplatz ohne Lärm übereinandergefügt werden konnten. Andere brachten große Baumstämme in Flößen zusammengefügt über die Flüsse und das Meer zum Bau. Der Platz, auf dem der Tempel errichtet wurde, war der Berg Morija, mitten in der Stadt Jerusalem ein großer, freier Platz. Dort hatte einstmals Abraham das Opfer seines Sohnes Isaak gebracht. Es war schon ein heiliger Ort, über dem nun der Tempel erbaut wurde. Nach der Ordnung des heiligen Zeltes wurde er errichtet. Einen Vorhof ringsum für das Volk. Einen zweiten Vorhof für die Priester und Leviten, das Heiligtum mit dem Altar, den Schaubroten und den siebenarmigen Leuchtern und im Innersten das Allerheiligste, das fensterlos im Dunkeln lag, darin die Bundeslade mit den steinernen Gesetzestafeln stand. Der Tempel wurde aus Steinquadern errichtet, mit Holz innen ringsum ausgelegt und dann alles innen und außen mit feinem Gold überzogen. In das Holz waren Blumen und Engel geschnitzt. Auf der Bundeslade standen zwei Cherubim, vergoldet. Ihre Flügel waren ausgebreitet und reichten von einer Seite zur anderen. Alle Geräte im Tempel waren aus Gold. König Hiram von Tyrus hatte einen kunstfertigen Mann zu Salomo geschickt. Der hieß auch Hiram und war der Sohn einer Witwe. Er fertigte alle goldenen Geräte an. Dazu schuf er zwei Säulen aus Kupfer mit je einem Kapitell, das wie eine Lilie gebildet war. Die rechte Säule nannte er Jachim, das heißt: Er gründet fest. Die linke Säule nannte er Boas, das heißt: In ihm ist Kraft. Diese Säulen standen am Eingang des Tempels. Hiram fertigte auch aus Erz ein großes Becken an. Es hatte die Gestalt einer Lilie und wurde von viermal drei Stieren aus Erz getragen. Die ehernen Stiere blickten mit dem Kopf nach außen und trugen das Becken auf dem Rücken. Es wurde genannt: Das eherne Meer, und es faßte mehr als 70 000 Liter Wasser zur Reinigung. Der Tempel selber war 60 Ellen lang, 20 Ellen breit, 30 Ellen hoch. Nach sieben Jahren war der Tempel vollendet. Während eines großes Einweihungsfestes wurde die Bundeslade mit Musik und vielen Schlachtopfern in den Tempel gebracht. Als die Priester den Tempel verließen, sah das Volk, wie die Wolke des Herrn sich herniedersenkte und in den Tempel einzog. Da wußten sie, daß der Herr, der Gott Israels, in ihrer Mitte Wohnung genommen hatte, daß er in ihren Tempel eingezogen war. Salomo erhob die Hände zum Herrn und sprach ein großes Gebet für das ganze Volk, für alle Fremden, die zum Tempel kommen, für die Zukunft aller Menschen. Und der Herr sprach zu Salomo: »Solange mein Volk meine Gesetze beachtet und sich nicht fremden Göttern zuwendet, will ich in ihrer Mitte wohnen. Frieden soll herrschen ringsum im Lande und gesegnet sollen sie sein. Sobald sie sich aber abwenden von mir, wird es Krieg geben. Wenn mein Volk sich gegenseitig bekriegt, werden fremde Völker Macht über sie erlangen und der Tempel, den ihr jetzt herrlich errichtet habt, wird zerstört werden. Der Tempel ist Abbild des Leibes eures Volkes. Haltet den Leib eures Volkes rein, daß ich darin wohnen kann, und wenn die Zeit erfüllt ist, der Messias selbst in eurem Volke Leib annehmen kann.« So sprach Gott mit Salomo und durch viele Jahre diente das Volk Israel seinem Gott und Frieden war eingezogen.

König Salomo ließ für sich und seinen Hof einen Palast und schöne Häuser von Hiram erbauen. Die Königin von Saba kam von weit her gereist, um die herrlichen Bauten Salomos zu bewundern. Sie gab ihm Rätsel zu raten, die er alle mit Leichtigkeit löste. Er war wirklich so weise, ja sogar noch viel weiser, als die Königin von Saba erzählt bekommen hatte. Als sie sich von König Salomo verabschiedete, der sie noch ein langes Stück Weg durch die Wüste begleitet hatte, stieg sie von ihrem Kamel, pflanzte einen Dattelkern in die Erde und sprach: »Dieser Baum, der aus der Dattel hervorwachsen wird, soll erst sterben, wenn ein Mensch an ihm vorüber kommt, dessen Weisheit größer ist, als die deine, König Salomo.« Erst tausend Jahre später kam ein kleines Kind zu der Dattelpalme, als es mit seinen Eltern auf der Flucht nach Ägypten war. Die Dattel gab dem Kind von ihren Früchten. Und als das Kind mit seinen Eltern weiterging, starb der tausendjährige Dattelbaum.

König Salomos Ende

Als Salomo nun der reichste König der Welt geworden war, genügte ihm das nicht. Er wollte zu dem Reichtum auch alle Frauen besitzen, die schön waren und klug und ihn bewunderten. So heiratete er viele Frauen aus anderen Völkern. Um ihnen zu gefallen, betete er auch ihr Götter an und ließ den fremden Göttern Tempel und Heiligtümer auf den Bergen des Landes errichten. So wurde er seinem Gott untreu. Und weil er sich anderen Göttern zuwandte, konnte er die Sprache seines Gottes nicht mehr verstehen. »Der Herr spricht nicht mehr mit mir«, klagte Salomo. Aber der Herr sprach wohl mit ihm, versuchte ihn abzubringen von dem Götzendienst. Doch Salomo hörte ihn nicht. Sein Herz war taub für die Stimme seines

Gottes. Da zog eine große Traurigkeit in Salomo ein. Klagelieder schrieb er nieder. Und seine Weisheit wurde Schlauheit, wurde so, daß er nur noch das Schlimme sah, das auf der Erde geschah. Er konnte sich nicht mehr, wie früher, am Gesang der Vögel, am Duft der Blumen, an der Weisheit der Natur erfreuen. Es gefiel ihm nichts mehr. Weil er nur noch klagte und das Häßliche, Traurige, Störende sah, wandten sich die Menschen, die früher so gerne zu ihm gekommen waren, von ihm ab. Er aber merkte nicht, daß das alles daher kam, weil er sich von Gott abgewendet hatte.

Unter denen, die Salomos Palast gebaut hatten, war auch ein junger Mann, Jerobeam. Er hielt treu die Gesetze Gottes und betete zu dem einen Herrn. Wenn Salomo ihn traf, war es ihm immer so, als hielte Jerobeam ihm vor Augen, wie er, Salomo, eigentlich leben sollte und wie er es gerade nicht so machte, wie Jerobeam. Weil das immer wieder so war, daß Jerobeam mit seinem gottesfürchtigen Leben den König Salomo an sein treuloses Leben gemahnte, suchte König Salomo einen Grund, Jerobeam aus der Welt zu schaffen. Das merkte Jerobeam, und er floh nach Ägypten. Als er aber noch auf dem Wege war, begegnete ihm der Priester und Prophet Ahia. Jerobeam neigte sich vor ihm. Ahia nahm seinen neuen Mantel von der Schulter und zerriß ihn in zwölf Teile. »Nimm dir zehn Teile davon«, sprach er zu Jerobeam, »denn so spricht der Herr: Jerobeam soll König werden über zehn Stämme Israel. Neben dem Stamm Benjamin soll nur der eine Stamm, der David, meinen Getreuen, hervorgebracht hat, der Stamm Juda, von Salomos Nachkommen regiert werden. Das geschieht um Davids willen. Und seinetwegen soll das auch erst nach Salomos Tod geschehen. Dies alles wird eintreten, weil Salomo sich von mir abgewendet hat.« Als Jerobeam diese Botschaft hörte, fühlte er, wie Gott ihm nahe war und ihn begleitete auf seiner Flucht nach Ägypten. Dem König Salomo ließ der Herr durch den Propheten Ahia die gleiche Botschaft bringen. Aber Salomos Trauer über die Welt und ihre Menschen war schon so groß, daß ihn nichts mehr berühren konnte. Er starb und sein Sohn Rehabeam wurde sein Nachfolger. Als Jerobeam erfuhr, Salomo sei gestorben, kehrte er aus Ägypten nach Israel zurück.

Die Spaltung des Reiches Israel

Das Volk Israel versammelte sich in der Stadt Sichem, um dort Rehabeam, den Sohn Salomos, zum König zu krönen. Auch Jerobeam ging zum Krönungsfest nach Sichem. Als nun Rehabeam König geworden war, sagten die Israeliten zu ihm: »Dein Vater hat eine strenge Regierung geführt und harte Strafen ausgeführt. Wenn du ein milder König bist und nicht gleich die schweren Strafen verhängst, wollen wir dir gerne untertan sein.« König Rehabeam antwortete: »Kommt in drei Tagen wieder. Dann will ich euch Bescheid geben.« Inzwischen rief König Rehabeam die alten Ratgeber seines Vaters Salomo zu sich und fragte sie, welche Antwort er, nach ihrer Meinung, dem Volk geben solle. Die weisen Alten rieten ihm: »Wenn du gütig bist zu den Menschen und sie verstehst, dann werden sie dich gern haben und werden dir treue Untertanen sein. Darum erfülle ihre Bitte. Sei nicht so hart und streng, wie dein Vater.« Rehabeam dankte und entließ die alten Ratgeber. Dann rief er die jungen Hofbeamten zu sich, die mit ihm aufgewachsen waren, und fragte sie, welche Antwort er dem Volk geben solle. Die jungen Männer, die mit ihm aufgewachsen waren, sagten: »So mußt du zu dem Volk sprechen: Mein kleiner Finger ist dicker, als die Lende meines Vaters. Wenn mein Vater euch ein schweres Joch auferlegt hat, so will ich es euch noch schwerer machen. Wenn mein Vater euch mit Peitschen geschlagen hat, so will ich euch mit Stachelpeitschen schlagen.«

Als nun die Israeliten am dritten Tag vor den König hintraten, um sich die Antwort zu holen, befolgte Rehabeam den Rat der jungen Männer und teilte dem Volk mit, daß er noch härter regieren wolle, als sein Vater. Als die Israeliten das hörten, sagten sie: »Was haben wir mit dem Hause Davids, mit dem Stamme Juda zu tun? Wir sind aus den anderen Stämmen. Soll Rehabeam Juda regieren. Wir wollen ihn nicht als König anerkennen.« Sie gingen alle nach Hause. Und als Rehabeam ihnen seinen Feldhauptmann nachschickte, der sie zurückholen sollte, töteten sie ihn. Da bekam Rehabeam Angst, sie könnten auch ihn töten. Er floh nach Jerusalem und blieb nur König über Juda. Die anderen Stämme Israels wählten Jerobeam zu ihrem König. So erfüllte sich Gottes Wort an ihnen.

Jerobeams Abfall von Gott

Als nun Jerobeam König von Israel geworden war, errichtete er seinen Königssitz in der Stadt Sichem. Es gab in ganz Israel ja nur den einen Tempel, den Salomo für den Herrn, ihren Gott, in Jerusalem hatte erbauen lassen. Zu jedem großen Fest zogen die Israeliten nach Jerusalem hinauf, um zu beten. Sie zogen also in die Stadt Judas, wo Rehabeam regierte. Jerobeam fürchtete, seine Stämme könnten dort von Rehabeam beeinflußt werden und von ihm, Jerobeam, wieder abfallen. Er vertraute nicht auf das Wort Gottes, der ihn doch selber zum König über 10 Stämme erwählt hatte. Er glaubte, er müsse selber verhindern, daß seine Leute immer wieder in die Stadt Judas, nach Jerusalem gehen. Darum ließ Jerobeam zwei Stiere aus Gold anfertigen und erklärte den Israeliten, sie könnten jetzt in Bethel, wo die zwei Stierbilder aufgestellt waren, ihre Anbetung üben, könnten sich den Weg nach Jerusalem sparen. Weil er aber keine Priester hatte, die ihm den Gottesdienst verrichten konnten, beschloß er das selber zu tun. Als die ganze Gemeinde versammelt war, stieg er drei Stufen zu den Stierbildern hinauf, schwang das Räucherfaß und betete dazu. Da trat plötzlich auf das Geheiß Gottes ein Gottesmann aus Juda unter die Menge und rief: »Im Namen des Herrn rufe ich zu dem Altar: Aus dem Hause Davids wird einst ein Sohn geboren werden mit dem Namen Jesus. Der wird allem Frevel gegen Gott und Menschen ein Ende bereiten. Als Zeichen dafür, daß das wahr ist, was ich sage, wird dieser Altar bersten und die Fettschalen darauf verschüttet werden.« Da streckte Jerobeam seinen Arm gegen den Gottesmann aus und rief: »Nehmt ihn fest.« Kaum hatte er das gesagt, erstarrte sein Arm und er konnte ihn nicht mehr an sich ziehen. Zugleich zerbarst der Altar und das Fett in den Schalen goß sich aus. Da flehte Jerobeam den Gottesmann an: »Bitte für mich beim Herrn, daß ich meinen Arm wieder bewegen kann. Ich sehe, daß ich mich gegen den Herrn versündigt habe.« Da betete der Gottesmann um Hilfe für Jerobeam. Und dieser konnte seinen Arm wieder zurückziehen wie vorher. Jerobeam lud den Gottesmann ein, mit ihm zu speisen, und wollte ihm eine Belohnung geben. Der aber sagte: »Der Herr hat mir geboten, noch nicht einmal Brot zu essen und Wasser zu trinken an diesem Ort. Erst recht kann ich von dir kein Geschenk annehmen. Auch soll ich nicht denselben Weg zurückgehen, den ich gekommen bin.« Und er ging auf einem anderen Weg zur Stadt hinaus.

Der Tod des Gottesmannes

In Bethel lebte ein alter Prophet. Dessen Söhne hatten miterlebt, wie durch den Gottesmann das Wort Gottes sich an Jerobeam erfüllt hatte und der Altar zerborsten war, von dem Jerobeam sich selbst zum Priester erhoben hatte. Sie kamen nach Hause und erzählten das Ereignis ihrem alten Vater. Der ließ sich einen Esel satteln und ritt auf dem Weg, auf dem der Gottesmann die Stadt verlassen hatte, bis er ihn, der unter einer Terebinthe saß und sich ausruhte, traf. Er ging zu ihm und bat ihn, mit ihm nach Hause zu kommen und sich zu stärken. Der Gottesmann sagte ihm, daß er nicht den Weg zurückgehen dürfe, und daß er in der Stadt weder Brot noch Wasser zu sich nehmen dürfe. So sei das Wort Gottes selber an ihn ergangen, und er sei ein Diener des Gotteswortes. Nichts stünde ihm höher als Gottes Wort. Da sagte der alte Prophet, Gott habe auch zu ihm gesprochen und habe ihm gesagt, er solle den Gottesmann in sein Haus holen und ihm zu essen und zu trinken geben. Das war aber die Unwahrheit. Der alte Prophet wollte auf diese Weise den Gottesmann in sein Haus bekommen, weil er hoffte, von ihm Dinge zu erfahren, die andere Menschen nicht wissen. Der Gottesmann prüfte nicht, ob das Wort des alten Propheten wahr oder unwahr sei. Er achtete nicht, ob der Klang der göttlichen Stimme darin war. Er fragte auch nicht, warum Gott sein voriges Gebot, in der Stadt nicht zu essen und zu trinken, plötzlich geändert habe. Ohne zu lauschen, ohne zu prüfen, ohne Gott selber zu fragen, in blindem und taubem Glauben an das Reden des alten Propheten, ging er mit ihm nach Hause und aß und trank mit ihm. Da sprach durch den alten Propheten, ob er wollte oder nicht, das wahre Gotteswort. Er erhob sich und sprach: »Weil du dem lebendigen Wort Gottes untreu geworden bist und bist doch ein Gottesmann, ein von ihm Erwählter, wirst du nicht in deinem Hause sterben und nicht in deiner Heimat begraben sein.« Als der Prophet die Worte des Herrn ausgesprochen hatte, erschraken beide, er selbst und der Gottesmann. Sie gingen hinaus und der alte Prophet gab dem Gottesmann seinen Esel, daß er schneller nach Hause käme. Als er auf dem Wege war, sprang ein Löwe aus dem Gebüsch, riß den Gottesmann vom Esel und tötete ihn. Er fraß ihn aber nicht und tat auch dem Esel nichts zuleide. Der Löwe und der Esel standen neben dem Gottesmann, als trauerten sie um ihn. Leute kamen vorbei und sahen den toten Mann auf der Straße liegen, den Löwen und den Esel an seiner Seite. Sie kamen nach Bethel und erzählten es dem alten Propheten. Der ging hinaus, holte den Toten, hielt eine Totenfeier für ihn und legte ihn in ein Grab. Zu seinen Söhnen sagte er: »In diesem Grab will auch ich einmal beerdigt sein. Mein Leib soll neben dem seinen ruhen, denn wir haben im Leben ein gemeinsames Schicksal erfahren. Wir haben beide gelernt, daß Gottes Wort mit Menschenwort nicht betrogen werden darf.«

Nach allem, was König Jerobeam mit dem Gottesmann erlebt hatte, änderte er doch seinen Sinn nicht und hielt weiterhin das Volk Israel an, nicht zu dem unsichtbaren und wahren Gott zu beten, sondern zu sichtbaren und falschen Götterbildern. Da reute es den Gott Israels, daß er Jerobeam König hatte werden lassen. Aber auch Rehabeam wurde dem Gott Israels untreu. So wandte sich Gott von beiden ab, und es gab viel Streit und Böses unter den Menschen von Israel und Juda. Die nachfolgenden Könige waren nicht besser. Nur kurze Zeit versuchte einer, das Volk zu seinem Gott zurückzuführen. Dann brachen wieder die frevelhaften Gedanken und Taten aus. Der schlimmste von allen war König Ahab und noch böser war seine Frau Isebel. König Ahab fürchtete sich vor ihr und tat darum alles, was sie sagte. Sie aber verlangte, daß er sich für immer und ganz und gar vom unsichtbaren Gott abwende und sichtbare Götter, Baal und Astarte, anbetete und auch sein Volk zu diesem Götzendienst anhielte. Alle Propheten, die im Namen des lebendigen Gottes zu den Menschen sprachen, mußten das Land verlassen, oder er ließ sie töten. Sein Diener Obadja verehrte den Gott Israels und wollte ihm allein dienen, ihn allein anbeten. Er wagte sein Leben für Gott den Herrn, indem er hundert Propheten in zwei Höhlen versteckte und ihnen heimlich jeden Tag zu essen brachte. König Ahab wußte nichts davon und liebte Obadja und besprach alle Sorgen und Nöte mit ihm.

ELIAS UND ELISA

Der große Gottesbote Elias

Elias wanderte durchs ganze Land und warnte die Menschen, ihren Gott nicht zu vergessen. Wo er hinkam, wurden die Menschen von seinen Worten sehr getroffen. Dann wandten sie sich wieder ihrem Gotte zu. Aber kaum hatte er sie wieder verlassen, bekamen sie Furcht vor König Ahab, und ihre Furcht war größer als die Ehrfurcht vor Gott und seinem Boten Elias. Keiner wußte, wer die Eltern von Elias waren. So plötzlich, wie er kam, verschwand er auch wieder.

Einmal wandelte Ahab früh morgens durch sein Land. Da stand Elias vor ihm und sprach: »So wahr der Herr, der Gott Israels lebt, dem ich diene, es soll in den nächsten Jahren weder Tau noch Regen fallen, außer wenn ich es sage.« Ehe Ahab darauf selber etwas sagen konnte, war Elias schon wieder verschwunden. Ahab wußte nicht, ob er ernst nehmen solle, was er von Elias gehört hatte. Aber als es drei Monate nicht geregnet und auch am Morgen kein Tau gefallen war, da wußte er, daß der Gottesmann wahr gesprochen hatte. Es begann eine schwere Zeit für alle Menschen im Lande. Zu Elias sprach der Herr: »Gehe weg von hier und ziehe ostwärts. Verbirg dich am Bache Krith. Dort ist eine Höhle. Darin kannst du wohnen. Das frische Wasser des Baches soll deinen Durst löschen. Und ich habe den Raben geboten, dir jeden Tag Nahrung zu bringen. du sollst nicht wegen der Untreue meines Volkes selber hungern und dürsten, denn du bist mein treuer Bote. Du trägst mein Wort zu den Menschen.« Elias tat, wie ihm der Herr geraten hatte. Er ging zum Bache Krith, östlich vom Jordan, und ließ sich dort in der Höhle nieder. Jeden Morgen kamen zwei Raben und brachten ihm Brot und Fleisch.

Die Raben speisen Elias

Elias hilft der Witwe aus Sarepta

Nach einiger Zeit war das Wasser im Bach Krith auch ausgetrocknet, denn es hatte schon ein Jahr lang nicht mehr geregnet. Da erging das Wort des Herrn an Elias: »Mache dich auf, gehe nach Sarep‰a, das in Sidon liegt. Vor dem Stadttor wirst du eine Witwe treffen. Sie sammelt Holz. Sprich sie an. Es ist mein Wille, daß sie dir gibt, was du fürs Leben brauchst.«

So ging Elias, wie der Herr ihm geheißen, nach Sarepta. Als er vor das Stadttor kam, traf er dort die Frau beim Holzsammeln. »Sie ist es. Jetzt erfüllt sich das Wort des Herrn«, dachte Elias bei sich. Er ging auf die Witwe zu und sprach sie an: »Bitte, gib mir doch einen Trunk Wasser.« Sie wollte in die Stadt gehen, um ihm in einem Krug Wasser zu bringen. Da rief er ihr nach: »Bitte, bringe mir doch auch einen Bissen zu essen.« Da kehrte die Witwe um, kam zu ihm und sagte: »Ich habe selber für mich und meinen kleinen Sohn nichts mehr zu essen. Es ist gerade noch ein Rest Mehl im Topf und ein Tropfen Öl im Krug. Daraus wollte ich meinem Sohn und mir noch ein letztes Mal einen kleinen Kuchen machen. Dann müssen wir sterben, denn wir haben nichts mehr.« Elias sprach zu ihr: »Geh in dein Haus und backe aus dem Rest mir einen kleinen Kuchen. Du wirst aber erleben, daß du dir und deinem Sohn dann auch einen solchen zubereiten kannst, denn so spricht der Herr durch meinen Mund zu dir: ›Das Mehl im Kasten soll nicht ausgehen und der Krug vom Öl nicht leer werden, solange bis es wieder regnet.‹« Die Frau vertraute dem Elias, ging nach Hause, buk für ihn aus den letzten Resten einen Kuchen. Aber kaum hatte sie den Topf mit Mehl und den Krug mit Öl geleert, war er schon wieder bis oben gefüllt, so daß sie sich und ihrem Sohn auch ein Essen zubereiten konnte. Sie brachte Elias den Kuchen und den Krug mit Wasser vor das Tor. Sie dankte ihm für die wunderbare Hilfe und lud ihn ein, bei ihr zu wohnen. Sie könne ihm in ihrem Hause das Obergemach abgeben. So zog Elias zu der Witwe nach Sarepta und es erfüllte sich das Wort des Herrn: Das Mehl im Topf ging nicht mehr aus und das Öl im Krug nahm nicht ab, und sie hatten genug zum Leben.

Doch eines Tages wurde das Kind der Witwe sehr krank. Die Frau dachte bei sich: »Wenn nur mein Kind nicht stirbt. Der Gottesmann, den ich ins Haus genommen habe, weiß sicher alle meine Verfehlungen, weiß, was ich im Leben unrecht getan habe. Nun straft er mich womöglich mit dem Tod meines Kindes. Ach, hätte ich ihn doch nie in mein Haus genommen.« Sie ließ Ärzte und weise Frauen zu dem Kinde rufen. Keiner konnte ihm helfen. Es starb in ihren Armen. Als sie schluchzend und klagend über ihr totes Kind gebeugt war, trat Elias bei ihr ein. Er sah, daß das Kind gestorben war. Die Frau hob ihren Kopf und begann, Elias all das zu sagen, was sie vorher nur für sich gedacht hatte: »Hätte ich dich doch nie in mein Haus aufgenommen. Denn durch dich hat Gott mich für alles gestraft, was ich in meinem Leben Unrecht getan habe. Er hat mir meinen Sohn genommen.« Da hob Elias das Kind von ihrem Schoß und trug es hinauf in das Obergemach, wo er wohnte. Er legte es auf sein Bett und flehte zum Herrn: »Herr mein Gott, willst du wirklich die Witwe für ihre vergangenen Verfehlungen so schwer strafen, daß du ihr den Sohn nimmst? Ich bitte für sie, denn sie hat mir große Wohltat erwiesen und ich führe ihre Seele zurück zu dir, daß sie dich als wahren Gott anbete.« Dann legte Elias sich dreimal über das Kind und flehte zu Gott: »Herr, laß die Seele dieses Knaben wieder in seinen Leib zurückkehren.« Da erhörte Gott das Gebet des Elias und ließ die Seele des Knaben in seinen Leib zurückkehren, so daß er wieder auflebte. Er nahm das Kind bei der Hand und brachte es aus dem Obergemach hinunter zu seiner Mutter. Wie glücklich war die Frau, als sie ihren Sohn lebendig und fröhlich an Elias Hand zu ihr kommen sah. Vor Freude weinte sie und schloß das Kind in die Arme. »Ich sehe, daß du wirklich ein Gottesmann bist«, sagte sie zu Elias, »und daß, was du sprichst, Wahrheit ist. Ich danke dir. Ich danke deinem Gott, der auch mein Gott sein möge.«

Obadja begegnet Elias

Drei Jahre schon hielt die Dürre im Lande an und die Hungersnot wurde immer schrecklicher. Da erging das Wort des Herrn an Elias: »Gehe hin und zeige dich Ahab, denn ich will wieder regnen lassen.« Da verließ Elias das Haus der Witwe, um zu Ahab zu gehen. Ahab aber war mit seinem Haushofmeister Obadja auf die Reise gegangen. Sie wollten sehen, ob sie irgendwo wenigstens noch so viel Gras und Weideland fänden, daß die Esel und Pferde des Königs nicht verhungern müßten. Sie hatten sich aber getrennt, um das Land bald ganz durchforscht zu haben. Der König ging allein nach Westen, Obadja ging allein nach Osten. Plötzlich stand Elias vor ihm. Obadja erkannte ihn und fiel vor ihm nieder und rief: »Bist du es wirklich, mein Herr?« Es hatten nämlich immer wieder Menschen den Elias gesehen. Wenn sie es aber dem König gemeldet hatten: Elias ist da oder dort, und der König Boten ausgeschickt hatte, ihn zu holen, dann war es oft vorgekommen, daß die Boten Elias von ferne sahen, hingingen, und plötzlich war er vor ihren Augen verschwunden. Weit und breit war kein Haus, kein Wald, gar nichts, aber Elias, den sie eben noch gesehen hatten, war fort. Obadja fürchtete nun, es würde ihm genau so gehen. Elias sprach zu ihm: » Gehe zu König Ahab und sage ihm: ›Elias ist da.‹« » Ach «, rief Obadja, » womit habe ich das verdient, daß du mich dem König Ahab zum Tode ausliefern willst. So wahr der Herr, dein Gott, lebt, es gibt kein Land und kein Königreich, in das König Ahab nicht Knechte gesandt hätte, dich zu suchen. Keinem ist es gelungen, dir wirklich zu begegnen. Wenn ich jetzt zu König Ahab gehe und ihm sage, du seiest hier, und dann kommt der Geist Gottes über dich und nimmt dich hinweg, so daß dich hier keiner finden wird, dann läßt König Ahab mich umbringen. Ach Herr, schone mich. Weißt du nicht, daß ich hundert Propheten deines Gottes gerettet habe, indem ich sie vor König Ahab versteckte und ihnen Brot und Wasser brachte? Königin Isebel wollte sie alle töten lassen. Und jetzt forderst du mich auf, ich solle zu Ahab gehen und sagen: Elias ist da.« Aber Elias antwortete nur: » So wahr Gott lebt, der Herr der himmlischen Heerscharen, dem ich diene, noch heute will ich mit König Ahab sprechen und ihm vor die Augen treten.« Da ging Obadja hin und meldete König Ahab: » Elias ist da und will dich sprechen.« Ahab machte sich auf, um Elias zu treffen, und Elias erwartete ihn am selben Ort, an dem er Obadja begegnet war. Als Ahab Elias erblickte, rief er ihm zu: » Bist du es wirklich, du Unglückstifter von Israel? « » Nicht ich habe das Unglück über Israel gebracht «, sagte Elias, » sondern du, mit deinem Baalsdienst und deiner Abwendung vom lebendigen Gott Israels. Nun aber sende Boten aus und laß ganz Israel auf dem Berg Karmel zusammenkommen, dazu die 450 Priester Baals und die 400 Priester der Göttin Astarte, die mit deiner Frau Isebel zu Tische sitzen. Sie alle rufe auf den Berg Karmel. Dort soll ein Gottesurteil entscheiden, welches der wahre und lebendige Gott ist.« Da sandte König Ahab seine Boten in alle Teile des Landes und erfüllte den Auftrag des Elias.

Das Gottesurteil auf dem Karmel

Als nun das ganze Volk mit König Ahab auf dem Berg Karmel versammelt war, trat Elias vor sie hin und sprach: »Wie lange wollt ihr noch nach zwei Seiten hin und her schwanken und mal auf dem rechten, mal auf dem linken Bein hinken und nicht gerade gehen? Wenn Gott der Herr euer Gott ist, dann hört auf, zu Baal zu beten. Ist aber Baal euer Gott, so wendet euch eindeutig vom Gott Israels ab.« Das Volk gab Elias keine Antwort. Er wartete lange, aber sie blieben stumm. »Dann wollen wir den wahren Gott selber sich offenbaren lassen«, sprach Elias. »Ihr seht, ich bin der einzige Prophet, der von Israels Gott übriggeblieben ist. Baal hat 450 Propheten. Sie sollen sich einen Stier aussuchen, und ich will auch einen Stier nehmen. Dann sollen sie den Stier zerstückeln und ihn auf das Holz des Altars legen, aber nicht anzünden. Ich will das gleiche tun. Dann soll jeder zu seinem Gott beten, daß er Feuer vom Himmel schicke und das Opfer von oben anzünde. Der Gott, der den Ruf und die Bitte seiner Menschen erhört, der sei der wahre Gott und soll für alle Zeit von seinem Volk angebetet werden. Seid ihr damit einverstanden?« Diesem Vorschlag des Elias stimmten alle zu. »Ich gebe euch den Vortritt. Fangt ihr an«, sagte Elias zu den Baalspriestern. Die suchten sich einen schönen Stier aus der Herde, schlachteten und zerrissen ihn, bauten einen Altar, legten den Stier darauf und begannen dann mit ihren Gebeten und Gesängen. Nach Stunden war noch nichts geschehen. Da machte sich Elias über sie lustig und rief: »Ihr müßt lauter beten, vielleicht schläft euer Gott gerade, oder er ist in Gedanken versunken oder ist gerade auf eine Reise gegangen. Ruft lauter. Er ist ja euer Gott.« Da rasten die Baalspriester um den Altar, schnitten sich selber ins Fleisch, daß es blutete, schrien und gerieten außer sich. Aber es fiel kein Feuer vom Himmel. Da baute Elias einen Altar, und er baute ihn aus zwölf Steinen, für jeden Stamm Israels einen. Er sagte, er wolle den Altar wieder aufrichten, der zerstört worden sei, an dem Gott seinem Volk den Namen Israel gegeben hatte. Dann schlachtete auch er einen Stier und legte ihn auf das Holz des Altars und sagte zu den Männern: »Grabt einen breiten, tiefen Graben um den Altar.« Die wußten nicht, was das bedeuten sollte, aber sie taten es. »Nun schüttet vier große Krüge mit Wasser über das Opfertier«, sagte Elias. Die Männer wunderten sich und taten es. »Gießt noch einmal vier Krüge Wasser darüber«, sagte Elias. Sie taten es, und das Tier, das Holz, der ganze Altar wurden durch und durch naß. »Wiederholt es ein drittes

Mal«, sagte Elias. Sie taten es, und das Wasser floß und füllte den Graben um den Altar. »Tretet alle herzu«, rief Elias. Es war die Stunde, wo früher in Israel überall ein Speiseopfer gebracht worden war. Es war die heilige Opferstunde, wo der Gott auf die Gebete und auf die Gaben seines Volkes wartete.

Schon viele Jahre war er von vielen Israeliten enttäuscht worden, hatte umsonst auf sie gewartet. Aus der Kraft der Gebete weben die Engel eine schützende Hülle für ihre Menschen. Jetzt aber hatten sie keine Gebete mehr und konnten den Feind nicht mehr abhalten, der durch die Baalspriester die Seele seines Volkes vergiftete. In dieser Stunde richtete nun Elias sein Gebet zum Gott Israels und alle lauschten auf seine Worte, die Menschen alle und ihre Engel. Elias betete: »Herr, Gott Abrahams, Isaaks und Jakobs, offenbare heute den Menschen, die hier versammelt sind, daß du der Gott Israels bist und ich dein Knecht und daß du mir geboten hast, dieses Urteil hier auf dem Berg Karmel herbeizuführen. Erhöre mich, Herr, erhöre mich, Herr, damit das Volk erkennt, daß du sein Gott bist und daß du selbst ihre Herzen zur Umkehr gebracht hast.« Da fiel Feuer vom Himmel und zündete das Opfer an. Die Menschen warfen sich auf ihr Angesicht und riefen laut im Chor: »Der Herr, Er ist der wahre Gott. Der Herr, Er ist der wahre Gott.« Als sie so sich wieder zu ihrem Gott bekannten, sprach Elias: »Nehmt die 450 Verführer, durch die die Schlange Adams über euch Herrschaft bekommen hat, daß eure Gebete nicht mehr zu euren Engeln, sondern zum Herrn des Rausches gewendet waren, nehmt diese Söhne der Schlange, bringt sie zum Fluß Kison und tötet sie dort als Sühne dafür, daß sie das Volk des Herrn auf falsche Wege gebracht haben.« So geschah es. Zu Ahab aber sprach Elias: »Gehe hinauf ins Gebirge, denn ich höre schon das Rauschen des großen Regens.

Elias erwartet den Regen

Elias wanderte mit seinem Knecht dem Gipfel des Karmel zu. Er ließ sich zur Erde nieder und legte den Kopf zwischen die Knie. Den Knecht schickte er ganz hinauf auf den Gipfel, er solle nachsehen, ob eine Wolke komme. Der Knecht hielt Ausschau. Vom Gipfel konnte er weit bis zum Meer sehen und auf der anderen Seite ins Land. Aber eine Wolke sah er nicht. Siebenmal schickte Elias ihn hinauf um hinauszuschauen, währenddessen Elias die Augen schloß und die innere Welt anschaute und prüfte. Wie sah es aus in der Seele seines Volkes. War es durch die Strafe der langen Dürre gewandelt, so daß Gott den ersehnten Regen schicken konnte? Da kam ihm die Antwort durch seinen Knecht. Als dieser zum siebten Mal auf den Gipfel des Karmel gestiegen war, sah er aus dem Meer eine Wolke aufsteigen, so groß wie eine Hand. Er lief zu Elias und berichtete es ihm. Da war die Wolke schon gewachsen und wurde größer. Elias schickte den Knecht zu Ahab, der sich an anderer Stelle des Karmel aufhielt. »Sage ihm, er soll schnell anspannen und nach Hause fahren. Es kommt ein großer Regen«, gebot ihm Elias. Und Ahab spannte seine Pferde vor die Königskutsche und fuhr nach Jesreel. Elias lief vor der Kutsche her, freudig mit großen Schritten und Sprüngen. Gott hatte sich also seinem Volk wieder zugewandt.

Elias auf der Flucht

Als Ahab nach Hause kam, erzählte er der Königin Isebel alles, was sich auf dem Berg Karmel zugetragen hatte, und wie Elias die Feinde des wahren Gottes, die 450 Baalspriester mit dem Tod bestraft hatte. Da geriet Isebel in großen Zorn und rief: »So wie Elias mit den Baalspriestern verfahren ist, so will ich auch mit ihm verfahren. Er soll des Todes sein.« Als Elias erfuhr, daß Isebel in töten lassen wolle, verlor er all seinen Mut. Er machte sich auf den Weg, um sein Leben zu retten. Er kam bis Beerseba in Juda. Dort schickte er seinen Diener zurück und ging selber noch einen Tag lang in die Wüste hinein. Er legte sich unter einen Ginsterstrauch. Er war erschöpft von all dem, was er erlebt hatte. Zu essen und zu trinken hatte er nichts. Bevor er einschlief betete er: »Herr, mein Gott, nimm meine Seele zu dir. Ich habe alles für dich getan. Ich war der einzige von deinen Propheten, der leben durfte und für dich kämpfen. Nun will die Königin auch mich töten. Bitte Herr, laß es nicht zu. Hole meine Seele zu dir, bevor ich ihr, der Grausamen, in die Hände falle.« Nach diesem Gebet schlief Elias ein. Aber plötzlich rührte ihn ein Engel an und sprach: »Steh auf und iß.« Elias stand auf und sah vor sich einen auf heißem Stein gebackenen Brotkuchen und einen Krug Wasser. Er aß und trank, dankte dem Herrn, legte sich hin und schlief weiter. Aber der Engel Gottes rührte ihn noch einmal an und sprach: »Steh auf und iß, sonst ist der Weg zu weit für dich.« Elias stand wieder auf, aß Brot und trank Wasser, wie es ihm der Engel gebracht hatte. Davon fühlte er sich so frisch und stark, daß er gleich weiter wanderte. Vierzig Tage und vierzig Nächte ging er, bis er zum Berge Horeb kam. Dort war eine Höhle, in der er über Nacht bleiben konnte.

Elias hört die Stimme Gottes auf neue Weise

Am Morgen trat Elias vor die Höhle und erblickte das Land ringsum vor sich liegen. Da kam zu ihm das göttliche Wort und sprach: »Was willst du hier, Elias?« Elias antwortete: »Ich habe für den Gott Israels gekämpft, ich war der einzige seiner Propheten, der übrig geblieben war. Ich habe dem Volk gezeigt, daß du, Herr, der wahre Gott bist und habe deine Feinde, die dein Volk schwach gemacht haben, getötet. Nun aber stehen sie mir nach dem Leben.« Der Herr der himmlischen Heerscharen sprach zu Elias: »Gehe aus der Höhle und tritt auf dem Berg vor den Herrn. Du sollst seinem Wort selber begegnen.« Elias folgte dem Gebot, und als er auf dem Berge stand, brach ein gewaltiger Sturm los, der die Berge zerriß und die Felsen spaltete. Doch der Herr war nicht in dem Sturm. Elias hörte das Wort Gottes nicht, denn der Sturm ging ihm nur voran. Nach dem Sturm geschah ein Erdbeben, daß alle Tiere sich verkrochen, alle Vögel schwiegen und die Wesen vor Furcht zitterten. Aber Elias hörte Gottes Wort auch nicht im Erdbeben. Danach flammte ein Feuer empor. Elias lauschte. Hatte er doch so oft schon die Stimme Gottes im Feuer gehört, im Blitz und Donner oder auch im Rauschen der Wasser. Aber Gott war nicht in dem Feuer. Wohin sollte er sich wenden, um das Wort Gottes zu hören? Wenn er nicht, wie bisher, in Sturm, Erdbeben, Wasser und Feuer sprach, wie sprach er denn nun? Als es draußen in den Elementen ganz still geworden war, hörte Elias ein feines, zartes Säuseln. Er merkte auf. Da erfuhr er, daß das Wort Gottes in seinem eigenen Inneren zu ihm sprach. Nie zuvor hatte er den Gott im Inneren, in der Seele, zu sich sprechen hören. Jetzt sagte er zu ihm: »Gehe denselben Weg zurück, den du gekommen bist, und gehe in die Stadt Damaskus. Dort salbe Hasael zum König über Syrien. Jehu sollst du zum König über Israel salben und Elisa sollst du zu deinem Nachfolger erwählen. Wer dann von deinen Feinden, die dir nach dem Leben stehen, dem Schwert Hasaels entrinnt, den wird Jehu töten, und wer dem Schwert Jehus entrinnt, den wird Elisa töten.« Als die Stimme in seinem Inneren schwieg, wußte er, daß es der gleiche Gott war, der Gott seines Volkes, der sonst von außen, in allen Elementen, zu ihm gesprochen hatte. Es war nicht das Wort des höchsten Gottes, das selber ein Gott war, das der Sohn Gottes war, der Gott der Liebe, der einmal im Herzen aller Menschen sprechen würde. Aber der Gott seines Volkes bereitete dem Gottessohn sein Gefäß. Denn sein Volk wurde zum Gefäß geschmiedet, darin der Gott der Liebe als Mensch aufgenommen werden könnte. Zum Schmieden gehören harte Schläge, denn alles, was nicht zum Gefäß dient, muß abgeschlagen und umgeschmolzen werden. Darum tat vieles, was der Gott seines Volkes vornahm, den Menschen auch weh. Er aber, Elias, er wußte, daß all die Schmerzen und Grausamkeiten nur dazu dienten, für die Menschheit das Gefäß zu bereiten, das Wort des höchsten Gottes, den Liebe-Gott zu empfangen. Das alles fühlte und verstand er, als sein Gott zum erstenmal in seinem Innern zu ihm gesprochen hatte.

Die Berufung des Elisa

Als Elias vom Berge Horeb herabkam, traf er Elisa, von dem sein Gott zu ihm gesprochen hatte. Elisa pflügte gerade mit zwölf Paar Ochsen die Äcker seines Vaters. Er selber schritt hinter dem zwölften Paar. Da nahm Elias seinen Mantel und warf ihn über Elisa. Der verstand sofort, daß er von Elias berufen wurde, dessen Schüler zu sein. Er wandte sich an Elias und sagte: »Erlaube Herr, daß ich, bevor ich dir folge, noch zu meinen Eltern gehe und mich von ihnen verabschiede.« »Tue das«, sagte Elias. »Es wird vieles sehr schwer für dich sein, was du mit mir erleben wirst. Darum gehe nur und verabschiede dich von den Menschen und der Welt, in der du bis jetzt gelebt hast.« Elisa tat es. Dann kam er zurück und wurde der Schüler von Elias.

Das große Unrecht von Ahab und Isebel

Einmal ging König Ahab spazieren. Da sah er ganz nahe bei seinem Palast einen Weinberg, der gehörte einem Manne mit Namen Naboth. Der König blieb vor dem Weinberg stehen und malte sich in Gedanken aus, was er aus diesem Stück Land alles machen könnte, wenn es nur ihm gehörte. Ein großer Gemüsegarten könnte das werden, oder, noch besser, ein Lustgarten, den ein Gartenkünstler für ihn, seine Frau Isebel und seine Freunde und Gäste anlegen könnte. Schattige Lauben könnte es da geben, mit Blumen gezierte Wandelwege und kleine Brunnen, sich zu erfrischen. Als er das alles so vor sich sah, beschloß er, den Garten zu erwerben. Er trat bei dem Weinbauern Naboth ein und bot ihm an, seinen Weinberg für eine hohe Summe zu kaufen oder ihm ein anderes, besseres Stück Land dafür zu geben. Aber Naboth erwiderte ihm, er könne auf sein Angebot leider nicht eingehen, denn er habe diesen Weinberg von seinen Vätern geerbt, und König Ahab wisse ja selber, daß das Gebot des Moses sagt, das Erbe der Väter dürfe nicht hergegeben werden. Ahab wußte das, aber trotzdem war er sehr wütend und enttäuscht, daß er nun seine schönen Vorstellungen vom Garten nicht verwirklichen konnte. Er ging nach Hause, sperrte sich in sein Schlafgemach, drehte sich zur Wand und wollte nicht essen und trinken. Nichts freute ihn, und mit niemandem wollte er reden. Da ging seine Frau Isebel zu ihm und fragte ihn, was denn mit ihm geschehen sei, und warum er nicht essen wolle. Da erzählte er ihr von dem schönen Weinberg und warum er ihn nicht kriegen könne. »Ach, du schwacher Mensch«, rief Isebel. »Du bist doch der König. Du kannst doch in deinem Reich bestimmen, und alle müssen dir gehorchen. Vor wem fürchtest du dich. Nimm Naboth seinen Weinberg, zahle ihm dafür, aber erfülle dir doch deine Wünsche.« »Vor wem ich mich fürchte, fragst du? Ich fürchte unseren Gott, von dem das Gebot des Moses stammt, das Naboth nicht brechen will«, sagte der König. »Überlaß mir die Sache«, schlug Isebel ihm vor. »Ich werde dir zu dem Weinberg verhelfen, ohne daß Naboth das Gebot seines Gottes übertreten muß.« König Ahab war froh, daß Isebel ihm das anbot, wenn er auch nicht wußte, wie sie es anstellen wollte. Aber das war ihre Sache. Er ahnte nichts Gutes, aber damit wollte er nichts zu tun haben. Doch hatte er sehr viel damit zu tun, denn was jetzt geschah, war ja zur Erfüllung seiner Wünsche und seiner Lust.

Königin Isebel gab den Auftrag, man solle zwei Männer suchen, die gegen gute Belohnung bereit seien, Naboth vor dem Richter zu verklagen, er habe den König und Gott gelästert. Diese beiden Männer waren bald gefunden. Am Richttage traten sie vor allem Volk hin und erzählten Lügengeschichten, wie Naboth den König und Gott gelästert habe. Als sie sogar schworen, es sei so gewesen, glaubte ihnen der Richter. Naboth wurde vor die Stadt gejagt und vor der Stadtmauer gesteinigt. »Jetzt kannst du den Weinberg Naboths haben«, sagte Isebel zum König Ahab. Doch der konnte sich daran nicht mehr freuen. Am nächsten Tag kam Elias zu den beiden in ihren Palast. Mit flammendem Blick und zorniger Stimme sprach er: »Frevelhaft habt ihr euch vergangen an einem Mann, der dem Gott Israels durch alle Jahre die Treue gehalten hat. Zur Strafe sollen an der gleichen Stelle, an der Naboth gestorben ist, die Hunde dein Blut lecken, König Ahab. Und wo immer du sterben wirst, Isebel, die Hunde werden auch deine Leiche fressen.«

Ahabs Tod

Drei Jahre danach kam Josaphat, der König von Juda, zu Ahab, dem König von Israel, zu Besuch. Als sie so beieinander waren, erzählte Ahab dem Josaphat, daß die Syrer immer noch ein Stück Land von Israel in Besitz haben. Er wolle es endlich zurückgewinnen. Ob Josaphat ihm dabei helfen wolle. Der schlug vor, man solle doch zuvor die Propheten fragen, ob sie es gut finden, den Krieg gegen Syrien zu beginnen. »Ich habe schon 400 Propheten kommen lassen. Sie fanden es alle gut und sagten, Gott würde uns den Sieg geben«, sagte Ahab. »Gibt es sonst keinen Propheten, der uns Auskunft geben könnte?« fragte Josaphat. »Es ist nur noch der Prophet Micha«, sagte Ahab, »aber so oft ich ihn um etwas gefragt habe, hat er mir nur Unglück prophezeit. Darum möchte ich ihn um nichts mehr befragen.« »So darfst du nicht reden. Du betrügst dich ja selbst«, sagte Josaphat. Da schickte König Ahab einen Kammerdiener zu Micha, damit er ihn herbeirufe. Der Diener trug Micha die Bitte des Königs vor, sagte aber selber noch dazu, daß schon 400 Propheten Gutes prophezeit haben. Und daß er, Micha, das doch auch tun solle. »Ich kann nur reden, was mir der Herr eingibt«, sagte Micha und ging mit zu den beiden Königen, um die noch die 400 Propheten versammelt waren. Micha trat in die Mitte und Ahab fragte ihn, ob es im Sinne des Herrn sei, gegen die Syrer Krieg zu beginnen. Micha antwortete: »Der Herr wird Syrien in deine Hand geben. Ziehe also hin und mache Krieg gegen sie.« Da sprach König Ahab: »Ich habe dir doch gesagt, du sollest nur die Wahrheit und nichts anderes als die reine Wahrheit sagen.« Da sprach Micha: »Ich sah Israel auf den Bergen verstreut wie eine Herde Schafe ohne Hirten. Sie irrten umher, bis der Herr zu ihnen sagte, es solle ein jeder nach Hause gehen.« »Siehst du«, sagte König Ahab zu König Josaphat: Er hat mir immer nur Schlimmes prophezeit.« Micha aber begann noch einmal zu sprechen: »Vernimm die Worte des Herrn: Ich sah ihn auf himmlischem Throne sitzen. Rechts und links von ihm alle himmlischen Heerscharen. Der Herr fragte sie: Wer will Ahab betören, daß er Krieg mache mit den Syrern, denn ich habe beschlossen, daß er sterben soll.« Da sagten die einen dies, die anderen das, viele Vorschläge, wie man Ahab betören könne. Zuletzt stellte sich ein Geist vor Gottes Thron und sagte: »Ich will als Lügengeist durch den Mund der Propheten sprechen, daß er mit den Syrern Krieg machen soll. Und so geschah es.« Als die Propheten die Rede Michas hörten, empörten sie sich und riefen: »Durch dich spricht der Lügengeist, nicht durch uns.« König Ahab ließ Micha ins Gefängnis setzen bei Wasser und Brot, »bis ich zurückkehre, soll er dort bleiben«, sagte er dazu. »Wenn du wirklich zurückkehrst«, rief Micha, »dann hat nicht Gott durch mich gesprochen. Das sage ich vor allen Völkern der Welt.« Dann wurde er abgeführt.

König Ahab und König Josaphat rüsteten ihr Heer zum Kampf. Ahab verkleidete sich wie ein einfacher Mann, damit die Syrer in ihm nicht den König erkennen sollten. Josaphat meinte, auf ihn haben sie es doch nicht abgesehen, und behielt seine königliche Kleidung. Der König der Syrer hatte aber seinen Soldaten befohlen, keinen einzigen Israeliten zu töten, sondern nur den König Ahab. Als nun die Syrer Josaphat sahen, meinten sie, es sei König Ahab, schossen auf ihn, aber trafen ihn nicht. Da schoß, aus Wut, daß sie nicht getroffen hatten und Josaphat entwichen war, ein Soldat einen Pfeil, ohne zu zielen, einfach irgendwo hin. Und dieser Pfeil traf König Ahab, genau zwischen dem Ringelgurt und dem Panzer. Ahab merkte, wie schwer er getroffen war. Erst wollte er umkehren, aber dann blieb er noch aufrecht im Wagen stehen, damit die Syrer es nicht merken sollten. Am Abend sank er tot im Streitwagen nieder. An der Stadtmauer hoben sie ihn aus dem Wagen und trugen den toten König in seinen Palast. Der Wagen war voller Blut. Da kamen die Hunde und leckten Ahabs Blut, dort an der Stadtmauer, wo Naboth gesteinigt worden war. So erfüllte sich das Wort des Herrn. Ahasja, der Sohn Ahabs, wurde nun König über Israel. Er war beeinflußt von seiner bösen Mutter Isebel und regierte das Volk wieder ohne seinen Gott.

Die Himmelfahrt des Elias

Wieder einmal wanderte Elias mit seinem Schüler Elisa durchs Land. Elias wußte aber, daß der Herr ihn bald von der Erde nehmen wollte. Er sagte zu Elisa: »Bleibe du hier. Der Herr hat mich heute nach Bethel gesandt.« Aber Elisa erwiderte: »So wahr der Herr lebt und deine Seele, ich verlasse dich nicht.« Da erlaubte ihm Elias, ihn weiterhin zu begleiten. In Bethel kamen die Prophetenschüler zu Elisa, nahmen ihn beiseite und flüsterten ihm zu: »Weißt du auch, daß Gott der Herr heute deinen Lehrer Elias von dir nehmen wird?« »Ich weiß es, schweigt still«, sagte Elisa und eilte sich, Elias wieder einzuholen. Elias wandte sich ihm zu und sprach: »Bleib jetzt hier in Bethel, denn Gott, der Herr, hat mich heute nach Jericho gesandt.« »So wahr der Herr lebt und deine Seele, ich verlasse dich nicht«, erwiderte Elisa. Und so ließ ihn Elias auch nach Jericho mitgehen. In Jericho traten wieder Prophetenschüler an Elisa heran und sagten zu ihm: »Weißt du auch, daß Gott heute deinen Herrn, den Elias, von dir nehmen wird?« »Ich weiß es, schweigt still«, sagte Elisa. Darauf sagte Elias zu Elisa: »Nun bleibe aber hier, denn der Herr hat mich zum Jordan gesandt.« Doch wieder entgegnete Elisa: »So wahr der Herr lebt und deine Seele, ich verlasse dich nicht.« So ging Elisa mit bis zum Jordan. Heimlich waren ihnen auch die Prophetenschüler gefolgt, denn sie hofften, etwas Besonderes mitzuerleben. Sie versteckten sich im Gebüsch. Als nun Elias zum Jordan kam, rollte er seinen Mantel zusammen und schlug damit auf das Wasser. Da teilte sich der Jordan, so daß eine Furt entstand, durch die Elias und Elisa trockenen Fußes hindurchgehen konnten. Als sie am anderen Ufer angekommen waren, sagte Elias zu Elisa: »Wünsche dir etwas«, und Elisa sagte: »Ich wünsche mir, wenn du die Erde verläßt, daß du zwei Drittel deines Geistes mir sendest.« »Wenn du miterleben darfst, wie ich von euch gehe, dann soll dein Wunsch erfüllt werden«, versprach ihm Elias. Sie gingen noch ein Stück zusammen. Da sah Elisa, wie ein Feuerwagen vom Himmel hernieder kam, von Feuerrossen gezogen. Der nahm Elias von Elisas Seite hinweg. Elisa ging in die Knie und rief dem scheidenden Elias nach: »Mein Vater, mein Vater, Israel und seine Reiter«, denn es war ihm, als würde er vom Vater seines Volkes, vom guten Engel Israels verlassen. Da aber wandte sich Elias noch einmal ihm zu und warf ihm seinen Mantel herab, mit dem er ihn einstmals gerufen hatte. Als Elisa den Mantel aufhob und sich um die Schultern legte, fühlte er, wie sich sein Wunsch erfüllte und zwei Drittel

208

Tod Elias

vom Geist des Elias in ihn einzog. Als nun Elias im Feuerwagen aufgehoben worden war in die Gotteswelt, wandte sich Elisa wieder zum Jordan. Er rollte den Mantel Elias zusammen und schlug damit auf das Wasser. Es teilte sich und Elisa konnte durch den Jordan gehen. Auf der anderen Seite erwarteten ihn die Prophetenschüler. Sie hatten mitangesehen, daß Elisa das gleiche Wunder vollbrachte wie Elias. Da ahnten sie, daß der Geist und die Kraft des Elias mit Elisa war. Sie fragten dann Elisa, ob sie den gestorbenen Leib des Elias suchen sollen, damit er würdig begraben werde. »Ihr werdet keinen Leib finden«, sagte Elisa. »Er erschien uns nur im Leibe, aber ihr könnt keinen Leib finden.« Die Prophetenschüler ließen sich nicht abweisen, durchsuchten die Gegend, um Elias Leib zu finden. Aber es war so, wie Elisa es ihnen gesagt hatte. Sie fanden auf der Erde nichts mehr von Elias.

Gott hilft und straft durch Elisa

Als nun Elisa wieder durch Jericho kam, klagten ihm die Leute dort ihr großes Leid. Sie hatten in der Stadt einen Brunnen, der Wasser gab. Aber wenn Frauen, die ein Kind erwarteten, das Wasser tranken, dann kam das Kind tot auf die Welt. »Das Wasser ist krank«, sagte Elisa. »Bringt mir eine neue Schüssel mit etwas Salz darin.« Sie brachten es ihm. Elisa schüttete das Salz in den Brunnen und sprach dazu: »Dieses Salz soll von Gott, dem Höchsten, die Kraft erhalten, das Wasser des Brunnens wieder gesund zu machen. Niemals mehr soll eine Mutter, die davon trinkt, ein Kind zu früh oder tot zur Welt bringen. Auch soll kein Mensch sonst davon sterben.« Es geschah, wie Elisa es gesagt hatte, denn das Wort Gottes, das selber ein heilender Gott ist, war in seinem Sprechen. Die Leute von Jericho dankten ihm. Er ging weiter zu der Stadt Bethel. Dort war er ja auch mit Elias durchgezogen. Die Gassenjungen hatten ihn damals gesehen und sich heimlich über ihn lustig gemacht, weil er einen kahlen Kopf hatte. Die Haare waren ihm schon früh ausgegangen. In Gegenwart des großen Propheten Elias, den jedermann in Israel kannte, hatten sie nicht gewagt, Elisa zu verspotten. Jetzt aber, als er allein durch Bethel zog, kamen sie aus allen Straßen zusammengelaufen, rannten hinter ihm her und riefen: »Kahlkopf, komm herauf. Komm doch herauf, Kahlkopf, Kahlkopf.« Weil aber Elias Geist mit Elisa war, wurde das Gespött der bösen Buben weit hinausgetragen in die Umgebung der Stadt. Die Tiere des wilden Waldes ringsum schnupperten,

210

daß irgendwo Unrecht geschah, daß ein großer Geist von kleinen Geistern gekränkt und verletzt wurde. Die Bären machten sich auf den Weg, das Unrecht zu strafen. Sie schnupperten heraus, von wo die bösen Gedanken und Worte kamen, und ihre Spur führte sie nach Bethel. Da sahen sie Knaben, die hinter Elisa herliefen mit ihrem Hohn und Gespött. Das reizte die Bären so sehr, denn sie liebten den Geist des Elias, den sie hier erkannten. Sie stürzten sich auf die Horde der Buben und zerrissen sie. Da merkte Elisa, daß der Geist des Elias bei ihm war und zugleich die ganze Natur, ihre Elemente und Reiche durchdrang, so daß auch die Tiere für ihn kämpften.

Elisa vollbringt die gleichen Taten wie Elias

Auf dem Weg durch Samarien kam eine Frau zu Elisa, warf sich vor ihm nieder und sprach: »Herr, mein Mann ist gestorben. Er hat große Schulden bei den Nachbarn hinterlassen. Die kommen nun und verlangen das Geld zurück. Weil ich aber arm bin und noch nicht einmal für mich und meine Söhne genug habe, verlangen sie, ich solle ihnen meine Söhne als Sklaven verkaufen. Ach Herr, rette meine Söhne aus der bevorstehenden Sklaverei.« »Was soll ich denn tun?« fragte Elisa. »Was hast du denn noch zu Hause?« »Das einzige, was ich noch habe, ist ein winziger Rest Öl in der Kanne«, antwortete die Frau. »Geh nach Hause, bringe alle Gefäße, die du selber hast und leihe dir noch Töpfe und Krüge dazu, nicht zu wenig. Dann schließe dich mit deinen Söhnen in der Küche ein und gieße aus deiner Kanne Öl in die aufgestellten Gefäße.« Die Frau erhob sich, dankte Elisa, ging nach Hause, rief ihre Söhne und machte alles so, wie Elisa ihr geraten hatte. Die Söhne reichten ihr die Gefäße an, sie goß aus ihrer Kanne Öl hinein, bis alle gefüllt waren. »Habt ihr nicht noch einen Krug irgendwo?« fragte sie, aber die Söhne hatten ihr den letzten gereicht. Hätten sie das Wunder vorausgewußt, sie hätten gewiß noch viel mehr Töpfe und Eimer herbeigeschafft. Nun hörte das Öl aus dem Krug der Witwe auf zu fließen. Sie ging zu Elisa und fragte ihn, was sie tun solle. »Verkaufe all das Öl und bezahle von dem Erlös deine Schulden. Es wird noch genug übrig bleiben, daß du und deine Söhne davon leben können«, sagte Elisa. So hatte auch er durch Vermehrung des Öles Menschen das Leben gerettet und wieder war ihm dies ein Zeichen, daß Elias ihn unsichtbar begleitete.

Elisa erweckt einen toten Knaben zum Leben

Auf seinen Wanderungen kam Elisa einmal nach Sunem. Dort lud ihn eine reiche Frau zum Essen ein. Sie tat das immer wieder, so oft er in ihre Gegend kam. Eines Tages sagte die Frau zu ihrem Mann: »Ich habe erkannt, daß Elisa ein heiliger Gottesmann ist. Wir sollten ihm in unserem Haus oben unter dem Dach ein Gemach ausbauen, wo er mit seinem Diener Gehasi wohnen kann.« Der Mann willigte ein, und so bekam Elisa für sich und seinen Diener ein schönes Zuhause. Er fühlte sich sehr wohl im Hause der beiden und wollte der Frau aus Dankbarkeit ein Geschenk machen: »Was brauchst du?« fragte er sie. »Womit kann ich dir eine Freude machen, denn du hast mich sehr beschenkt mit dem Wohnraum in deinem Hause.« »Ich habe alles, was ich brauche«, sagte die Frau, »ich lebe ja froh und reich inmitten meiner Sippe.« Als sie gegangen war, fragte Elisa seinen Diener Gehasi, ob er nicht etwas wisse, was der Frau noch fehle. »Ich weiß wohl etwas, es fehlt ihr ein eigenes Kind«, antwortete Gehasi. Da ging Elisa zu der Frau und sagte: »Über ein Jahr wird Gott dir ein Kind schenken.« »Das kann nicht sein, denn mein Mann ist schon alt. Es ist zu spät für solches Glück, das ich mir immer gewünscht habe«, meinte die Frau. Aber bald wurde sie schwanger und das Wort Elisas erfüllte sich. Sie bekam einen Sohn. Als das Kind herangewachsen war, durfte es mit dem Vater auf den Acker gehen und bei der Arbeit helfen, so gut es ein Kind kann.

Da geschah es einmal, daß der Knabe ganz plötzlich einen furchtbaren Schmerz fühlte und laut schrie: »Mein Kopf, o weh, mein Kopf.« Der Vater gebot dem Knecht, den Knaben sofort zur Mutter nach Hause zu bringen. Die Mutter nahm ihn auf den Arm, versuchte, ihn zu beruhigen, aber in wenigen Augenblicken starb er auf ihrem Schoß. Sie konnte es nicht fassen, weinte und klagte: »Warum habe ich einen Sohn bekommen? Nur, damit er mir gleich wieder genommen wird.« Sie brachte den Knaben ins Obergemach und legte ihn auf Elisas Bett. Dann rannte sie zu ihrem Mann auf das Feld, erzählte ihm alles und bat ihn: »Laß deinen Knecht einen Esel für mich satteln. Ich will mich sofort auf den Weg machen, den Gottesmann zu suchen. Er muß uns das Kind wieder zum Leben erwecken.« Der Mann gebot einem Knecht, mit seiner Frau auf die Suche nach Elisa zu gehen. Sie sagte zu dem Knecht: »Halte nicht an, es sei denn, ich sage es dir, bis wir Elisa gefunden haben.« Nicht lange, da traf sie ihn mit seinem Knecht Gehasi. Sie warf sich vor Elisa nieder und sagte: »Warum hast du Gott den

Herrn gebeten, mir ein Kind zu schicken, wenn er es gleich wieder zu sich holt. O, mein Schmerz ist jetzt viel größer als vorher, da ich noch kein Kind hatte. Ich flehe dich an, hole mir den Knaben zurück.« Da gab Elisa dem Diener Gehasi seinen Stab und gebot ihm, schnell in das Haus der Frau zu eilen und den Stab über den Knaben zu legen in der Länge seiner Gestalt. Aber die Frau ging nicht mit Gehasi. Sie klammerte sich an die Füße Elisas und rief: »Nur du kannst den Toten zurückholen, nur du. Bitte komme selber und vollbringe es.« Da folgte Elisa der Frau. Gehasi war schon vorausgeeilt, hatte dem toten Kind den Stab Elisas auf den Körper gelegt, aber das Leben war nicht zurückgekehrt. Als nun Elisa ins Haus kam, lief er ins Obergemach, riegelte die Tür hinter sich zu und betete. Dann streckte er sich über den Knaben so, daß seine Augen auf den Augen des Knaben, der Mund auf dem Mund des Knaben und seine Hände auf den Händen des Knaben lagen. Der Leib des Kindes erwärmte sich. Elisa stand auf, ging im Zimmer hin und her, betete und legte sich dann noch einmal in derselben Weise über den Knaben. Da nieste der Knabe sieben Mal, schlug die Augen auf und blickte Elisa hell an. Da rief Elisa Gehasi, er solle die Sunamitin holen. Sie kam und er übergab ihr das Kind mit den Worten: »Hier nimm deinen Sohn. Er ist dem Leben zum zweiten Mal gegeben.« Die Mutter neigte sich tief zur Erde. Ein Strom von Freudentränen und tiefer Herzensdank floß hin zu Elisa und zu seinem Gott, der durch ihn das Wunder vollbrachte. Sie nahm das Kind bei der Hand und ging hinaus. Elisa aber erkannte zum andern Mal, wie Elias ihm seinen Geist schenkte.

Der Tod im Topf

Einmal kehrte Elisa auf seiner Wanderung in einer Prophetenschule ein. Er sagte den Schülern, er wolle mit ihnen essen. Sie sollten ein Mahl bereiten. Einer ging hinaus und schnitt gurkenähnliche Früchte im Garten. Obwohl er dieses Gewächs nicht kannte, bereitete er daraus ein Gemüsegericht. Die Schüler hatten sich mit Elisa um einen großen Tisch gesetzt. Der Topf mit dem Gemüse wurde in die Mitte gestellt und alle bekamen daraus. Nach den ersten Bissen, die sie zu sich genommen hatten, bekamen sie brennende Schmerzen im Bauch, und einer nach dem anderen schrie: »Der Tod ist im Topf! Der Tod ist im Topf!« Da sagte Elisa: »Bringt etwas Mehl.« Sie brachten es ihm. Er streute das Mehl über das Gericht, vermischte es und sprach dabei ein Gebet. »Nun könnt ihr ohne Schaden weiteressen«, sagte er. Sie taten es, und im Essen beruhigte sich auch der Schmerz, den das Gift in ihren Gedärmen verursacht hatte. Sie dankten Elisa, daß er ihnen geholfen hatte.

Elisa heilt den syrischen Hauptmann Naeman

Der syrische König hatte einen Feldhauptmann Naeman. Dem verdankte er viel, denn durch ihn hatte ihm Gott der Herr den Sieg über Israel gegeben. Darum schätzte der König Naeman hoch. Eines Tages bekam Naeman den Aussatz, eine Krankheit, die unheilbar war. Nun würde er bald sterben müssen und lebte doch noch so gern. Seine Frau hatte eine Dienerin. Die hatte Naeman aus dem Krieg gegen Israel mitgebracht. Dies Mädchen war also eine Israelitin. Als sie hörte, daß Naeman Aussatz hatte, erzählte sie ihrer Herrin, daß es in Israel noch einen Propheten gäbe, der mit Hilfe seines Gottes auch diese Krankheit heilen könne. Die Frau erzählte es ihrem Manne. Der ließ sogleich einen Wagen anspannen und ließ sich zum Hof des syrischen Königs fahren. Als der syrische König erfuhr, daß sein hochgeschätzter Hauptmann Aussatz habe und daß es in Israel einen Propheten gäbe, der diese Krankheit heilen könne, schrieb er einen Brief an den König von Israel. Darin stand die Bitte, er möge doch den Überbringer dieses Briefes von seiner schlimmen Erkrankung heilen. Naeman fuhr mit dem Brief zum König von Israel. Der las die Botschaft und bekam einen furchtbaren Zorn. Er zerriß seine Kleider und sprach: »Bin ich etwa ein Gott, daß ich töten und lebendig machen kann? Dieser Syrerkönig verlangt von mir, daß ich seinen Hauptmann Naeman vom Aussatz befreie. Da seht ihr, daß er nur einen Grund sucht, nach einer längeren Friedenszeit wieder Krieg gegen mich zu beginnen. So hinterhältig ist dieser König der Syrer.« Naeman war enttäuscht, daß der König von Israel ihn nicht heilen konnte und so niedrig über seinen König dachte. Elisa hatte aber erfahren, was geschehen war. Er schickte eilends einen Boten zum König von Israel und ließ ihm ausrichten: »Warum hast du deine Kleider zerrissen, und dich über den König von Syrien erzürnt, der doch nur seinem Hauptmann helfen will. Schicke Naeman zu mir. Er soll erfahren, daß es in Israel noch einen Propheten gibt, der Gottes Taten unter Menschen ausführt.«

Der König ließ nun Naeman Elisas Botschaft wissen, und Naeman war froh und fuhr gleich zu des Propheten Haus. Er klopfte an, und als Gehasi ihm öffnete, trug er ihm seine Bitte vor. Gehasi kam wieder und sprach zu Naeman: »Mein Herr läßt dir sagen, du sollst dich sieben Mal im Jordanfluß untertauchen, dann wirst du rein von deinem Aussatz.« Der Hauptmann Naeman war sehr enttäuscht. Er hatte erwartet, daß Elisa selber zu ihm kommt und ihm seine Hand auf den kranken Körper legt und seinen Gott um Heilung bittet. Warum sollte er im Jordan baden? Da waren die Flüsse in seiner syrischen Heimat doch viel größer und schöner. In ihnen konnte er sich jeden Tag untertauchen. Für einen solchen Ratschlag war er doch nicht nach Israel gekommen. Da sagten die Diener, die bei ihm waren: »Herr, wenn der Prophet etwas Schweres von dir verlangt hätte, würdest du nicht zögern und es sogleich tun. Nun hat er dir etwas so Leichtes geraten, und du willst es nicht tun.« »Ihr habt recht«, sagte Naeman. Er ließ sich zum Jordan fahren, und wie es Elisa gesagt hatte tauchte er sich sieben Mal im Wasser unter. Als er herausstieg, war sein Leib rein, wie der Leib eines kleinen Kindes. Er kehrte um, dem Gottesmann zu danken und sagte: »Wisse wohl, jetzt habe ich erkannt, daß es auf der ganzen Erde nur einen wahren Gott gibt, das ist der Gott Israels, und du bist sein segensreicher Prophet. Durch dich bin ich wieder rein geworden. Bitte erlaube mir, deinem ergebenen Diener, daß ich dir die Geschenke überreiche, die meine Knechte für dich mitgebracht haben.« Doch Elisa wußte, daß die Gaben und Hilfen Gottes nicht mit irdischen Gütern bezahlt werden dürfen, und er sprach: »So wahr der Herr lebt, in dessen Dienst ich stehe, ich nehme nichts an.« Naeman drängte ihn, doch Elisa blieb bei seiner Weigerung. »Wenn du keine äußeren Güter annehmen magst«, sprach Naeman, »so nimm mein Versprechen an. Ich will von jetzt an nur noch dem Gott Israels meine Opfer bringen. Aber verzeihe mir eine Ausnahme. Wenn mein Herr, der König von Syrien, in den Tempel seines Gottes Ramman geht und sich dabei auf meinen Arm stützt, weil er schon alt und schwach ist, und er kniet dann nieder vor seinem Gott, dann muß ich mit ihm niederknien, weil er meine Stütze braucht. Verzeih mir also, wenn ich vor dem Gott Ramman niederknie.« »Wenn nur dein Herz sich nicht vor ihm neigt«, sagte Elisa. »Ziehe hin in Frieden.« So entließ Elisa den Hauptmann Naeman.

Gehasi aber, der Diener Elisas, konnte nicht begreifen, daß sein Herr von all dem Reichtum, den Naeman ihm mitgebracht hatte, nichts annehmen wollte. »So wahr der Herr lebt«, sagte Gehasi zu sich selbst, »ich laufe hinter Naeman her und hole mir wenigstens noch etwas davon.« Als Naeman sah, daß da jemand geeilt kam, hielt er seinen Reisewagen an. Er sprang aus dem Wagen und ging Gehasi entgegen. »Was ist mit dir?« fragte er ihn. Er antwortete: »Mein Herr schickt mich und läßt dir sagen, daß eben zwei Prophetenschüler bei ihm eingekehrt sind. Sie kamen vom Gebirge und wollen eine Zeitlang bei ihm bleiben. Nun läßt er fragen, ob du nicht doch etwas von deinen Geschenken für den Herrn geben könntest, damit er seine Schüler besser versorgen kann.« Naeman freute sich, daß er nun doch noch seinen Dank ausdrücken konnte und gab Gehasi zwei Säcke mit Silber und zwei Festtagskleider. Zwei Diener Naemans trugen ihm die Säcke bis zum Hügel. Von dort trug Gehasi sie selber ins Haus und versteckte sie dort. Dann ging er hinein zu Elisa. Der Gottesmann fragte ihn: »Wo bist du gewesen?« »Ich war nicht fort, ich war die ganze Zeit hier«, antwortete Gehasi. »Mein Geist hat dich begleitet und hat alles mit dir erlebt. O Gehasi, du kennst nicht, was die Stunde gebietet. Es ist jetzt nicht die Zeit, Besitz zu erwerben, Häuser zu bauen oder einen Weinberg anzulegen. Das wolltest du mit dem Silber tun, das du dir unrechtmäßig angeeignet hast. So komme nun der Aussatz über dich, den ich von dem gottesfürchtigen Naeman genommen habe.« Da wurde Gehasi vom Aussatz bedeckt, weiß wie Schnee.

Das schwimmende Eisen

Immer mehr Schüler kamen zu Elisa, um von seiner Weisheit zu lernen und die Gottesfurcht zu üben. Eines Tages sagten die Schüler: »Herr, der Raum ist zu eng für uns. Wir können kaum mehr atmen und uns bewegen. Erlaube doch, daß wir zum Jordan gehen, dort Bäume fällen und uns aus Balken einen größeren Raum errichten.« »Mir ist es recht«, sagte Elisa. Und die Schüler baten ihn, sie doch zum Jordan zu begleiten. Er tat es. Sie hatten sich jeder eine Axt mitgenommen, fällten Bäume, luden sie auf Wagen und fuhren sie zu ihrer bisherigen Behausung. Plötzlich stieß einer der Schüler einen Schrei aus. Das eiserne Blatt seiner Axt war abgesprungen und ins Wasser gefallen. Er jammerte: »Ach, was soll ich machen. Ich habe noch dazu die Axt von meinem Nachbarn geliehen und kann sie nun nicht zurückgeben.« Da nahm Elisa ein Stück Holz, schnitt es in eine bestimmte Form zurecht und warf es dorthin, wo das Eisen untergegangen war. Da tauchte das Eisen wieder auf und Elisa rief dem Schüler zu: »Hol es aus dem Wasser.« Wie froh war der Schüler, als er das Beil wieder herstellen und dem Nachbarn zurückgeben konnte.

Elisa im Krieg gegen die Syrer

Wieder einmal begann der Syrerkönig einen Krieg gegen Israel. Er rief seine Heerführer zu sich und verabredete mit ihnen genau, an welchem Ort sie über das israelische Heer hereinbrechen sollten. Aus dem Hinterhalt wollten sie es schlagen. Elisa hörte aber die ganze Verhandlung mit an, denn sein Geist konnte den Leib verlassen, ohne daß er starb, und konnte an allen Orten gegenwärtig sein. Elisa schickte Boten zum König von Israel und warnte ihn, nur ja nicht an den Ort zu gehen, den die Syrer für den Überfall geplant hatten. Die warteten den ganzen nächsten Tag vergebens und wunderten sich, warum das Heer Israels nicht vorbeimarschierte. Dies aber geschah noch einige Male. Der König von Syrien traf sich im Verborgenen mit seinen Heerführern, schmiedete Kriegspläne mit ihnen, und es war vergeblich. Da sagte der König: »Es muß einer unter uns sein, der den Israeliten jedesmal verrät, was wir verabredet haben, so daß diese sich danach richten können.« »Nein«, sagte ein syrischer Hauptmann, »so ist es nicht, sondern Elisa, der Prophet Israels, kann alles hören, was wir sprechen, auch wenn er viele Meilen weit von uns entfernt ist.« »Dann muß Elisa festgenommen werden«, rief der König, »auf, sucht ihn und bringt ihn mir. Sonst werden wir Israel niemals bezwingen.« Es wurde ihm gemeldet, daß Elisa sich in der Stadt Dothan befände. So sandte er seine Heere, daß sie die Stadt Dothan umzingeln sollten. Als der Diener Elisas am nächsten Morgen aus der Tür des Hauses trat, sah er ringsum die syrischen Soldaten. »O weh«, rief er. Elisa trat zu ihm. Der Diener sprach: »Jetzt sind wir verloren. Sieh nur ihre gewaltige Übermacht.« Elisa betete: »Herr, öffne meinem Diener die Augen, daß er sehen möge, wie wir viel stärker sind als die syrischen Heere.« Da erblickte der Diener ringsum auf den Höhen der Gebirge, die die Stadt Dothan umgaben, unzählige feurige Rosse und feurige Wagen. »Das sind die himmlischen Heerscharen, die uns beschützen«, sagte Elisa. Und noch einmal betete er zu seinem Gott: »Herr, schlage die Syrer mit Blindheit.«

Als nun die Syrer in die Stadt eindringen wollten, um Elisa gefangen zu nehmen, sahen sie plötzlich nicht mehr. Elisa trat zu ihnen vor das Tor und sagte: »Es ist der falsche Mann, den ihr sucht. Folgt mir. Ich will euch zu dem richtigen führen.« Sie lauschten auf die Schritte des Elisa, faßten sich bei den Händen und folgten behutsam dem Geräusch, das sie hörten. So führte Elisa die erblindeten Syrer bis nach Samaria. Als sie in der Stadt waren, ließ er die Stadttore schließen. Dann bat er seinen Gott, ihnen das Augenlicht wiederzugeben. Der König von Samaria kam und fragte Elisa, ob er das ganze syrische Heer töten lassen solle. Aber Elisa sprach: »Du hast sie nicht besiegt, hast keine Anstrengung gebraucht, um sie nun wehrlos vor dir zu haben. Setze ihnen Speise und Trank vor. Wenn sie dann gegessen und getrunken haben, sollen sie zu ihrem Herrn, dem König zurückkehren.« So geschah es. Seit diesem Ereignis sind nie mehr wieder syrische Streitscharen durch Israel gezogen, um zu rauben und zu morden.

Elisa und Hasael

Einst kam Elisa nach Damaskus, wo der syrische König krank darniederlag. Dieser schickte seinen Knecht Hasael, er solle den Gottesmann fragen, ob er, der König, von dieser Krankheit wieder genesen würde. Hasael kam zu Elisa und stellte ihm die Frage des Königs. »Er wird wieder genesen«, antwortete Elisa. Aber plötzlich sah Hasael, wie das Gesicht von Elisa vor Entsetzen erstarrte und er dann bitterlich weinte. Er blickte dabei immer auf eine bestimmte Stelle, aber seine Seele war nicht in dem äußeren Blick. »Was ist mit dir?« rief Hasael erschrocken. »Warum weinst du?« »Ich weine, weil ich sehe, welche Grausamkeiten du an meinem Volke verüben wirst.« »Aber Herr, ich bin nur ein geringer Knecht, wie sollte ich deinem Volk etwas antun können?« »Du wirst bald König von Syrien sein«, erwiderte Elisa. Als Hasael das hörte, ging er sehr schnell zum König zurück. Der fragte ihn gleich, was der Gottesmann gesagt habe. »Er hat gesagt, du würdest gewiß wieder gesund.« Da war der König beruhigt und schlief an diesem Abend schnell ein. Sein Knecht Hasael nahm ein Bettuch, tauchte es in Wasser, schlich sich damit zu dem schlafenden König, preßte ihm das Bettuch über das Gesicht, bis er starb. Die Leute glaubten, als sie ihn tot im Bett fanden, er sei an seiner Krankheit gestorben. Und wie es der Herr Elisa gezeigt hatte, so wurde Hasael König von Syrien.

Jehu wird König von Israel

Eines Morgens rief Elisa einen seiner Prophetenschüler und gab ihm folgenden Auftrag: »Nimm dieses Fläschchen mit Öl und gehe in das Haus, wo Jehu, der Hauptmann von Israel, mit seinen obersten Heerführern gerade spricht. Rufe ihn heraus. Gehe mit ihm in ein Nebengemach und salbe ihn dort zum König über Israel.« Der junge Prophet befolgte den Auftrag Elisas. Als er in den Raum trat, in dem Jehu mit den Männern saß, rief er: »Ich habe einen Auftrag an dich.« »Wen meinst du«, fragte Jehu. »Ich meine dich, Jehu. Erhebe dich und komme mit mir in das Nebengemach.« Jehu ging mit ihm. Da goß der Prophet das Ölfläschchen aus über dem Haupt von Jehu und sprach: »Im Namen des Herrn, der der Gott Israels ist, ich salbe dich zum König von Israel.« Danach floh der Prophet schnell aus dem Hause und kehrte zu Elisa zurück. Als Jehu wieder zu den Genossen kam, fragten sie ihn, was der Fremde gewollt habe. »Ach, das war doch ein Verrückter. Ihr habt es doch selbst gemerkt«, sagte Jehu. Aber sie drangen so lange in ihn, bis er ihnen alles erzählte, was geschehen war. Da erhoben sich die Männer, legten ihre Mäntel Jehu zu Füßen, neigten sich tief vor ihm und riefen: »Es lebe unser König Jehu.«

Joram, der Sohn von Ahab und Isebel war aber noch König von Israel. Am Morgen meldete ihm der Wächter auf dem Turm, er sähe eine Schar Krieger sich der Stadt nähern. Joram hatte gerade den König von Juda, Ahasja, zu Gast. Die beiden Könige bestiegen ihr Pferd und ritten Jehu mit seinen Kriegern entgegen. Sie erreichten sie bald und Joram fragte Jehu: »Kommt ihr in friedlicher oder in böser Absicht?« »Du bist der böse Sohn deiner bösen Mutter Isebel, die das Volk Gottes bis heute zum Götzendienst anstiftet, und du machst das alles mit. Du gehorchst nicht unserem Gotte, sondern ihr, diesem frevelhaften Weib. Da fragst du auch noch, in welcher Absicht wir kommen? Das Wort des großen Propheten Elias soll sich endlich an deiner Mutter Isebel erfüllen, daß die Hunde ihr Blut lecken und ihr Leichnam zerstückelt werden soll.« Da drehten Joram und Ahasja ihre Pferde und flohen vor Jehu. Der aber hatte seinen Bogen schon gespannt und traf Joram mit dem Pfeil zwischen den Schulterblättern hinab ins Herz, so daß dieser genau dort zusammenbrach, wo einstmals Naboths Weinberg war. Auch Ahasja wurde tödlich getroffen.

Jehu ritt in die Stadt ein. Isebel hatte schon von dem Grund seines Kommens gehört. Sie dachte bei sich: »Ich werde ihn nicht mit Schwert und

Speer, sondern mit meinen Waffen untertan machen.« So zog sie sich ihre
schönsten Kleider an, schminkte sich und stellte sich auf den Balkon ihres
Hauses, direkt zur Straße hin, auf der Jehu in die Stadt einritt. Sie winkte
ihm und rief ihm Begrüßungsworte zu. Da rief Jehu zu den Leibwächtern,
die hinter ihr standen: »Werft das teuflische Weib herab.« Die folgten seinem Befehl, und Isebel zerschellte an der Mauer ihres Palastes. Die Hunde
kamen und leckten ihr Blut. Als Jehu sie am nächsten Tag beerdigen lassen
wollte, weil sie ja doch eine Königin gewesen war, fand man nichts mehr
von ihrem Leichnam. Das Wort des Elias hatte sich erfüllt.

Elisas Tod

Jehu sorgte dafür, daß Israel aufhörte, den Gott Baal zu verehren. Sein
Sohn Joahas aber führte wieder den Baalsdienst ein. Dafür wurde das Volk
von seinem Gott bestraft, der den Assyrern den Sieg über Israel verlieh.

Als Joahas gestorben war, wurde sein Sohn Joas König von Israel. Der
erfuhr eines Tages, daß Elisa, der Gottesmann, sehr krank sei und dem Sterben nahe. Da ging König Joas zu Elisa. Als er in sein Gemach trat und Elisa
so schwach und gebrechlich daliegen sah, warf er sich vor ihm nieder und
rief: »Mein Vater, mein Vater, Israel und seine Reiter.« Es war das gleiche
Wort, das einstmals Elisa dem Elias nachgerufen hatte, als dieser vor seinen
Augen im Feuerwagen zum Himmel auffuhr. Denn auch Elisa war dem
Volk Israel wahrer Vater, und die himmlischen Heerscharen, die unsichtbaren Reiter Israels, waren um ihn und kämpften für Israel immer dann,
wenn es seinem Gott die Treue hielt. Die Untreue der Israeliten aber verhin-
derte, daß die Engel ihm halfen. Dann gewannen die Feinde Macht über
Israel. Würden sie noch dem Volke nahe sein, wenn Elisa die Erde verlassen
hat? Das war die große Sorge des Königs, als er rief: »Mein Vater, Israel und
seine Reiter.« Elisa sprach nun zu ihm: »Hole einen Bogen und Pfeile.« Der
König brachte sie und hielt die Pfeile in seiner Hand. Elisa legte seine Hand
über die des Königs und sprach: »Öffne das Fenster nach Osten und schieße
einen Pfeil ab.« Der König tat es und Elisa rief: »Das ist ein Siegespfeil gegen
die Syrer. Du wirst sie im nächsten Kampf schlagen, so will es der Herr. Nun
nimm die Pfeile und schlage damit auf die Erde.« König Joas schlug dreimal
mit den Pfeilen. Dann hielt er inne und schaute hin zu Elisa, was er sagen
würde. Der rief: »O hättest du doch öfter mit den Pfeilen auf die Erde ge-

schlagen. Jetzt wirst du noch dreimal die Assyrer besiegen, und dann wird das ganze Volk Israel in ihre Gefangenschaft geraten.« Danach schloß Elisa die Augen für immer. Seine letzten Worte erfüllten sich. Auf Joas folgten gottferne Könige und die Assyrer bekamen vom Gott Israels die Macht, sein Volk zu beherrschen.

DIE ZEIT DER PROPHETEN

König Hiskia und der Prophet Jesajas

Im Reiche Juda war inzwischen ein frommer und gottergebener Mann König geworden. Es war Hiskia. Er tat nun Dinge, die seinem Gott wohl gefielen, hielt die Gebote des Moses und ließ die Götzenbilder in Juda abschaffen. Auch die eherne Schlange, die Moses einst in der Wüste aufgerichtet hatte, ließ er zerstören. Denn viele Menschen in Juda verehrten dieses Bild wie einen Gott, und es war ihnen von Moses doch nur gegeben worden zur Heilung gegen die tödlichen Schlangenbisse. Das war lange vorbei, und was einmal gut war, ist nicht mehr gut am falschen Ort und zur unrechten Zeit. Weil Hiskia so ein guter König war, gab ihm der Gott seines Volkes die Kraft, sich von der assyrischen Herrschaft zu befreien und die Feinde Judas zu besiegen. Doch eines Tages wurde König Hiskia sehr krank. Der Prophet Jesajas erschien bei ihm und sprach: »Bestelle dein Haus, denn du mußt sterben. So hat es mir der Herr gesagt.« Da drehte sich König Hiskia zur Wand und betete flehentlich: »O mein Gott, mein Leben lang habe ich für dich gekämpft und dir immer die Treue gehalten. Bitte schenke mir noch einige Jahre auf Erden.« Dann weinte er sehr. Als Jesajas noch nicht durch den äußeren Hof des Palastes gegangen war, sondern am Tor vom Innenhof stand, erging das Wort des Herrn an ihn: »Kehre um und sprich mit König Hiskia und sage ihm, daß der Gott seines Ahnherrn David sein Gebet erhören will und ihm noch fünfzehn Jahre zum Leben hinzugegeben werden.« Da kehrte Jesajas um und brachte König Hiskia die Freudenbotschaft. Der wurde wieder gesund. König Hiskia fragte Jesajas: »Welches ist das Zeichen, an dem ich erkennen kann, daß das Wort wahr ist, was du mir gesagt hast, und daß ich wirklich noch fünfzehn Jahre leben darf?« »Wünsche dir, ob der Zeiger der Sonnenuhr zehn Stunden vorwärts oder rückwärts gehen soll, jetzt sogleich.« Hiskia sagte: »Vorwärts geht die Sonne sowieso, aber sie soll zehn Stunden zurückgehen.« Da geschah es, daß der Zeiger der Sonnenuhr zehn Stunden zurückging. Hiskia erstaunte sehr und erlebte, daß bei Gott alle Dinge möglich sind.

König Hiskias Prunksucht

Es hatte sich bis nach Babylon herumgesprochen, daß König Hiskia hätte sterben sollen und noch einmal ins Leben zurückgekehrt war. Der König von Babylon schickte seine Fürsten zu Hiskia, sie sollten ihm zu diesem Ereignis seine Glückwünsche und Geschenke überbringen. Hiskia empfing die Babylonischen Fürsten und führte sie durch alle Räume seines Schlosses, zeigte ihnen alle seine Schatzkammern, alle Kostbarkeiten und war stolz, vor ihnen als reicher Herrscher zu erscheinen. Die Fürsten staunten über alles, was sie sahen, und bewunderten Hiskia. Als sie wieder abgereist waren, kam Jesajas und fragte Hiskia, wer die Fremden gewesen seien und was er ihnen gezeigt habe. Hiskia erzählte ihm alles. Da rief Jesajas: »O, du törichter Mensch, mit deiner Prahlerei und deinem Wichtigtun hast du deinen Gott beleidigt, denn er ist es, dem du alles verdankst, und nicht du hast den Reichtum verdient. Nach deinem Tod wird alles, was du jetzt den Babyloniern gezeigt hast, in ihren Besitz gelangen. Dazu wird das ganze Volk, auch deine eigenen Kinder, den Babyloniern dienen müssen.« »Gottes Wille geschehe«, sagte Hiskia, aber er bereute nicht, was er getan hatte.

Josia

Nach dem Tod des Königs Hiskia gab es unter seinen Nachfolgern nur noch einen, der so lebte, daß der Gott Israels Wohlgefallen an ihm hatte. Das war König Josia. Alle anderen verführten das Volk zur Gottlosigkeit. König Josia sandte einmal einen seiner Hauptleute zum Tempel, um zu erkunden, was die Priester mit dem Tempelgeld machten, ob sie genug hätten, um das kostbare Bauwerk aus der Zeit König Salomos instandzuhalten. Als der Hauptmann seinen Auftrag ausführte, überreichte ihm der Priester Hilkia ein Buch, das sie im Tempel irgendwo gefunden hatten. Sie stellten gemeinsam fest, daß es das Buch war, in dem getreu und wörtlich alle Gesetze aufgeschrieben waren, die der Herr seinem Knecht Moses gegeben hatte. Viele Jahre hatte kein Priester und kein König mehr dieses Buch in Händen gehabt, denn sie richteten sich ja schon lange nicht mehr nach Gottes Gebot. Der Hauptmann brachte das Buch dem König Josia. Der las es von Anfang bis Ende und erschrak, was aus dem Volk geworden war unter der Führung gottferner Könige. Als erstes ordnete er an, daß das Passafest wieder gefeiert werden sollte genau so, wie es in dem Buch stand. So wurde seit der Zeit König Davids zum erstenmal wieder ein vollständiges Passafest gefeiert. Den Tempel ließ Josia reinigen und wieder so herstellen, wie es in dem Buch geschrieben stand. Als König Josia starb, trauerte ganz Juda um ihn. Der Prophet Jeremia dichtete auf seinen Tod ein besonderes Klagelied.

Die Könige, die nach ihm regierten, machten alles wieder so schlimm, wie die früheren. Da ließ der Herr zu, daß der König von Babylon in Juda eindrang, den Tempel in Jerusalem zerstörte und alle Juden in Babylonische Gefangenschaft führte. Nur die Alten, Kranken und Bettelarmen ließ er in Juda zurück. Dafür schickte er Babylonier zur Besetzung des Landes dorthin. Während all der Jahre hatte Gott immer wieder Menschen erwählt, die er als Propheten durchs Land schickte, daß sie das Volk warnen sollten, so gottlos zu leben. Alles Unglück, was jetzt über Juda hereingebrochen war, hatten diese vielfach vorausgesagt. Aber sie hatten auch noch viel weiter in die Zukunft geschaut, was einmal kommen würde, wenn Israel zurückkehren dürfe aus der Gefangenschaft. In ganz ferner Zeit, so sagte Jesajas, würde eine Jungfrau ein Kind gebären. Das würde der Erlöser der ganzen Menschheit werden. Er würde sich wie ein Lamm unschuldig opfern lassen. Große Leiden und Sünden würde er tragen, aber nicht seine eigenen, sondern die Schicksale der Menschen würde er auf sich nehmen und mit ihnen, ja für sie tragen und erdulden. Auch sprachen die Propheten immer wieder davon, daß aus dem Stamme Jesse oder auch Isai genannt, aus dem David hervorgegangen war, daß aus dem Königsbaume ein neues Reis erblühen würde, ein heiliger Zweig, der die Heilung bringt von der Sündenkrankheit. Damals verstanden die Menschen nicht viel von den Prophezeiungen des Jesajas, Jeremias und vieler anderen Propheten. Erst als Jesus Christus durch die Jungfrau Maria geboren wurde, Joseph aus dem Stamme Davids sein Vater wurde und er, der zugleich Gottes Sohn war, sich wie ein Lamm für die Menschheit opferte, unschuldig am Kreuze starb, da erkannten die Menschen die Worte der Propheten wieder und staunten, wie genau sie sich erfüllt hatten.

Jonas

Das Volk Israel zu warnen und zu seinem Gotte zurückzubringen, das war der Auftrag aller dieser Propheten. Aber einer war da unter ihnen, der wurde von Gott, dem Allerhöchsten gerufen, von dem Gott, der Himmel und Erde als Gottes Wort erschaffen hat. Dieser Gott rief den Propheten Jonas und sprach zu ihm: »Gehe in die Stadt Ninive. Dort leben Menschen aus dem Assyrischen Volk und aus vielen anderen Völkern. Du weißt selbst, was für ein sündiges Leben sie führen. Gehe hin und rufe sie zur Umkehr. Wenn sie ihr Leben nicht gänzlich ändern, werde ich ihre Stadt vernichten mit allem, was darin lebt. Sage ihnen das.« Jonas erschrak furchtbar. Sehr wohl kannte er die Leute von Ninive. War er doch öfter dort gewesen, um Verwandte zu besuchen. Da hatte er selber erfahren, wie die Menschen in Ninive nichts andres im Sinne hatten, als ihr wildes Vergnügen. Sie machten die Nacht zum Tag und den Tag zur Nacht. Sie schreckten nicht zurück vor Diebstahl und Totschlag, wenn sie sich selber dadurch bereichern konnten. Sie nahmen einander die Frauen fort und gaben ihren Kindern in allem ein schlechtes Beispiel. Da ihr König genau so lebte, richteten sie sich gerne nach ihm und schufen sich Götter, vor deren Augen sie so leben konnten.

Jedesmal, wenn Jonas nach Ninive kam, hatten ihn die Leute verlacht, weil er so ein tugendsames Leben führe. Er habe wohl einen grausamen Gott, meinten sie, vor dem er sich fürchten müsse, statt glücklich zu sein. An all das mußte Jonas nun denken, als er vom höchsten Gott den Auftrag bekam. Er fürchtete sich wirklich, aber nicht vor Gott, sondern vor den Einwohnern von Ninive. Außerdem fürchtete er auch, was geschehen würde, wenn sie ihren Sinn vielleicht änderten. Dann würde sich nämlich seine Prophezeiung nicht erfüllen und die Leute würden ihn erst recht auslachen. Sein Gott war der Gott der Liebe. Er liebte die Menschen und freute sich, wenn ein Mensch über sich selbst, über das, was schwach war in ihm, siegte. Im Geiste seines Gottes lebte das Bild vom Menschen so, wie es von ihm bei seiner Erschaffung geschaut wurde. In seinem Geist war jeder Mensch vom Kopf bis zum Fuß Gottes Bild, ganz gleich, welchem Volk er angehörte. Es wurde nur dieses Bild auf Erden immer wieder verzerrt und verunstaltet von den Feinden des Menschen. Auch das alles wußte Jonas. Er kannte den Gott, der ihm den Auftrag gegeben hatte. Und er beschloß, vor ihm und seinem Auftrag zu fliehen.

Er ging in die Stadt Joppe, wo ein größerer Hafen war, und fand dort ein Schiff, das nach Spanien fuhr in die Stadt Tharsis. Er sprach mit dem Kapitän des Schiffes, und der nahm ihn für gute Bezahlung mit. Auf diese Weise wollte er Gott aus den Augen kommen. Als sie nun weit draußen auf dem Meere waren, erhob sich ein gewaltiger Sturm und das Schiff wurde wie eine Nußschale auf hohen Wogen umhergeworfen. Alle Männer, die auf dem Schiffe waren, gingen in die Knie und jeder betete zu seinem Gott, denn sie waren aus ganz verschiedenen Völkern zusammengewürfelt und aus verschiedenen Religionen. Trotz ihres Gebetes beruhigte sich das Meer nicht. Der Kapitän ging aufs Unterdeck und fand dort Jona schlafend. Er weckte ihn und sagte: »Wie kannst du nur schlafen, wo wir doch alle in höchster Lebensgefahr sind? Steh auf und bete auch zu deinem Gott.« »Ich kann nicht zu ihm beten, denn ich bin gerade hier auf diesem Schiff, um vor ihm zu fliehen«, sagte Jona. Er stand auf und ging zu der Mannschaft hinauf, die keinen Rat mehr wußte und sich sehr fürchtete. Sie beschlossen Lose zu werfen, um zu erfahren, wer es sei, um dessentwillen ein Gott solches Unglück über sie hereinbrechen ließ. Das Los fiel auf Jonas. Da fragten sie ihn: »Wer bist du, woher kommst du, welches Gewerbe übst du aus und was hast du getan, daß wir deinetwegen so gestraft werden.« Da berichtete Jonas ihnen: »Ich bin ein Hebräer und ich verehre den höchsten Gott, durch den Himmel und Erde geschaffen wurden. Er hat mir aber einen schweren Auftrag erteilt, vor dem ich mich fürchtete. Ich wollte vor ihm fliehen. Aber jetzt sehe ich, daß alle Orte und Wege der Welt vor ihm offenbar sind und kein Mensch sich vor ihm verbergen kann.« »Was sollen wir tun, daß der Sturm sich beruhigt?« fragten die Männer. »Nehmt mich und werft mich ins Wasser, denn durch mich ist das Unglück über euch gekommen«, erwiderte Jonas. Die Männer mochten ihn aber gern und wollten nicht schuld sein an seinem Tode. So versuchten sie es noch einmal mit Rudern. Aber das Meer bäumte sich auf, vom Sturm gepeitscht, und trieb die Rudernden immer weiter ab vom Lande. Da knieten sie alle nieder und riefen den Gott des Jonas um Verzeihung an, wenn sie ihn nun doch ins Wasser werfen müßten. Sie nahmen ihn, warfen ihn über Bord und im gleichen Augenblick beruhigte sich das Meer. Sie konnten ohne Gefahr die Segel aufziehen und nach Tharsis fahren.

Die Männer fühlten eine große Ehrfurcht vor dem höchsten Gott, dem Jonas diente. Sie brachten ihm ein Schlachtopfer und dankten ihm damit. Als sie nach Jonas Ausschau hielten, ob er untergegangen oder fortgetrieben worden sei, sahen sie ihn nicht, sondern nur einen großen Fisch, wie

Jonas wird vom Fisch ausgespien

sie einen solchen auf all ihren Meerfahrten noch nie gesehen hatten. Sie ahnten nicht, daß dieser Fisch das Grab war, in das Gott der Herr den Jonas bei lebendigem Leibe hatte verschwinden lassen.

Drei Tage und drei Nächte lang war Jonas im Leib des Fisches. Er schlief nicht, er sprach ohne Unterlaß mit seinem Gott. Er dankte ihm, daß er ihn aus den furchtbaren Qualen des Ertrinkens gerettet hatte, daß er gnädig zu ihm gewesen war, zu ihm, der ihm doch so schmählich hatte entfliehen wollen. »Wenn ich jemals wieder die Erde betreten darf«, sprach er, »so werde ich ein neuer Mensch geworden sein, denn der Leib des Fisches ist mir ein Grab und ist mir zugleich die Stätte der Neugeburt.« Als Gott, der Himmel und Erde gemacht hat, die Worte des Jonas hörte, erkannte er, daß Jonas sich wandeln wollte, daß er Tod und Neugeburt erfahren hatte. Er gebot dem Fisch, Jonas an Land zu speien. So gelangte Jonas wieder nach Hause. Dort erging aufs neue das Wort seines Gottes an ihn: »Mache dich auf, gehe in die große Stadt Ninive und sage den Menschen dort, was ich dir eingeben werde.« Diesmal befolgte Jonas den Auftrag, ging nach Ninive, stellte sich dort auf den großen Platz in der Mitte der Stadt und verkündete den Menschen, ihre Stadt würde in vierzig Tagen untergehen, wenn sie nicht sofort ihr sündhaftes Leben änderten. Wie ein Lauffeuer sprach sich die Drohung des Jonas in der ganzen Stadt herum und gelangte auch zum König von Ninive. Jonas hatte gleich nachdem er die Botschaft des Herrn verkündet hatte, die böse Stadt wieder verlassen. Er stieg auf einen Hügel in einiger Entfernung von Ninive. Von dort wollte er sehen, wie Gott die Stadt vernichtete, denn er kannte ja ihr gottloses Leben und glaubte nicht, daß sie sich ändern würden.

Der König von Ninive war aber von der Botschaft tief im Herzen getroffen worden. Er erhob sich von seinem Thron, zog seine Königskleider aus und legte sich ein Gewand aus Sackleinen um. Er streute sich Asche aufs Haupt als Zeichen für seine Reue und Buße. Dann ließ er in der ganzen Stadt seinen Befehl verkünden, daß alle Menschen in Sack und Asche gehen sollen, daß weder Menschen noch Tiere Nahrung zu sich nehmen sollen, sondern ein großes Fasten eingehalten werden soll. Und alle Menschen sollen ihre bösen, gottlosen Taten bereuen, zu Gott um Verzeihung bitten und ihm Opfer bringen. Vielleicht würde dann Gott der Herr das Unglück noch einmal von ihnen abwenden und die Stadt erhalten. Die Menschen taten alles so, wie es der König angeordnet hatte. Jonas hatte sich indessen eine Hütte auf dem Berge gebaut und erwartete den Untergang von Ninive.

Als aber viele Tage nichts geschah, bekam er einen großen Zorn auf Gott und rief: »Genau das habe ich vermutet, daß du, weil du der Gott der Liebe bist, die Stadt doch nicht zerstören wirst. Darum bin ich nach Tharsis geflohen, weil ich nicht als ein falscher Prophet vor den Leuten dastehen wollte. Ich wußte, daß du verzeihst und nicht durchführst, was du androhst. Ach Herr, nimm jetzt mein Leben. Es ist besser für mich zu sterben als zu leben.« Der Herr antwortete ihm: »Ist es denn recht von dir so zu zürnen?« Da blieb Jonas in seiner Hütte über der Stadt. Es war heiß und er litt an der äußeren Glut und seinem inneren Zornesfeuer. In der Nacht ließ Gott eine Staude aus der Erde wachsen, einen Kürbisbaum, der ihm Schatten spendete und der ihn von seinem Ärger befreien sollte. Jonas hatte große Freude an dem Baum. Als er aber am nächsten Morgen zu Sonnenaufgang vor die Hütte trat, war der Baum verdorrt. Gott hatte einen Wurm geschickt, der ihm die Wurzel zernagte und ihm alle Lebenskraft nahm. Gott schickte auch noch einen schwülen Wind, so daß Jonas von Wind und Sonnenglut beinahe ohnmächtig wurde. »Ach laß mich sterben«, rief er wieder. »Warum hast du mir den schattenspendenden Baum geraubt, der mir so lieb war?« Gott fragte ihn: »Ist es denn recht, daß du wegen einem Kürbisbaum so zornig bist?« »Ja, das ist recht«, rief Jonas, »ich will sterben.« So zürnte Jonas mit dem Gott, der auch einst den Menschen geschaffen hatte, zum Bilde Gottes, ein freies Wesen zu werden. Aber Gott zürnte nicht mit Jonas, weil er sah, daß er Nein zu seinem Gott sagen mußte, um danach freiwillig Ja zu ihm sagen zu können. Er liebte den Jonas und aus Liebe gab er ihm eine Lehre: »Jonas, dir tut der Kürbisbaum leid, der in einer Nacht gewachsen und in einer Nacht verdorrt ist. Du hast ihn selber nicht gepflanzt und nicht gepflegt. Aber du trauerst um ihn. Wie sollte mir da nicht die große Stadt Ninive leid tun, in der mehr als 120 Tausend Menschen leben, die aber noch wie Kinder sind, die rechts und links nicht unterscheiden können, dazu all die unschuldigen Tiere in der Stadt.«

Als Gott so mit Jonas sprach, schämte der sich sehr, und er erinnerte sich, wie froh er gewesen war, als ihm das Leben noch einmal neu geschenkt worden war nach den drei Tagen im Grab des Fischleibes. Auch ihm hatte Gott ja verziehen. O, er mußte noch sehr viel lernen vom Gott der Liebe, bis er in seinem Sinne ein Mensch geworden war. Ganz demütig, ganz still wurde Jonas, und sein feuriger Zorn verflog und ließ einen kleinen Funken Gottesliebe zurück.

Tobias

Schon lange Zeit lebten die Israeliten in der Fremde als Gefangene. Einer war unter ihnen, der hieß Tobias. Er führte ein Leben, das Israels Gott wohl gefiel. Er setzte sogar sein Leben aufs Spiel. Das kam so: Es war in Ninive verboten, daß ein Israelit begraben wurde, wenn er aus Strafe von einem Assyrer oder Babylonier getötet worden war. Unbeerdigt wurde ein toter Israelit hinter ein Gebüsch gelegt und liegen gelassen, bis sein Leichnam verwest war. Auch durften keine Gebete für seine Seele gesprochen werden. Tobias achtete dieses strenge Gebot nicht. Jede Nacht zog er heimlich hinaus und schaufelte Gräber. Dahinein legte er unter leisem Beten die toten Israeliten. Morgens kam er dann erschöpft nach Hause und hatte nur wenig Schlaf. Er wußte, daß er mit dem Tod bestraft werden würde, wenn man ihn bei seinem Tun entdecken würde, aber es war ihm wichtiger, die Seelen derer, die seinem Volke angehörten, würdig und im Namen ihres Gottes zu bestatten.

So kam er wieder einmal im Morgengrauen müde und schmutzig von der Arbeit nach Hause. Er ging nicht hinauf ins Schlafgemach, sondern legte sich gleich auf die Bank vor der Tür. Unter dem Dach hatten Sperlinge ihr Nest. Als Tobias die Augen wieder aufschlug und aufstehen wollte, fiel ihm aus dem Nest Dreck in beide Augen. Das brannte und tat tagelang weh. Es bildeten sich weiße Flecken im Auge. Er ging zu vielen Ärzten. Keiner konnte ihm helfen. Er wurde blind. Nun mußte seine Frau für den Unterhalt der Familie arbeiten. Sie hatten einen Sohn, der hieß auch Tobias. Die Frau webte Stoffe und verkaufte sie an vornehme Leute. Da brachte sie einmal ein geschlachtetes Ziegenböckchen nach Hause. »Wo hast du das her?« fragte sie Tobias. »Ich habe es geschenkt bekommen als Lohn für meine Arbeit.« »Bist du sicher, daß es nicht gestohlen ist?« fragte er sie. »Aber Mann, ich stehle doch nicht«, rief sie ganz empört. »Aber der es dir geschenkt hat, hat es vielleicht gestohlen. Bring es zurück. Ich will nichts essen, wovon ich nicht ganz sicher bin, daß es nicht gestohlen ist.« Da brachte die Frau das Böckchen zurück. Nur selten gibt es Menschen, die so gewissenhaft sind, wie Tobias. Seine Frau aber spottete darüber und konnte nicht verstehen, warum er das Böckchen nicht essen wollte. So fühlte sich Tobias auch von ihr verlassen und von Gott gestraft, und er betete: »Herr, laß mich sterben, denn es ist eine große Strafe, die ich für meine Sünden und die Sünden meiner Väter erleide, die Strafe, blind zu leben.«

Zur gleichen Stunde, in der Tobias so betete, kniete ein Mädchen in ihrem Gemach, Sarah, aus der Familie des Tobias, die in Ekbatana mit ihren Eltern lebte. Auch sie betete, daß Gott sie sterben ließe, denn auch sie trug ein großes Unglück mit sich. Sie war schön und freundlich, und die Menschen hatten sie schnell in ihr Herz geschlossen, bevor das Schreckliche geschah. Ein Jüngling sah sie. Er entbrannte in heißer Liebe zu ihr und wollte sie zur Frau gewinnen. Die Eltern stimmten zu. Aber schon in der ersten Hochzeitsnacht kam ein Dämon und tötete ihn, bevor sie noch ein Paar geworden waren. Als eine Zeit vergangen war, kam wieder ein junger Mann und wollte sie zur Frau haben. Mit ihm geschah das gleiche. Und so ging es sieben Mal. Immer wurde der Bräutigam in der ersten Nacht von einem Dämon getötet. Nun wagte keiner mehr, sie zu heiraten. Ihre Mägde verspotteten sie und sagten: »Hoffentlich werden wir niemals Kinder von dir zu sehen bekommen.« Das kränkte die schöne Sarah so sehr, daß sie nicht länger leben wollte. Das Gebet des alten Tobias und das Gebet der jungen Sarah erreichte Gott zur gleichen Zeit, und er sandte seinen Engel Raphael zur Erde, damit beiden geholfen werde.

Der alte Tobias dachte bei sich: »Ich habe Gott gebeten, daß er mich sterben läßt. So will ich nun vorher alles noch in Ordnung bringen, falls er meine Bitte erhört.« Er rief seinen Sohn, den jungen Tobias, zu sich, gab ihm viele gute Ratschläge für sein Leben und prägte ihm ganz besonders ein, er dürfe nur eine Frau aus seinem Stamme heiraten, so wie es alle gottesfürchtigen Juden getan haben. Dann bat er ihn, zu Gabael in Rages zu gehen und das Geld einzulösen, das dieser ihm noch schuldig sei. Er solle sich aber zuvor einen guten Gefährten suchen und die Reise dorthin nicht alleine machen. Tobias bedankte sich beim Vater für alle die guten und weisen Worte. Er ging auf den Marktplatz und traf dort einen jungen Mann, der ihm gefiel. Er fragte ihn, ob er sein Reisegefährte sein wolle und ihn nach Rages in Medien begleiten wolle. Der Fremde stimmte zu. Tobias führte ihn zu seinem Vater. Der fragte den fremden Jüngling nach seinem Namen. Asarjah heiße er, sagte dieser. Der alte Tobias segnete die beiden und sprach: »Gottes Engel möge euch beschützen.« Er ahnte nicht, wen er vor sich hatte.

Den ganzen Tag wanderten die beiden. Abends kamen sie zu dem Fluß Tigris. Dort wollten sie übernachten. Tobias streckte die Füße ins Wasser, um sich zu erfrischen. Da kam ein Fisch und wollte seinen Fuß verschlingen. Tobias schrie und zog den Fuß aus dem Wasser. Da sagte Asarjah, sein Begleiter: »Fasse den Fisch und wirf ihn aufs Land.« Tobias packte den

231

Fisch und zog ihn aus dem Wasser. »Jetzt schneide ihn auf«, sagte Asarjah, »nimm Herz, Leber und Galle heraus. Das übrige wollen wir braten und essen.« Auch das tat Tobias. Während der Mahlzeit fragte er seinen Begleiter: »Was hat es denn auf sich mit Herz, Leber und Galle des Fisches?« Der antwortete ihm: »Wenn ein Mensch, ob Mann oder Frau, von einem bösen Dämon geplagt wird, muß man ein Feuer anzünden und Herz und Leber des Fisches darauf verbrennen. Davon muß der Dämon weichen und kann nie mehr diesem Menschen Böses tun. Aus der Galle aber kann man eine Salbe machen und damit blinde Augen heilen.«

Am nächsten Morgen brachen sie früh auf und als sie in die Nähe von Ekbatana kamen, sagte Asarjah zu Tobias: »Höre, mein Bruder, in Ekbatana wohnt der Vetter deines Vaters, Raguel, mit seiner Frau Edna. Sie haben eine Tochter, die ist schön und klug, Sarah ist ihr Name. Sie ist die einzige deiner Verwandten, die noch lebt. Bedenke nur, was dein Vater zu dir gesagt hat, daß du nur ein Mädchen aus deiner Verwandtschaft zur Frau nehmen sollst.« »O weh«, rief Tobias, »das ist doch die, die schon sieben Männer gehabt hat und sie sind alle in der ersten Hochzeitsnacht von einem Dämon getötet worden. Der Dämon wird mich gewiß auch töten. Ich bin der einzige Sohn meiner Eltern. Sie hätten dann niemanden mehr, der für sie sorgt, wenn die Mutter alt geworden ist. Sie hätten niemanden, der Gebete für sie spricht, wenn sie gestorben sind.« »Fürchte dich nicht«, sprach Asarjah, »die sieben Männer konnten deshalb vom Dämon getötet werden, weil sie die schöne Sarah besitzen wollten, wie man einen kostbaren Schmuck oder ein edles Tier besitzt. Auch der Dämon wollte Sarah besitzen, und hat darum die Männer aus Eifersucht getötet. Du aber sollst es anders machen. Du sollst ihr Wesen erkennen so tief und gut, daß du sie um ihrer selbst willen lieben kannst. Wenn die Eltern sie dir dann zur Frau geben, nimm sie nicht als deinen Besitz, sondern als deine Gefährtin. Denn Gott, der höchste, der den Menschen und alles erschaffen hat, gab dem Adam die Eva nicht als Besitz, sondern als Gefährtin, die seine Sprache spricht. Von diesem Gott, dem Gott der Liebe, ist sie dir bestimmt. Und so sollst du es machen: Nimm etwas glühende Kohle in einem Räuchergefäß. Wenn ihr dann die erste Nacht zusammen seid, lege Herz und Leber auf die Glut, daß sie verbrennen, und bete, zusammen mit Sarah, zum höchsten Gott. Der Duft wird den Dämon vertreiben und er wird nie mehr wieder kommen.« Tobias hatte Asarjah aufmerksam zugehört und seine Worte hatten in ihm eine große Liebe zu Sarah erweckt, noch bevor er sie gesehen hatte. Als sie nun nach Ekbatana kamen, klopften sie an die Tür ihres Verwandten Raguel.

Dieser öffnete selbst, und als er Tobias vor sich sah, rief er voller Verwunderung: »Edna, Sarah, kommt schnell herbei, ein Jüngling ist hier, der sieht unserem Verwandten Tobias so ähnlich, daß ich meinen könnte, er sei es selbst. Nur ist mein Vetter Tobias schon viel älter als dieser.« Edna und Sarah kamen herbei. Edna bestätigte, was ihr Mann Raguel gesagt hatte. Doch Sarah kannte den alten Tobias nicht. Sie sah etwas ganz anderes als ihre Eltern sahen. Sie sah einen Menschen, der sie liebte und von dem sie sich erkannt fühlte. Und in dem gleichen Augenblick erkannte sie auch ihn und liebte ihn.

Raguel lud nun die beiden Wanderer ein. Edna richtete ein festliches Mahl. Tobias bat seinen Begleiter, nun doch für ihn sein Anliegen vorzutragen und die Eltern zu bitten, ihm Sarah als Lebensgefährtin zu geben. Asarjah tat es, aber beide Eltern erschraken, denn sie fürchteten, es würde Tobias genau so gehen wie den sieben Männern vor ihm. Tobias sah das und sprach: »Ich weiß, warum ihr so erschrocken seid. Aber fürchtet nichts. Der Gott der Liebe ist mit uns. Es wird mir kein Leid geschehen.« Als Sarah ihn so sprechen hörte, wußte sie, daß es die Wahrheit war und sagte: »Glaubt ihm, der Engel Gottes ist unser Beschützer.« Da stimmten die Eltern zu und die Hochzeit wurde vorbereitet. Als die Nacht kam, und Tobias und Sarah ins Brautgemach gingen, machte Tobias alles genau so, wie ihm Asarjah gesagt hatte. Er verbrannte Herz und Leber des Fisches und betete gemeinsam mit Sarah. Da kam ein Engel und brachte den Dämon gefesselt ins Gebirge, wo er bleiben mußte und sich nicht mehr rühren konnte. Raguel aber wachte die ganze Nacht vor Sorge um das Leben von Tobias. Er rief einen Knecht. Der mußte im Garten ein Grab schaufeln, damit, falls Tobias doch sterben würde, er noch vor Sonnenaufgang ins Grab gelegt werden könnte, so daß es niemand erführe. Kurz vor Sonnenaufgang schickte er die Magd ins Brautgemach, sie solle erkunden, ob Tobias noch lebe. Sie schlich sich hinein und sah die beiden ruhevoll schlafen. Sie eilte zu ihrem Herrn mit der Freudenbotschaft. »Er lebt.« Da schämte sich Raguel seines Mißtrauens und ließ schnell das Grab wieder zuschaufeln. Glücklich begannen alle den neuen Tag. Raguel bat Tobias, 14 Tage lang bei ihnen zu bleiben und Hochzeit zu feiern. Da bot Asarjah an, alleine nach Rages zu gehen und das Geld für den alten Tobias zu holen, damit dieser nicht zu lange auf die Rückkehr seines Sohnes warten müsse. Und so geschah es. Als Asarjah mit dem Geld wieder bei Raguel ankam, traten sie mit Sarah die Heimreise an. Ein großes Vermögen gab ihr Raguel mit in ihr neues Leben. Es war aber die ganze Zeit noch ein kleiner Begleiter mit Tobias gegangen,

233

das war sein Hund. Bei allem war er dabei gewesen, hatte die Knochen des Fisches gefressen und die übrigen Brocken vom Hochzeitsmahl. Wenn er seinen Herrn, Tobias, in Gefahr glaubte, hatte er gebellt, um ihn zu schützen. Am allergrimmigsten bellte er, als der Dämon sich den beiden nähern wollte, und er hatte einen großen Hundestolz, als der Dämon verschwand, denn er glaubte, sein Bellen habe ihn vertrieben. Als sie nun auf dem Heimweg waren, rannte das Hündchen vor Freude den gleichen Weg viele Male hin und her, und die Menschen gingen ihm viel zu langsam, so drängte es ihn, endlich wieder nach Hause zu kommen.

Der Vater Tobias und seine Frau warteten sehnlichst auf die Rückkehr ihres Sohnes und seines Begleiters. Als er immer noch nicht zurück war, klagte die Mutter: »Er ist bestimmt tot. Warum hast du ihn nur so weit fort geschickt?« Sie konnte nicht mehr richtig schlafen, nicht essen und trinken. Jeden Tag rannte sie vor die Stadt und hielt Ausschau nach ihrem Sohn. Abends kam sie weinend nach Hause. Immer wieder mußte Tobias sie trösten. Eines Morgens sah sie von weitem einen Hund gelaufen kommen. Sie erkannte sofort das Hündchen ihres Sohnes. Das sprang an ihr hoch, winselte vor Freude, schleckte ihr die Hand und kehrte dann wieder um. Da wußte sie, daß Tobias noch lebte und auf dem Wege war. Sie lief nach Hause und brachte ihrem Mann die Freudenbotschaft.

Als nun Tobias mit Asarjah und Sarah sich Ninive näherte, sprach Asarjah zu ihm: »Du weißt, in welchem Zustand dein Vater ist. Es ist besser du gehst erst allein zu ihm hinein, um ihn zu begrüßen. Dann nimm die Galle des Fisches, zerdrücke sie zu einer Salbe, schmiere diese dem Vater auf die Augen. Es wird ihn brennen. Er wird sich die Augen reiben. Dabei werden sich die weißen Häutchen über seinen Augäpfeln lösen und er wird wieder sehen. Dann rufe Sarah, daß er sie sehen und begrüßen möge, und erzähle ihm, wie alles gewesen ist.« Wie es Asarjah ihm geraten hatte, so führte es Tobias aus. Der Vater wurde sehend. Er begrüßte Sarah und segnete das Paar. Dann sagte der junge Tobias: »Mein treuer Freund Asarjah hat uns all dies bereitet. Er hat einen großen Lohn verdient. Ich will ihm die Hälfte von all dem geben, was Raguel mir als Brautgeschenk vermacht hat.« »Tu das«, sagte der Vater. »Wir können ihm gar nicht vergelten, was er für uns getan hat.« Da riefen sie Asarjah herein und wollten ihn belohnen und ihm danken. Aber der Wegbegleiter Asarjah sprach: »Ich bin schon immer bei euch gewesen, bei dir, Vater Tobias, als du die Toten begraben und für sie gebetet hast und auch als du für deinen eigenen Tod gebetet hast. Ich war auch bei dir, Sarah, als du sterben wolltest. Ich habe alle eure Gebete zum Gott der

Welt, zum Gott der Liebe getragen. Er hat sie von mir entgegen genommen und mich zur Heilung und Hilfe zu euch gesandt. Ich war die ganze Zeit bei dir Tobias, aber was du von mir gesehen hast, war nur eine Erscheinung von mir. Mein wahres Wesen ist für die äußeren Augen unsichtbar. Ich bin Raphael, einer der sieben Engel, die vor Gott stehen. Ich bin der Engel der Heilung. Nun danket Gott, daß er euch durch mich geheilt hat.« Die Menschen, die das Engelwort hörten, knieten ehrfürchtig nieder und neigten das Haupt. Als sie wieder aufblickten, war der Engel Raphael verschwunden. Der alte Tobias sprach ein langes Dankgebet und sie sangen einen Lobgesang zu Ehren Gottes und all seinen dienenden Engeln.

Judith

Siebzig Jahre lang lebte das Volk Israel in Gefangenschaft der Assyrer und Babylonier. Da wurde ein persischer König, Cyrus, Herrscher über die Völker ringsum. Er war der mächtigste Herrscher der Welt. Auch Assyrien und Babylon gehörte zu seinem Reich. Gott der Herr gab ihm den Gedanken ein, als Herrscher der Erdenwelt auch dem Herrscher der Himmelswelt wieder ein Haus zu errichten. Darum rief Cyrus eines Tages seine Hofbeamten zu sich und teilte ihnen mit, er wolle die Gefangenen aus Juda freigeben, daß sie in ihre Heimat zurückkehren, ihre Stadt Jerusalem wieder aufbauen und den Tempel des Herrn neu errichten könnten. So kehrten viele Juden in ihr Land zurück. Ihre Propheten erhielten noch von ihrem Gott genau gesagt, wie die Stadt und wie der Tempel gebaut werden sollen, und sie führten es aus, genau so, wie unter König Salomo der erste Tempel errichtet worden war. Solange Cyrus König von Persien, Babylon, Ägypten, Assyrien und allen Ländern ringsum war, konnten sie alle in Frieden leben. Er war ein weiser König und achtete den Gott, der Himmel und Erde geschaffen hat, und wollte ihm dienen. Aber nach ihm regierten andere Könige, die sich selber wie ein Gott verehren ließen und den wahren Gott schmähten. Ein solcher war auch König Nebukadnezar. Er verlangte von allen Völkern, daß sie ihn als Gott anbeteten, denn er beherrsche ja die ganze Welt. Das Volk Juda und Israel wollte nicht einen Menschenkönig als Gott verehren. Hatten sie doch erlebt, wie ihr Gott einen König so geleitet hatte, daß er sie in ihr Land heimkehren ließ. So überaus gnädig war ihr Gott gewesen. Jetzt durften und wollten sie ihm nicht wieder untreu werden. Sie weigerten sich also, Nebukadnezar als Herrscher der ganzen Welt, als Herrn über Himmel und Erde anzuerkennen. Das brachte den König in großen Zorn. Er rief seine Hauptleute, um mit ihnen zu beraten, wie man dieses halsstarrige Volk am besten bezwingen könne. Er ernannte seinen stärksten und klügsten Befehlshaber Holofernes, er solle das Heer gegen Israel führen und keinen einzigen dieses Volkes am Leben lassen. »Dieses Volk, das sich einbildet, von Gott auserwählt zu sein, muß endlich vom Erdboden verschwinden. Seinen Gott gibt es nicht und es gibt auch keinen Erlöser der Welt, der darin geboren wird. Denn ich bin der Herr und auch der Erlöser aller, die mir folgen. So ziehe hinauf nach Juda, Holofernes, und zeige, wer du bist, indem du ein ganzes Volk von der Erde ausrottest.« Holofernes fühlte sich vom König sehr geehrt. Er zog mit seinen Truppen durch viele Länder, wo er überall freudig empfangen wurde und die Menschen ihm sagten, sie wollten Nebukadnezar als Herrn der Erde anerkennen. Eines Tages kam ein Ammoniter zu ihm und wollte ihm etwas Wichtiges sagen. Holofernes ließ ihn zu sich kommen und vor allen anwesenden Heerführern warnte ihn Achjar, der Ammoniter, gegen Israel Krieg zu führen, indem er erzählte, daß dieses Volk einen Gott verehre, der wirklich alle seine Feinde bestrafe und ihm Sieg verleihe, solange es selber zu seinem Gott steht. Dann erzählte er, was der Pharao in Ägypten schon mit diesem Volk erlebt habe und später alle die Völker, die in Kanaan lebten, bevor Israel in das Land einzog und es zu eigen nahm. »Ich warne euch also, dem Volk ein Leid anzutun. Es wird auf euch selbst zurückfallen und ihr werdet zum Gespött der Völker«, so schloß Achjar seine Rede. Holofernes sprang empört auf und rief: »Hältst du uns für Schwächlinge? Nein, jetzt werden wir erst recht dieses Volk vernichten. Du aber, laß dich nicht mehr blicken. Gehe nach Betylua und sei Zeuge von Judas Untergang.« Mit Schimpf und Schande trieben die Leute des Holofernes Achjar hinaus.

Holofernes rüstete sich zum Feldzug. Er wollte zuerst die Stadt Betylua vernichten. Da kamen die Obersten der Edomiter, Moabiter und der Völker, die einstmals von Israel besiegt worden waren. Sie warfen sich vor Holofernes nieder und riefen: »Groß ist Nebukadnezar, der Herr der Erde, und groß sein Gesandter Holofernes. Wir kennen das Land hier sehr gut, denn unsere Völker leben lange hier. Laß dir also raten. Du brauchst deine Krieger nicht in die Schlacht zu schicken. Du brauchst nur die Wasserquelle am Fuße des Berges bewachen zu lassen, daß keiner aus Betylua daraus schöpfen kann.

Die ganze Stadt bekommt ihr Wasser nur von dort. Sie werden bald vor Durst verschmachten und sich dir ohne Kampf ergeben. Dann kannst du sie alle niedermachen, ohne daß ein einziger Mann aus deinem Heer verloren geht.« Dieser Vorschlag gefiel Holofernes. Er ordnete an, daß die Stadt ringsum belagert werde, daß die Quelle Tag und Nacht bewacht werde. Als die Menschen in Betylua sahen, was geschah, wurden sie sehr verzagt. Sie schlossen sich in ihre Häuser ein und beteten um Hilfe zu ihrem Gott. Aber bald hatten sie kein Wasser mehr in ihren Brunnen, denn die Quelle war versiegelt. Ihr Durst wurde unerträglich und sie mußten die Qualen ihrer Frauen und Kinder mitansehen. Da gingen die Männer von Betylua zu den Obersten der Stadt und sagten: »Ihr seid schuld, daß wir elend umkommen. Warum habt ihr nicht, wie die anderen Völker, Nebukadnezar als Herrn der Erde anerkannt und als Gott verehrt. Wenn wir das täten, wären wir alle gerettet.« »Habt noch wenige Tage Geduld. Vielleicht schickt uns der Herr seine Hilfe«, sagte Ozias, der Oberste der Stadt. »So wie er unsere Väter in der Wüste auf die Probe gestellt hat, so macht er es jetzt mit uns. Wir wollen die Prüfung bestehen und ihm vertrauen. Innerhalb der nächsten fünf Tage wird er uns Hilfe senden.«

Diese Worte hörte auch Judith, eine Frau, die von allen wegen ihrer Weisheit und Schönheit sehr geschätzt wurde. Sie war Witwe und lebte schon lange in Trauer um ihren Mann. Sie kam zu Ozias und lobte ihn wegen seiner Worte, die er zum Volk gesprochen hatte. Dann forderte sie ihn auf, für sie zu beten. »Ich will eine Tat vollbringen«, sagte sie, »durch die mein Volk gerettet werden möge. Heute weiß ich noch nicht, was es sein wird. Aber euer Gebet wird mir helfen, die Weisung Gottes zu hören.« »Gehe hin in Frieden. Gott der Herr sei mit dir«, sagten die Obersten. Und Judith ging und betete die ganze Nacht und das Volk betete für sie. Am nächsten Morgen rief sie ihre Magd und sagte, sie solle einen Sack nehmen und sie ins Lager des Holofernes begleiten. Sie selber wusch sich mit duftendem Wasser, richtete ihr Haar wie eine Krone, zog sich ihr schönstes Festgewand an und schritt so, von ihrer Magd begleitet, zum Stadttor. Die Obersten der Stadt empfingen sie dort, neigten sich vor ihr, staunten über ihre große Schönheit und versprachen, weiterhin beim Herrn zu bitten, daß er ihr Kraft gebe zu ihrem Werk. Dann öffneten sie ihr das Stadttor und sie ging hindurch. Als sie zu den Wächtern des feindlichen Lagers kam, sagte sie, sie wolle zu Holofernes, ihm eine wichtige Botschaft bringen. Die Männer waren so geblendet von ihrer Schönheit, daß sie sie ohne weiter zu fragen zum Zelt des Holofernes führten. Auch ihm sagte sie, sie habe eine wichtige

Botschaft für ihn, und er bat sie, zu sprechen. »Ich bin gekommen, um deinen Herrn Nebukadnezar und dich im Namen meines Gottes zu grüßen. Ich weiß, daß du ein kluger Mann bist. Darum wirst du meinen Ratschlag befolgen und deinem König dadurch zu einem großen Sieg verhelfen, dem Sieg über mein Volk. Denn was Achjar dir gesagt hat, ist die Wahrheit. Gott schützt sein Volk, solange es ihm treu ist, und er gibt seinen Feinden den Sieg, sobald es ihm untreu ist. In wenigen Tagen werden die Menschen in der Stadt durch Hunger und Durst in so große Not geraten, daß sie die Gesetze des Herrn brechen werden, indem sie Tiere schlachten, deren Fleisch zu essen der Herr verboten hat, und sie werden Erstlinge der Feldfrucht, den zehnten Teil von Öl und Wein, die sie dem Tempel in Jerusalem geben sollen, selber verzehren und noch viele andere Dinge tun, die der Herr verboten hat. Dann wird sich unser Gott von ihnen abwenden und euch den Sieg verleihen. Wenn ihr dann in ihre Stadt eindringt, sie in die Flucht schlagt, werden sie sich euch gleich ergeben. Habt also noch wenige Tage Geduld und der Sieg ist euer.«

Holofernes staunte über die Klugheit dieser schönen Frau und sagte: »Wir wollen diesen Rat befolgen, und wenn sich alles erfüllt, was du gesagt hast, dann, so verspreche ich dir, will ich ein Anbeter eures Gottes werden.« Er ließ Judith in das Speisezelt führen, um ihr von seinem herrschaftlichen Mahl zu geben. Sie aber sagte: »Mit euren Speisen würde ich mich verunreinigen. Ich will essen, was ich in meinem Sack mitgenommen habe.« »Damit wirst du nicht lange reichen«, sagte Holofernes, »und was willst du dann essen?« »Bis ich aufgezehrt habe, was ich mit mir führe, werde ich Gottes Auftrag erfüllt haben«, antwortete sie. Dann erbat sie sich noch die Erlaubnis, zur Morgenwache das Lager verlassen zu dürfen, um die heiligen Waschungen an der Quelle zu vollziehen und das Morgengebet würdig zu beten. Das wurde ihr erlaubt. So hielt sich Judith mit ihrer Magd drei Tage im Lager der Assyrer auf und konnte sich dort an ihren Gott wenden, ohne Unterbrechen, wie es das Gesetz vorschreibt, ohne gestört zu werden. Am vierten Tag lud Holofernes sie zum Abendbrot ein. Er schickte alle seine Untergebenen fort, denn er wollte mit ihr alleine sein. Judith sagte zu ihrer Magd, sie solle sich die ganze Nacht über in der Nähe des Zeltes aufhalten. Dann zog sie sich wieder ihre prachtvollen Kleider an, schmückte ihr Haar, legte Ketten und Armgeschmeide an und umgab sich mit betäubendem Duft. So erschien sie bei Holofernes. Der war bezaubert von ihrer Schönheit, aß mit ihr und trank so viel Wein, daß er berauscht und betäubt auf sein Lager sank. Bald schlief er tief.

Da wußte Judith plötzlich, daß sie etwas tun mußte, was sie zutiefst haßte. Sie war eine Frau, geboren um Menschen das Leben zu schenken, und nun mußte sie einem Menschen das Leben nehmen. Sie war eine Frau, geboren um Menschen zu lieben, und nun mußte sie einen Menschen hassen. »Wie kann ich das, Herr?« sprach sie leise betend. »Du Gott meines Volkes, was sagt der Gott der Liebe zu dem Auftrag, den du mir erteilst?« Da kam ihr ein ganz neuer Gedanke wie ein Wort vom Gott der Liebe. Sie dachte: »Auch Holofernes ist ein Mensch, von Gott gedacht zu seinem Bilde. Wie weit davon entfernt ist er jetzt, wie ist er ein Zerrbild seiner eigenen Wahrheit geworden. Wie wird er sich immer mehr versündigen, wenn er mein ganzes Volk ausrotten hilft. Wäre ich nie geboren, wird er sagen, wenn er sich eines Tages selber sieht. Und wenn ich ihn jetzt töte, kann ich ihn bewahren vor dieser Freveltat. Zugleich bewahre ich Tausende, mein ganzes von Gott erwähltes Volk vor seiner Vernichtung. Ich will Holofernes Seele zugleich mit meinem Volke vor allem Untergang retten. Gott der Liebe, ich flehe zu dir, gib mir Kraft zu dem Werk, daß es Gutes bewirke.« Dann nahm Judith das Schwert des Holofernes, das über seinem Haupt hing, und schlug ihm damit den Kopf ab.

Sie rief ihre Magd. Sie taten den Kopf in den Sack und gingen eilends nach Betylua. Dort berichtete Judith alles. Das Volk jubelte. Sie stellten den Kopf des Holofernes auf die Mauer der Stadt, nahmen die Waffen und zogen gegen die Assyrer los. Als diese das Kriegsgeschrei vernahmen, rannten sie zum Zelt des Holofernes, um ihn zu wecken. Als die Obersten bei ihm eintraten, sahen sie ihn in seinem Blute liegen. Voller Entsetzen flohen sie aus dem Zelt, riefen immerzu: »Holofernes ist tot.« Das ganze Heer ergriff die Flucht. Als sie an der Stadtmauer entlang eilten, sahen sie dort das Haupt ihres Anführers. Jetzt wußten sie, daß der Gott Israels mächtiger war als alle irdischen Herrscher. Die Israeliten aber feierten 30 Tage lang ihren Sieg. Judith selber stimmte ein Loblied an zu Ehren ihres Gottes und für die Zukunft, in der der Gott der Liebe, der Messias, in ihrem Volk erscheinen würde. Sie ahnte nicht, daß, wie sie jetzt einen Menschen geopfert hatte, der Gott der Liebe einmal sich selber für die ganze Menschheit opfern würde. Der Hohepriester sprach es aus: »Es ist besser, daß ein Mensch sterbe, als daß ein ganzes Volk, das Menschheitsvolk, auf Erden verderbe.«

Hiob

Im Lande Uz, im Osten des Jordan, lebte ein Mann, Hiob. Von Kindheit an hatte er ein Leben geführt, das so war, wie es Gott vom Menschen erhoffte und gerne sah. Darum hatte er diesen Menschen Hiob auch reich gesegnet. Er hatte eine Frau, die er sehr liebte. Er hatte sieben Söhne und drei Töchter. Dazu waren große Viehherden sein eigen, die von seinen Knechten und Mägden geweidet und versorgt wurden. So war Hiob ein glücklicher und gottergebener Mensch.

Als nun einmal die Söhne Gottes, die Engel, vor dem höchsten Himmelsherrn erschienen, um von dem Leben und Tun der ihnen anvertrauten Menschen zu berichten, mischte sich auch der Satan unter sie. Gott erblickte ihn und fragte ihn: »Was möchtest du sagen?« »Ich kann dir nur sagen, daß die Menschen auf der Erde sehr böse sind und dich vergessen haben. Sie nennen noch deinen Namen, aber das ist nur äußerlich. In ihrem Leben ist kein Platz mehr für dich«, so sprach der Satan. Der Herr erwiderte ihm: »Kennst du denn auch meinen treuen Knecht Hiob?« »O ja, den kenne ich wohl«, rief der Satan. »Aber ist es denn etwas Besonderes, ein gottgetreuer Mensch zu sein, wenn er von dir alles bekommt? Er ist ja mit allem reich gesegnet, wie sollte er dir da nicht verbunden sein? Würde er seinen Reichtum verlieren, wer weiß, wie es dann mit seiner Liebe zu dir stünde? Gibst du mir die Vollmacht, ihn auf die Probe zu stellen?« fragte der Satan. »Du darfst ihn in allem prüfen, nur ihn selber rühre nicht an«, antwortete der Herr. »Du wirst sehen, auch Unglück kann ihn nicht von mir trennen.« So zog der Satan los, um Hiob ins Unglück zu stürzen. Kurz darauf saß Hiob am Abend vor seinem Hause und freute sich an der Schönheit des Frühlings, am Duft der Bäume, am Gesang der Vögel. Wie wunderbar hatte Gott die Welt geschaffen. Er dankte ihm im Gebet. Da sah er einen Mann laufen, der näher kam und atemlos bei Hiob anhielt und keuchend sagte: »Ich habe eine schlimme Botschaft für dich. Die Rinder pflügten gerade und die Eselinnen grasten auf der Weide nebenan. Da brachen die Sabäer, ein wildes Wandervolk, herein, schlugen alle Knechte tot und raubten Rinder und Esel. Ich bin als einziger übrig geblieben, um dir diese Nachricht zu bringen.« Kaum hatte er fertig gesprochen, kam schon ein zweiter Knecht gerannt und schrie: »Ich habe eine schlimme Botschaft für dich, ein Blitz schlug ein in die Herde mit dem Kleinvieh. Die Knechte und alle Tiere sind im Feuer verbrannt. Ich bin als einziger übrig geblieben, um dir diese

240

Nachricht zu bringen.« Kaum hatte dieser seine Rede beendet, kam auch schon ein dritter Bote, warf sich atemlos vor Hiob nieder und sagte: »Ich habe eine schlimme Botschaft für dich. Die Chaldäer sind in drei Heereshaufen eingefallen, haben deine Knechte totgeschlagen und alle Kamele mitgenommen. Ich bin der einzige, der entronnen ist, um es dir zu melden.« Der Bote hatte noch nicht ausgeredet, da kam wieder ein Bote. Der brachte ihm die schrecklichste Nachricht und sprach: »Deine Söhne und Töchter waren im Hause ihres ältesten Bruders versammelt, um sein Geburtstagsfest zu feiern. Da kam plötzlich ein gewaltiger Sturmwind von der Steppe her, faßte das Haus an allen vier Ecken, hob es auf und ließ es über den jungen Leuten zusammenstürzen. Sie sind alle tot unter den Trümmern begraben. Ich bin als einziger davongekommen, um es dir zu melden.« Da stand Hiob auf, zerriß sein Gewand, warf sich auf die Erde, berührte den Boden mit der Stirn und weinte. Dann beruhigte er sich und sprach: »Nackt bin ich aus der Geisteswelt auf die Erdenwelt gekommen. Nackt werde ich auch wieder dahin zurückkehren. Der Herr hat mir mein Gut gegeben; der Herr hat es mir auch wieder genommen. Der Name des Herrn sei gelobt.« So hatte er die schwere Prüfung bestanden. Er war auch im Unglück Gott treu geblieben.

Als nun die Söhne Gottes, die Engel, sich wieder vor Gottes Thron versammelten, mischte sich auch wieder der Satan darunter. Da fragte ihn der Herr: »Hast du meinen Knecht Hiob gesehen? Obwohl du mich dazu gebracht hast, dir zu erlauben ihn ins Unglück zu stürzen, ist er mir treu geblieben.« »Ja Herr, ich habe alles versucht, ihn von dir zu trennen. Es ist nicht gelungen. Aber von Besitz kann der Mensch sich noch lösen. Doch wenn du mir erlaubst, seinen Leib zu schädigen, dann wird er sich von dir abwenden.« »Auch diese Prüfung sollst du mit Hiob durchführen. Schlage seinen Leib, nur sein Leben darfst du nicht anrühren. Du wirst sehen, daß sein Geist frei und stark daraus hervorgehen wird«, so sprach der Herr. Der Satan schickte Hiob eine schlimme Krankheit mit eitrigen Geschwüren, Fieber und Schmerzen. Er saß hinter dem Hause und kratzte sich die bösen Stellen mit einer Scherbe, um es besser aushalten zu können. Seine Frau kam zu ihm und sagte: »Ist nicht genug Unglück über dich gekommen, über dich, der du immer so fromm warst? Du siehst, dein Gott gibt nichts auf deine Frömmigkeit. Sage Gott ab und stirb!« Aber Hiob wies sie zurecht: »Das Gute haben wir von ihm angenommen. Sollten wir da nicht auch das Schwere von ihm annehmen? Du sprichst wie eine Törin. Ich werde mich nicht mit Worten gegen Gott versündigen.«

Hiob hatte drei gute Freunde, Eliphas, Bildad und Zophat. Als sie von dem Unglück hörten, das Hiob getroffen hatte, machten sie sich auf, ihn zu besuchen und ihn zu trösten. Sie wohnten in anderen Orten als Hiob und mußten lange Wege zurücklegen. Wie sie nun bei Hiob ankamen und ihn begrüßen wollten, blieben sie wie versteinert stehen. So schlimm hatten sie sich sein Elend nicht vorgestellt. Die Krankheit hatte ihn so entstellt, daß sie ihn kaum wiedererkannten. Dann weinten sie laut, zerrissen ihre Kleider, streuten sich Asche aufs Haupt und blieben schweigend sieben Tage und sieben Nächte lang bei ihm auf der Erde sitzen. Endlich begann Hiob zu reden. Er verfluchte den Tag, an dem er geboren wurde, denn sonst wäre er nicht in diesen furchtbaren Zustand gekommen. Er wisse nicht, warum er das aushalten müsse. Er habe immer Gottes Gebote gehalten und ihn verehrt und ihm gedankt. Da begann Eliphas zu ihm zu sprechen, er, Hiob, könne gar nicht unschuldig sein. Vielleicht habe er früher mit Leidenden nicht genug Mitleid gehabt. Er wisse genau, weil er einmal eine geistige Gestalt gesehen habe, die ihm nachts erschienen sei und zu ihm gesprochen habe, daß es auf der ganzen Erde keinen Menschen gäbe, der nicht böse sei vor Gott, und daß Gott auch nur Frevler mit Krankheit und Unglück straft. Aber Hiob sagte: »Du redest sehr klug, wie es in Büchern steht, aber du kennst die Wahrheit nicht. Wer so redet, wie du, und nicht bis ins Tiefste das Leid des anderen erlebt, der lügt vor Gott, denn es ist nur ein Nachgeschwätz und kein Eigenerlebtes. Kannst du mir nachweisen, was ich Unrecht getan habe?« Und dann wandte er sich wieder an Gott: »Herr, was ist der Mensch, daß du seiner gedenkest, daß du ihn so hoch achtest und ihn zu deinem Bilde werden lassen willst mit so schweren, schmerzensreichen Prüfungen? Was ist denn der Mensch? Laß ab von ihm. Vergiß ihn. Dann wird er vielleicht weniger leiden müssen.«

Da begann Bildad auf ihn einzureden, machte ihm Vorwürfe, daß er Gott anklage und sagte auch, daß er nur die Gottlosen strafe und die Guten belohne. »Ach, dein Reden hat nichts mit der Wirklichkeit zu tun«, sagte Hiob. Sieh dich doch um im Leben. Wie oft geht es den grausamen, hartherzigen Menschen gut. Sie sind reich, gesund, mächtig und nichts mangelt ihnen. Dagegen sind die Gottesfürchtigen oft arm, in Not, müssen viel erleiden. Was du sagst, hast du auch nicht selber erlebt, stammt nicht aus der Wahrheit. Ich aber weiß, daß Gott immer recht hat, daß kein Mensch in einer Rechtssache mit ihm gewinnen würde. Ich sage das, damit ich vor Gott ein Frevler bin und er dann vielleicht mir das Leben nimmt, das so grausam ist.«

Nun sprach auch der dritte Freund, Zophat, auf ihn ein, und er sprach ähnlich, wie die Vorherigen, daß es besser wäre, Hiob würde seine Schuld eingestehen, als mit Gott richten zu wollen. Aber Hiob blieb dabei und sagte: »Ich, ja ich selbst, ich bin im Recht, ich stehe vor Gott und bitte ihn, mein Recht anzuerkennen. Ich kann mich nicht schuldig bekennen, wenn ich es nicht bin, nur um euch oder gar einem Gott zu gefallen. Mein Gott ist der, der zu Mose sprach: Ich bin der Ich bin. Er weiß auch, wer ich bin.« Noch lange redeten die Freunde abwechselnd auf ihn ein. Da rief Hiob: »Ich weiß, daß mein Erlöser lebt. Er wird kommen auf die Erde, wird alles Fleisch verwandeln, wird auch meinen Leib neu machen, der jetzt in Fetzen an mir herunter hängt. Ihm werde ich begegnen, ihm werde ich mich anvertrauen mit allem, was ich in Wahrheit bin.«

Als Hiob dies gesagt hatte, verstummten die Freunde. Da begann Gott mit Hiob zu sprechen und fragte ihn, ob er die Schöpfung hervorbringen könne, ob er die Tierwelt lenken könne, ob er die Schicksale der Menschen und Völker verstehen und leiten könne, ob er die Gestirne ordnen und den Elementen gebieten könne. Da rief Hiob: »O Herr, ich bin gering gegen dich. Ich weiß, daß ich alles dies nicht kann. Ich bin nur ein Mensch, aber ich bin Ich und bin dir ergeben in Ehrfurcht. Verzeih, daß ich gegen dich rechten wollte. Ich kannte dich bisher nur von dem, was über dich gesagt und geschrieben wurde. Jetzt habe ich dich selbst erlebt und bekenne, daß ich schuldig geworden bin, und bereue meine anmaßenden Reden.«

Nun sprach der Herr zu den drei Freunden: »Was ihr zu Hiob geredet habt, stammt nur aus Büchern, stammt nicht aus euch selbst. Ohne Liebe habt ihr mit ihm gesprochen. Ich bin der Gott der Wahrheit und der Liebe. Ich müßte euch für eure Lügen strafen. Geht aber hin und bringt dem Hiob sieben Stiere als Schlachtopfer. Wenn er sie verbrennt und für euch betet, will ich euch seinetwegen verzeihen.«

Gott der Herr schenkte Hiob nun wieder die volle Gesundheit. Auch bekam er wieder Knechte, Mägde, alles Vieh, doppelt so viel als zuvor, und Gott schenkte Hiob und seiner Frau wieder sieben Söhne und drei Töchter. Er lebte noch viele Jahre, und Gott liebte ihn sehr um seines Kampfes und Sieges, den er in Leid und Übel über den Satanas errungen hatte.

Hesekiel

Die Juden lebten lange Zeiten verstreut unter vielen anderen Völkern. Das war schwer für sie, und oft sehnten sie sich, als ganzes Volk in einem Reich unter einem eigenen König leben zu können. Da gab es immer wieder Männer unter ihnen, die von Gott die Zukunft gezeigt bekamen, damit sie als Propheten zu den Menschen hingehen und sie trösten konnten. Ein solcher Prophet war Hesekiel. Er hatte viele Schauungen, die oft Schlimmes androhten, aber doch auch solche, die für die ferne Zukunft den Menschen versprach, daß Israel und Juda wieder ein Volk werden würden, darin der Erlöser der Welt als Mensch geboren werden wird. Seine erste Schauung war, daß er am Himmel vier Wesen sah. Jedes Wesen hatte vier Gesichter, eines wie ein Löwe, eines wie ein Stier, eines wie ein Adler und eines wie ein Mensch. Die vier Wesen hatten große Flügel, die einander berührten. Zu jedem Wesen gehörte ein rollendes Rad, das über und über mit Augen bedeckt war. Damit bewegten sie sich durch den Himmelsraum. Über den vier Wesen sah Hesekiel einen Thron wie aus leuchtendem Chrysolithgestein. Auf dem Thron saß eine Gestalt wie ein Menschensohn. Die sagte ihm, er solle von nun an Prophet sein und dem Volk in der Zerstreuung doch alles kund tun, was er von ihm, dem Thronenden, gezeigt bekommen wird. So kam es, daß Hesekiel Abend für Abend in die Häuser der Juden ging und ihnen erzählte, was der göttlich Thronende ihm für das Volk zeigte. Eines der vielen Gesichte, die er hatte, war, daß er zu einem großen Feld geführt wurde. Darauf lagen durcheinander verstreut die ausgedorrten Gebeine vieler Menschen. Die Stimme Gottes sprach zu Hesekiel: »Menschensohn, rufe laut, daß diese Gebeine sich in die Gestalten von Menschen zusammenfügen.« Hesekiel tat es, und es geschah nach seinem Wort. Dann sprach die Stimme Gottes: »Menschensohn, rufe, daß sich die Gebeine mit Fleisch und Blut umgeben.« Hesekiel tat es, und es geschah nach seinem Wort. Dann sagte die Stimme Gottes: »Menschensohn, rufe die Winde aus allen vier Himmelsrichtungen, daß sie den Menschenleibern eine lebendige Seele einhauchen.« Hesekiel tat es, und es geschah nach seinem Wort. Zuletzt sprach die Stimme Gottes: »Höre, Menschensohn, so wie diese toten, zerstreuten Gebeine wieder zu lebendigen Menschen geworden sind, so wird auch mein Volk, das jetzt tot und zerstreut ist, wieder lebendig werden. Aus dem Stamme Davids wird ihnen ein König werden, ein Gesalbter des Herrn, ein Messias. Er wird der Hirte meines Volkes sein,

244

und auch alle anderen Völker der Erde wird er als ein guter Hirte führen und weiden.« Mit diesem Erlebnis konnte Hesekiel viele Menschen seines Volkes aufrichten aus ihrer Bedrückung und immer mehr verbreitete sich unter ihnen der Glaube und die Hoffnung auf den Messias, den Gott ihnen schicken würde.

Daniel am Hof König Nebukadnezars

König Nebukadnezar von Babylon schickte seinen Kammerherrn Aspenas, aus allen Stämmen Judas und Israels Jünglinge auszuwählen, die für den Dienst in seinem Palast geeignet seien. Sie dürften keinen körperlichen Fehler haben, schön von Wuchs und Angesicht müßten sie sein, eine schnelle Auffassungsgabe im Denken und gute Vorbildung sollten sie haben. Unter denen, die Aspenas auswählte, waren auch vier Judäer: Daniel, Hananja, Misael und Asarja. Drei Jahre lang sollten sie auf ihren zukünftigen Dienst vorbereitet werden. In dieser Zeit sollten sie Speisen von der königlichen Tafel zu essen und guten Wein zu trinken bekommen. Nach drei Jahren sollten alle Jünglinge dem König vorgeführt werden, und er würde sich die besten von ihnen auswählen. Daniel wollte aber die Speisen nicht essen, die vom babylonischen Königsmahl kamen. Sie waren gegen das jüdische Gesetz zubereitet. So bat er den Aufseher, er möge doch ihm und seinen drei Freunden nur Gemüse zu essen geben, und weder Fleisch noch Wein. Der lehnte das ab, denn er fürchtete, die Jünglinge würden bald krank und schlecht ernährt aussehen. Dann würde der König nachfragen, und es würde herauskommen, daß er ihnen nur Gemüse und kein Fleisch zu essen gegeben habe. Dann aber wäre er des Todes, denn dann habe er das Gebot des Königs gebrochen. Aber Daniel beruhigte ihn und sagte, er solle es doch einmal zehn Tage lang versuchen. Wenn sie dann schlechter aussähen als die anderen, würden sie essen, was er ihnen vorsetzt. Auf diesen Vorschlag Daniels ging Aspenas ein. Wie erstaunt war er, als nach zehn Tagen dieser Gemüsekost die vier Jünglinge gesünder und strahlender aussahen als alle anderen. So durften sie sich weiter dem jüdischen Gesetz gemäß ernähren. Als nun die Zeit kam, daß sie dem König vorgestellt werden sollten, unterhielt sich der König mit Daniel und seinen Freunden am längsten, denn es gefiel ihm die Klugheit, Einsicht, Phantasie und Geistesgegenwärtigkeit der Jünglinge zu erleben und wie gewandt und edel sie sich ausdrükken konnten. Dazu waren sie von großer Anmut und Schönheit. So nahm er sie alle vier in seinen königlichen Dienst. Daniel aber wurde vom König höher geschätzt als alle seine babylonischen Propheten und Ratgeber.

Daniel deutet den Traum des Königs

Eines Nachts hatte König Nebukadnezar einen Traum, der ihn selber beunruhigte. Er ließ alle Weisen, alle Sterndeuter und Wahrsager seines Reiches zusammenkommen und fragte sie, ob sie ihm seinen Traum sagen und deuten könnten. »Erzähle uns deinen Traum«, sagten die weisen Männer, »dann wirst du sehen, daß wir dir sagen können, was er bedeutet.« »Nein, ich erzähle ihn euch nicht. Wenn ihr wirklich Propheten seid, dann könnt ihr im Geiste sehen, was ich geträumt habe.« Die Männer erschraken und sagten: »König, das hat es noch nie gegeben und wird es auch niemals geben, daß ein Mensch wissen kann, was ein anderer im Verborgenen geträumt hat. Wenn du uns aber deinen Traum sagst, werden wir ihn dir wahrheitsgemäß deuten.« Das erzürnte den König sehr und er schrie: »Wenn ihr nicht wißt, was ich geträumt habe, seid ihr keine echten Propheten. Wenn ich euch meinen Traum sage, könnt ihr euch irgend etwas dazu ausdenken, und bis es eintrifft, habt ihr euch noch Neues dazu ausgedacht. Ich glaube euch kein Wort mehr. Wenn ihr mir meinen Traum nicht sagen könnt, lasse ich alle Weisen in Babylon umbringen.« Die Männer gingen voller Furcht nach Hause, und als keiner den Traum des Königs mitteilen konnte, schickte dieser seine Soldaten aus, die Weisen zu töten. Daniel hörte von diesem Unglück, ging zu Arioch, dem Heeresführer, und bat ihn, noch einen Tag mit der Ausführung des königlichen Befehls zu warten. Er wolle versuchen, mit der Hilfe seines Gottes, dem König den Traum zu sagen und zu deuten. Er möge das dem König melden. Arioch tat es. Daniel aber rief seine Freunde und sprach zu ihnen: »Großes Unglück steht bevor, wenn es nicht gelingt, daß ich dem König sage, was er geträumt hat und was sein Traum bedeutet. Es gibt aber nur einen, der ins Verborgene sieht und der Geheimnisse offenbar machen kann. Das ist der Gott unserer Väter. Betet die ganze Nacht zu ihm, daß er mir zeige, was der Traum des Königs ist, und daß er mir Kraft gebe, vor dem wütenden König zu bestehen.« Die drei Freunde beteten die ganze Nacht zusammen mit Daniel. Dann trat Daniel vor König Nebukadnezar hin, neigte sich tief vor ihm, sprach ihm alle Ehrerbietungen aus und begann dann, den Traum zu erzählen: »Ihr saht, o König, vor euch eine 30 Meter hohe Säule, ein Standbild. Es war die Figur eines Menschen. Sein Haupt war aus Gold, seine Brust und seine Hände aus Silber, seine Hüften und sein Leib aus Kupfer, seine Beine aus Erz und seine Füße aus Eisen, gemischt mit Töpferton. Dann saht ihr, wie vom Berge ein Stein sich löste, den keines Menschen Hand geworfen hat. Der Stein traf die Säule und zertrümmerte sie, daß die Brocken wie Spreu verweht wurden. Dann wuchs der Stein zu einem großen Berg, der die ganze Erde einnahm.« Als Daniel geendet hatte, fiel der König vor ihm nieder und rief: »Groß ist der Gott Israels, größer als alle babylonischen Götter. Er hat dir die Wahrheit geoffenbart. Nun sage auch noch, was der Traum bedeutet.« Daniel sprach: »Das goldene Haupt des Standbildes, das bist du, o König, und deine Regierung. Darauf folgt eine Zeit, im Bilde der silbernen Brust gezeigt, die nicht so groß sein wird wie die jetzige, aber doch noch reich und gut. Die dritte Regierungszeit wird dir im Bilde der kupfernen Hüfte gezeigt, die schwächer sein wird. Der vierte König nach dir wird noch schwächer sein, und in der letzten Regierungszeit wird das große Reich Babylons zusammenbrechen wie die aus Eisen und Ton gemischten Füße des Standbildes. Dann wird ein König kommen, von Gott und nicht von Menschen gesandt, der wird die Welt als sein Reich begründen, die ganze Erde und alle Menschheit wird unter seiner Führung leben als Söhne Gottes auf Erden.« Der König war so beeindruckt von Daniels Worten, daß er ausrief: »Wahrlich, euer Gott ist der höchste aller Götter und der wahre Offenbarer aller Geheimnisse.« Er machte Daniel zu seinem Statthalter in Babylon und seinen drei Freunden gab er drei Provinzen zu verwalten.

Die Männer im Feuerofen

König Nebukadnezar ließ eine hohe goldene Bildsäule aufrichten auf einem großen Platz in der Provinz Babylon. Zur Einweihung dieser Bildsäule lud er alle Männer in seinem Reich ein, denen er eine Stelle mit Verantwortung übertragen hatte, also die Statthalter der Provinzen, die Richter, Ärzte und weisen Ratgeber. Ihnen ließ er ausrichten, sie sollten zu dem großen Fest der Bildsäuleneinweihung kommen, und sobald die Musikinstrumente ertönen, sollen sie sich vor der Bildsäule niederwerfen und sie als Gott verehren. Alle die hohen Ehrengäste kamen und fielen vor der Bildsäule nieder und beteten sie als Gott an. Der König hatte nämlich angedroht, daß jeder, der das nicht täte, in einem großen Feuerofen verbrannt werden solle. Davor fürchteten sich die Menschen und darum befolgten sie den königlichen Befehl. Als das Fest vorüber war, wurde dem König gemeldet, daß drei seiner Statthalter sich nicht vor der Bildsäule niedergeworfen hätten. Die babylonischen Würdenträger freuten sich, daß sie drei Israeliten beim König verklagen konnten. Denn diese drei waren Hananja, Misael und Asarja, die drei Freunde Daniels. Nebukadnezar ließ sie zu sich rufen und fragte sie, ob es aus Versehen geschehen sei, daß sie die Bildsäule nicht verehrt und sich vor ihr niedergeworfen hätten. Dann könnten sie das ja noch nachholen. Sie sollten morgen auf dem Platz erscheinen und die Bildsäule anbeten vor allem Volk. Wenn sie das nicht täten, müßte er die angedrohte Strafe durchführen und sie in den Feuerofen werfen lassen. Die drei Männer sprachen: »O König, wir beten den unsichtbaren Gott an und können uns deshalb nicht vor einer Bildsäule niederwerfen. Wir vertrauen aber auf unseren Gott. Er ist groß und alles ist bei ihm möglich. Er kann uns aus dem Feuerofen erretten. Und wenn er es nicht tut, sterben wir gerne für ihn als Beweis unserer Treue und Verehrung.« Als der König das hörte, wurde er sehr zornig. Er befahl, daß man den Feuerofen siebenmal stärker heizen solle, als nötig war. Die drei Männer solle man dann gefesselt in den Ofen werfen. Sein Befehl wurde ausgeführt und die drei Israeliten in all ihren Kleidern gefesselt in den Ofen geworfen. Der war so heiß, daß die Männer, die dem Befehl nachkamen, von der Hitze ergriffen und vor dem Ofen in Flammen aufgingen. Der König hatte einen Platz, wo er alles mitansehen konnte, was geschah. Er wartete, daß nun auch die drei Freunde Daniels im Ofen elend verbrennen würden. Aber etwas ganz anderes geschah. König Nebukadnezar sah, wie die Fesseln abfielen von den Dreien, wie sie unversehrt im riesigen Ofen umher wandelten, dabei Lobgesänge für ihren Gott sangen und alle ihre Kleider, ihre Haare, ihr ganzer Leib von den Flammen nicht verbrannt wurde und plötzlich rief er: »Ich sehe einen Vierten unter ihnen wandeln. Er sieht aus wie ein Göttersohn, wie ein Engel. Holt sie heraus. Ihr Gott ist wahrhaft ein Gott, der über Leben und Tod Macht hat und stärker ist als das Feuer.« Da wurden die drei Männer aus dem Feuerofen herausgelassen. Der König gab den Befehl, daß niemand etwas gegen den Gott Israels sagen oder tun dürfe, der auf so wunderbare Weise Menschen erretten kann. Wer es dennoch täte, würde mit dem Tod bestraft. Hananja, Misael und Asarja setzte er wieder als Statthalter über seine Provinzen ein.

Belsazars Frevel

Als König Nebukadnezar gestorben war, wurde Belsazar sein Nachfolger. Er veranstaltete einmal ein Fest, zu dem er die tausend Großen seines Reiches zusammen mit ihren Frauen und Nebenfrauen einlud. Als das Fest auf seinem Höhepunkt angelangt war und alle in Weinlaune lachten und voller Übermut sich benahmen, ließ der König durch seine Diener die heiligen Tempelgefäße der Juden bringen, die sein Vater einstmals aus Salomos Tempel geraubt hatte. Er nahm einen goldenen Kelch, schenkte ihn voll und ließ ihn unter seinen Gästen kreisen. Dazu sangen sie Loblieder auf ihre Götter aus Gold, Silber, Kupfer, Stein und Holz. Plötzlich erschien an der dem König gegenüberliegenden weißen Wand eine Hand. Die schrieb mit leuchtenden Buchstaben eine Schrift. Der König erschrak und zitterte am ganzen Leib. Vor Schreck konnte er kein Wort sagen. Auch seine Gäste wurden blaß vor Entsetzen und wären am liebsten aus dem Festsaal geflohen. Sie sahen zu, wie die Hand Wort für Wort schrieb, aber keiner von ihnen konnte die Schrift lesen und deuten. In seiner Not ließ der König alle Wahrsager und Zeichendeuter kommen. Aber keiner von ihnen kannte die Schrift und konnte sagen, was da geschrieben stand. Der König war verzweifelt, und vor Angst verlor er fast den Verstand. Da trat die Königinmutter zu ihm und sagte: »Es lebt in deinem Reich ein Mann, den dein Vater Nebukadnezar gar hoch geschätzt hat. Er gehört zu den Verbannten aus Juda. Daniel ist sein Name. Er hat deinem Vater alle Träume deuten und alle Geheimnisse erklären können. Laß ihn rufen. Er wird dir auch diese Schrift deuten.« Belsazar folgte dem Rat seiner Mutter und ließ Daniel rufen und sprach zu ihm: »Du bekommst von mir einen Purpurmantel und eine goldene Kette und sollst der Dritte in meinem ganzen Reiche sein, wenn du vermagst, mir diese Schrift zu deuten.« Immer noch schlotterten dem König die Knie und er war ganz grün im Gesicht vor Angst und Entsetzen. Daniel schaute ihn ganz ruhig an und sprach: »Deine Belohnungen brauche ich nicht, aber ich will dir die Wahrheit sagen. Du hast dich gegen den Herrn des Himmels und der Erde versündigt. Du hast dich ihm gegenüber nicht demütig erwiesen, sondern dich frevelhaft über ihn erhoben, indem du die heiligen Tempelgefäße für dein unheiliges Fest entweiht hast. Darum hat er ein Urteil über dich mit dieser Schrift an der Wand kundgetan. Die Worte, die du geschrieben siehst, lauten: Mene mene tekel upharsin. Das heißt: Gezählt, gewogen, zerteilt. Deine Tage sind gezählt, deine Seele ist

249

gewogen und zu leicht befunden, dein Reich wird zerteilt unter die Perser und Meder.« Als Daniel so gesprochen hatte, war König Belsazar wie befreit. Obwohl es doch eine schlimme Kunde war, die er bekommen hatte, war es besser, Schlimmes zu wissen als nichts zu verstehen. Denn daß es etwas Schlimmes sein mußte, ahnte er, bevor es ihm Daniel gedeutet hatte. Nun ließ er Daniel einen Purpurmantel bringen und eine goldene Kette und setzte ihn als Dritten in seinem Reiche ein. Aber noch in der gleichen Nacht wurde Belsazar ermordet und Darius, der Meder, wurde sein Nachfolger.

Daniel in der Löwengrube

Auch König Darius bemerkte bald, welch göttlicher Geist durch Daniel sprach und wirkte. Er vertraute ihm große Teile seines Reiches an und trug sich mit dem Gedanken, Daniel zum obersten über alle anderen Statthalter zu machen. Das war den anderen Statthaltern ein großes Ärgernis. Dieser Mann aus Juda, dieser Fremde, der eigentlich zu den Verbannten gehörte, der sollte mehr zu sagen haben als sie. Sie besprachen sich miteinander, wie sie Daniel zu Fall bringen konnten. Aber alles, was dieser tat, war gut und im Sinne des Königs. »Es gibt nur ein Gebiet, wo wir ihn zu Fall bringen können«, sagte einer, »das ist seine Religion.« Sie gingen also zum König Darius und machten ihm einen Vorschlag: »Du mußt die Macht in deinem Lande festigen«, sagten sie. »Das kannst du nur, wenn du unsere Religion festigst bei den Menschen. Laß also ein Gebot ergehen, daß in den nächsten 30 Tagen niemand einen anderen Gott anbeten darf als die Götterbilder der Meder und Perser. Wer dieses Gebot übertritt, soll in die Löwengrube geworfen werden.«

Der König ahnte nicht, was seine Statthalter im Sinn hatten, als sie ihn dazu überredeten, dieses Gebot zu erlassen und zu unterschreiben. Als er es getan hatte, sagten sie noch: »Du kennst ja das strenge Gesetz der Perser und Meder, daß ein königliches Gebot in keinem Falle aufgehoben werden darf.« Natürlich kannte er das Gesetz und wußte nicht, warum sie ihn daran erinnerten. Auch Daniel hatte von diesem neuen Gebot erfahren. Aber er vertraute auf seinen Gott, dem er sich dreimal am Tag mit ganzem Herzen betend zuwandte.

Er hatte ein Fenster in seinem Haus, das in der Richtung nach Jerusalem lag. Dorthin richtete er sich, im Gedenken an die heilige Stadt, ihren Tempel und den Gott seiner Väter, wenn er betete. Seine Feinde schlichen um sein Haus, um eine Anklage gegen ihn zu finden. Da hörten sie ihn sprechen, blieben unter dem offenen Fenster stehen und verstanden nun ganz genau, daß seine Gebete sich an den Gott der Juden und an den höchsten Gott richteten, der Himmel und Erde gemacht hat. Er betete, daß der Gesalbte des Herrn, der Messias, kommen möge zur Erlösung seines Volkes und der ganzen Menschheit. Als sie ihm eine Weile zugehört und sich seine Worte genau gemerkt hatten, liefen sie zum König und erzählten ihm alles. Der war sehr traurig, denn er liebte Daniel. Aber er durfte sein Gebot nicht aufheben. Die Statthalter drohten ihm sogar, sie würden ihn stürzen und seinen Palast zerstören, wenn er das täte. Da mußte er ihnen Daniel überlassen und hoffte im Stillen, der Gott Judas möge ihn beschützen. So wurde Daniel festgenommen und zu den Löwen in eine Grube geworfen. Die Löwen hatten mehrere Tage nichts zu fressen bekommen, damit sie Daniel zerreißen und verschlingen sollten. Als nun Daniel zwischen die Löwen geworfen worden war, kniete er nieder und betete und sang Lieder für seinen Gott. Da wurden die Löwen ganz sanft, schmeichelten um seine Beine, schleckten ihm liebevoll die Hand, rieben ihren großen Löwenkopf an ihm und legten sich zuletzt um ihn herum, als lauschten sie seinen Gesängen.

Nun lebte damals in Judäa ein Prophet, der hieß Habakuk. Der ging auf das Feld, um seinen Knechten das Vespermahl zu bringen. Da hörte er plötzlich den Engel des Herrn zu sich sprechen: »Habakuk, mache dich auf, gehe nach Babylon. Dort ist eine Löwengrube. Bringe das Essen in deinem Korb dem treuen Knecht Gottes, Daniel.« »Ach Herr, ich weiß nicht, wo Babylon ist. Von der Löwengrube habe ich noch nicht gehört.« Da packte ihn der Engel des Herrn am Schopf und so schnell, wie ein Gedanke, versetzte er Habakuk nach Babylon zur Löwengrube. Dort rief Habakuk zu Daniel hinunter: »Daniel, der Herr schickt mich zu dir. Ich soll dir dieses Mahl bringen.« Und er ließ den Korb an einem Seil in die Löwengrube hinab. »Der Herr sei gelobt«, rief Daniel. »Ich wußte, daß er mich nicht vergißt. Ich liebe den Gott der großen Liebe. Dank sei ihm.« So konnte Daniel seinen Hunger und Durst stillen. Habakuk aber wurde sogleich vom Engel des Herrn zurückgebracht.

Als sieben Tage vergangen waren, wollte der König die Gebeine Daniels aus der Löwengrube holen und würdig bestatten lassen. Er schaute hinunter und sah, wie die Löwen um Daniel versammelt waren, seinen Gebeten lauschten und er selber unversehrt und froh lebte. Er konnte nicht fassen, was er da sah. Aber auch alle seine Begleiter bestätigten ihm, daß er nicht träume, sondern daß Daniel wirklich noch am Leben sei. »Groß ist der Gott Daniels«, rief da der König, »von nun an sollen ihn alle in meinem Reich achten und ehren.« Er ließ Daniel aus der Löwengrube heraufholen und dafür diejenigen hineinwerfen, die den Daniel unschuldig hatten töten wollen. Als diese nun zu den Löwen kamen, stürzten sich die Löwen hungrig auf sie und fraßen sie.

Daniel rettet Susanna

Ein gottesfürchtiger Jude lebte unter den Verbannten in Babylon. Er hieß Jojakim. In seinem Hause kamen die Juden zusammen, um, wie sie es in ihrer Heimat getan hatten, Recht zu sprechen, wenn Menschen ihres Volkes Streit miteinander hatten. Sie hatten dazu zwei ältere Männer als Richter ernannt. Jojakim hatte neben seinem Hause einen schönen Garten mit einem See, darin man sich in der heißen Zeit erfrischen konnte. Wenn die Gerichtsverhandlungen am Mittag beendet waren, ging die Frau Jojakims, Susanna, gerne in den Garten, um dort zu lustwandeln und sich zu erfrischen. Sie war sehr schön, und mancher hätte sie gerne zur Frau gehabt, aber Susanna liebte ihren Mann und ihre Kinder, und über alles ehrte sie ihren Gott und würde niemals ein Gebot von ihm brechen. Die beiden Richter aber waren eifersüchtig auf Jojakim. Gerne hätten sie Susanna als Frau besessen. Jede Gelegenheit suchten sie, sie anzuschauen, und wünschten sich sehnlichst, mit ihr eine geheime Stunde zu verbringen. Sie sagten aber niemandem etwas davon. Jeder behielt auch vor dem anderen Richter seine verbotenen Wünsche für sich.

An einem Mittag, als sie das Gericht verließen, sahen sie beide Susanna in den Garten gehen. Sie verabschiedeten sich voneinander und gingen, der eine nach rechts, der andere nach links. Nach einer Weile kehrten sie beide um, denn sie hatten den gleichen Gedanken. Am Tor zum Garten trafen sie zusammen. Jetzt gestanden sie sich gegenseitig ihr Verlangen ein, mit Susanna zusammen zu kommen. Sie versteckten sich hinter einem Busch, um ihr aufzulauern. Sie sahen, wie die schöne Susanna mit ihren beiden Mägden wandelte. Dann hörten sie, wie sie zu den Mägden sagte: »Geht und holt mir Öl und duftende Kräuter, schließt dann die Gartenpforte zu. Ich möchte ein Bad nehmen.« Die beiden Männer verabredeten flüsternd, was sie jetzt tun wollten. Als die Mägde gegangen waren, kamen sie hinter dem

252

Busch hervor und gingen zu Susanna. Sie erklärten ihr, wie sehr sie sie liebten, und wie sie gerne ein jeder ein Stündchen mit ihr allein sein möchten. Ihr Mann würde ganz bestimmt nichts davon erfahren. »Wenn du nicht tust, worum wir dich jetzt bitten, dann werden wir dich vor Gericht anklagen und sagen, daß du unter einem Baum mit einem Jüngling heimlich zusammen warst und deinen Mann Jojakim betrogen hast, daß du eine Ehebrecherin bist.« Susanna war zutiefst erschrocken und war verzweifelt, denn was sollte sie tun. Wenn sie als Ehebrecherin verklagt wurde, mußte sie sterben, denn auf diesem Unrecht stand Todesstrafe. Wenn sie aber tat, was die beiden wollten, wäre sie ja in Wahrheit eine Ehebrecherin und würde sich gegen Gottes Gebot versündigen.

»Lieber will ich sterben, als mich gegen Gott versündigen«, dachte sie, und begann laut zu schreien, so daß von allen Seiten Leute angerannt kamen. Die Männer erzählten, sie hätten die Frau Jojakims, Susanna, unter einem Baum mit einem Jüngling angetroffen. »Wir werden sie morgen vor Gericht anklagen«, sagten sie. »Nehmt sie jetzt in Verwahr und führt sie uns morgen vor.« Die Diener konnten kaum glauben, was ihnen da erzählt wurde, denn sie kannten Susanna als tugendhafte Frau schon lange. Aber die beiden Männer waren Richter. Die konnten doch nicht lügen. Am nächsten Morgen wurde Susanna in die Mitte gestellt und über sie gerichtet. Aber weil Susanna keine Zeugen hatte und die Richter beide gegen sie sprachen, wurde sie zum Tode verurteilt.

Alle waren sehr betrübt, denn nie hätten sie von Susanna je Schlechtes gedacht. Da trat ein junger Hebräer in ihre Mitte und rief: »Was tut ihr da, ihr Männer aus Israel. Dürft ihr einen Menschen zum Tode verurteilen, ohne die Sache gründlich geprüft zu haben. Ihr glaubt den beiden Männern nur, weil sie alt sind und das Amt des Richters haben. Ich will sie prüfen. Schickt sie weit auseinander, daß einer nicht hören kann, was der andere sagt.« Die Menschen horchten auf und taten, was der junge Mann sagte. Dann trat der erste Richter vor Daniel hin, denn er war es, den Gott zur Rettung Susannas in diese Versammlung geschickt hatte. Daniel fragte vor aller Ohren den Richter: »Was für ein Baum war es, unter dem du Susanna mit dem Jüngling gesehen hast?« »Es war ein Mastixbaum«, antwortete der Richter. »Ihr habt alle seine Antwort gehört«, rief Daniel. »Nun bringt den zweiten.« Als der zweite Richter vor Daniel und allen Zeugen stand, fragte ihn Daniel: »Was für ein Baum war es, unter dem du Susanna mit dem Jüngling gesehen hast?« »Es war ein Eichbaum«, sagte der Richter. Da ging ein lautes Erstaunen durch die Menge und Daniel sagte: »Nun habt ihr selbst gesehen, wie unwahr die Aussagen dieser beiden Zeugen sind. Wer aber falsches Zeugnis abgibt, ist des Todes. Gebt also die unschuldige Susanna frei und führt diese ihrer gerechten Strafe zu.« Das ganze anwesende Volk, besonders aber Jojakim und Susanna selbst dankten Gott, daß er Daniel geschickt hatte, um die Gerechtigkeit zu retten vor dem Bösen.

Daniel entlarvt einen Betrug

Der Nachfolger von König Darius war König Cyrus. Er schätzte Daniel sehr und speiste täglich mit ihm an einem Tisch. Der König betete zu einem Götzenbild, dem er täglich Fleisch, Brot und Wein auf den Altar als Opfer stellte. »Warum betest du unseren Gott Bel nicht an?« fragte in Cyrus eines Tages. »Ich bete nicht zu künstlich gemachten Göttern. Ich bete zu dem lebendigen Gott, der Himmel und Erde geschaffen hat und der Gott der ganzen Menschheit ist.« »Unser Gott ist auch lebendig«, sagte der König. »Sieh doch, was er jeden Tag verzehrt.« Da lachte Daniel und sprach: »Schau ihn dir doch mal inwendig an. Meinst du, daß Holz und Ton und Erz Speise verdauen kann?« »Ich will es prüfen und dir beweisen«, rief der König. »Wenn du recht hast, sollen die Priester des Bel bestraft werden. Haben sie recht, wirst du bestraft.« »So soll es sein«, stimmte Daniel zu. Sie gingen in den Tempel, wo ein großes Standbild des Bel war und vor ihm ein Adler. Der König ließ, wie immer, kostbare Speisen darauf stellen und sechs große Eimer Wein. Bevor sie den Tempel verließen, sagte Daniel zu den Dienern, sie sollten den Boden mit Asche bestreuen. Dann wurde die Tempeltür verriegelt und mit dem Siegel des Königs versiegelt. Am nächsten Morgen ging der König mit Daniel und einigen Zeugen zum Tempel des Bel. Das Siegel war unversehrt. Es war also niemand im Tempel gewesen. Als die Türe geöffnet wurde, sahen sie, daß alle Speisen und der Wein vom Altar verschwunden waren. »Siehst du nun«, sagte der König zu Daniel, »daß Bel ein lebendiger Gott ist und alles verzehrt hat, was ich ihm hinstellen ließ?« Da lachte Daniel wieder und zeigte auf den Fußboden, der mit Asche bestreut war. Dort sah man viele Fußspuren von Männern, Frauen und Kindern. Als sie den Fußspuren nachgingen, führten diese unter den Altar. Dort war eine Falltüre, die ging in die unterirdischen Wohnungen der Priester und ihrer Familien. Da wurde dem König klar, daß nicht Bel die Speisen aß, sondern die Priester mit ihren Frauen und

Kindern sich all das gute Essen jede Nacht vom Altar holten. Sie wurden von Cyrus schwer bestraft.

Daniel besiegt den Drachengott

Der König Cyrus sprach dann zu Daniel: »Da haben wir noch einen Gott, der wirklich lebendig ist. Es ist ein Drache, der frißt und verdaut. Er ist uns heilig, denn durch ihn spricht ein Gott. Bete ihn an, denn er ist weder aus Erz noch aus Holz.« »Ich bete nur zu dem unsichtbaren, lebendigen, wahren Gott«, sagte Daniel. »Aber gib mir die Erlaubnis euren Gott, den Drachen, ohne Schwert und äußere Waffen zu töten. Dann wirst du sehen, daß er kein Gott ist.« »Ich erlaube es dir«, sagte der König. Daniel nahm Pech, Schwefel, Fett und Haare, knetete daraus eine Kugel und gab sie dem Drachen zu fressen. Der schlang sie gierig hinunter. Aber in seinem Bauche explodierte die Kugel und zerfetzte den ganzen Drachen. Da war der König Cyrus überzeugt, daß der Drache kein Gott gewesen war, und daß der Gott der Juden der wahre Gott sei.

Daniels Schauungen

Daniel bekam von Gott gezeigt, was in der Zukunft mit der Menschheit geschehen sollte. Er zeigte ihm das in großen Bildern, die Daniel am Himmel erschienen. Einmal wurde er selber in die Welt der Zukunftsbilder erhoben. Da sah er, wie eine Gestalt auf ihn zukam. Es war der Menschensohn. Sein Angesicht leuchtete wie die Sonne, seine Augen wie Feuerflammen, seine Füße wie glühendes Golderz, seine Stimme wie das Reden vieler Völker, und der Menschensohn sprach zu Daniel: »Du vielgeliebtes Menschenkind, ich habe alle deine Gebete gehört und bin zu dir gekommen, um dich stark zu machen. Ich wollte schnell zu dir eilen, aber der Engel der Perser ließ mich nicht durch, und der Engel der Griechen stellte sich mir in den Weg. Nur Michael, der Engel deines Volkes kam mir zur Hilfe, daß ich zu dir gelangen konnte.« Da wurde Daniel sprachlos und alle Kraft wich aus ihm. Doch der Menschensohn berührte mit dem Finger seine Lippen, daß er wieder sprechen konnte und er Kraft bekam. Noch einmal sagte ihm der Menschensohn alles, was in der Zukunft mit seinem Volk und mit der ganzen Menschheit geschehen wird. Viel Schweres wird von ihnen zu ertragen sein, aber Michael wird seinem Volk immer Stärke und Mut und hohe Gedanken geben. Und die zu Michael sich halten, werden ins Buch des Lebens eingeschrieben. Wenn dann einmal das Ende der Welt kommt und die Erde untergeht, werden alle, die im Buch des Lebens stehen, nicht untergehen, sondern in einer neuen Welt Frieden verbreiten. »Gehe du nun in Frieden«, sagte der Menschensohn zu Daniel. »Der Engel eures Volkes, Michael, ist deine Stärke. Du bist ein von mir geliebter Mensch, bist selber ein Menschensohn. Du kannst in Frieden von hier gehen, denn wenn meine Zeit gekommen ist, werde ich dich rufen, daß du mir zur Seite bist. Schweige über alles, was dir gezeigt und gesagt worden ist, bis ich dir sage, daß du darüber sprechen kannst. Nun gehe in Frieden. Ich muß zurück, vorbei am Engel der Perser, dem Engel der Griechen, an meiner Seite Michael, der Engel meines Volkes, der mir den Weg vorbereitet.« So wurde Daniel der Träger großer göttlicher Geheimnisse auf Erden.

Königin Wasthi wird von König Ahasveros verstoßen

König Ahasveros regierte über ein großes Reich von Indien bis Äthiopien, über 120 Provinzen. Eines Tages veranstaltete er ein großes Fest und lud dazu alle Fürsten seines Reiches ein. Sieben Tage dauerte das Fest. Der König zeigte seinen Gästen all seinen Reichtum, seine Schätze. Als das Fest auf dem Höhepunkt war, wollte König Ahasveros den Gästen noch seinen kostbarsten Schatz zeigen, das war für ihn seine Frau, Königin Wasthi. Wie einen Schmuck, einen kostbar gefaßten Edelstein oder wie ein schönes Bauwerk, so wollte er stolz seine Frau den Fürsten des Reiches zeigen. Er schickte sieben Kammerherren zur Königin Wasthi, die sollten sie rufen und sollten ihr sagen, sie möge ihre königlichen Kleider anziehen, die Krone aufs Haupt setzen und in aller Pracht und Schönheit vor ihnen erscheinen. Königin Wasthi aber schickte die Kammerherren wieder fort mit den Worten: »Sagt eurem Herrn, daß ich kein Gegenstand bin, den man vorführen kann, daß ich ein Mensch bin, der selber bestimmt, was er tut und was er nicht tut, und daß ich deshalb nicht vor den Fürsten erscheinen werde, als gehörte ich zu dem Besitz des Königs.« Als die Kammerherren mit dieser Botschaft zum König kamen, wurde der furchtbar zornig. Er fragte seine Ratgeber, was er mit einer solchen Frau machen solle. Die rieten ihm, er müsse sie unbedingt vom Hof wegschicken, müsse sie als Königin verstoßen. Denn wenn sich in seinem Reich herumspräche, was Wasthi sich ihm gegenüber erlaubt hätte, dann würden alle Frauen ihren Männern gegenüber nur noch tun, was sie wollten, und würden dann sagen: Unsere Königin hat es auch so gemacht. Dieser Rat leuchtete König Ahasveros ein, und er verstieß Wasthi mit Schimpf und Schande vom Königshof. Wasthi zog einfache Kleider an. Schmucklos und barfuß ging sie in den Festsaal, verabschiedete sich vom König und verließ vor den Augen aller Gäste den Palast. Obwohl alle sehr schlimm fanden, was Wasthi getan hatte, schauten sie nun mit heimlicher Bewunderung der Königin nach, die ihre Freiheit und ihr Menschsein höher schätzte als alle Würden und alles Wohlleben.

Esther am Königshof

Einige Zeit, nachdem Wasthi den Königshof verlassen hatte, meinten die Ratgeber, König Ahasveros solle Boten ausschicken, die sollten die schönsten Jungfrauen im ganzen Reich aussuchen und an den Hof bringen. Dort sollten sie ein Jahr lang gut gepflegt und gut ernährt werden. Dann solle der König sich die schönste zur Frau und Königin erwählen. Der Rat gefiel dem König, und er sandte seine Boten aus. Einer von ihnen kam am Abend an das Haus und den Garten des Juden Madochai. Der hatte eine Pflegetochter Esther. Er liebte sie wie ein eigenes Kind. Er hatte sie, weil ihre Eltern im Krieg ums Leben gekommen waren, mitgenommen in die babylonische Verbannung. Jeden Abend saß er mit ihr im Garten, und er erzählte ihr von alten Zeiten, erzählte ihr die Geschichte ihres Volkes Israel. Als nun der Bote des Königs an dem Garten vorbeikam, erblickte der die beiden, wie sie so friedlich zusammensaßen. Er sah sofort, wie schön Esther war. Er trat durch die Gartenpforte, begrüßte den alten Mann und die schöne Jungfrau und teilte ihnen seinen Auftrag mit. »Ich bitte euch also, mir eure Tochter mitzugeben an den Hof des Königs Ahasveros«, so schloß der Bote seine Rede. »Kommt morgen wieder«, sagte Madochai. »Dann soll Esther mit dir gehen.« Als der Bote gegangen war, erklärte Madochai ihr, warum er zugestimmt habe. »Nicht, weil es eine große Ehre für dich wäre, Königin über dieses große Reich zu sein, nein, das ist nicht der Grund meiner Zustimmung. Aber daß du, eine Jüdin, zu so hoher Stellung gelangen sollst, das ist ein Fingerzeig Gottes. Er hat Großes mit dir im Sinn, er will dich zu seinem

Werkzeug und zum Werkzeug seines Volkes Israel machen. Aber sage dem König nicht, daß du aus dem Hause Israel bist. Und wenn du vor eine Entscheidung gestellt wirst, sprich erst mit mir, bevor du etwas entscheidest. Ich werde zur Bedingung machen, daß ich dich jeden Tag treffen und mit dir sprechen darf.« Als der Bote am nächsten Tag kam, verabredete er mit ihm alles so, wie er es mit Esther besprochen hatte. So kam Esther an den Hof des Königs, und jeden Abend durfte ihr Pflegevater Madochai sie besuchen und mit ihr sprechen.

Nach einem Jahr wurden alle Jungfrauen, die für den König herbeigeholt worden waren, dem Herrscher vorgeführt. Als aber Esther vor ihm erschien, wollte er gar keine andere mehr sehen. Er war beeindruckt von ihrer besonderen Schönheit, die ihm zugleich von Güte und Redlichkeit sprach. So wurde Esther Königin am Babylonischen Königshof zu Susa. Sie durfte weiterhin jeden Abend ihren Pflegevater Madochai bei sich empfangen. Der warnte sie noch einmal, niemandem etwas von ihrer Herkunft zu sagen. Die Leute am Hof glaubten alle, sie sei eine Frau aus dem großen Babylonischen Reich. An einem Abend brachte Madochai ihr eine schlimme Nachricht. Er erzählte ihr: »Als ich eben durch das Stadttor ging, es war schon dunkel, hörte ich hinter einem Pfeiler Männerstimmen flüstern. Ich lauschte und hörte mit an, wie da zwei Höflinge des Königs sich besprachen, daß sie den König nicht länger als Herrscher über sich ertragen wollen. Dann planten sie genau, wie sie es bewerkstelligen wollen, morgen Abend den König umzubringen. Sie kennen die geheimen unterirdischen Gänge zum Schlafgemach des Königs. Esther, du mußt heute noch das alles dem König berichten, daß er sich vor dem Meuchelmord schützen kann. Gehe sofort zu ihm.« Esther war sehr erschrocken, als sie das alles hörte. Sie verabschiedete sich von Madochai und bat den Diener, sie beim König zu einem Gespräch anzumelden. Es durfte nämlich niemand beim König eintreten, wenn er nicht von ihm gebeten war. Der König ließ sie zu sich kommen und sie erzählte ihm alles, was ihr Madochai berichtet hatte. Der König traf sofort Anordnungen, wie man ihn vor diesem Mordanschlag schützen solle. Und als die beiden Höflinge am nächsten Abend sich auf geheimen Wegen anschlichen, wurden sie von doppelter Leibwache umzingelt, festgenommen und ihrer gerechten Strafe zugeführt. Ahasveros war glücklich, daß alles so gut für ihn abgelaufen war und ließ dieses wichtige Ereignis seiner Lebensrettung in das große Jahrbuch schreiben, darin alles aufgezeichnet wurde, was in seinem Reich geschah und nicht vergessen werden sollte.

Hamans Plan gegen das Volk Israel

Nach diesen Ereignissen erhob König Ahasveros den Amalekiter Haman
zu hohen Ehren. Er ernannte ihn zum Obersten in seinem Reich, gleich
nach dem König. Und er ordnete an, daß man Haman die gleichen Ehren
zukommen lassen solle, wie dem König. Wenn nun Haman durch die Straßen von Susa ging, neigten alle Menschen die Knie vor ihm und fielen vor
ihm nieder, ihn wie einen Gott zu ehren. Nur einer war da, der tat das nicht.
Es war Madochai, der Pflegevater von Königin Esther. Die Diener des Königs machten Haman darauf aufmerksam, daß Madochai ihn nur wie einen
gewöhnlichen Menschen grüßte. Als er nun wieder einmal an Madochai
vorüberging und dieser nicht vor ihm niederfiel, stellte er Madochai deswe-
gen zur Rede. Madochai antwortete ihm: »Ich gehöre zum Volke der Juden.
Für uns gibt es nur einen, vor dem wir niederknien, das ist unser Gott. Vor
Menschen werfen wir uns nicht in den Staub.« Da bekam Haman eine
große Wut, ging nach Hause und sann darüber nach, wie er sich an Madochai rächen könne. Er kam auf einen sehr bösen Plan und ging zum König,
ihm vorzutragen, was er sich ausgedacht hatte.

Der König traf sich jeden Tag mit Haman und ließ sich von ihm berichten,
was alles in seinem großen Reich geschah. Da erzählte ihm Haman: »In all
deinen Provinzen lebt zerstreut ein einziges Volk, das alles anders macht, als
die anderen Völker. Es fällt nur nicht so auf, weil sie nicht in einem be-
stimmten Land zusammenwohnen. Sie sind nämlich von deinen Vorgän-
gern als Verbannte hierher verschleppt worden und mußten ihr eigenes
Land verlassen. Es ist das Volk der Juden. Sie haben mitten unter den anderen Völkern ihre eigenen Gesetze, ihren eigenen Gott und ihre eigenen
Gebete und Gesänge. Mit all ihrem Eigensein sind sie eine große Störung
für die anderen Menschen in deinem Reich. Ich erachte es für gut, wenn sie
alle auf einmal ausgerottet würden. Ich würde dir, falls du zustimmst, auch
große Schätze in deine Schatzkammern einbringen.« »Tu, was du willst«,
sagte der König. »Deine Schätze brauche ich nicht. Hier hast du meinen
Siegelring. Damit kannst du alle Befehle und Anordnungen in meinem Namen versiegeln. Das Volk und das Geld sei dir überlassen.« Da ließ Haman
die königlichen Schreiber kommen. Die mußten ein Schreiben aufsetzen in
allen Sprachen des großen Reiches. Darin stand, daß am dreizehnten Tag
des zwölften Monats alle Juden, Männer, Frauen und Kinder getötet werden. Man solle sich darauf vorbereiten. Mit diesem Schreiben wurden Eil-

boten hinausgesandt, und wo sie das Schreiben verlasen, entstand ein großes Wehgeschrei unter den jüdischen Menschen. Auch Madochai hörte es.
Er zerriß seine Kleider, zog sich Trauergewänder an, streute sich Asche aufs
Haupt und betete Tag und Nacht zu seinem Gott. Dann ging er laut klagend
bis vor das Tor des Königspalastes. In Trauergewändern durfte er dort nicht
eintreten. Aber die Diener und Dienerinnen der Königin Esther berichteten
ihr, was Schreckliches geschehen war. Da schickte Esther einen Kammerherrn zu Madochai vor das Tor. Der sprach mit ihm und brachte dann Esther
folgende Botschaft: »Madochai läßt dir sagen, du sollest zum König gehen
und für das Volk der Juden bei ihm um Gnade bitten.« Esther aber schickte
den Kammerherrn noch einmal zu Madochai und sagte: »Du weißt doch,
daß jeder, der ungebeten vor den König hintritt, sterben muß, es sei denn,
er streckt ihm sein goldenes Zepter entgegen. Mich hat der König schon
dreißig Tage nicht mehr zu sich kommen lassen. Wie sollte ich da ungebeten
zu ihm gehen?« Der Kammerherr kam mit der Botschaft Madochais zu
Esther zurück: »Glaube nicht, daß du, weil du Königin bist, als einzige Jüdin am Leben bleiben wirst. Gott kann sein Volk auch ohne dich erretten
und wird dann das babylonische Königshaus und dich vernichten. Aber
Gott hat es anders im Sinn. Er hat gerade dich Königin von Babylon werden
lassen, weil er durch dich sein Volk retten will.« Da antwortete Esther Madochai durch ihren Boten: »Ich gehe zum König, wenn es auch gegen das
Gesetz ist. Wenn ich sterben muß, so sterbe ich. Wenn ich Gott dienen soll,
so diene ich ihm. Du aber, mein lieber Pflegevater, bitte alle Juden von Susa,
daß sie drei Tage und Nächte lang fasten und beten mögen. Ich will auch mit
meinen Dienerinnen drei Tage und Nächte beten und fasten. Möge Gott aus
unserer Hingabe an ihn die Kraft entgegennehmen, um sie zur Rettung
unseres Volkes an den rechten Ort zur rechten Stunde zu lenken.« Und so
geschah es, wie Esther es dem Madochai durch ihren Diener sagen ließ.

Esther führt ihren Plan aus

Nach drei Tagen zog sich Esther ihre königlichen Kleider an und ging zu
König Ahasveros. Äußerlich erglänzte sie in Schönheit, innerlich war ihr
bang zumute. Sie ging in den inneren Vorhof und stellte sich dem Thron des
Königs gegenüber. Als der sie durchs Tor erblickte, streckte er sein goldenes
Zepter ihr entgegen. Das bedeutete, daß sie vor ihn treten durfte. Der König

fragte sie freundlich: »Was ist mit dir, Königin Esther, was ist dein Begehren.« »Ich wünsche nur, daß du, mein König und Gemahl, heute abend zusammen mit deinem Statthalter bei mir speisen mögest«, sagte Esther. »Dein Wunsch soll erfüllt werden«, erwiderte der König. Seinen Diener schickte er aus, um Haman Bescheid zu sagen. »Ist das alles, was du von mir begehrst?« fragte sie der König. »Alles andere werde ich dir beim Mahle sagen«, sprach Esther und ging zurück in ihre Frauengemächer.

Als nun der König mit Haman bei Esther zum Mahl erschien und sie sich niedergelassen hatten, fragte er die Königin was ihr Begehren sei. Sie dürfe sich alles wünschen bis zu seinem halben Königreich. Esther erwiderte, heute sei ihr Wunsch nur, daß der König am nächsten Abend noch einmal zum Essen zu ihr käme, zusammen mit Haman. Dann wolle sie ihm ihren Wunsch vortragen. Der König willigte ein. Haman ging an diesem Abend voller Freude nach Hause, um seiner Frau und seinen Freunden alles zu erzählen. Unter dem Stadttor traf er Madochai, der ihn wieder nicht grüßte. Haman bezwang seine Wut und sagte nichts zu Madochai. Zuhause aber schimpfte und tobte er furchtbar gegen ihn. »Denkt euch«, sagte er dann zu Seres, seiner Frau, und zu seinen Freunden, »die Königin hat mich mit dem König heute und für morgen Abend zum Essen eingeladen. Außer mir und dem König ist niemand dabei. Auch hat mir der König großen Reichtum übermacht. Aber an all dem kann ich mich gar nicht richtig freuen, so lange dieser Jude Madochai noch lebt.« Da machten die anderen ihm den Vorschlag, er solle doch einen Pfahl von 50 Ellen Länge aufrichten lassen. Dann solle er morgen früh mit dem König sprechen, daß er Madochai daran aufhängen läßt. Dann könne er abends vergnügt mit dem Königspaar speisen. Das gefiel dem Haman und er ließ den Pfahl aufrichten.

In der Nacht konnte der König nicht schlafen. Er wälzte sich auf seinem Lager von einer Seite auf die andere. Irgend etwas machte ihn unruhig. Schließlich, als schon der Morgen graute, rief er seinen Kammerdiener, daß der ihm aus einem der letzten Jahrbücher vorlesen solle. Der Kammerdiener schlug ein Jahrbuch an irgend einer Stelle auf und las, was da stand. Es war aber der Bericht, wie Madochai die beiden Meuchelmörder belauscht, sie dem König gemeldet und diesem so das Leben gerettet hatte. Als der Diener das gelesen hatte, fragte der König, ob Madochai dafür belohnt worden sei. »Davon steht nichts im Jahrbuch«, sagte der Diener. »Dann ist es auch nicht geschehen«, meinte der König. Er lauschte und hörte Schritte im Hof. »Schau wer da kommt«, befahl er dem Diener. Es war Haman, der dem König, wie jeden Morgen, seinen Bericht abstatten wollte. Der König ließ ihn eintreten und sagte: »Haman, ich bitte dich um einen Rat. Was soll der König tun, der einen Mann vor allem Volk besonders auszeichnen will?«

Haman dachte: »Wen soll der König anders meinen als mich?« und sagte laut: »Einem solchen Menschen, den der König besonders auszeichnen will, soll er königliche Kleider anziehen, die er selber schon getragen hat. Er soll ein königliches Pferd bekommen, auf dem der König selber schon geritten ist und das eine Krone als Schmuck auf seinem Kopf trägt. Dann soll der König einen hochgestellten Mann seines Reiches wählen. Der soll den zu Ehrenden auf dem Pferd über den Hauptplatz der Stadt geleiten und vor ihm ausrufen, daß alle Menschen es deutlich hören: ›Seht, das ist der Mann, den der König vor allen anderen auszeichnen will.‹« Da sprach der König: »Alles, was du jetzt gesagt hast, das tue so mit dem Juden Madochai. Er ist es, den ich auszeichnen will, denn er hat mir das Leben gerettet. Und du bist der Hochgestellte in meinem Reich, der vor ihm hergehen soll. Mache alles genau so, wie du gesagt hast und unterlasse nichts davon.« Da mußte Haman seinen Erzfeind über den Hauptplatz zu Pferde geleiten und vor ihm ausrufen: »Dies ist der Mann, den der König vor allen anderen ehren will.« Danach ging Haman völlig niedergeschmettert nach Hause und erzählte dort, was Schreckliches geschehen war. Seine Frau sagte: »Wenn Madochai ein Jude ist, so wirst du nichts gegen ihn ausrichten.« Während sie noch so sprachen, erschien der Kammerherr des Königs, um Haman zum Gastmahl bei Königin Esther abzuholen. Als sie durchs Stadttor kamen, saß Madochai dort, wie auch die Tage vorher. Er beugte sich nicht vor Haman. Der dachte im Stillen: »Warte nur, morgen sollst du an dem Pfahl hängen, den ich für dich aufstellen ließ. Dann ist es aus mit all deinen Ehren und deinem Hochmut.«

Als dann der König und Haman bei Königin Esther zu Tische saßen und alle in guter Laune waren vom vielen Wein, den sie getrunken hatten, fragte der König Esther noch einmal nach ihrem Begehren und sagte, er würde ihr jeden Wunsch erfüllen bis zu seinem halben Königreich. Da sprach Esther: »O König, mein Pflegevater Madochai und ich, wir müssen bald sterben.« Der König fuhr erschrocken hoch und rief: »Warum das? Was ist denn geschehen? Niemals lasse ich das zu. Was meinst du damit, Esther?« »Es gibt einen Mann in deinem Reich, dem du all dein Vertrauen geschenkt hast. Du hast ihm deinen Siegelring gegeben und ihm erlaubt, in deinem Namen alles zu tun, was ihm beliebt. So hat er durch dich auch Macht über mein Volk bekommen, denn ich bin Jüdin. Er hat den Befehl erteilt, daß am dreizehnten Tag des zwölften Monats alle Juden, Männer, Frauen und Kinder getötet werden sollen. Darum werden an diesem Tag auch Madochai und ich sterben müssen.« »Wer ist dieser Mann, der mein Vertrauen so mißbraucht hat?« rief der König. »Hier sitzt er«, sprach Esther und zeigte auf Haman. Der war bei dieser Rede blasser und blasser geworden und zitterte am ganzen Leib. Der König lief in den Garten hinaus, um sich zu beruhigen. In der Zeit fiel Haman vor Esther nieder, ergriff ihre Füße und flehte bei ihr um Erbarmen. Als der König zurückkam und sah, daß der Bösewicht seine Königin berührte, ließ er ihn festnehmen. Die Knechte, die herbeigerufen waren, sagten zum König: »Es ist wahr, daß Haman die Juden umbringen lassen wollte. Und vor seinem Haus steht ein Pfahl an dem er Madochai erhängen lassen wollte.« »Hängt ihn selber daran«, rief der König in großem Zorn. Dann ließ er Madochai rufen und übertrug ihm das Amt, das Haman vorher ausgeübt hatte, der Nächste im Reich, nach dem König zu sein. Den Siegelring hatte er Haman abgenommen und übergab ihn nun Madochai mit der Vollmacht, alles zu tun, um das Volk der Juden zu retten und es an seinen Feinden zu rächen. So erfüllte sich die Verheißung, die Madochai Esther gegeben hatte, daß sie deshalb Königin von Babylon geworden sei, weil durch sie Gott sein Volk vor dem Untergang bewahren wollte.

MÄRTYRER IN ERWARTUNG DES MESSIAS

Mattathias und seine fünf Söhne kämpfen für ihren Glauben

Zur Zeit als Antiochius König über die Länder und Reiche war, die der Griechenkönig Alexander der Große erobert hatte, da gab es in Israel viele Menschen, die Furcht hatten vor den Grausamkeiten dieses bösen, nichtswürdigen Königs Antiochius. Sie gingen durchs Land und überredeten die Menschen ihres Volkes, doch nicht länger sich an die Gesetze des Moses zu halten, sondern die fremden Götter anzubeten. Es sei doch besser, am Leben zu bleiben als für das Gesetz zu sterben. Viele Juden hörten auf sie und wandten sich ab von ihrem Gott. In dieser Zeit lebte in Modai, westlich von Jerusalem, Mattathias, ein gottesfürchtiger Jude. Er war der Sohn eines Johannes und dieser der Sohn eines Simon. Er selber hatte auch fünf Söhne. Der Älteste hieß Johannes, der zweite Simon, der dritte Judas. Der bekam später den Beinamen Makkabäus, weil er für Gott die Feinde schlug. Die beiden anderen Söhne hießen Ellasar und Jonathan. Die fünf Söhne glaubten wie ihr Vater, daß das Gesetz des Moses nicht etwas Äußerliches sei und daß man nicht ebenso gut andere Gesetze einführen und befolgen könne. Nein, sie wußten, daß durch dieses Gesetz das Volk Israel rein erhalten werden sollte, um einmal ein würdiges Gefäß für den Messias, den Erlöser der Menschheit, zu bilden. Denn der Sohn Gottes selber, das Wort, das die Welt erschuf und seinen Namen genannt hat: Ich bin der Ich bin, der sollte ja in ihrem Volke geboren werden. Vielleicht waren deshalb immer wieder fremde und böse Herrscher über das auserwählte Volk Gottes gesetzt, damit dieses die Not nach dem Messias deutlich erlebte. Oft versammelte Mattathias seine Söhne und die Brüder seines Volkes um sich und stärkte ihren Glauben an den kommenden Messias und zeigte ihnen, wie alle, die von Gott zu Besonderem erwählt waren, vorher Schweres erleiden mußten. Abraham sollte Isaak opfern, Joseph wurde als Sklave verkauft, David wurde sein Leben lang verfolgt. Von vielen erzählte er seinen Brüdern und las ihnen aus der Heiligen Schrift vor.

Eines Tages kamen die Obersten des Königs in die Stadt Modai und riefen alle Einwohner zusammen. Auch Mattathias und seine Söhne waren darunter. Die Obersten hatten vom König den Auftrag, alle noch gläubigen Juden dazu zu bringen, fremde Götter und Gesetze anzuerkennen und den Geboten des Moses abzuschwören. Vor allem Volk sprachen sie Mattathias an und sagten: »Du bist hier ein Führer unter deinem Volk. Gehe du mit gutem Beispiel voran, denn die Menschen richten sich nach dir. Wenn du deinem Gott abschwörst, dazu auch deine Söhne und Brüder, bekommt ihr vom König Gold und Silber und dürft als seine Freunde bei ihm aus- und eingehen und mit ihm speisen.« Mattathias erwiderte mit starker Stimme: »Wenn auch alle Völker der Welt dem König Antiochius Gehorsam leisten, so werden ich, meine Söhne und meine Brüder das niemals tun, denn unser Volk ist ausersehen, dem Messias ein würdiges Haus zu bereiten.« Kaum hatte er seine Rede beendet, trat ein Israelit hervor und opferte auf dem Altar, den die Obersten errichtet hatten, in der heidnischen Weise. Er wollte damit die Israeliten anspornen, ihm und nicht dem Mattathias zu folgen. Da kam ein heiliger Zorn über Mattathias. »Du hast nicht mich, sondern dein Volk und unseren Gott verraten und gelästert. Du bist des Todes«, rief er, und dann zerstörte er den heidnischen Altar. In der ganzen Stadt ließ er den Ruf erschallen: »Wer für den Bund mit unserem Gott streiten will, mir nach!« Dann ließ er all sein Hab und Gut hinter sich und floh mit seinen Söhnen ins Gebirge. Viele folgten seinem Beispiel, verließen die Stadt und zogen in die Wüste. Die Truppen des Königs verfolgten sie, belagerten sie und riefen: »Es ist genug. Kommt nun endlich hervor und beugt euch dem Willen des Königs.« Es war aber Sabbat, als die Feinde sie bedrohten. Sie hatten absichtlich diesen Tag gewählt, weil sie wußten, daß am Feiertag kein Jude arbeiten oder gar kämpfen darf. So wollten sie die Juden zwingen, ihr Gesetz zu brechen und zu kämpfen, oder sie alle zu töten. Die Gruppe, die da so herausgefordert war, beschloß, lieber zu sterben als ihrem Gott untreu zu werden. Als Mattathias erfuhr, daß eine große Zahl seines Volkes ums Leben gekommen war, weil die Feinde sie am Sabbat angegriffen hatten, holte er sich Rat im Gebet bei seinem Gott. Dann sprach er zu seinen Getreuen: »Es wäre für unsere Feinde ein Leichtes, unser Volk zu vernichten, indem sie alle ihre Angriffe am Sabbat vollführen. Wenn also wieder der Sabbat von ihnen gewählt wird, wollen wir kämpfen und sie schlagen, denn Gott der Herr hat mich wissen lassen: Der Mensch ist nicht für den Sabbat, sondern der Sabbat für den Menschen gemacht.« Und als die Feinde sie wieder am Sabbat angriffen, gab Gott den Juden den Sieg.

Als Mattathias alt geworden war und den Tod nahen fühlte, sammelte er seine Söhne um sich, segnete sie und gab ihnen den Auftrag, weiterhin für die Reinerhaltung des Gesetzes und für den kommenden Messias zu kämpfen. Als er gestorben war, trat Judas an seine Stelle. Seine Brüder und alle, die vorher zu Mattathias gehalten hatten, folgten nun ihm. Mit feurigem Eifer schlug er die Feinde und bekam den Namen Makkabäer, das heißt der Hämmerer. Unter seiner Führung wurde auch Jerusalem und der Tempel wiederhergestellt und neu geweiht. Der war inzwischen schon zum zweitenmal zerstört worden und wurde nun wieder aufgerichtet.

Viele Siege hatte Judas Makkabäus mit den Seinen schon errungen, als er eines Tages erfuhr, daß das Volk der Römer ein starkes Volk sei und daß es keinen König habe, sondern einen Senat, eine Gruppe von Menschen, denen reihum von den anderen die Führung des Reiches zugesprochen wurde. Auch zwangen sie niemanden, eine fremde Religion anzunehmen. Das alles gefiel dem Judas, und er sandte zwei Männer nach Rom, um mit ihnen im Namen des jüdischen Volkes einen Freundschaftsbund zu schließen. Die Römer ließen sich darauf ein, machten einen Vertrag, den beide Völker unterschreiben mußten. Darin stand, daß die Römer den Israeliten und die Israeliten den Römern zur Hilfe kommen, ohne Entgelt zu verlangen, wenn eines der beiden Völker angegriffen wird.

Nachdem Judas Makkabäus dieses Bündnis mit den Römern geschlossen hatte, hoffte er auf ihre Hilfe, obwohl er doch erlebt hatte, wie der Gott Israels ihnen den Sieg gegeben hatte auch dann, wenn sie weit in der Minderzahl waren gegenüber den riesigen Heeren des Antiochius. Jetzt wurden sie immer wieder, trotz der Hilfe der Römer, von den Feinden besiegt. In einer Schlacht fiel Judas Makkabäus. Das ganze Volk trauerte um ihn. Jonathan wurde sein Nachfolger. Er erneuerte den Freundschaftsbund mit den Römern. Es gab viele heiße Kämpfe. Als Jonathan auch fiel, wurde Simon sein Nachfolger und nach ihm die anderen Brüder. Sie alle waren tapfer und kämpften für ihr Volk und seinen Gott und den kommenden Messias, und es wurden am Ende alle fünf Brüder genannt: die Makkabäer.

Elieser lehnt Betrug ab und stirbt

Elieser war ein weiser Lehrer der Juden. Er hatte viele Schüler, die sich um ihn sammelten, um von ihm die Bedeutung der Heiligen Schrift zu erfahren und wie man die Worte des Gesetzes und der Propheten im Leben wahr machen kann. Als nun der König Antiochius alle Juden zwingen wollte, ihr Gesetz zu brechen und das unreine Fleisch vom Schwein zu essen, erzählte ihnen Elieser, warum sie das nicht tun sollten. »In jedem Tier lebt etwas, das es vom Menschen unterscheidet. Die Menschen sollen nicht wie Tiere und die Tiere nicht wie Menschen sein. Schaut euch aber das Schwein an. Von allen Tieren, die von Menschen gegessen werden, ist es das einzige, das etwas genau so hat, wie der Mensch. Das ist die rosa Farbe seiner Haut. Das Schwein will ein wenig so sein wie der Mensch, und der Mensch, der Schweinefleisch ißt, wird ein wenig wie ein Schwein. Durch das Schwein wird Menschliches und Tierisches auf unreine Weise vermischt. Darum will Gott nicht, daß wir Schweinefleisch essen. Der Messias soll in einem Leib geboren werden, der nicht tierisch verunreinigt ist.« So belehrte Elieser seine Schüler und fügte noch hinzu: »Wer bereit ist, für den kommenden Messias zu leiden, den wird der Messias durch sein eigenes Leiden erlösen. Er wird dem Leibe nach sterben, aber in einem neuen Leibe auferstehen. Darum braucht ein solcher Mensch den Tod nicht zu fürchten.«

Als er eben noch so sprach, klopften die Knechte des Königs an die Tür und gaben den Befehl, alle Juden sollten auf dem Platz erscheinen, und, wie es der König verordnet hat, vor aller Augen Schweinefleisch essen. Wer es nicht täte, solle zu Tode gefoltert werden. Elieser verließ als letzter sein Haus. Da nahmen ihn einige Knechte beiseite und sagten: »Weiser Elieser, wir schätzen dich sehr, weil du immer gut bist zu allen Menschen, gleich, welchem Volk und welcher Religion sie angehören. Jedem sagst du ein hilfreiches Wort aus der Fülle deiner Weisheit. Nun wollen auch wir dir helfen und dich vor dem Tod bewahren. Gib uns Fleisch, das du nach deinem Gesetz essen darfst. Wir werden es in den großen Kessel werfen, aus dem alle Juden Schweinefleisch bekommen. Wenn du dann vortreten mußt, um Schweinefleisch zu essen, werden wir dir das Fleisch geben, das wir von dir bekommen haben. Niemand soll merken, daß es kein Schweinefleisch ist, und du brauchst dein Gesetz nicht zu übertreten.« »Ich sehe, daß ihr es gut mit mir meint«, sagte Elieser, »aber ich werde dennoch auf euren Vorschlag nicht eingehen. Denn wenn ich vor aller Augen das Fleisch esse, von dem die Menschen denken, daß es Schweinefleisch sei, dann werden alle meine Schüler mich für einen Verräter halten, oder sie werden sagen: Wenn Elieser, unser Lehrer, Schweinefleisch ißt, dann können wir das auch tun und so unser Leben retten.« Elieser ging also nicht auf das Angebot der Knechte ein. Da schlug deren Wohlwollen in Haß um. Und als Elieser an der Reihe war, Schweinefleisch zu essen, und sich weigerte, quälten sie ihn mit ihrem ganzen Haß zu Tode. Elieser aber litt alle Schmerzen gern, weil sie ihn dem Messias nahe brachten, der auch einmal Schmerzen für die Menschen erleiden würde. Er starb mit einem Leuchten auf dem Gesicht, das seine Schüler sahen und sich davon getröstet und gestärkt fühlten.

Der Tod der sieben Söhne der Witwe

Zur gleichen Zeit, als die fünf Makkabäerbrüder gegen Antiochius Krieg führten und so für ihren Gott und den kommenden Messias kämpften, lebte auch eine Witwe im Volk Israel. Die hatte sieben Söhne und liebte sie sehr. Als sie aber von dem Befehl des Königs hörte, alle Juden sollten entweder Schweinefleisch essen oder gemartert und getötet werden, da sagte sie zu ihren Söhnen: »Ihr wißt, wie ich euch liebe und wie ihr das einzige Kostbare für mich seid in meinem Leben. Ich bitte euch aber, euch gegenüber dem Gebot des Königs nur nach eurem Gewissen zu richten und nicht, aus Rücksicht auf mich, den Gott Israels zu verraten.« Die Söhne dankten der Mutter für ihr Wort. Dann trat einer nach dem anderen vor, schleuderte dem König alle Anklagen ins Gesicht, sagte ihm all seine Gemeinheiten, die er dem Volke antat. Der König machte sich nämlich ein besonderes Vergnügen daraus, den Qualen der jüdischen Märtyrer zuzuschauen. So riefen sie Antiochius auch ins Gesicht, daß er nur ein König über ein irdisches Reich und ein schlechter König sei. Daß sie aber den König der ganzen Menschheit erwarten, der höher ist als alle irdischen Könige und für den sie gerne ihr Leben hingäben. Alle diese Reden der gemarterten Brüder machten den König sehr wütend und er ließ sie noch grausamer foltern. Doch plötzlich kam ihm der Gedanke, daß ja durch jeden Juden, den er töten ließ, weil er sein Gebot nicht bricht, seine Macht, die Macht des Königs Antiochius, nicht stärker, sondern schwächer wird. Denn sie bewiesen ja mit ihrem Tod, daß ihr Gottesglaube größer ist als ihre Furcht vor dem König. Als der sechste der Brüder hingerichtet war, rief Antiochius: »Haltet ein, ich will dem siebten dieser Brüder ein neues Angebot machen.« Im Stillen dachte er: »Es muß mir gelingen, ihn von seinem Zeugentod für den König der Menschheit abzubringen. Erst dann beweise ich, daß ich stärker bin.« Dann sprach er zu der Mutter, die schon mit angesehen hatte, wie sechs ihrer Kinder getötet wurden: »Frau, ich will dir den letzten deiner Söhne lassen, er soll an meinem Hof leben dürfen, ich will ihn behandeln, wie meinen eigenen Sohn. Sprich in deiner Sprache mit ihm und rede ihm zu, er solle doch nur ein einziges Mal Schweinefleisch essen. Einmal ist keinmal. Ich will ihn dann nie mehr dazu zwingen, und er soll es nur noch gut haben.«

Die Witwe ging zu ihrem Sohn, und der König glaubte, sie würde so mit ihm sprechen, wie er ihr geraten hatte. Sie aber sprach in Hebräisch mit ihm und sagte: »Mein Sohn, der König will dir das Leben schenken und dich wie einen eigenen Sohn behandeln, wenn du nur ein einziges Mal Schweinefleisch ißt. Er meint, ich solle dich dazu überreden. Ich aber möchte nicht einen Sohn haben, der einem irdischen Herrscher mehr folgt, als unserem himmlischen Herrn. Deine Brüder sind dir vorangegangen, dem Messias entgegen. Ich möchte dich nicht abhalten, das gleiche zu tun. Und bald werde ich euch mit Freude folgen.« »O Mutter«, sagte der Jüngste, »ich fürchte weder Schmerzen noch Tod. Ich trete vor den König hin und sage ihm offen und frei, was für ein Unmensch er ist, und daß ich niemals an seinem Hofe leben will, daß ich lieber in die Himmlischen Reiche eingehe, als auch nur einen Tag länger unter seiner Herrschaft leben zu müssen.« So trat er vor den König und zum Entsetzen der anwesenden Menschenmenge schleuderte er dem König unerhörte Wahrheiten ins Gesicht, was dessen Zorn um so mehr reizte. Die Leute sahen zu, wie er besonders gemartert wurde. Aber zu ihrem großen Erstaunen verzog er das Gesicht nicht im Schmerz, sondern lächelte selig, schaute zum Himmel als sähe er dort jemanden, der ihm zusprach und ihn stärkte.

So war es auch. Er sah den Himmel offen und sah die Gestalt eines Menschensohnes von weither sich nähern, seinen Brüdern und ihm entgegen. Nach ihm mußte auch noch die Witwe, die Mutter der sieben Söhne, sterben. Als sie über die Schwelle gegangen waren, die die Erdenwelt von der Geisteswelt trennt, begegneten sie dort als dem Hüter am Tor dem großen Engel ihres Volkes, dem Engel Michael. Sie schauten sein strahlendes Angesicht und wie er mit der Hand zur Sonne wies. Da erblickten sie alle den Messias, den Menschensohn, der auf dem Wege von der Sonne hellem Reich zur dunklen Erde war. Denn die Erde war dunkel geworden von der Bosheit der Menschen. »Er kommt«, riefen sie aus freudigem Herzen. »Der

269

Erlöser kommt. Michael, hilf uns, daß wir uns auf sein Kommen vorbereiten.«

Als sie noch in den Anblick des Kommenden versunken waren, traten, einer nach dem anderen, noch fünf andere Seelen aus ihrem Volke über die Schwelle. Das waren die fünf Makkabäerbrüder, die auch für den kommenden Messias gekämpft hatten und gestorben waren. Diese zwölf Menschen führte nun Michael durch die Welt und das Leben nach dem Tode. Da sahen sie alles, was auf der Erde durch sie geschehen war, die guten und die schlechten Taten, Worte und Gedanken, und sie sahen es im Licht der Wahrheit. Manches davon tat ihnen sehr weh, manches beglückte sie. Am Ende ihrer Wanderung durch das nachtodliche Leben durften sie alle dem Messias begegnen. Und sie erhielten von ihm die freudige Botschaft: »Ich bin auf dem Wege zur Erde. In eurem Volk will ich als Mensch geboren werden. Aber die ganze Menschheit soll dann mein Volk werden. Eure Väter haben durch Moses Gebote erhalten. Ich gebe euch ein neues Gebot: Daß ihr euch untereinander liebet, wie ich euch lieben werde von nun an bis ans Ende der Zeiten.« Worauf die Menschheit durch Jahrtausende gehofft hatte, worauf das Volk Israel von seinem Gott vorbereitet wurde, nun erfüllte es sich: Jesus Christus, der Messias, ist Mensch geworden. Seitdem kann auf der Erde alles anders werden. Wer ihn in seinem Herzen wohnen läßt, erfüllt das neue Gebot, das über allen anderen Geboten steht, und folgt dem Gott der Liebe.

NACHWORT

In diese Nacherzählung des Alten Testamentes wurden hineingewoben zwei Geschichten aus »Die Sagen der Juden« von Micha Josef Ben Gorion, wie auch Gedanken aus den Darstellungen von Emil Bock und Rudolf Frieling, die in ihren Büchern über das Alte Testament die Geisteswissenschaft Rudolf Steiners verarbeitet haben. Vieles, was aus der Seelenart heutiger Menschen nicht nachzuvollziehen ist, z. B. die Grausamkeiten und Befehle Gottes zum Töten von Menschen, wird erst verständlich, wenn man sich mit Hilfe der Anthroposophie klarmacht, daß die Menschen in vorchristlicher Zeit ganz anders erlebt haben als die Menschen heute. Der Stamm, das Volk standen über dem Einzelnen, und die Grenze zwischen dem Leben auf Erden und dem Leben nach dem Tod wurde noch nicht so scharf und trennend erlebt. Auch unterscheidet das Alte Testament zwischen dem Gott des Volkes Israel, Gott dem Herrn, und Gott dem Höchsten. Immer wieder leuchtet auch das Christushafte in diese vorchristliche Welt hinein, der Gott der Liebe, der Gott des »Ich bin«, der Gott des Schöpferwortes, der Himmel und Erde geschaffen hat. Aus solchem Quellgrund ist das Erzählen der Geschichte in diesem Buch geflossen.

Die Federzeichnungen in diesem Buch hat Irakli Parjiani geschaffen. Es sind die letzten Werke dieses vielversprechenden und allzufrüh verstorbenen georgischen Künstlers.